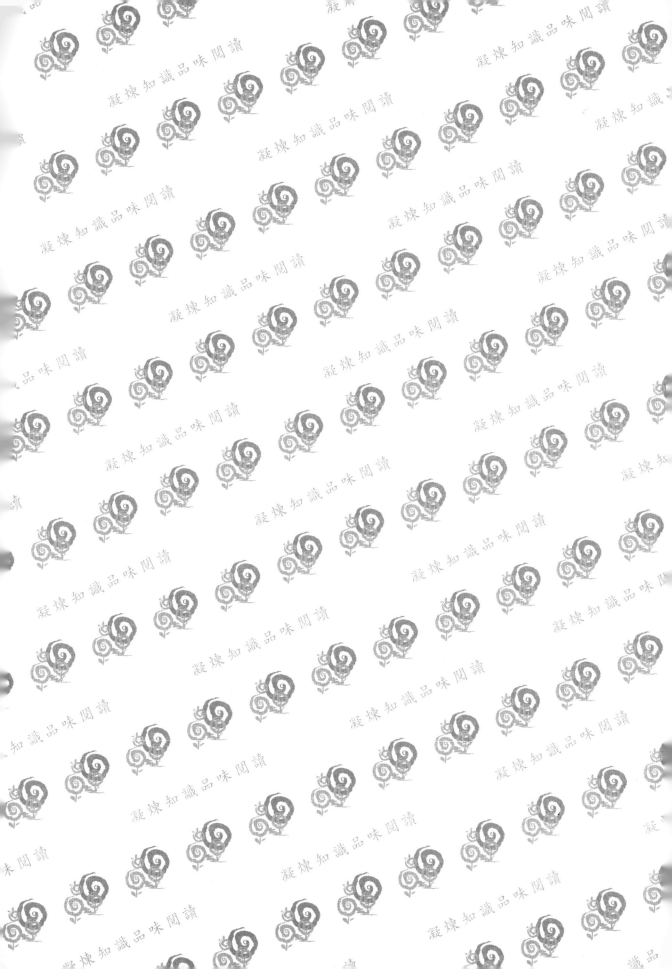

大陸經濟與兩岸經貿

——紅色供應鏈崛起的衝擊

高長 著

五南圖書出版公司 印行

序

　　對於一位學術工作者來說，能將研究成果編纂成專書出版，是最感欣慰的一件事，五南圖書出版公司成就了我的願望，非常感謝，銘記在心。

　　自民國九十七年七月起，在五南的支持與鼓勵下，針對大陸經濟與兩岸經貿交流相關議題的研究成果，先後編纂成全新版或修訂版專書發行。專書行銷無礙，還必須感謝讀者的支持，特別是學術界的先進和許多同行好友推薦，甚至指定專書做為相關課程的教科書或參考書，使專書的能見度提高不少。

　　去年晚秋的某一天，五南主編侯家嵐小姐電話邀約，稱舊版庫存已不多，詢問是否改版重新發行。坦白說，我接到電話的一剎那頗感吃驚，因為最近的一版是在2012年間發行；這些年來鮮少聯絡，我原以為那本舊版著作已過時，可能已被丟棄了。沒想到侯主編說：市場上還有人詢問；當下我們就約定時間，討論後續工作如何進行。

　　最近幾年來，國際政經局勢已發生巨大變化，大陸經濟發展趨勢和兩岸經貿關係等議題也不遑多讓，與侯主編一起討論後，決定與時俱進，全面更新並充實相關內容，以全新版面於今秋發行。

　　本書的撰寫架構分為兩大篇，第一篇是大陸經濟改革開放與發展，第二篇是兩岸經貿關係，分別規劃撰寫八大章；這十六章的內容，已儘可能納入學術界、實務界共同關注的主題。希望這些全新的內容可以滿足讀者的需求。

　　兩年前從東華大學退休後，平常除繼續在學校兼兩門課，學術研究並沒有中斷；寫些小文章發表，偶而接個短期專案研究，自由自在、自得其樂。本書之撰寫，充實了我的退休生活；而受到新冠肺炎疫情的影響，減少到處趴趴走，全力投入，完稿的時間也比預期早一些。

　　最後要說明的是，儘管在內容方面，我已力求完善，全書恐難免仍有許多疏漏之處，尚祈同行先進、各界讀者繼續不吝賜教。

高長　謹識

2020年7月20日

※補充說明：

本書用字如臺灣等用「臺」字。

而台商，因主要是大陸用語，故用「台」字。

導論

　　中共政權自1949年開始至1978年，三十年期間奉行馬列共產主義、毛澤東思想，不但自絕於世界經濟環境之外，而且內部「兩條路線」的權力鬥爭不斷，經濟發展呈現反覆劇烈變動現象。儘管在該期間，大陸經濟仍然保持成長，不過，相對於更快速的人口成長，以及偏重發展重工業造成不合理的產業結構與資源浪費的情形，其經濟發展成就並未實質改善人民生活水準；另一方面，與歐美先進國家長期隔絕的結果，則造成中國大陸科技水準（國防工業除外）低落、科學知識貧乏等問題。中共領導者或已體認到這些問題不利於社會安定及政權穩定，因此，在1978年12月舉行的中共「十一屆三中」全會，斷然決定自1979年起採取「對內改革、對外開放」的政策。

　　所謂「對內改革」，主要在於「改革」三十年來實行的中央集權計畫經濟體制。初期的改革重點在農村經濟體制，家庭聯產承包責任制逐漸取代了人民公社制，嗣後再延伸至城市經濟體制，主要在於擴大地方政府和企業的自主權。1992年10月，中共召開「十四大」，確立「社會主義市場經濟」的發展路線，結束了過去「摸著石頭過河」的改革模式，加速推動經濟改革。2001年12月，大陸正式成為WTO的締約成員後，為落實加入WTO所做的承諾，經濟體制改革全面推進，習近平主政之後進一步提出「全面深化改革」的藍圖。

　　「對外開放」主要是打開門戶、與國際社會交流、融入國際經濟體系等。大陸對外開放政策，首先從區域空間的對外開放著手，初期是以沿海地區為戰略重點，再逐步延伸至其他內陸地區，分階段、分層次推進。對外開放政策的決策思維，無非是要加強與世界各國經貿交流，透過實施許多優惠政策和具體措施，鼓勵對外貿易、吸引外商直接投資、引進國際人才，促進大陸經濟發展。

　　「改革開放」政策之實施，對大陸經濟之影響可說是全面的。從量方面來看，經濟持續快速成長，已使得大陸的綜合國力大幅提升；以國內生產總值（GDP）衡量，目前已成為全球第二大經濟體；以進出口貿易總值和外匯存底兩項指標來看，大陸都是居全世界各國之首。另外，大陸已是全球製造大國，製造業產值在全球所占比重超過三成，遠超過排名第二的美國（占比接近二成）；國際上稱崛起的大陸製造業聚落為「紅色供應鏈」，顯示其完整的產業鏈在國際分工體系的重要地位。

　　改革開放四十年，大陸經濟結構也產生極大的改變，除了三級產業結構出現重大變化，第三產業（服務業）和第一產業（農林漁牧業）所占份額呈現明顯的消長，區

域經濟結構，也因為經濟發展戰略從早期側重沿海發展，到1990年代調整為沿海、沿江、沿邊、沿線的四沿戰略，以及近年來推出的新型城鎮化政策，促使經濟發展成就逐漸從沿海地區輻射到內陸地區，追求區域經濟平衡發展。

2013年間，中國大陸提出「一帶一路」戰略，究其動機，從國內的角度觀察，主要是重新包裝多年前提出的「西部大開發」和「中部崛起」規劃，旨在促進區域平衡發展，同時也試圖透過與「一帶一路」沿線國家結盟，輸出國內的過剩產能，建立跨境產業鏈；從國際的角度觀察，主要是在抗衡／突破美國提出的「新絲綢之路」和「亞太再平衡」兩大戰略導致的圍堵效應；經濟方面的企圖是開拓新市場、穩定能源和礦產資源的供應、促進人民幣國際化。五年多來，儘管國際社會對「一帶一路」倡議的反應兩極化，但也獲得些許的成果。

國際上對於大陸日益增強的經濟實力，都表現了極大的關注，一方面，大陸強勁的經濟成長被認為是全球經濟成長的新動力；另一方面，由於在國際市場的相對份額逐漸增加，對其他國家造成排擠，「中國威脅論」的論調遂在國際間引起討論。無疑地，在全球經濟舞臺中，大陸已成為重要角色。

大陸已不只是「世界工廠」，更成為跨國企業眼中的「世界市場」。隨著經濟實力壯大，大陸政府順勢將人民幣推向國際，目前已經是五大國際儲備貨幣之一，與周邊主要經貿夥伴簽署貨幣互換協議，同時政策支持香港發展為人民幣境外交易中心，人民幣區域化已獲初步成果，正朝向國際化邁進。

值得重視的是，大陸不但在融入全球經貿體系的態度上非常積極，爭取更高的國際分工地位，而且以發展中國家的領導者自居，積極參與國際組織的運作，試圖在國際社會爭取更大的話語權和影響力。各種跡象顯示，隨著經貿實力增強，加上國際社會對於大陸的期望甚高，大陸在發展國際政、經關係上更顯得得心應手。

中國大陸在推動「改革開放」政策的同時，對臺政策也做了調整。1979年元旦發表「告臺灣同胞書」，首次提出「和平統一」、「三通」、「四流」等主張。1982年元月，鄧小平再提出「一國兩制」的論述，從此，「和平統一」和「一國兩制」八個字成為大陸對臺政策的基本方針。

大陸對臺政策基本上採「兩手策略」，在國際間，一方面不斷宣傳臺海兩岸的緩和氣氛和民間交流的進展，另一方面則強調「一個中國」，盡其所能排擠中華民國政府的國際活動空間。在兩岸關係上，大陸政府特別重視對臺經貿關係之拓展，採取各種優惠措施，吸引台商到大陸投資，希望透過加強兩岸經貿交流，提高臺灣對大陸經

濟的依賴程度，從而達到「有效地操縱臺灣經濟的運行，加速祖國統一」的目的。

面對中國大陸對臺政策的「兩手」操作，臺灣初期以「不妥協、不接觸、不談判」的「三不」政策回應；嗣後，隨著國內外環境變化才陸續做調整。1987年底，臺灣政府宣布解除戒嚴，並開放國人對大陸探親；1991年，行政院設置大陸委員會，翌年頒布實施《臺灣地區與大陸地區人民關係條例》，並陸續鬆綁兩岸民間交流。從此，臺灣的大陸政策逐漸由過去的消極且被動的態度轉趨務實。

在兩岸關係的發展過程中，「三通」議題一直受到各界關注。大陸政府早自1979年提出「和平統一」的對臺政策，主張儘早實現兩岸「三通」。面對大陸政府積極倡議開放兩岸「三通」的攻勢，臺灣官方起初以「三不」政策應對，後來隨著外在環境之變化，臺灣官方乃逐步調整、開放，如設置「境外航運中心」、實施春節包機直航等作為。

兩岸直航究竟該不該開放，在臺灣內部曾經有過一段政策論辯，由於開放或不開放對臺灣經濟長期發展的影響都是利弊互見，因此，面對民間表達開放的需求，決策當局並沒有立即正面回應。直到2001年元月，臺灣政府依據《離島建設條例》第十八條規定，試辦金門與馬祖對大陸（分別為廈門和福州）直接通航，也就是一般所稱的「小三通」。針對我方提出的「小三通」政策方案，初期大陸政府並沒有正面回應，不過，實施之後，大陸政府的態度轉而支持。

兩岸交流開放以來，政治關係時好時壞，不過，在政經分離的思考下，政治以外的領域，例如：經貿、社會、文教等方面的交流、互動則逐步展開。以兩岸經貿關係為例，儘管受到政治因素影響，歷年來臺灣與大陸的經貿往來為能正常化，但由於雙方政府各自採取了「非對抗性的經貿政策」，使得兩岸經貿交流仍能在市場機制的引導下，持續發展。

兩岸經貿關係愈來愈密切，一方面表現在兩岸經貿相互依存度不斷提高；另一方面則是兩岸經濟整合程度逐漸加深，兩岸經濟交流也成為臺灣參與國際產業分工的重要環節。目前大陸已是臺灣最大的貿易夥伴，最大的貿易出超來源；大陸是臺灣廠商海外投資的最大聚集地。而臺灣做為大陸的貿易夥伴地位相對較遜，目前臺灣是大陸第4大貿易夥伴、第3大進口來源，第11大出口市場，最大的貿易逆差來源，第10大投資來源地。

考察兩岸經貿交流發展趨勢，可以發現早期受限於生產要素移動，貨品貿易取代投資活動實現兩岸分工利益，後期台商赴大陸投資逐漸增加，則帶動了兩岸雙邊貿

易發展，呈現相輔相成效果。台商赴大陸投資，在全球布局中定位大陸為生產基地；一方面在大陸投資初期，仍運用原有的產業網絡自臺灣採購所需原材料、零組件，結果形成兩岸產業緊密的垂直分工關係；另一方面，台商赴大陸投資後，改變了企業與臺灣原有供應鏈的連動關係，在群聚效應影響下，投資者在大陸建立了新的產業供應鏈，減少自臺灣的採購，甚至將半成品回銷臺灣加工製造後再出口，因此，兩岸產業內貿易愈來愈普遍，顯示兩岸經濟整合已愈來愈深。

　　赴大陸投資的製造業台商，普遍採取「臺灣接單、大陸生產、外銷第三地」的經營模式，以維持國際競爭力。近年來中美貿易摩擦加劇，雙方爆發貿易戰直接衝擊大陸台商，由於兩岸經貿關係密切，臺灣經濟也間接受到池魚之殃。中美貿易戰突顯台商過度依賴大陸布局的缺失，開始嚴肅思考分散產能、分散市場的策略，東協各國、南亞地區成為台商新的選擇，也有部分台商回流臺灣，甚至直接到美國投資。無疑地，中美貿易戰對台商全球布局造成的影響非常深遠。

　　過去多年來，由於兩岸執政當局對於雙邊經貿交流並未採取對抗性的政策，加上WTO因素的推波助瀾，兩岸經貿關係呈現逐年快速發展的趨勢。大陸經濟崛起，無疑帶給臺灣許多商機，不過也同時造成臺灣對大陸經濟依賴度提高。從另一個角度觀察，隨著大陸產業快速發展，紅色供應鏈愈來愈完整，兩岸產業的競合關係也出現劇烈變化，尤其在國際市場上，大陸製品攻城掠地，臺灣製品的國際競爭處於劣勢，尤其傳統製造業產品在主要國際市場的占有率逐漸下滑。

　　近年來全球經濟區塊化風潮，加上先進國家貿易保護主義日益抬頭，東亞各國深刻體認到加強雙邊或多邊經濟合作的重要性，區域內經濟整合正加速推進，其中，跨太平洋夥伴全面進步協定（Comprehensive and Progressive Agreement for Trans-Pacific Partnership，縮寫CPTPP）和區域全面經濟夥伴關係協定（Regional Comprehensive Economic Partnership，縮寫RCEP）兩個巨型的區域經濟整合組織最引人關注。臺灣因受制於國際政治現實無法參與CPTPP和RCEP，甚至在與特定國家洽簽FTA時也遭到阻撓。兩岸經濟高度互補，攜手共同參與東亞區域之經濟整合，將可創造更大的經濟利益共同分享，消除兩岸政治對立，刻不容緩。

高　長

目錄
contents

第一篇

大陸經濟改革開放與發展

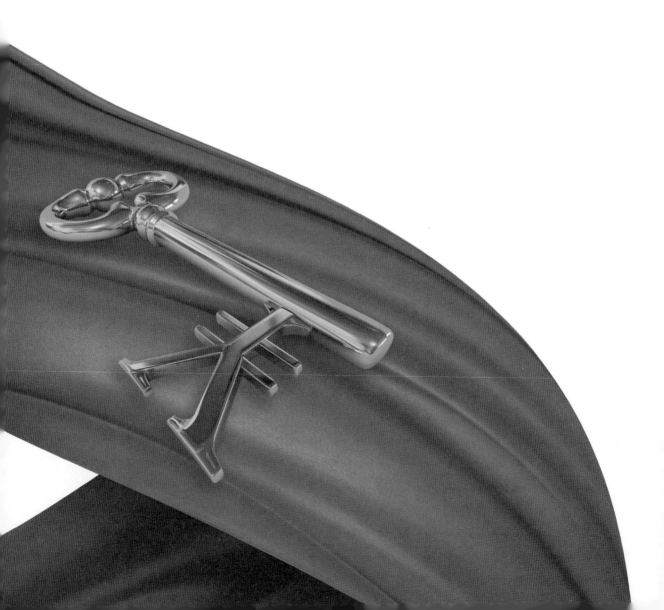

第一章　大陸經濟體制改革

　　1978 年以前，中國大陸實行集權計畫經濟體制，經濟發展策略係以加速資本的累積為重點，透過產業政策和所得分配政策，實行強迫儲蓄來實現計畫經濟目標。在集權計畫經濟體制下，政企不分、產權不明晰造成「預算軟約束」，導致短缺、效率低下等問題；低效率抑制了經濟創新活動，嚴重阻礙生產力的發展。

　　集權計畫經濟體制的低效率，主要表現在以下幾個方面[1]：

　　第一是資本和資源嚴重浪費。國有或全民所有制的產權代表是政府，因缺乏有效的責、權、經濟激勵和約束機制，結果沒有人對國有資產實際負責；執事者只在乎計畫任務能否完成，不在乎耗用多少資產和生產資料，不在乎效率；企業和主管部門的預算是軟的，資金不夠向政府要，虧損由政府財政負擔。

　　第二是勞動者缺乏生產積極性。為體現社會主義優越性，勞動力的工作由上級分配，分配到的工作不一定與本人的專長和興趣相符；就業終身制，工資較平均，社會福利多；升遷和獎懲常以政治上的積極性為標準，無法鼓勵從事生產或工作的積極性，因而人力資源沒有被有效利用。

　　第三是經濟結構失衡，消費被過度壓抑。長期採取重工業優先發展的戰略，違背經濟比較優勢原則；靠強制積累和強制性抑制消費將大部分資源配置在重工業部門，結果阻礙了農業和輕工業發展，造成農業，輕、重工業結構嚴重失調；農業部門在人民公社的大鍋飯體制和「以糧為綱」的發展戰略下，形成嚴重的資源浪費和錯配。

　　第四是補貼扭曲了價格，造成資源錯誤配置，也造成巨大的財政負擔。在消費方面，糧、棉、油、醫藥等民生消費品價格被刻意壓低，低於收購價格，兩者的價差由政府財政給予補貼。在生產方面，鋼材、能源等重要的生產資料價格也定得很低，以避免提高其他工業產品的生產成本，造成了國有企業虧損，也是由政府的財政補貼。

　　第五是閉關鎖國，科技落後。在僵化的計畫經濟體制中，缺乏科技研究和發展的自由思考環境，儘管某些方面的科技水準不差，譬如：原子彈、衛星發射等，但這大都是與國防軍冀有關，一般工業生產技術的水準卻相當落後。加上受到閉關鎖國政策

---

[1]　楊叔進，《中國：改革、發展與穩定》（北京：中國發展出版社，2000 年），頁 41-44；馬凱、曹玉書，《計畫經濟體制向社會主義市場經濟體制的轉軌》（北京：人民出版社，2002 年），頁 142-145。

影響，引進歐美先進國家的科技基本上也行不通，從而嚴重限制了經濟發展。

綜上所述，集權計畫經濟體制的根本缺陷，在於缺乏基本的激勵機制和約束機制，導致運轉效率低下、經濟發展落後。

第一節　經濟體制改革的起步

1978 年 12 月，中共召開「十一屆三中」全會，徹底批判文化大革命時期堅持的「以階級鬥爭爲綱」的思想，工作重心逐漸轉移到社會主義現代化建設，強調「以經濟建設爲中心」。全會提出了三大具體的工作方針：

一是調整國民經濟。有鑑於當時國民經濟面臨嚴重的比例失調問題，生產、建設、流通、分配等領域存在混亂現象，物資、財政、外匯都存在相當大的缺口，全會決定必須先有效處理這些比例失調的問題，並在翌年 4 月間提出「調整、改革、整頓、提高」的方針。

二是改革經濟管理體制。全會指出，當前經濟管理體制的權力過於集中，應該採取措施，充分發揮中央部門、地方、企業和勞動者個人等四個方面的主動性、積極性和創造性。

三是大力發展農業。全會深入討論農業問題之後，認爲必須集中主要精力發展農業，並提出當前發展農業生產的一系列政策措施。全會還討論了加強農業科學教育、制定發展農林牧業的區域規劃等重要問題。

第一階段的改革從 1978 年 12 月到 1984 年 10 月中共「十二屆三中」全會召開前夕，中國大陸在「計畫經濟爲主，市場調節爲輔」的經濟體制原則下運行，從傳統計畫經濟體制的邊界上開始向市場經濟轉軌，工作的重心在於國民經濟的恢復和發展。

這個階段的經濟改革重點在農村。1980 年 9 月，中共中央頒布《關於進一步加強完善農業生產責任制的幾個問題》，解除對「包幹到戶」、「包產到戶」等的禁令，從此家庭聯產承包責任制蓬勃發展，並逐漸取代了人民公社「三級所有、隊爲基礎」的制度。

在這個階段中，農村地區之改革主要在解決農民與集體的關係，也就是農民與原來人民公社制度的關係問題，目的在激勵農民發展商品生產的積極性，提高農村生產

力。較重要的改革措施有：

一、在土地等主要農業生產資料集體所有制的前提下，實行土地所有權與經營權分離，把原屬於集體所有的土地，承包給農民家庭分散經營[2]。

二、取消了政經合一的「三級所有、隊為基礎」的人民公社制度；恢復了鄉村政權組織。

三、提高農產品收購價格。

在這個階段，大陸當局也開始在城市中進行改革試點，初期是從擴大企業的自主權開始，主要在促使企業成為一個獨立的經濟體，從過去附屬於行政部門的地位，提升到成為獨立核算、自負盈虧的經營主體。

四川省率先開啟了「擴大企業自主權」的改革，在 1978 年 10 月間，四川選擇了 6 家國有工廠進行擴大企業自主權試點，獲得了明顯的成績，隨後四川省的試點改革擴大到 100 家國有企業。1979 年 7 月，大陸國務院頒布實施《關於擴大國營工業企業經營自主權的若干規定》等文件，擴大企業自主權改革試點在全中國大陸展開[3]。

當年，擴大企業自主權的改革內容，主要包含兩方面，一是簡化計畫指標，鬆綁計畫控制，二是擴大獎勵基金的數額，強化對企業和受雇員工的物質激勵。為了達到這些目標，大陸在歷經了一些「試點」後，乃自 1979 年底開始全面推廣「擴大企業經營管理自主權」。同時，也開始把一部分中央和省、自治區直屬的企業下放給城市管理，實行政企分開。此外，財政權、管理權也自 1980 年，開始下放給地方部門。

經濟管理方面，為配合上述財政權下放給地方部門，「試點」採行了「利潤留成」、「盈虧包幹」、「利改稅」等措施，替代過去的計畫管理，改善國家與企業的關係；在貨幣政策方面，則採取了企業流動資金全額信用貸款，以取代過去無償撥款的辦法。

這種「放權」的改革模式，在開始實施的幾個月內，很快產生增產增收的效果。儘管如此，其侷限性也逐漸顯露出來，主要是因為在新體制下，擁有自主權的企業無異於獲得特許權，且不受市場競爭的約束，因而企業增產增收的成果，往往與社會資

---

[2] 資料顯示，到 1987 年底止，已有 1.8 億農戶採用了各種形式的承包生產責任制，占全大陸農戶總數的 98% 左右。閻茂旭，《改革開放 40 年的中國經濟》（北京：中共黨史出版社，2018 年），頁 63。

[3] 資料顯示，迄 1980 年底，全中國大陸試點的國有工業企業以達 6,600 家，這些試點企業的產值，合計占全大陸預算內工業產值的比重已達 60%。參閱吳敬璉，《當代中國經濟改革教程》（上海：遠東出版社，2010 年），頁 50。

源有效配置和社會收益增加背道而馳，最後造成社會總需求失控、財政赤字遽增和經濟失序等問題。

在宏觀經濟發生混亂和改革推進困難的形勢下，當時在大陸行政部門與經濟學界發生了一場關於改革大方向的爭論。有一派意見主張，經濟改革應當採「計畫取向」，而不是「市場取向」，認為國有企業擴大企業自主權改革陷入困境，就是過分強調市場和貨幣的作用引起的。主張改革的一派反對「計畫取向」的觀點，認為國企改革之所以發生困難，並不是因為採取市場取向的改革，而是因為改革的方法不適當。在當時的經濟和政治氛圍下，這一場爭論由主張計畫取向的一派占了上風，從而在黨政機關發布的文件中，定調「計畫經濟為主、市場調節為輔」的改革方針。

在擴大企業自主權改革試驗不成功，國有經濟改革停頓不前的情況下，當時已掌握大權的鄧小平，遂把改革的重點，從城市的國有經濟轉向農村的非國有經濟，試圖透過一些變通性的制度安排，使民營經濟得以破繭而出並逐漸發展壯大，成為帶動經濟成長的新能量。大陸知名經濟學家吳敬璉（2010）稱這種改革戰略為「增量改革」戰略或稱「體制外先行」戰略。

家庭承包制帶給大陸農村經濟新氣象，在此基礎上，以集體所有制為主的鄉鎮企業也蓬勃發展起來。隨後，改革的重點不再放在國有經濟本身，而是轉到非國有部門；採取的策略是在保持國有經濟主體地位的前提下，逐步鬆綁對私人創業活動的限制，加上在推動這項新措施之前，已經開始的對外資開放國內市場，這些行政作為為民營經濟的發展開創全新的空間，促使非國有經濟（民營經濟）得以自下而上，蓬勃發展起來。

此階段發展非國有經濟的戰略，主要表現在以下三個方面：

一是允許民營企業，也就是非國有企業的存在和發展。初期支持城鎮集體經濟和個體經濟發展，允許多種經濟形式同時併存，目的是為了創造就業機會，吸收農村剩餘勞動力；在取得一定成果後，1981 年間頒布實施了《關於廣開門路、搞活經濟、解決城鎮就業問題的若干決定》，從而奠定了「公有制為主體、多種經濟形式」長期併存的基本政策思想。

二是營造「經濟特區」的「小氣候」，實現部分地區與國際市場對接。為了促進國內市場快速形成，並實現與國際市場對接，決定在廣東和福建兩個省實行特殊政策，以便發揮它們的區位優勢；1980 年間建立了深圳、珠海、汕頭、廈門等四個經濟特區，1984 年 5 月間又決定增闢開放 14 個港口城市，從地理位置、自然資源到經

濟基礎，以及技術管理，這些城市都具有良好的條件和優勢。在某種程度和意義上，對外開放可促進國內經濟改革。

三是建立城市經濟體制綜合改革試驗區，實行改革開放的地區推進。受限於市場取向，改革不能全面推展，改革又需要有系統的推動，乃決定選擇中小城市進行經濟體制綜合改革試驗，在生產、流通、交換、分配等領域進行配套改革。自 1981 年開始，先後選擇湖南沙市、江蘇常州市、四川重慶市，還有廣東省的廣州、佛山、江門、湛江等城市為「全國經濟體制綜合改革城市」。

第二節　經濟體制改革的擴展

第一階段的經濟改革試探性推進，因獲得成果而鼓舞了進一步改革的信心。1984 年 10 月，中共「十二屆三中」全會通過《關於經濟體制改革的決定》，明確提出社會主義經濟是「有計畫的商品經濟」，闡明「加快以城市為重點，以對外開放為方針」。這一觀點突破了長期以來把計畫經濟同商品經濟對立起來的觀念，將社會主義經濟的重心落在了「商品經濟」的基石上，「計畫」只是充作政府進行宏觀調控的限制性條件；而商品經濟其實就是市場經濟，由此可見，這個階段對市場在資源配置中的作用，已愈來愈重視。

這一段期間，經濟改革工作內容主要包括下列四個方面，一是農村改革繼續實行以家庭為單位的聯產承包責任制；二是進一步強化企業，特別是國有大中型企業的活力，擴大其生產經營自主權，使之真正成為相對獨立、自主經營、自負盈虧的經濟個體；三是逐步建立和完善社會主義市場經濟體系。進一步改革價格體制和價格管理體制，繼續擴大和發展消費品市場和生產資料市場，形成城鄉集市貿易市場網絡；四是對國民經濟的管理調控，從直接控制轉向間接控制軌道上，建立以間接控制為主、主要運用經濟手段和法律手段，輔以必要的行政手段之宏觀經濟管理制度。

農村改革主要是在解決農民與國家的關係問題，自 1985 年起取消對農副產品實行統購及派購的辦法，採取了尊重農民自主權的國家計畫合同收購的新政策；同時，大陸當局亦取消向農民徵收實物稅的辦法，將農業稅由實物稅改成現金稅；取消對城鎮居民統銷農產品（基本口糧和食用植物油除外）的辦法，而改給予生活補貼。

1987 年 10 月召開中共「十三大」，進一步深化經濟體制改革理論，在政治報告

中指出：有計畫的商品經濟體制應該是計畫與市場內在統一的體制，「國家調節市場，市場引導企業」是當前的經濟運行機制。1988 年 2 月間，大陸國家經濟體制改革委員會提出並經國務院批准公布實施的經濟工作重點，包括：按照發展社會主義商品經濟的總目標，以落實和完善企業承包經營責任制，深化企業經營機制改革為重點；同時改革計畫、投資、物資、外資、金融、財稅體制和住房制度，加強對國家資產投資、消費基金和物價管理。

中共「十三大」的另一項重要事蹟是，確定了「三步走」經濟發展戰略，其中。第一步是到 20 世紀 80 年代末，實現國民生產總值比 1980 年翻兩番，解決人民的溫飽問題；第二步是到 20 世紀末，使國民生產總值再增長一倍，人民生活達到小康水準；第三步是到 21 世紀中葉，人均國民生產總值達到中等發達國家水準，人民生活比較富裕，基本實現現代化[4]。

不過，這個階段的改革進程並不順遂。首先，改革的推進是採「增量改革」的方式進行，也就是說，對於計畫經濟原有的部分（存量部分）不做大改變，改革和發展只著重在增量部分進行。這種方式在保持經濟和社會穩定，促進民營經濟發展，以及通過示範效應和競爭壓力，促進原國有部門的改革等方面發揮了作用。但由於改革沒有觸動國有經濟和改變「雙軌制」的基本架構，也帶來了一些消極的後果，例如：國有企業財務狀況日益惡化、利用雙軌制以權謀私者的尋租活動日益盛行，導致貪腐蔓延等。

此外，由於前一階段經濟改革帶來的一些問題，譬如：財政赤字擴大、通貨膨脹、外貿赤字、外債激升、產業發展結構失衡等，以及非經濟層面的官倒[5]、所得分配不平均造成之社會問題、意識型態的衝擊等，使得這個階段的經濟體制改革遭到很大的阻力，最後甚至演變成改革派和保守派之間的權力鬥爭，趙紫陽下臺可說是路線鬥爭的結果。

由於經濟問題未獲妥善解決，加上 1988 年間出現高通貨膨脹、經濟過熱現象，市場秩序陷入混亂，國民經濟的總量和結構都呈現失衡問題，遭到一些支持傳統計畫經濟論者大肆批判。贊成加速改革的一派在歷經天安門事件之後，基本上已失去

---

[4]　中共中央文獻研究室編，《十三大以來重要文獻選編》（上）（北京：人民出版社，1991 年），頁 16。

[5]　「官倒」是指官員利用權勢，假公濟私，謀取私利之意。

權勢；原本由中共「十二屆三中」全會所通過的經濟改革方案，自 1988 年 9 月中共「十三屆五中」全會後即已被擱置，而由李鵬、姚依林所主導的「治理整頓」所取代。嗣後，除了一些技術性的改革，目的在吸收社會游資，減少政府負擔，例如：住房制度改革、試辦證券市場、出售土地使用權等繼續推行外，對涉及企業自主、企業產權及價格體系等較根本性的體制改革問題，基本上均已停擺，「深化體制改革」的構想，事實上在當時已成為口號。

　　1990 年 3 月，大陸七屆人大三次會議的政府工作報告提出「計畫經濟與市場調節相結合」的理論觀點，重新強調計畫手段在資源配置中的重要地位。這段期間，大陸政府在治理整頓經濟失序問題上加強了「計畫管理」，大量採用行政性的計畫手段以調整國民經濟運行。

第三節　社會主義市場經濟體制之建立

　　經歷了 1988 年的經濟危機和 1989 年爆發天安門事件的政治風波之後，經濟發展陷入嚴重衰退，中國大陸著手進行治理整頓；同時，東歐劇變、蘇聯解體對中國大陸造成的衝擊餘波盪漾。中共黨內保守派把 1988～1989 年期間發生的經濟和政治動盪歸咎於市場取向的改革，指責「取消計畫經濟，實現市場化」就是「改變社會主義制度，實行資本主義制度」，結果爆發了改革開放以後的又一次路線爭論。社會主義經濟究竟應該採用「計畫」還是「市場」來做為資源配置的主要手段，理論界百家爭鳴，媒體關於姓「社」、姓「資」的問題也爭論不休[6]。

　　1992 年是大陸經濟體制改革歷程中一個重要的轉折點，這一年鄧小平的南巡談話，以及 10 月間中共中央召開的「十四大」，結束了過去「摸著石頭過河」，以及「增量改革」的改革模式，確立了建設社會主義市場經濟體制的目標，全面加速推動經濟改革。

　　針對保守派強調計畫經濟、貶低市場機制的論調，1992 年初，鄧小平藉著到武昌、深圳、珠海、上海等地視察的機會公開發表一系列「深化經濟改革，擴大對外開放」的談話，這些談話內容被統稱為「南巡談話」，可綜合歸納為下列六點：

---

[6]　所謂的「社」，是指生產資料公有制；所謂的「資」，是指生產資料私有制。

一、中國要走具有中國特色的社會主義道路，不能墨守成規，走教條主義路線。有中國特色的社會主義道路，並不是一條已經鋪好的現成道路，而是要經過可能長達二、三十年的努力，一步一步腳踏實地走出來的路。

二、要大膽一些，放開一些，不搞改革開放，就只有死路一條。要加快改革開放的步伐，以實事求是的態度採取禁得起實踐檢驗的政策措施，不要以虛論求是的態度預設姓「社」姓「資」的條條框框，摒棄有良好效果的政策措施。

三、改革開放的判斷標準，主要看是否有利於發展社會主義社會的生產力，是否有利於增強社會主義國家的綜合國力，是否有利於提高人民的生活水準。中國要警惕「右」，但主要是防止「左」。

四、計畫經濟不等於社會主義，資本主義也有計畫；市場經濟不等於資本主義，社會主義也有市場；計畫和市場都是經濟手段。計畫多一點還是市場多一點，不是社會主義和資本主義的本質差別；資本主義有社會主義可用的地方，不用怕搞資本主義；事實上，許多措施和制度不能斷然定性為資本主義或社會主義。

五、發展才是硬道理，要抓住有利時機，集中精力把經濟建設搞上去；發展經濟必須依靠科技和教育，科學技術是第一生產力。

六、正確的政治路線要靠正確的組織路線來保證，反對形式主義。堅持社會主義信念，社會主義在經歷了一個曲折的發展過程後，必然代替資本主義，這是社會歷史發展不可逆轉的總趨勢。

鄧小平這些談話內容，成為大陸改革勢力提出「二次改革開放」的理論依據，促使大陸改革開放進入了新的發展階段。

1992 年 10 月，中共召開「十四大」，江澤民在政治報告中明確提出：經濟體制改革的目標是建立社會主義市場經濟體制；強調市場要在國家宏觀調控下對資源配置起基礎性作用，透過價格槓桿和競爭機制的功能，把資源配置到效益較好的環節中去，運用市場對各種經濟信號反應比較靈敏的優點，促進生產和需求的即時協調。針對所有制結構，報告提出：以公有制為主體，個體經濟、私營經濟、外資經濟為補充，多種經濟成分長期共同發展，不同經濟成分還可以自願實行多種形式的聯合經營[7]。

---

[7] 中共中央文獻研究室編，《十四大以來重要文獻選編》（上）（北京：人民出版社，1996 年），頁 19。

　　這些論述顯示，大陸經濟體制改革的目標已由中共「十二屆三中」全會提出的公有制基礎上的有計畫商品經濟，發展為社會主義市場經濟。

　　為了加速建立「社會主義市場經濟」體制，推動經濟發展和社會全面進步，江澤民在中共「十四大」的政治報告中，強調將來須努力採取一系列的政策來配合，其主要內容包括：

　　一、加速經濟改革步伐，具體作法包括轉換國有企業的經營機制、加快培育市場體系、深化改革分配制度和社會保險制度，以及加快政府職能之轉換。

　　二、進一步擴大改革開放，積極利用國外資金、資源、技術和管理經驗。

　　三、調整和改善產業結構，重視發展農業，加快發展基礎工業、基礎設施和第三產業。

　　四、加速科技進步，大力發展教育，充分發揮知識分子的作用。

　　五、充分發揮各地優勢，加快地區經濟發展，促進全大陸經濟布局合理化。

　　中共「十四大」確立的以市場經濟為導向的改革戰略，解決了社會主義與市場經濟能不能結合，以及如何結合的問題，顯示「計畫」與「市場」之爭最後以遵循價值規律和建立市場機制的結論畫上了圓滿的句號。從此以後，大陸的經濟體制改革工程全面展開。

　　1993 年 11 月，中共「十四屆三中」全會審議通過《關於建立社會主義市場經濟體制若干問題的決定》，其主要內容可概括如下：

一、國有企業改革

　　就加速改革方面來觀察，基本上是以企業改革為重點。改革的新方向是建立現代企業制度，其目的是試圖透過新的制度來解決企業「負盈不負虧」和缺乏活力的問題。國有企業的改革從以往的放權讓利和經營承包制 [8]，政策調整進入到轉換機制、制度創新階段，改革的內容包括國營企業試行股份制、公司制，擴大實行稅利分流管理的試點，鼓勵組建各類企業集團、企業兼併，商業部門進行「經營、價格、分配、用工」等四方面放開的改革試點；取消出口補貼、進口調節稅；降低商品進口關稅；

---

[8] 1992 年以前，在「放權讓利」改革思維的引導下，大陸政府對國有企業先後進行了「擴大企業自主權」（1979 年）和「經濟責任制」試點（1981 年），實行了兩步「利改稅」（1983 年、1984 年），嗣後再以「承包經營責任制」（1987 年）的改革思路展開改革，一直持續至 1992 年。

建立待業、醫療、養老等社會保險機制等，其中尤以股份制改革最受各界關注。改革的著眼點從過去的提升個別國有企業效益，轉爲從整體上活絡國有經濟，對國有企業實行「抓大放小」、「有進有退」的戰略性重組改造。

除了國有企業改革，中共十四屆三中全會後還積極推進財政、稅收、外貿、外匯、計畫、投資、價格、流通、住房和社會保障等方面的體制改革（表 1-1）。糧、棉、油等主要農產品，鋼材等重要生產資料的價格相繼放開；中央銀行的職能加強，商業銀行的企業化改革逐步推進；外貿體制和外匯管理體制改革[9]。

表 1-1　中共 1994 年改革措施一覽表

類別	具體措施	說明
財政稅收	1. 實行中央和地方分稅，取代「財政包幹」制度。 2. 建立「流轉稅」，取代「工商統一稅」。 3. 統一各類「所得稅」。 4. 改革財政赤字融資辦法。 （有關稅制改革，詳請見本書表 1-2）	今後中央財政赤字不再向銀行透支，改用長短期國債券解決。
金融、銀行	1. 重建銀行體系 ・中央銀行專門執行國家貨幣政策 ・商業銀行由現有專業銀行改制 ・政策性銀行承擔嚴格界定的政策性業務 2. 組建多種新銀行 ・國家開發銀行 ・進出口信貸銀行 ・城市合作銀行 ・農村合作銀行 3. 改變宏觀管理辦法	採用類似西方國家管理金融市場辦法，成立貨幣政策委員會，銀行和證券分業管理。
投資與計畫	1. 區別三類投資項目 ・基礎性項目建設 ・競爭性項目 ・社會公益性項目 2. 計畫工作要轉軌 ・指導性為主 ・重點放在中長期 ・建立國民經濟核算體系 ・建立經濟監測預警體系	1. 分中央和地方性項目，由開發性或政策性銀行融資。 2. 由企業自主決策、自擔風險，所需貸款由商業銀行自主決定。 3. 按中央地方項目由財政統籌。

（續下表）

---

[9]　鄒東濤、歐陽日輝，《新中國經濟發展 60 年（1949-2009）》（北京：人民出版社，2009 年），頁 361。

企業改革及國有資產	1.國有企業實行公司制 　・大中型企業改組爲： 　　—獨資公司 　　—有限責任公司 　　—股份有限公司 　・小型企業可以實行 　　—出售 　　—承包 　　—改爲合作制 　　—全國性行業總公司強化國有資產管理 2.改爲控股公司兩項措施 　・強化中央和省市三級管理機構 　・可派出監事會對企業實行監督	1.適用於單一投資主體。 2.適用於多個投資主體。 3.同上。
外貿外匯	人民幣改革：統一人民幣匯價，逐步實現人民幣自由兌換；外匯留成制度改革：取消外貿企業無償和有償上繳外匯任務。	

資料來源：《當代月刊》，1994 年 1 月，頁 24。

二、財稅管理體制改革

　　1993 年 12 月中旬，大陸國務院頒布實施《關於實行分稅制財政管理體制改革的決定》，宣布從 1994 年 1 月 1 日起，改革現行地方財政包幹體制。

　　財稅體制改革的重點有三，一是理順中央與地方的關係，把當時實行的地方財政包幹制改爲按中央和地方政府事權，劃分爲中央和地方稅收；二是改革稅收制度，統一稅種（分爲中央稅、地方稅和中央地方共享稅）、稅率，取消工商統一稅、產品稅，由增值稅、消費稅和營業稅取代，統一適用於內資和外資企業。在新稅制中增設房地產增值稅、證券交易稅，對外資企業開徵城市維護建設稅。另外，實行中央財政對地方的轉移支付制度，以調節分配結構和地區結構。三是建立中央稅收和地方稅收體系，分設中央與地方兩套稅務機構分別徵管（表 1-2）。

表 1-2　1994 年大陸實行新稅制主要內容

三大改革	改革方向	具體措施	稅率
稅制	建立以「流轉稅」為核心的新稅制，取代過去實行多年的「工商統一稅」	新增三種稅：增值稅 　　　　　營業稅 　　　　　消費稅	作為整個流轉的主體 對非商品經營徵稅 對少數高檔消費項目徵稅（共 15 個級距）
	統一不同所有制企業的所得稅	統一以流轉稅為基礎，廢除現行國營企業所得稅、集體企業所得稅、私營企業所得稅	實行 33% 比例稅率 降低企業所得稅的同時又取消能源交通建設基金和預算調節基金
	統一內外資企業所得稅	廢止對外資企業徵收「工商統一稅」	
	統一「個人所得稅」	合併過去三稅種： 個人所得稅（外籍） 個人收入調節稅（對內地公民） 個體工商戶所得稅	相對提高個人所得稅 實行超額累進稅制
	新增幾個稅種	開徵：房地產增值稅 　　　證券交易稅 　　　城市維護建設稅	採四級累進稅制，稅率從 30～60% 買賣雙方各徵 3～10% 以銷售收入為計稅基礎徵收 0.5～1%
分稅制	提高中央政府財力避免地區稅賦不均劃分中央地方事權取代過去的財政包幹制	設立三種稅（注一） 中央稅 地方稅 共享稅 兩類稅收分別徵收管理	分三年逐步從承包過渡到分稅制 其中中央 60% 地方 40%（注二）
國有企業利潤分配制	改變過去統收統支辦法	強調按「企業會計準則」和「企業財務通則」來規範政府與企業關係	

注一：中央稅－包括：關稅、中央企業所得稅，消費稅，產品稅，鐵路、銀行、保險集中交納的收入、中國人民銀行發予執照的金融機構所得稅、菸酒等專項收入
　　　地方稅－包括營業稅（扣除鐵路、銀行、保險）、地方企業所得稅、個人所得稅、農業稅、城市維護建設費、集市貿易稅、獎金稅
　　　共享稅－包括增值稅、證券交易稅、資源稅（海洋資源歸中央）
注二：第一年（1994）：中央按 60% 的比例徵收稅款，但仍按當時各省包幹的基數，向地方返還相同金額
　　　第二年（1995）：中央按留成 40% 的比例，向地方返還 10% 的稅收
　　　第三年（1996）中央收足稅制的 60%

資料來源：《當代月刊》，1994 年 1 月，頁 33。

　　實施分稅制度的目的，是為了正確處理國家、企業、個人之間，以及中央與地方之間的分配關係，突顯了財政體制改革走出了過去行政性分權的思維，走向了經濟性分權的政策創新。「條塊分割」式的行政隸屬關係被淡化削弱，消除了依靠討價還價確定基數和比例的缺陷。此外，這期間財稅體制改革的另一重點是，按照統一稅法、公平稅負、簡化稅制和合理分權的原則，推行以增值稅為主體的流轉稅制度，統一、規範內資企業和個人所得稅制度，其目的是為了促進企業經營機制轉換，實現公平競爭；調節個人收入分配，改善社會分配的矛盾。

三、金融──銀行體系的改革

　　金融管理體制改革的主要任務，依據 1993 年 12 月下旬頒布實施的《關於金融體制改革的決定》所述，一是要建立獨立執行貨幣政策的中央銀行宏觀調控體系，二是建立政策性金融與商業性金融分離，以國有商業銀行為主體、多種金融機構併存的金融組織體系，三是建立統一開放、有序競爭、嚴格管理的金融市場體系。1994 年底，新設國家開發銀行、進出口信貸銀行和農業發展銀行投入營運，負責執行原來由專業銀行承擔的政策性金融業務；同時，人民銀行不再辦理直接對社會的放款，並割斷政策性貸款和基礎貨幣的直接關係，增強了人民銀行調控基礎貨幣的主動權。

　　1997 年之後，金融體制改革又向前邁進了一步。首先是改變金融調控方式。1998 年取消了央行對商業銀行的貸款規模限制，顯示金融宏觀調控從直接控制向間接調控轉變的意義；同時逐步推進利率市場化改革，放開了貼現和轉貼現率。1999年實現國債在銀行間債券市場利率招標發行，並對保險公司大額定期存款實行協議利率。至此，公開市場業務操作已經成為央行調控基礎貨幣的主要政策工具，公開市場利率已經成為貨幣市場的基準利率。

　　其次是農村信用社與農業銀行脫鉤，由中央銀行行使對農村信用社的監管工作。

　　第三是健全金融體制。1997 年 4 月公布實施《中國人民銀行貨幣政策委員會條例》，確立貨幣政策委員會制訂貨幣政策的制度；同年 11 月頒布實施《國有獨資銀行監事會暫行規定》，強化了國有商業銀行經營發展和風險防範的制度性約束。

四、外匯管理體制改革

為了落實中共「十四屆三中」全會提出的：改革外匯管理體制，建立以市場供求為基礎的、有管理的浮動匯率制度，大陸政府決定外匯管理體制改革分兩步進行，第一步先分國內企業和國外企業兩個步驟取消雙重匯率制，實現匯率併軌和經常項目下人民幣有管理的可兌換；第二步，再視情況的發展，考慮取消對資本項目的外匯控制，實現人民幣的完全可兌換。

1993 年 12 月底，中國人民銀行發布《關於進一步改革外匯管理體制的公告》，決定從 1994 年 1 月 1 日起對外匯管理體制進行了重大改革，主要改革項目包括：

第一是人民幣官定匯率與調劑市場匯率併軌，實行單一的、有管理的浮動匯率制。

第二是實行外匯收入結匯制，取消各類外匯留成、上繳和額度管理的制度，對境內機構經常項目下的外匯收支實行銀行結匯和售匯制度。在實行銀行售匯制後，取消經常項目正常對外支付用匯的計畫審批，允許人民幣在經常項目下有條件可兌換。

第三是建立全國統一的銀行間外匯交易市場，改進匯率形成機制，保持合理及相對穩定的人民幣匯率。

1994 年 4 月 1 日銀行間外匯市場，即「中國外匯交易中心」在上海成立，並在若干城市設立分中心。中國外匯交易中心之營運，採用會員制，實行撮合成交集中清算制度。

自 1996 年 7 月起，大陸政府將外商投資企業外匯買賣納入了銀行結售匯體系，外匯調劑中心為外商投資企業提供外匯買賣服務保留至 1998 年 11 月底後關閉。另外，大陸政府也在 1996 年間取消了所有經常性國際支付和轉移的限制，達到了國際貨幣基金組織（IMF）協定第八條之要求，並在同年 12 月 1 日，正式宣布接受 IMF 該項規範，實現人民幣經常項目完全可兌換。

1997 年 9 月，中共「十五大」對所有制結構和公有制實現形式提出新的論述，在所有制理論方面有了重大突破。政治報告中明確提出：公有制實現形式可以而且應當多樣化；公有制經濟除了國有經濟和集體經濟之外，還包括混合所有制經濟中的國有成分和集體成分；公有制的主體地位應該以公有資產在社會總資產中，或公有資本在社會總資本中占優勢來體現；國有經濟占主導地位不僅體現在量上，還要體現在控

制力上，國有經濟透過控制國民經濟命脈的重要行業和關鍵領域，對國民經濟發揮主導作用；股份制不等於私有制，而是一種適應現代化大生產的資本組織形式；公有制為主體、多種所有制經濟共同發展是社會主義的基本經濟制度等。

國有企業的改革方向是建立「產權清晰、權責明確、政企分開、管理科學」的現代企業制度，強調「要抓好大的，放活小的，對國有企業實施戰略性改組」。對國有大中型企業實行公司制改革，通過發展多元化投資主體包括直接融資等，推動企業轉換經營機制；對國有小型企業採取改組、聯合、兼併、租賃、承包經營和股份合作制、出售等形式進行改革。實行「鼓勵兼併、規範破產、下崗分流、減員增效和再就業工程」，以形成企業優勝劣汰的競爭機制。

由於這些改革構想，特別是國有企業改革牽涉「所有制」的部分，在意識型態上有重大突破，因此，大陸學術界稱「十五大」所提出的改革構想，是 1979 年以來第三次思想大解放，與 1978 年「十一屆三中」全會的改革開放決議和「十四大」確定社會主義市場經濟體制的思想解放作為相媲美。

為了使市場機制作用充分發揮，並健全宏觀調控體系，中共「十五大」政治報告強調要加快總體經濟市場化進程，特別是資本、勞動力、技術等生產要素市場，形成健全的價格機制，發揮市場對資源配置的作用；宏觀調控主要運用經濟手段和法律手段，要完善協調機制，注意掌握調控力度，以實現經濟穩定成長。

嚴格來說，「十五大」政治報告中提示的擴大經濟體制改革主題，與歷年來大陸推動的系列改革重點，一是所有制改革（即產權制度改革）；二是市場價格機制的重建；三是收人分配制度的改革，即要重建經濟誘因機制，相較之下並無新鮮之處。不過，該報告特別強調「中國將長時期處於社會主義初級階段」，為進一步改革開放，致力追求經濟發展提供了理論基礎，同時對於各項改革的論述，從思想觀念到實際操作方向，在意識型態上可以說已有重大的突破。

第四節　社會主義市場經濟體制之完善

大陸於 2001 年 12 月加入 WTO，該項成就對大陸而言，一方面表示對外開放進入新的階段，另一方面也對經濟體制進一步改革形成壓力。2002 年 11 月，中共「十六大」政治報告提出了「完善社會主義市場經濟體制」、「全面建設小康社會」

的目標，隨後展開一系列的改革。在完善基本經濟制度方面，主要是鞏固和發展公有制經濟，發揮國有經濟的主導作用；鼓勵、支持、引導非公有制經濟的發展。在宏觀管理體制改革方面，主要是進一步深化財政、金融體制改革。在健全現代市場體系方面，重點之一在整頓、規範市場秩序，其次是推進要素市場發展。

一、完善國有資產管理體制

此一時期，國有企業改革的重點在於加強國有資產管理體制改革。中共「十六大」政治報告提出，通過制定法規，建立中央和地方兩級國有資產管理機構，實行權力、義務、責任相統一和管資產、管人、管事相結合的國有資產管理體制。

大陸的國有企業改革，經歷了企業擴權、利潤留成、利改稅、企業經營責任承包制、現代企業制度等一系列改革階段。嗣又藉由改組、聯合、兼併、租賃、承包經營和股份合作制、出售等多種形式，對國有企業進行大幅度股份改制，推動了國有資本的流動重組，促進了企業經營機制的轉換，對於國有企業經營體質的改變確實產生了效果。然而，由於國有資產管理體制改革滯後，使得仍有相當數量的企業一直處於長期虧損的困境中。

國有企業改革到深處是產權問題，改革國有資產管理體制成為深化國有企業改革的關鍵。新建立的國有資產管理體制有別於舊的體制，首先，舊體制實行的是國家統一所有，分級管理，由國務院代表國家行使所有者職能；新體制實行的是國家所有，授權中央和地方政府分別代表國家履行出資人職責，享有所有者權益，權利、義務和責任相統一。其次，舊體制實行的是管資產和管人、管事相分割，而新體制實行管資產和管人、管事相結合。

為此，2003 年 3 月，大陸國務院頒布《企業國有資產監督管理暫行條例》，設立國有資產監督管理委員會，負責監管中央所屬企業（不含金融類企業）的國有資產；改變過去那種由政府直接管理企業的制度，實現政企分開、政資分開。在新的國有資產管理體制下，國有企業改革著重在推進大型國有企業的產權多元化，完善國有企業的市場退出機制，使得國有經濟布局和戰略性調整邁出新步伐，效益與獲利明顯改善。

此外，針對國有企業改革，大陸還採取兼併、破產、關閉等措施，對一大批長期虧損、資不抵債、扭虧無望的國有企業進行調整和改組；鼓勵外資和大陸境內民間資

本參與國有企業改革和國有經濟的戰略性改組。按照建立現代企業制度的改革方向，加強國有企業公司制改革；進一步健全國有企業監事會制度，積極推進財務總監監督機制；推進「主輔分離、輔業改制、分流安置富餘人員」，以及開展收入分配改革試點。

　　2005 年 4 月，正式啓動國有企業股權分置改革，該項改革的本質是要把不可流通的股份變爲可流通的股份，眞正實現同股同權。股權分置改革是資本市場一項重要的制度改革，有利於完善資本市場定價機制，強化對上市公司的市場約束，同時也有利於國有企業的改造重組和國有經濟布局的戰略調整。

二、完善公共財政體制

　　首先是全面推動部門預算改革。中央各部門按照基本支出和項目支出編製部門預算，省級部門預算改革同時展開。另外還改革了國稅、海關經營收支掛的作法，實行預算制管理：深化國庫集中支付制度改革、政府採購管理制度改革及「收支兩條線」管理改革（收支脫鉤改革），加強財政的預算外資金管理。

　　其次是推動稅制改革。建立「四免除、四補貼」的農業支持政策，即免除農業稅、牧業稅、特產稅、屠宰稅，對種糧、良種、農機購置、農資綜合實行補貼，以減輕農民負擔。建立中央和地方共同、合理負擔的出口退稅新機制，促進外貿發展。實施所得稅收入分享改革，除少數特殊行業或企業外，對絕大多數企業所得稅和個人所得稅全部收入，實行中央和地方按比例分享。增加對中、西部地區的轉移支付，同時發布《關於完善省以下財政管理體制有關問題的意見》，推進省以下財政轉移支付制度建設。

　　推進增值稅轉型改革試點，從東北老工業基地八大行業開始試行，再逐步推進到中部地區六省部分城市，2009 年 1 月 1 日起，在全大陸所有地區、所有行業全面實施。對消費稅稅目和稅率進行大規模調整，強化稅收對節約資源、保護環境、引導消費和調節收入分配的促進作用。

　　2008 年 1 月實施新的「企業所得稅法」，統一內、外資企業所得稅制度。按，原來內、外資企業所得稅率均爲 33%，不過，對一些特殊領域的外資企業實行 24%、15% 的優惠稅率，對內資微利企業分別實行 27%、18% 的兩種照顧稅率。新的所得稅法規定，統一稅率爲 25%，取消各項所得稅優惠政策，惟原已享有的優惠

待遇可以保持五年緩衝期。此外，新稅法中還包括稅收跨轄區分配，規定收入在來源地和居住地之間進行劃分的新措施。

第三是加快公共財政體系建設。按照公共性、市場化和引導性原則，明確政府支出範圍，調整財政支出結構，向農業和農村基礎設施建設、教育、科技、衛生、社會保障等方面傾斜；加強社會保障制度建設，建立城鎮最低生活保障制度，建立農村低保制度、新型農村合作醫療制度，建立農村義務教育經費保障機制等。

三、金融體制改革

建立金融分業監管體系。銀行、證券、保險分別設置監管機構分業監管。就銀行業而言，中國人民銀行的職責為制定和執行貨幣政策、維護金融穩定、提供金融服務等，不再履行銀行、證券和保險業的金融監管職責；另成立銀行監督管理委員會，對銀行、資產管理公司、信託投資公司及其他存款類金融機構實行統一監管。關於金融市場之管理，由中國人民銀行、銀監會、證監會、保監會等四大機構分工合作。

金融企業改革加速進行。按照「一行一策」的原則，積極進行國有商業銀行股份制改革。第一步是財務重組，成立中央匯金公司，行使國家所有者權力；向四大國有商業銀行注資，補充資本金，改善資產負債比率，以達到上市的資本標準。第二步就是進行股份化改制，引進戰略投資者；根據現代治理結構，建立「三會一層」的公司治理機制，包括董事會、監事會、股東大會和高級管理層。透過對國有商業銀行的財務重組和公司內部治理機制的改革，交通銀行、中國建設銀行、中國銀行和中國工商銀行，自 2005 年 6 月開始，先後在香港聯合交易所和境內資本市場上市。

另外，中國人民保險公司、中國人壽保險公司和中國再保險公司順利完成重組改制，其中前兩家公司已在境外上市。農村信用社改革在大陸各省全面展開，以縣為單位組織統一法人，成立農村商業銀行及省農村信用社聯社。

利率市場化改革繼續推進，特別是在放開境內外幣貸款和大額外幣存款利率、逐步擴大人民幣貸款利率的浮動區間等方面。

有關外匯管理體制方面，2005 年 7 月 21 日，大陸宣布開始實行「以市場供求為基礎、參考一籃子貨幣進行調節、有管理的浮動匯率制度」，人民幣不再盯住單一美元，引入參考一籃子貨幣、以銀行間一籃子貨幣兌人民幣的每日收市價，做為翌日買賣的中間價。2006 年 1 月 14 日起，在銀行間即期外匯市場上引入詢價交易方式，同

時保留撮合方式。

四、農村經濟體制改革

　　農民收入偏低、城鄉二元社會結構差異、土地承包經營權流轉、農村剩餘勞動力流動、城鄉社會保障等問題，對大陸追求全面建設小康社會造成困擾。針對土地承包經營權流轉問題，2003 年 3 月，大陸開始實施《農村土地承包法》，將家庭承包經營爲基礎、統分結合的雙層經營體制用法的形成確立下來，並規定耕地承包期爲 30年，另對土地承包經營權流轉的幾種形式也做了具體規定，賦予農民長期而又有保障的土地承包經營權。2007 年公布〈物權法〉，將土地承包經營權界定爲用益物權，從法律上肯定土地承包經營權的財產權性質，並進一步對農民的土地承包權及使用權的流轉，做了明確的規定。

　　其次，全面展開農村稅費改革試點，建立規範，遏制「亂收費、亂集資、亂攤派」問題，減輕農民負擔，自 2004 年開始，農村稅費改革的重點轉移到降低農業稅率和免除農業稅，並逐漸擴大免徵範圍；2006 年，涉及農業稅、牧業稅、農業特產稅、牲畜屠宰稅全部取消。

　　第三，推進農產品流通市場體系改革。針對糧食流通體制改革，大陸國務院要求「放開購銷市場、直接補貼糧農、放開收購價格」，打破計畫與市場併存的體制；對主產區重點糧食品種實行最低收購價格政策。棉花流通體制改革主要爲「放開棉花收購和價格，走產業化經營道路」。建立中央儲備糧、棉垂直管理體系，實行儲備和經營分開。

五、建立現代化市場體系

　　在價格改革方面，各級政府定價項目大幅削減，到 2004 年，全大陸行政審批項目平均減少 50% 左右。另外，改革了石油、天然氣價格形成機制，放寬中央儲備糧、儲備棉花的購銷價，深化電力、供水、油品、電信、民航、鐵路運輸等領域的價格體制改革，建立城市汙水和生活垃圾處理收費制度，改進藥品定價辦法，進一步規範政府定價行爲。

　　生產要素市場化改革。以證券市場改革爲例，在深圳證券交易所設立中小企業板

塊，在股票發行中引入了保薦人制度，推出上市型開放式基金交易，開闢券商的中長期融資管道，允許證券公司發行債券，擴展保險資金、社保基金、企業年金等機構投資者的入場管道，先後實施「合格境外機構投資者」（QFII）制度、股權分置改革和「合格境內機構投資者」（QDII）制度等。

關於保險市場的改革，主要為放寬資金運用管道、費率市場化、放寬保險公司分支機構的經營區域。貨幣市場的參與主體擴大，建立了債券做市商制度，推出買斷式回購、貨幣市場基金等新產品。針對外匯市場改革，增加外幣拆借中介服務、擴大遠期結售匯業務試點銀行及業務範圍，開發新的市場避險工具。

在勞動力市場化方面，放寬人才流動政策，一些地方實施居住證制度；各級政府取消對農業進城就業的各種限制性規定和歧視性政策。在土地市場化方面，2002 年後，大陸先後公布〈招標拍賣掛牌出讓土地使用權規定〉、〈協議出讓國有土地使用權規定〉、〈深化改革嚴格土地管理的決定〉、〈加強土地調控有關問題的通知〉等，使得土地使用權價格的市場形成機制初步確立。

六、就業和社會保障體制改革

首先是各級政府消除制約就業、再就業的體制性障礙，建立國務院再就業工作部際聯席會議制度，實行稅費減免、崗位補貼、小額貸款、就業服務、工商登記、場地安排等優惠政策和措施，加強就業培訓和服務，大力培育勞動力市場，引入市場機制，促進下崗失業勞動力再就業。其次是全面推進「醫療保險、醫療衛生、藥品生產流通」三項改革，完善城鎮社會保障體系試點，做實基本養老保險個人帳戶和推動國有企業下崗職工基本生活保障向失業保險並軌。第三是建立新型農村合作醫療制度試點及推行企業年金制度試點。

「十一五規劃」（2006～2010 年）特別強調持續改革對促進經濟發展的重要性，其中關於大的、全局性的改革，主要在於如何轉變經濟成長方式、改變對官員的考核體系（強調社會發展、環保、就業、教育等），建構協調區域平衡發展機制等方面；在局部改革上，主要在農村稅費、壟斷行業、股權配置、匯率形成機制、投融資體制、財政稅收體制、國有企業等方面。

七、政府行政管理體制改革

　　隨著經濟體制改革不斷推進，原有的政府機構設置和職能顯得格格不入，產生權責不明、效率低下等弊端。1998 年第一次推出國務院機構改革方案，重點在於調整和裁撤那些直接管理經濟的專業部門，加強宏觀調控和執法監督部門。宏觀調控部門保留了國家計畫委員會，更名爲國家發展計畫委員會；另加強國家經濟貿易委員會對經濟運行的調控權力；財政部和中國人民銀行被列入爲宏觀調控部門。裁撤了 15 個部委，其中 10 個是專業經濟管理部門。

　　這些被裁撤的專業部門，有的成立國有獨資公司，如電力部門改組爲國家電力公司；有的進行調整合併組成新機構，如郵電部和電子工業部合組成爲信息產業部；大部分專業部委如煤炭工業部、機械工業部等分別改組爲國家專業局，都歸由國家經貿委管理。仍然保留和新組建的專業經濟部門不再直接管理企業、管理生產，其職責是制定行業規劃和行業政策，進行行業管理；引導各該行業產品結構的調整；維護行業公平競爭秩序。

　　2003 年，大陸再次進行新一輪的機構改革。國家發展計畫委員會與國務院體制改革委員會合組成爲國家發展和改革委員會；將原屬國家經貿委的內貿管理、對外經濟協調和重要工藝品、原材料進出口計畫組織實施等業務，國家計委的農產品進出口計畫組織實施等業務，以及對外經貿部的業務等整合設立商務部。另將國家經貿委指導的國有企業改革和管理業務、中央企業工委的業務，以及財政部有關國有資產管理的部分業務整合起來，設立國有資產管理委員會，代表國家履行出資人職責；將中國人民銀行對銀行、資產管理公司、信託投資公司及其他存款類金融機構的監管業務分離出來，並和中央金融工委的相關業務進行整合，設立銀行業監督管理委員會。

　　2008 年，大陸國務院再次進行機構改革，重點有三，一是加強和改善宏觀調控，促進科學發展；二是對一些業務功能相近的部門進行整合，設立工業和信息化部、交通運輸部、人力資源和社會保障部、住房和城鄉建設部，理順部門職責關係；三是著眼於保障和改善民生，加強與整合社會管理和公共服務部門。

　　這一時期，大陸推動政府行政管理體制改革，主要體現在壟斷行業和城市公用事業改革、加強政府的市場監督和公共服務職能、政府審批更加規範、政府問責制得到強化、政府規模繼續縮小等方面。舉例來說，經過多次大規模的改革，國務院各部

委取消和調整的行政審批項目高達 1992 項，占原有總項數近 50%。政府對企業之管理，從直接走向間接，努力減少行政干預，政府行為被嚴格要求應依法行政。

第五節　經濟改革全面深化

習近平在 2012 年正式執政，其政治核心理念是「中國夢」、「中華民族偉大復興」。他曾提出「四個全面」的治國理念，即「全面建成小康社會、全面深化改革、全面依法治國、全面從嚴治黨」。

2013 年 11 月，中共「十八屆三中」全會審議通過《關於全面深化改革若干重大問題的決定》（以下簡稱為「決定」），該文件勾勒了大陸未來深化改革的重點和路線圖，改革構面包括經濟體制、政治體制、文化體制、社會體制、生態文明體制、黨的建設體制等，所謂「五位一體」。大陸著名經濟學家吳敬璉評論指出[10]，該項改革「決定」，可以媲美二十年前中共「十四屆三中」全會所提出的改革藍圖，試圖建立市場經濟的雄心，較當年所設計的那個初級版市場經濟，有過之而無不及，可說是升級版的社會主義市場經濟。

綜觀「全面深化改革」文件，經濟體制改革是其中重點，而其核心問題是要「處理好政府和市場的關係」，讓「市場在資源配置中起決定性作用」，以及政府的作用能夠「更好發揮」。

要處理好政府和市場的關係，關鍵乃在於轉變政府職能，創新行政管理模式。轉變政府的職能，首要之務在於解決政府「越位」的問題，以及改善政府「缺位」的問題。解決「越位」的問題，主要在落實簡政放權、減少對微觀經濟的直接干預，把「萬能」政府改為「有限」、「服務型」的政府；改善「缺位」的問題，主要則在加強市場監管、維護好市場秩序；在另一方面，也要增強政府的基本公共服務職能，積極發展教育、醫療、社會保障等社會事業。

「決定」提出的改革部署，主要包括五個方面，一是堅持和完善基本經濟制度，二是加快完善現代市場體系，三是深化財稅體制改革，四是健全城鄉發展一體化，五是構建開放型經濟體制。

---

[10] 吳敬璉，「要小心既得利益集團阻撓改革」，2013 年 12 月 5 日，新浪網，http://news.sina.com.cn/c/nd/2017-02-19/doc-ifyarrcf4695878.shtml，2015 年 8 月 20 日檢索。

一、堅持和完善基本經濟制度

「決定」強調，「公有制為主體、多種所有制共同發展的基本經濟制度，是中國特色社會主義制度的重要支柱」，「公有制經濟和非公有制經濟都是社會主義市場經濟的重要組成部分」，要「毫不動搖鞏固和發展公有制經濟，堅持公有制主體地位，發揮國有經濟主導作用」，「不斷增強國有經濟活力、控制力、影響力」，同時也要「毫不動搖鼓勵、支持、引導非公有制經濟發展」。

產權是所有制問題的核心，「決定」提出「國家保護各種所有制經濟產權和合法利益，保證各種所有制經濟依法平等使用生產要素，公開公平公正參與競爭，同等受到法律保護」。

為適應市場化、國際化新趨勢，國有企業必須以「公平參與競爭、提高企業效率、增強企業活力」為重點，進一步深化改革，完善國有企業現代企業制度。苗圩指出[11]，大陸國有企業約有90%以上已經建立了現代企業制度，問題是國有資本「一股獨大」的現象不變，多角經營導致部分國有企業負債率過高，壟斷部分行業擠壓其他所有制經濟發展空間等仍然存在，因此，「完善國有企業現代企業制度」已被列為重點改革的領域。

「決定」強調，不同所有制的權力、機會、規則一律平等，支持非公有制經濟健康發展，「廢除對非公有制經濟各種形式的不合理規定，消除各種隱性壁壘，制定非公有制企業進入特許經營領域具體辦法」；「鼓勵非公有制企業參與國有企業改革，鼓勵發展非公有資本控股的混合所有制企業」。

二、完善現代市場體系

「決定」指出，將儘速建成「企業自主經營、公平競爭，消費者自由選擇、自主消費，商品和要素自由流動、平等交換的現代市場體系」；「清理和廢除妨礙全國統一市場和公平競爭的各種規定和作法」，「反對地方保護，反對地方保護和不正當競爭」。

---

[11] 苗圩，「推動國有企業完善現代企業制度」，2013 年 11 月 21 日，人民網，http://theory.people.com.cn/BIG5/n/2013/1119/c40531-23590445.html，2015 年 8 月 20 日檢索。

要素價格市場化仍明顯落後商品市場，尤其城鄉建設用地二元分割現象。「決定」指出，將致力於「建立公平開放透明的市場規則」，強調「凡是能由市場形成價格的都交給市場，政府不進行不當干預」。「政府定價範圍主要限定在重要的公用事業、公益性服務」，「提高透明度，接受社會監督」。

其次，「決定」提出「建立城鄉統一的建設用地市場」。針對農村集體經營性建設用地，「決定」表示，「在符合規劃和用途管制前提下」，允許「出讓、租賃、入股，實行與國有土地同等入市、同權同價」；「擴大國有土地有償使用範圍，減少非公益性用地劃撥」；「完善土地租賃、轉讓、抵押二級市場」。

第三，完善金融市場體系。「決定」指出將「擴大金融業對內對外開放，在加強監管前提下，允許具備條件的民間資本，依法發起設立中小型銀行等金融機構」；「推進政策性金融機構改革」；「健全多層次資本市場體系，推進股票發行註冊制度改革，多管道推動股權融資，發展並規範債券市場，提高直接融資比重」。

此外，「決定」也提出將「完善人民幣匯率市場化形成機制，加快推進利率市場化」；「推動資本市場雙向開放，有序提高跨境資本和金融交易可兌換程度」；「加速實現人民幣資本項目可兌換」。

三、財稅體制改革

財稅體制改革重點在處理三個問題，一是中央和地方的收入劃分。為了根本解決地方債務問題，在未來的改革中，將針對各級政府事權財權相匹配提出解決方案，該項改革攸關地方政府提供優質服務的能量，對於中央政府如何履行本身的重要職責亦密切相關。二是建立更科學、更簡潔、更有效的稅制。三是預算更加合理化。也就是將政府財政支出更透明、有效，避免權力尋租，並兼顧納稅者的利益。

「建立現代財稅制度」的目的，在使權力和責任關係更加明確，並有法治保障。針對政府間財政關係問題，「決定」強調要「建立事權和支出責任相適應的制度」，增加地方財政的本級收入和中央財政的支出責任，減少專項轉移支付，建立計算公式基礎上規範的轉移支付制度。此外，為落實預算的透明度，未來審核預算的重點，將「由平衡狀態、赤字規模，向支出預算和政策拓展」，建立「中央和地方政府債務管理及風險預警機制」。

深化財稅體制改革的內容，包括「完善地方稅體系」，該項改革一方面可以完

善稅制，也有利於緩解地方政府債務風險。「決定」提出，將「逐步提高直接稅比重」；「推進增值稅改革，適當簡化稅率；調整消費稅徵收範圍和稅率，把高耗能、高汙染產品及部分高檔消費品納入徵收範圍」；「加快房地產稅立法並適時推進改革，加快資源稅改革，推動環境保護費改稅」。這些改革措施，主要在「實現財政權部分下放，事權部分上移」，以減輕財權與事權之間失衡。

四、城鄉發展一體化

為改善城鄉二元結構問題具體發展路徑，「決定」提出，首先要「加快構築新型農業經營體系，創新農業經營方式」；「依法維護農民土地承包經營權，發展壯大集體經濟」；在不違反耕地保護制度前提下，「賦予農民對承包耕地占有、使用、收益、流轉，以及承包經營權抵押、擔保」權；「允許農民以承包經營權入股發展農業產業化經營」，「鼓勵承包經營權在公開市場上向專業大戶、農業企業流轉」，「發展多種形式規模經營」；「鼓勵和引導工商資本到農村發展」，「向農業輸入現代生產要素和經營模式」，實現農業現代化。

其次是「賦予農民更多財產權利」。重點在於「賦予農民對集體資產股份占有、收益、有償退出及抵押、擔保、繼承權」；「探索農民增加財產性收入渠道」；「保障農戶宅基地用益物權，改革完善農村宅基地制度」；「建立農村產權流轉交易市場」。

第三是「推進城鄉要素平等交換和公共資源均衡配置」。未來的改革將更重視「維護農民生產要素權益，保障農民同工同酬，保障農民公平分享土地增值收益」；「健全農業支持保護體系，改革農業補貼制度，完善農業保險制度」；「鼓勵社會資本投向農村建設」；「統籌城鄉基礎設施建設和社區建設，推進城鄉基本公共服務均等化」。

第四是「完善城鎮化健康發展體制機制」。未來將「推進以人為核心的城鎮化，走「中國特色新型城鎮化道路」；「推動大中小城市和小城鎮協調發展、產業和城鎮融合發展，促進城鎮化和新農村建設協調推進」。「推進城市建設管理創新」，「建立透明規範的城市建設投融資機制，允許地方政府透過發債等多種方式拓寬城市建設融資渠道，允許社會資本透過特許經營等方式，參與城市基礎設施投資，研究建立城市基礎設施、住宅政策性金融機構」。「推進農業轉移人口市民化」，「加快戶籍制

度改革，全面放開建置鎮和小城市落戶限制，有序放開中等城市落戶限制，合理確定大城市落戶條件」，「建立財政轉移支付同農業轉移人口市民化掛勾機制」，落實新型城鎮化。

　　2017 年 10 月，中共召開「十九大」，政治報告中（以下簡稱「報告」）勾畫了未來五年甚至三十年的施政綱領和藍圖，以往追求經濟發展速度，將向更高質量的成長模式轉變。

　　「報告」提出未來五年大陸經濟改革的重點，第一是金融監管改革。監管的對象主要包括迅速增加的影子銀行、跨部門的金融套利行為等。在防範金融風險、治理銀行業市場亂象方面，將鎖定同業、理財、表外等三個重點領域，因為這三個領域覆蓋了比較突出的風險點，比如，影子銀行、交叉金融、房地產泡沫、地方政府債務等。2017 年 7 月由習近平親自主持的全國金融工作會議上，過去強調金融自由化的基調，已經轉變成風險防範、整頓監管體系。未來幾年，金融體系的擴張，做大做強，或將不再是重點，已經成立的「金融穩定發展委員會」將開展一系列改革。

　　第二是市場化改革與國企改革。儘管中國大陸早在 2015 年間即曾公布國企改革的官方指導意見，但截至目前，進展有限。事實上，目前的國企改革，把重點放在了政府對國企的控制，而不是市場化改革。儘管習近平重申市場在資源配置的重要作用，但對於國企改革的描繪與此前沒有明顯差別，主要在產能整合、削減成本、發展混合所有制。2017 年以來，已推出多個國企混合所有制改革案例，估計國企改革可能逐步加速推進。

　　第三是土地和房地產市場改革。習近平在 2016 年曾說過：「房子是用來住不是用來炒的」，充分表達他對房地產市場的態度，就是要保持合理的房地產價格，要實現全體人民住有所居。在 2017 年底召開的年度中央經濟工作會議上，大陸政府進一步探討如何加速建立房地產市場的「長效調節機制」，以保證房地產市場的穩定和健康發展。

　　第四是完善農村基本經營制度，解決「三農」問題。首先關於土地承包制度，「十九大」報告提出，保持土地承包關係穩定並長久不變，第二輪土地承包到期後，將再延長三十年，這樣的政策信號，一般認為有利於穩定農民預期，更有利於推進農業的規模化經營，引導更多資金、技術、人才流入農村和農業。

　　其次是促進農村一、二、三產業融合發展，使產業鏈延長和向前後延伸，讓農民不僅能夠透過農、林、漁、牧業增加收入，也能夠透過農產品加工業、休閒農業等

二、三產業獲得更多收益；為農民實現在地化就業、規模化就業提供了可行路徑。

　　第五是繼續擴大經濟對外開放[12]。具體的作為，一是在深化沿海開放的同時，加大西部開發力度，促進中西部內陸和沿海地區成為開放的新高地；二是全面實行准入前國民待遇加負面清單制度，大幅放寬包含服務業在內的市場准入；三是繼續拓展對外貿易，培育貿易新業態、新模式，推進貿易強國建設；四是在開放平臺建設方面，將賦予自由貿易試驗區更大改革自主權，探索建設自由貿易港。「一帶一路」將成為對外開放政策的重要驅動力。

　　第六是加強生態環境保護。計畫發展清潔生產產業、清潔能源產業，加強水、大氣、土壤等汙染防治，發展綠色金融，並降低汙染排放。此外，還將設置國有自然資源資產管理和自然生態監管機構，環保政策收緊的趨勢不變。

　　「十八屆三中」全會以來所確立的改革藍圖，顯示大陸朝市場化努力的格局已經定調，不過，就實際操作層面的意義而言，後續發展仍有待觀察。其實，歷次「三中」全會都曾提出很好的「改革」方案，但是從結果論，每一次落實的時候總會打了一些折扣；習近平也曾公開表示，「制定出一個好文件，只是萬里長征走完第一步，關鍵還在於落實文件」。

　　阻礙大陸改革的藩籬主要有三個方面，一是意識形態阻力，二是既得利益者的阻撓，三是官僚主義慣性，其中尤以破除既得利益者的阻撓最為困難。

　　意識形態阻礙市場化改革之落實，主要是堅持國有經濟為社會主義經濟主體的思想。「決定」提出「保證各種所有制經濟依法平等使用生產要素、公開公平公正參與市場競爭」，但也同時重申「必須毫不動搖鞏固和發展公有制經濟，堅持公有制主體地位，發揮國有經濟主導作用，不斷增強國有經濟活力、控制力和影響力」，兩段論述顯然相互矛盾，令人不解如何落實「建立統一、開放、競爭、有序的現代市場體系」。

　　政府部門和國有企業是主要的既得利益集團。「決定」提出要讓市場機制發揮決定性作用，改革的結果勢必衝擊國有企業的市場壟斷地位，以及其在土地、融資等方面所享受的優惠。對政府部門而言，由於市場機制能有效調節的經濟活動將取消審批；同時，編製地方政府資產負債表、加強人大預算審核權力、規範徵地制度、縮小

---

[12] 孫韶華、屈凌燕，「十九大報告描繪開放新藍圖自貿試驗區啟動打造升級版」，2017 年 11 月 10 日，《經濟參考報》，http://finance.china.com.cn/news/20171110/4432098.shtml，2017 年 11 月 12 日檢索。

徵地範圍等改革，意味著政府部門的權力將大大受到限縮。

　　推進改革將削弱中共對經濟決策的掌控，對執政當局而言是一大難題，會議文件有關市場地位的字面調整，並不意味著大陸一定會減少政府對經濟活動的控制，充其量只是說：市場將在政府認為市場可以發揮有效作用的經濟領域扮演決定性角色。行政體制改革要求政府放權，但具體的作為包括成立國家安全委員會和設置中央全面深化改革領導小組，卻是中央收權。

　　官僚主義的慣性使改革受阻不容忽視，過往的經驗顯示，官員在表面上不太可能公然反對改革，但他們會以官僚主義的手法，使出拖字訣，終將使得改革進展遲緩。

　　過去三十多年，大陸經濟持續發展的同時，也形成盤根錯節的利益集團，特別是政府部門和國有企業集團，其既得利益因進一步改革而被削減，大力阻擾乃在預料之中。至於國有企業在眾多領域的壟斷地位，短期內似不太可能打破，因為大型國企以及其背後支持的各部委，具有巨大的政治影響力。

參考文獻

中共中央文獻研究室編（1991），《十三大以來重要文獻選編》（上），北京：人民出版社。

中共中央文獻研究室編（1996），《十四大以來重要文獻選編》（上），北京：人民出版社。

吳敬璉（2010），《當代中國經濟改革教程》，上海：遠東出版社。

吳敬璉（2013），「要小心既得利益集團阻撓改革」，**新浪網**，2013 年 12 月 5 日。

吳敬璉（2019），《中國經濟改革進程》，香港：香港中和出版社。

苗圩（2013），「推動國有企業完善現代企業制度」，**人民網**，2013 年 11 月 21 日。

馬凱、曹玉書（2002），《計劃經濟體制項社會主義市場經濟體制的轉軌》，北京：人民出版社。

孫韶華、屈凌燕，「十九大報告描繪開放新藍圖 自貿試驗區啓動打造升級版」，《經濟參考報》，2017 年 11 月 10 日。

高長（2014），「政府與市場的關係：平衡的困境」，《交流雜誌》第 133 期，頁 10～13。

高長（2014），「中國大陸經濟改革新趨勢研析」，《中共研究》第 48 卷第 1 期，頁 47～60。

高長（2018），「中共十九大政治報告的經濟面分析」，未發表論文。

楊叔進（2000），《中國：改革、發展與穩定》，北京：中國發展出版社。

閻茂旭（2018），《改革開放 40 年的中國經濟》，北京：中共黨史出版社。

鄒東濤、歐陽日輝（2009），《新中國經濟發展 60 年（1949～2009）》，北京：人民出版社。

第二章　大陸對外開放政策

　　在經歷了幾十年的閉關鎖國政策之後，自 1970 年代後期開始，大陸政府在推動經濟體制改革的同時，也開啓了對外開放政策。

　　大陸實行對外開放政策的動機，主要是因長期實行計畫經濟制度且閉關鎖國，與國際社會隔絕，造成科技水準落伍，經濟發展停滯，必須改弦更張。對外開放戰略的決策思維，無非是要加強與世界各國經貿交流，透過國際貿易、利用外資、人才交流等手段，學習先進國家企業管理經驗，促進大陸經濟發展，實現經濟現代化；利用國際市場，培育國際經貿人才；以開放促改革；透過開放發展生產力。

　　大陸的對外開放戰略依循漸進原則逐步推進。自從 1970 年代末期確定把對外開放做爲基本國策及經濟發展重要戰略之後，即從區域開放著手逐步擴大實施範圍。對外開放的初期是以沿海地區爲戰略開放重點，積極推動「參與國際大循環」，採取「兩頭在外、大進大出」的模式。

　　進入 1990 年代，除了延續執行沿海經濟發展戰略，對外開放的主軸，一是以上海浦東爲龍頭，進一步開放長江沿岸城市，試圖逐步把長江兩岸建成開放帶；二是加速內陸地區的開放步伐，進一步開放內地沿邊城市。

　　該項漸進式區域推進戰略，先從試點開始再逐步擴展到全面，並設置經濟／產業專區，譬如：經濟特區、經濟技術開發區、保稅區、高新技術開發區、出口加工區等多種形式的開放區域。

　　2001 年底，大陸在完成曠日廢時的談判後，正式加入世界貿易組織（WTO），談判期間所做出的各項改革開放承諾必須逐步兌現，中國大陸邁向全面開放的階段。

第一節　對外開放戰略的演進

　　由於大陸幅員遼闊，各地資源稟賦差異懸殊，初始先選擇從幾個沿海城市爲試點進行對外開放政策，一方面可以整合有限資源，達到專注的效益，另一方面也可以避免不確定性可能造成難以承受的衝擊。從試點累積執行的經驗，再逐步於其他地點擴大實施，以至於全面對外開放。

一、試驗性對外開放階段

　　1979 年 7 月，大陸政府決定對廣東和福建兩省實行對外開放的特殊政策。翌年 8 月，正式批准在深圳、珠海、汕頭和廈門，各劃出一定範圍區域，試辦經濟特區。按規定，特區內各類企業的自用貨物可以免繳進口關稅和工商統一稅；對於國外進口的商品，進口關稅和工商統一稅則可以享受減半徵收的優惠；特區內自產的商品在特區內銷售，工商統一稅也減半徵收。

　　繼 1980 年間開闢四個經濟特區之後，大陸政府又在 1984 年 5 月間，決定進一步開放大連、秦皇島、天津、煙臺、青島、連雲港、南通、上海、寧波、溫州、福州、廣州、北海、湛江等十四個沿海港口城市，隨後又在這十四個沿海開放城市中的十二個設立經濟技術開發區（上海和溫州未設置）[1]，允許這些開發區實行類似經濟特區的優惠政策。

　　1985 年 2 月，大陸政府又將對外開放的區域範圍擴大，包含了長江三角洲，珠江三角洲，閩南及廈門、漳州、泉州三角地帶的 51 個市、縣開闢為沿海經濟開放區。1987 年底，大陸中央政府提出沿海地區發展戰略，要求沿海地區「必須有領導、有計畫、有步驟地走向國際市場，進一步參加國際交換和國際競爭，大力發展外向型經濟」。1988 年 3 月，大陸國務院再度擴大了沿海經濟開放區的地域範圍，把天津、河北、遼寧、江蘇、浙江、福建、山東和廣西等省市自治區所轄的 140 個市縣，列入沿海開放區。同年度，海南改制為省，並決定設立為經濟特區。1990 年上半年，批准濟南市為對外開放城市，濟南市所轄地區併入膠東半島經濟開放區；同期間另宣布開發與開放上海的浦東新區。1991 年，大陸在北京設立高新技術產業開發試驗區的基礎上，再批准 21 個高新技術產業開發區為國家級高新技術產業開發區。

　　至此，大陸對外開放區域從沿海個別地區和少數城市，擴展到廣大的沿海地區；開放形式也由經濟特區擴展到開放城市、開放區，以及高新技術開發區等多種形式（表 2-1）。

---

[1]　上海先後於 1986 年 8 月在閔行和虹橋、1988 年間於漕河涇等地區，分別設立經濟技術開發區。

表 2-1　中國大陸地域對外開放的進程

頒布時間	對外開放城市（地區）
1980	4 個經濟特區（深圳、珠海、汕頭、廈門）
1984	14 個沿海開放城市
1985	3 個開放帶（長江三角洲、珠江三角洲、閩南沿海經濟開放區）
1988	海南島經濟特區，山東半島、遼東半島經濟開放區
1990	上海浦東新區
1992	15 個沿邊省區的省會、首府，17 個內陸省會城市、長江沿岸 5 個開放城市
1993	沿海省市對外開放的區域範圍進一步擴大
2010	喀什經濟特區
2013	上海自由貿易試驗區
2015	增設天津、福建、廣東等三個自由貿易試驗區
2017	增設遼寧、浙江、河南、湖北、重慶、四川和陝西等七個自由貿易試驗區
2018	增設海南自由貿易試驗區
2019	增設山東、江蘇、廣西、河北、雲南和黑龍江等六個自由貿易試驗區

資料來源：作者根據相關資料整理。

　　1980 年代，大陸沿海地區做為對外開放的門戶，挾著本身的區位優勢及北京中央授予的特殊政策，發揮了「內引外聯」的功能，成為連接內地與國際市場的樞紐。不只吸引眾多跨國企業帶來資金、先進技術和現代化管理模式，壯大當地經濟實力，同時將消化吸收的先進技術和現代化管理模式，逐步向內地轉移，促進內地經濟發展，發揮內外雙向輻射的作用。

二、全面對外開放階段

　　1990 年代初，大陸政府在 1980 年代所實行的「沿海經濟發展戰略」基礎上，進一步提出了對外開放的「四沿戰略」，除了「沿海」發展戰略是延續過去的模式，著重發展從渤海灣到廣西北部灣的整個沿海地區之外，新增「沿邊」、「沿江」、「沿線」的對外開放戰略。

　　「沿邊」是指重點發展邊境各省、區與鄰近國家的經貿交流和合作關係。自1992 年 3 月開始，先後開放內蒙古自治區的滿洲里、黑龍江省的黑河、綏紛河和吉

林省的琿春、廣西的憑祥市、東興鎮，雲南的河口縣、畹町市和瑞麗縣，新疆的伊寧市、塔城市和博樂市，內蒙古的二連浩特等市縣，以及這些市（縣）所在省（區）的省會（首府）城市，包括哈爾濱、長春、石家庄、呼和浩特、烏魯木齊、昆明和南寧等。沿邊開放城市和這些城市的省會（首府）城市都享受沿海開放城市的優惠政策。

「沿江」是以上海浦東新區爲龍頭，著重推動重慶市以下長江流域各省市的全面開放和發展。1992 年 8 月，大陸政府決定對蕪湖、九江、武漢、岳陽和重慶等五個城市實行沿海開放城市的政策，隨後又增加黃石、宜昌、萬縣、涪陵等城市，全面開放、發展長江中下游地區；同一時間，大陸政府也宣布開放太原、合肥、南昌、鄭州、長沙、成都、貴陽、西安、蘭州、西寧和銀川等 11 個內陸省會（首府）城市，享受沿海開放城市的優惠政策。

「沿線」是指沿歐亞「大陸橋」開放，及歐亞大陸橋在大陸境內的一部分，從東部港口至新疆阿爾泰山口這段鐵路的沿線地區。這段路線主要是從連雲港經隴海鐵路、蘭西鐵路銜接哈薩克斯坦的阿拉木圖，全長 4,200 公里，經過 6 個省區，爲大陸西北、西南地區通向歐洲和中亞、西亞等地區最便捷的陸上通道。

整體而言，1990 年代大陸對外開放，基本上是沿著三個方向展開的（圖 2-1）。首先是以上海浦東新區的開放和發展爲龍頭，進一步開放長江沿岸城市，逐步把長江流域建設成爲一條新的開放帶。1990 年 4 月，大陸政府正式宣布「在浦東實行經濟技術開發和某些經濟特區的政策，把浦東建設成爲一個現代化、外向型的工業基地」；同年 9 月，大陸國務院公布發展、開放浦東新區的九項具體政策規定，主要包括：《上海外資金融機構、中外合資金融機構管理辦法》、《關於上海浦東新區鼓勵外商投資減徵、免徵企業所得稅和工商統一稅的規定》、《鼓勵外商投資浦東新區的若干規定》等。1992 年 8 月，大陸國務院發出通知，決定進一步對外開放重慶等 5 個長江沿岸城市，以及成都等 4 個長江沿岸省會城市，實行沿海開放城市的政策。

其次是由沿海向內陸擴散，推動內陸省區的更加開放，並進一步開放內地沿邊城市，以及內陸地區省會（首府）城市，實行沿海開放城市的優惠政策。這些內陸省會城市連同前項沿江城市，涉及 17 個省、自治區和 30 多個城市，橫跨大陸中部、西部兩個經濟地帶，是整個大陸重要的經濟腹地。

第三是沿海省市進一步擴大對外開放的區域範圍，例如：福建省於 1993 年 1 月間，經國務院批准將三明、南平、龍岩等三市及寧德地區的福安市、福鼎縣列入沿海經濟開放區；福州經濟技術開發區由原來 4 平方公里延伸擴大到 10 平方公里；另同

資料來源：http://www.13872235577.com/lanmu58/aritcle628.html

圖 2-1　中國大陸對外開放格局圖

意設立東山經濟技術開發區等。又如 1993 年 5 月，大陸國務院同意設立杭州蕭山、廣州南沙、惠州大亞灣經濟技術開發區，規劃面積都不超過 10 平方公里。

　　進一步開放沿邊、沿江和內陸地區部分城市，已使得自 1980 年代初開始推動的沿海開放，由南向北、由東向西擴大推進。結果，對外開放由「點」（經濟特區）到線（沿海開放城市），再發展到「面」（開放區、「四沿」開放），逐漸形成沿江 6 個城市和所有內陸各省省會、自治區首府城市、沿邊 13 個城市，形成了「經濟特區—沿海開放城市—沿海經濟開放區—沿江和內陸開放城市—沿邊開放城市這樣一個多層次、多領域、多元化、全方位的對外開放新格局。開放的戰略重心由體制試點向全面制度建設轉型。

　　為了促進區域協調發展，提高吸收外商投資的質量，引進更多的先進技術，積極

在各省、市、自治區的省會或首府等中心城市，在沿海開放城市和其他開放城市建設國家級經濟技術開發區。1984 年至 1988 年間，大陸國務院批准在沿海 12 個城市建立了 14 個國家級開發區。自 1992 年開始，國家級開發區高速發展，由特區、經濟技術開發區、保稅區、出口加工區、高新技術產業開發區、邊境經濟合作區、沿江沿邊開放地帶、省會城市等構成的多層次開放格局已經形成。

根據《中國開發區網》公布的數據，到 2018 年 5 月，中國大陸共設立 569 個國家級開發區，其中包含 219 個經濟技術開發區、156 個高新技術產業開發區、63 個出口加工區、57 個綜合保稅區、12 個保稅區、17 個邊境經濟合作區、12 個綜合配套改革試驗區和 33 個其他類型開發區和試驗區[2]。

對外開放的政策內容主要包括三項，一是擴大這些城市企業對外經濟活動的自主權，並給予外資企業一定的優惠政策，例如：特區企業的進口均免徵關稅，同時享受較低的所得稅政策；二是為外商提供更加優惠的投資環境，例如：對於外資企業生產的某些高技術產品，允許內銷，以市場換技術；擁有較大的經營活動自主權和管理權限；三是為企業技術改造給予特殊政策的支持。經濟特區、開放城市和開放區可享受的政策，主要包括擴大當地政府利用外資的審批權、積極支持出口創匯行業、給予「三資企業」稅收優惠、下放外資企業審批權、擴大金融信貸權等方面。

三、融入國際經濟體制階段

積極融入國際經濟體系、逐步接軌國際經濟體制，是對外開放戰略的重點。1986 年 7 月間正式向關稅暨貿易總協定（General Agreement on Tariffs and Trade, GATT）提出申請加入；自 1995 年起，啟動與 WTO 中要求與中國大陸談判的 37 個締約成員之談判，一直到 2001 年 9 月中完成談判。

2001 年 12 月，大陸正式成為 WTO 第 143 個締約成員，對外開放進入嶄新階段。

---

[2] 國務院批准設立的國家級開發區，2006 年之前，大致有經濟技術開發區、高新技術產業開發區、保稅區、出口加工區、邊境經濟合作區和其他類型開發區（如工業園、台商投資區、經濟開發區、互市貿易區、國家旅遊度假區、保稅物流園區、跨境工業區、保稅港區等）；自 2007 年以後，又創設了新的開發區種類，例如：綜合保稅區、綜合配套改革試驗區、其他試驗區（如海陸試驗區、華僑試驗區、沿邊試驗區、金融試驗區等）。其中，出口加工區、保稅物流園區、跨境工業區、保稅港區、保稅區和綜合保稅區等六類開發區，都屬於海關特殊監管區域。參閱鳴謙，「解讀：我國到底有多少種開發區」，2018 年 6 月 7 日，知乎網，https://zhuanlan.zhihu.com/p/32598993，2020 年 2 月 28 日檢索。

加入 WTO，不只使大陸擴大了對外開放，在更大的範圍、更廣泛的領域參與國際經濟合作與競爭，而且對外開放的模式也呈現巨大的變化，由自主單邊轉向 WTO 各成員間的相互開放；由按大陸政府制定的政策推動開放，轉向按照 WTO 的規則開放；由被動接受國際經貿規則，轉變爲主動參與國際經貿規則制定。

　　加入 WTO 成爲全球性經貿組織的一員，對於中國大陸擴大對外開放、促進國內改革發展具有重大意義。對外開放的領域不斷擴大，服務業成爲這一階段對外開放的重點領域。2002 年 3 月公布新修訂的《外商投資產業指導目錄》，鼓勵類的項目從 186 項增加到 262 項，限制類的項目則從 112 項減少爲 75 項。此後，大陸進一步開放了銀行、保險、商業、外貿、旅遊、電信、運輸、會計、審計、法律等服務業領域，在地域、數量、經營範圍、股權等方面擴大開放。

　　爲符合 WTO 架構下非歧視、公開性、公平競爭、市場開放、透明性等規範的要求，加入 WTO 後，逐步取消不符合 WTO 規定的優惠政策，逐步削減關稅和非關稅關壘，推動貿易、投資與金融等領域的自由化，按照多邊自由貿易架構的規定對其他 WTO 成員開放市場；清理、修訂和頒布與涉外經濟、貿易、投資和智財權有關的法律、法規；取消和調整行政審批項目。2004 年 4 月，全國人大常委會通過修訂後的《對外貿易法》，將實行了五十年的外貿權審批制改爲登記制。取消大量內部文件，推行陽光政務，公布了所有與貿易有關的法律法規。

　　值得一提的是，自 2002 年開始，中國大陸的對外開放戰略，已逐漸從「引進來」爲主，轉變爲「走出去」與「引進來」並舉。「走出去」戰略，主要是鼓勵和支持有比較優勢的各種所有制企業對外投資，帶動商品和勞務出口；積極參與區域經濟交流和合作。2005 年開始實施的「十一五規劃」，提出支持有條件的企業「走出去」，按照國際通行規則到境外投資，鼓勵境外工程承包和勞務輸出，擴大互利合作和共同發展；從此，對外直接投資由個案審批轉爲備案制，只有對重大項目和限制類項目實行核准制。

　　2007 年 10 月，中共「十七大」報告揭示奉行「互利共贏」的開放戰略，將繼續按照通行的國際經貿規則，擴大市場准入，依法保護合作者權益；支持推進貿易和投資自由化、便利化、透過磋商協作處理經貿摩擦。爲落實互利共贏的開放戰略，大陸政府支持和鼓勵有條件的企業對外投資與跨國經營，積極參與各種形式的國際經濟技術合作；同時也積極參與全球重要經貿政策的制定和協調，試圖在建立公正合理的全

球經貿體制中扮演重要角色。在區域層次上，積極、有選擇地推進自由貿易區發展；在雙邊關係中，努力改善與大國的經貿關係，完善與主要經貿夥伴之間的貿易救濟合作機制；透過企業「走出去」，採用貿易、投資、財政與技術援助、人力資源開發等多種方式，加強與發展中國家的經濟合作，促進共同發展。

中共「十八大」以來，積極建構開放型經濟體制，擴大對外開放。2013 年 11 月，中共「十八屆三中」全會審議通過《關於全面深化改革若干重大問題的決定》（以下簡稱為「決定」），其中涉及對外開放政策的部分，強調「必須推動對內對外開放相互促進，引進來和走出去更好結合，促進國際國內要素有序自由流動」、「加快培育參與和引領國際經濟合作競爭新優勢，以開放促改革」，同時要「推動內陸貿易、投資、技術創新協調發展」，「加速沿邊開放步伐」；未來將更積極參與多邊貿易體制、自由貿易區、投資協定等各項談判，參與制定新一輪國際規則，從國際經貿規則的遵守者向參與者、制定者轉變。

此外，為創造國際經濟合作競爭新優勢，「決定」強調要「統一內外資法律法規，保持外資政策穩定、透明、可預期」，放寬外商投資准入；未來將「擴大企業及個人對外投資，確立企業及個人對外投資主體地位」，加快「走出去」的步伐，以增強企業全球價值鏈整合與國際化經營能力；另將積極投入自由貿易區建設，最主要的用意在於，透過簡政放權，推動民營經濟發展和金融改革，「以開放倒逼改革」的方式推動新一輪改革，並為未來加入較高標準的國際自由貿易協定累積經驗。

2013 年 9 月間，選在上海設立大第一個自由貿易試驗區。自由貿易區是大陸海關特殊監管區域最高等級的型態，在園區範圍和政策上幾乎可以涵蓋出口加工區、保稅物流園區、跨境工業區、保稅港區、保稅區和綜合保稅區等六類開發區。以上海自由貿易區為例，涵蓋了上海外高橋保稅區、外高橋保稅物流園區、洋山保稅港區、上海浦東機場綜合保稅區、金橋出口加工區、張江高科技園區和陸家嘴金融貿易區等。其目標定位為高度開發，包括貨幣自由兌換在內的自由貿易園區。

自 2015 年開始，大陸又陸續新增廣東、天津、福建、遼寧、浙江、湖北、河南、重慶、四川、陝西、海南、山東、江蘇、廣西、河北、雲南、黑龍江等自由貿易試驗區（表 2-2）。各自貿試驗區有不同的發展目標定位，例如：山東自貿區聚焦發展海洋經濟，培育東北亞水產品加工和貿易中心，提升海洋國際合作水準；江蘇自貿區推動科技與產業融合，促進積體電路、人工智能、生物醫藥、奈米技術應用等產業創新發展；廣西自貿區定位建構國際陸海貿易新通道，深化沿邊對外開放，推動跨境

表 2-2 大陸自由貿易試驗區一覽表

面積：平方公里

名稱	批准時間	涵蓋片區	面積	所屬地區
上海	2013.09.29	陸家嘴金融貿易、金橋開發、張江高科技	120.72	華東
天津	2015.04.21	天津港、天津機場、濱海新區中心商務	119.90	華北
福建		平潭、廈門、福州	118.04	華東
廣東		廣州南沙新區、深圳前海蛇口、珠海橫琴新區	116.20	華南
遼寧	2017.04.01	瀋陽、大連、營口	119.89	東北
浙江		舟山離島、舟山島北部、舟山島南部	119.95	華東
湖北		武漢、宜昌、襄陽	119.96	華中
河南		鄭州、洛陽、開封	119.77	華中
重慶		兩江、西永、果園港	119.98	西南
四川		成都天府新區、成都青白江鐵路港、川南臨港	119.99	西南
陝西		西安中心、西安國際港務區、楊淩示範區	119.95	西北
海南	2018.10.16	全區	33,920	華南
上海擴大	2019.07.27	臨港新片區	119.50	華東
山東	2019.08.26	濟南、青島、煙臺	119.98	華東
江蘇		南京、蘇州、連雲港	119.47	華東
廣西		南寧、欽洲港、崇左	119.99	華南
河北		雄安、正定、曹妃甸、大興機場	119.97	華北
雲南		昆明、紅河、德宏	119.86	西南
黑龍江		哈爾濱、黑河、綏芬河	119.85	東北

資料來源：維基百科。

貿易、跨境物流、跨境勞務合作等發展；河北自貿區支持生物醫藥和生命健康產業開放發展；福建自貿區的目標定位則是：增強臺閩合作，拓展海上絲綢之路相關國家合作的深度和廣度。

此外，面對國際區域經濟整合潮流，中國大陸積極推動與主要貿易夥伴洽簽自由貿易協定（Free Trade Agreement, FTA），譬如：東協、韓國、新加坡等，還有區域全面經濟夥伴協定（Regional Comprehensive Economic Partnership, RCEP）──包含16個國家的巨型FTA；也積極推動「一帶一路」建設，拓展國際產能合作，促進建

成跨境產業鏈和區域之間互聯互通，加速自由貿易區建設，因應全球高標準自由貿易區網絡。截至 2019 年 5 月，中國大陸已與 25 個國家和地區完成了 17 個 FTA，另正在談判的 FTA 尚有 12 個。

第二節　外貿體制改革之進程

改革開放前的大陸對外貿易體制，是計畫經濟體制下國家壟斷制的保護貿易，其主要特徵是高度集中行政管理為主。在對外貿易經營方面，由中央的外貿部統一領導、統一管理，外貿各專業公司統一經營，其他任何機構都無權經營進出口業務，實行指令性計畫和統負盈虧的高度集中體制。內陸省、市外貿分支機構僅負責出口貨源的組織、收購、調撥、運輸等活動，不能直接從事進出口業務；而有進出口權的外貿公司並不具有經濟自主權。

另外，在外貿財務管理體制方面，也是採集中管理的制度，由外貿部統一核算並由財政部統收統支、統負盈虧。關於外匯體制，人民幣的幣值是人為設定的，且不可兌換，除非得到特批，但獲得批准非常困難。

自 1979 年開始迄今，大陸配合對外開放政策進行對外貿易體制改革，大致可以分為兩大時期四個階段觀察。第一個時期（1979～1993 年）是從計畫控制手段向國際慣用的許可證、配額及其他數量控制（也稱為商業手段）轉變；第二個時期（1994 年以後）是從商業控制手段轉變為市場化手段。

第一階段的改革由 1979 年到 1987 年，改革的核心內容是「簡政放權、政企分開」，「放權讓利」，基本的精神為，一方面對外貿易經營管理權和外匯審批使用權，由中央向地方、由外貿部向其他部門、由政府向企業下放；另一方面配合以商品出口退稅、外匯留成等方法，克服過去外貿壟斷經營的弊病。

改革的重點內容包括下列幾項：

第一、逐步打破對外貿易壟斷制。首先是下放外貿審批權。中央政府逐步擴大地方政府和中央行業部對外貿企業和出口生產企業外貿經營權的審批權，例如：允許國務院所屬中央部委成立各類領域的進出口公司，將原來外貿部所屬進出口公司經營的一些商品，分散到有關部門經營。又如，擴大地區對外貿易經營權，允許廣東、福建、北京、天津、上海、遼寧等省市分別成立外貿總公司。

　　第二、探索工貿結合、技貿結合和農貿結合的途徑。隨著外貿經營權下放，逐步改變了外貿計畫全部由外貿專業公司承擔的局面。不過，在出口計畫中，指令性計畫逐漸減少，指導性計畫則逐漸增加。自 1985 年起，外經貿部不再編製、下達外貿收購和調撥計畫，企業開始享有外貿的自主經營權，多種形式的工貿結合陸續出現，例如：外貿公司和工業企業聯合出口、工業企業和外貿企業共同投資建立工貿公司等，使得生產企業開始直接面對國際市場。

　　第三、加強宏觀調控體制建設。恢復實施進出口許可證管理、配額管理等行政管理手段，加強了關稅管理，並開始運用匯率、外匯留成、出口補貼、出口退稅等手段鼓勵出口貿易發展。

　　第四、推行代理制，設立海外貿易機構。1980 年，外貿專業總公司對部分出口產品由收購制改為代理制；1984 年，大陸國務院正式提出實行進出口代理制。代理制是指外貿企業代理生產、訂貨部門辦理進出口業務，收取一定的服務費用，盈虧由被代理單位自行負責。為擴大出口，外貿專業公司積極在主要海外市場設立常駐代表機構，自 1980 年起，先後在日本、英國、法國、美國等 17 個國家設立了貿易中心。

　　這些改革措施的特徵，是對進出口貿易仍保持嚴格控制，只是手段上已由過去的指令性計畫控制，改變為許可證、配額等行政管理的商業控制；同時，對出口貿易的鼓勵，降低了傳統貿易體制對出口的歧視，打破了國內市場與國際市場長期隔絕的現象。

　　第二階段的改革由 1988 年到 1993 年，改革的核心內容是全面實行外貿承包經營責任制及加強出口鼓勵政策。首先，該項外貿承包制要求各省、自治區、直轄市、計畫單列市政府及各專業外貿公司、工貿總公司分別向中央承包出口收匯、出口換匯成本和盈虧等三項指標，承包指標一定三年不變。1988 年 2 月，大陸國務院公布《關於加快和深化對外貿易體制改革若干問題的規定》，全面推行外貿承包經營責任制，目的在於擴大出口創匯能力，以及減輕中央財政對外貿出口的負擔。

　　其次，各專業外貿總公司和部分工貿公司的地方分支機構與地方財政掛鉤，把承包落實到外貿企業和生產企業，盈虧由企業自負。此外，進一步擴大了企業的外匯留成比例。1988 年，大陸中央取消了用匯指標的控制，對於超計畫出口的外匯大部分留給企業，企業對分得的留成外匯可以自主支配使用；同年，在各省、自治區、直轄市、計畫單列市、經濟特區和沿海重要城市建立了外匯調劑中心，為企業買賣外匯提供便利。同時，在輕工、工藝、服裝等三個外貿行業，實行自負盈虧的改革試點。

　　第三，1988 年實行全面的出口退稅政策，對實行增值稅的產品按增值稅率實行全額退稅，對實行產品稅的產品按綜合退稅率實行一次性退稅；鼓勵來料加工、進料加工的出口，發展出口商品生產基地及擴大出口信貸等。

　　1988～1990 年三年所實行的外貿承包經營責任制，改變了完全由中央財政統負外貿盈虧的局面。然而，由於當時人民幣匯率高估和國內外價格落差大等體制原因，外貿企業仍然無法完全落實自負盈虧，因此，中央財政對外貿的補貼，不得不繼續保留。更嚴重的是，大陸政府對不同地區和不同企業規定了不同的承包基數、不同的補貼標準和不同的外匯留成比例，不但造成了地區間、企業間的不平等競爭，而且也使得各地區為完成承包出口指標，對內進行各種搶購大戰，演變成地區和地區封鎖；對外出口則競相削價，造成惡性競爭，企業的短期行為普遍存在。

　　自 1991 年開始，大陸實行新一輪的外貿承包。該項承包制度最顯著的特徵是，取消了中央對外貿企業出口的補貼，實行全行業的自負盈虧改革。同時，實施匯率貶值，改變外匯留成辦法，由過去按地區實行不同比例留成改為按大類商品實行統一比例留成。此外，大陸政府開始對進口體制進行大幅改革，主要包括降低關稅水準、取消進口調節稅、削減進口配額和許可證、縮減計畫管理範圍、取消進口替代清單等。這些改革措施，使大陸長期實行的保護貿易政策，開始初步向自由貿易方向發展。

　　第三階段的改革從 1994 年到 2001 年。前面兩個階段的外貿體制改革，重點在於「放權」、「讓利」，嚴格說來，並沒有擺脫傳統外貿體制的色彩。1994 年 1 月 1 日，大陸國務院公布《關於進一步深化對外貿易體制改革的決定》，提出新時期外貿體制改革的目標是：統一政策、放開經營、平等競爭、自負盈虧、工貿結合、推行代理制，建立適應國際經濟貿易通行規則的外貿機制。

　　為加快市場經濟體制之建立，1994 年以後，大陸政府連續對關稅及非關稅壁壘措施進行大幅度削減，使價格機制的作用逐步取代數量限制手段，逐漸邁向貿易自由化。同時，外匯管理也走向市場化。自 1994 年開始，實行多年的雙軌制匯率實現了併軌，建立了以市場供需關係為基礎的、單一的、有管理的浮動匯率制度；取消外匯管制，實現人民幣經常項目下的可兌換；取消了外匯留成、出口企業外匯上繳和額度管理制度，實行國家銀行，統一結售匯制度，逐步建立統一規範的外匯市場。這些改革大幅提高了對外貿易的自由化程度，匯率併軌後，建立在外匯額度留成制上出口自負盈虧的外貿承包經營責任制，也就自然不存在了。

　　貿易體制的自由化，同時表現在外貿經營主體日趨多元化的方向。隨著外貿行業

進入壁壘逐步取消，大批外資企業進入，逐漸占據了大陸對外貿易的半壁江山；另一方面，大陸政府加快賦予生產企業、科研院所自營進出口權，授予商業流通企業、物資企業及私營企業進出口經營權，並在深圳等經濟特區實行對外貿易經營權自動登記制度，這些措施促進了外貿經營主體多元化發展。

此外，這段期間，大陸中央加強對外貿易法制化管理，頒布了《對外貿易法》。該法自1994年7月1日開始實施，是大陸規範對外貿易的基本法。在此基礎上，《進出口管理條例》、《出口商品管理條例》、《反傾銷和反補貼條例》及《處罰低價出口行為條例》等法規相繼頒布實施，逐漸建立了對外貿易法制。

在對外貿易宏觀管理方面，大陸一方面強化經濟調控手段，例如：成立進出口銀行，為資本財貨之出口提供信貸支持；大幅降低進口關稅，減少進口配額許可證的範圍；對出口貿易實行銀行保證金結帳制度；國有外貿企業所得稅統一稅率33%。另一方面也改革行政手段，例如：取消所有貿易的指令性計畫，實行指導性計畫；逐步取消賦予生產企業自營進出口權的審批制，實行在一定條件下的登記制試點；繼續推行外貿代理制等。這些改革措施促使大陸以匯率、關稅和信貸等經濟手段為主的外貿宏觀調控體系逐步建立。

第四階段的改革自2002年開始至今。重點在於逐步推進對外貿易機制市場化，取消地方政府在對外貿易發展中的行政指令行為和指標考核；對外貿易運行逐步自由化；對外貿易管理逐步法制化。

2001年11月，大陸加入WTO，配合WTO規則的要求及履行加入WTO的有關承諾，大陸政府做了許多工作。首先是清理和修訂法律法規，範圍涉及貨物貿易、服務貿易、智慧財產權保護和投資各方面。例如：2004年4月，十屆人大八次會議通過修訂《對外貿易法》，將實行了五十年的外貿權審批制改成登記制；同時，修正和補充了外貿經營權、貿易調查、貿易救濟、智慧財產權、外貿秩序和外貿處罰等方面的內容，增加了「對外貿易調查」的相關內容。該法已於同年7月1日正式實施。

其次是提高了外貿政策的透明度。按加入WTO有關透明度的承諾，大陸應在指定的官方雜誌上公布貿易改革和措施，在實施之前，允許公眾進行評論；應建立貿易改革諮詢點，對新的貿易措施提供解釋，應在三十天內，特殊情況不得遲於四十五天對大部分諮詢做出回答。為履行承諾，大陸在質檢總局設立技術性貿易壁壘和衛生與植物衛生措施諮詢點，定期向WTO通報情況，執行貿易政策諮詢業務。另外，大陸國務院也明確規定：今後各級政府部門制訂的與貿易、投資有關的規章和改革措施，

都必須在指定的刊物上公布，不公開的不能執行。

第三是大幅度降低關稅。加入 WTO 之後，大陸根據各國在「烏拉圭回合」談判中達成的降稅模式，大幅降低關稅。據估計，關稅總水準已由 1992 年的 42.7% 降至 2005 年的 10.1%。

第四是調整出口退稅政策。自 1988 年開始實行的出口退稅政策，在 1994 年實行分稅制後，出口退稅全部由中央財政負擔。2003 年 10 月，大陸宣布改革出口退稅制度，具體內容包括：降低出口退稅率、增加中央財政對出口退稅的支持力度、建立中央和地方共同負擔出口退稅的新機制。

第五是實施「科技興貿」戰略。1999 年初次提出該戰略，其核心內容為：大力促進高新技術產品出口、利用高新技術改造傳統產業、優化出口商品結構、提高出口商品附加值、增強國際競爭力。2006 年間，大陸實施《科技興貿「十一五」規劃》，特別強調自主創新機制之建立和提升企業自主創新能力，以電子信息、醫藥和軟體等為未來五年科技興貿戰略的重點產業領域，並決定從改善貿易環境、培育出口主體、擴展出口市場等方面採取具體措施。

第三節　利用外資政策之調整

為了引進外資，大陸自 1979 年開始採取了一系列的政策措施，一方面希望改善與世界各國的關係，從各國政府及國際金融組織獲得貸款；另一方面則希望改善本身的投資環境，創造商業機會，吸引各國廠商到大陸直接投資。

一、起步階段（1979～1986年）

1979 年 7 月，大陸公布施行《中外合資經營企業法》（以下簡稱「合資法」），這是大陸第一部為吸引外商直接投資的法律，對合資企業的投資方式、董事會組成、工會組織和活動、利潤分配、外匯業務、原材料購買、稅務、合營期限和合同糾紛之解決等，都做了規定。「合資法」的實施，充分展現了大陸透過立法吸引外商投資的決心與魄力。在隨後（1983 年 9 月）公布的《中外合資經營企業法實施條例》（以下稱為「實施條例」）中，對於企業的設立與登記、出資方式、董事會與經營管理機構、稅務、外匯管理、勞動管理、經營期限、解散與清算等事項，以及外資可以投入

的行業，都有具體的規定。

　　除了「合資法」，大陸政府又先後公布實施多項配套的法規，包括《外資經營企業所得稅法》、《個人所得稅法》、《外匯管理暫行條例》、《中外合資經營企業登記管理辦法》等；1985 年，大陸財政部發布了《中外合資經營企業會計制度》。這些有關利用外商直接投資的法規，頒布實施的目的在於營造一個良好的外資法律環境。

　　在此期間，大陸政府設立利用外資的試點地區，譬如：經濟特區、沿海開放城市、開放區等，並實行一系列特殊優惠政策吸引外商投資，主要包括土地利用年限、土地使用費和繳納方法，以及進口設備和原料的稅務、特區企業所得稅等方面的優惠。同時，中央又投入大量的經費，對當地進行大規模的基礎設施建設；擴大地方對外商投資項目的審批權限。

二、逐步發展階段（1986～1991年）

　　在此期間，大陸又陸續公布實施了多項法令規章，其中，較爲重要的有：《關於鼓勵外商投資的規定》（以下簡稱「國務院二十二條」）、《外資企業法》，以及《中外合作經營企業法》等。「國務院二十二條」顯示中國大陸的外資政策將配合工業化和總體經濟發展戰略，有計畫地吸收外資，並引導外資流向。《外資企業法》和《中外合作經營企業法》的頒布實施，則使各種形式的外商投資企業的生產經營活動和正當權益，都有了基本法規保障。

　　「國務院二十二條」的內容主要包含兩項，第一是明確提出出口型企業、技術先進型企業和能源、交通、通訊等社會基礎設施和基礎工業是吸引外資的重點；第二是吸引外資及引導外資投向的方式，由過去單獨地提供租稅減免優惠，轉爲從政治、經濟、社會各方面全面改善投資環境著手。

　　爲了配合此項政策，大陸對外資的各種優惠，已由過去的只從地域考量給予差別待遇，轉向地區與產業並列考量。中國大陸爲了讓某些老工業基地和中心城市具備較好的經濟、技術條件，能多吸收外資、引進較高水準的技術，下放了一部分外資審批權力[3]。另一方面，大陸對出口型企業和技術先進型企業均給予特別的租稅優惠，不

---

[3]　譬如：上海、北京和天津可自行審批 3,000 萬美元以下投資項目；大連可自行審批 1,000 萬美元以下項目，其他省市的審

論企業設立的地點是否在經濟特區、沿海開放城市和經濟技術發展區或在內地。

「國務院二十二條」的頒布實施，對大陸外商經營環境的改善，確實產生了一些效果，尤其是有利於出口型與技術先進型企業。從事進口替代型的企業一直為外匯不能平衡感到困擾，這一項法規提供了法源，准許外商投資企業和大陸的國營企業相互調劑外匯餘缺。

此外，大陸政府亦允許技術先進型外商投資企業擴大其產品的內銷比率，內銷產品並准以外匯計價，同類產品則限制進口。還允許外商投資企業以「綜合補償」的辦法來自行實現外匯平衡[4]。進口替代型企業也可以用其人民幣利潤，收購其他企業的產品供出口並賺取外匯。其次，由於外資企業是計畫外的經營實體，不能得到國家計畫調撥的原材料、能源和人才的供應，大陸當局乃允許外資企業自行招聘人才，並在各地設立外商投資企業物資中心，供應外資企業所需原材料及電力等。

為了加強對外資流向的引導和篩選，大陸國務院在 1989 年 3 月公布了《關於當前產業政策要點的決定》，提出外商投資審查標準。該項決定指出，鼓勵外商投資的重點為：產品適應國內外市場需要，而國內不能生產者；可以擴大出口者；經濟效益高、技術先進者；能源、交通運輸和原材料工業急需者。另外，該項決定也明確指出對某些投資項目，國內已經在開發或生產的、沒有出口競爭力的、不提供先進技術的、外匯不能自行平衡的，以及零配件依賴進口、產品主要在國內銷售的加工組裝生產線等，將限制投資。這個審查標準與「合資法」和「實施條例」等文件中公布的行業選擇標準相比，似較明確且具體些。

另一方面，在這一段期間內，大陸當局進一步擴大下放給沿海各地審批外資的自主權，除北京、上海和天津三個直轄市外，廣東、福建兩省亦獲授權審批 3,000 萬美元以下的投資項目，遼寧省自行審批的權限也由 500 萬美元提高到 1,000 萬美元。同時，對外資的審批和行政管理工作也有很大的改進。以上海市為例，試行「一站式」服務，成立外商投資工作委員會，讓外商在同一窗口、同一機構辦理各項必要手續；審批所需時間之規定，也由原來的最少三個月，減為最多不能超過四十五天。

進入 1990 年代，為因應「六四天安門事件」造成外商投資躊躇不前，乃積極探

批權上限金額為 500 萬美元。

[4] 外商投資企業如屬生產性企業，因外匯來源暫時存在困難時，可在一定期限內申請購買國內產品出口，賺取外匯，進行綜合補償。

取一些作為。其中較重要者包括：

（一）進一步擴大外國投資者在大陸投資企業的經營自主權。修改「合資法」，除放寬合資期限規定外，合資企業的董事也不再規定必要由中方人員擔任。同時，還明確表示不對外商投資企業實行國有化，因社會需要而必須實行國有化時，也會有相應的賠償。

（二）協助外商投資企業解決資金融通問題。專案撥款 4 億人民幣貸給外商投資企業從事固定資產投資；放寬對外商投資企業流動資金的貸款。

（三）允許外商在各地從事土地連片開發。外國投資者經由競標程序取得土地，在承租有效期間內，可享有開發使用的自主權。

（四）宣布開發上海浦東新區。由於上海是大陸上傳統的工商業中心，具有優越的經濟、技術條件，浦東新區的開發，象徵大陸政府在 1990 年代對外開放的重點，對於外商赴大陸投資深具吸引力。

(五) 外商投資項目的審批權限下放，進一步放寬。

1992 年初，鄧小平南巡倡導「加速改革、擴大對外開放」，大陸各地熱烈響應，外商到大陸投資再度掀起高潮。對外開放之「擴大」，主要包含兩項內容，一是擴大開放的領域，即指外商到大陸投資的行業，除製造業外，百貨商場等第三產業也准許外商投入，同時外商投資企業產品內銷，基本上也不再予限制。二是擴大開放的地域範圍。大陸當局提出「四沿」戰略，把對外開放的地域由過去的沿海地帶，擴大包含了沿（長）江、沿邊（境）地帶和沿線（指歐亞大陸橋在大陸境內的陸路）。為了吸引更多的先進技術型企業到大陸各地投資，大陸當局又積極關建了許多「經濟技術開發區」、「高新技術產業開發區」、「保稅區」、「出口價工區」等。

三、高速發展階段（1992～2001年）

1992 年，鄧小平南巡發表重要談話和中共「十四大」決定建立社會主義市場經濟體制之後，大陸外商直接投資進入一個嶄新的階段。在政策上，首先，大陸進一步擴大對外開放領域。從 1992 年起，曾被禁止外資進入的商業、金融、保險、航空、律師和會計師等行業，允許進行試點；曾被限制外資進入的土地開發、房地產、賓館、信息諮詢等領域逐步放開。其次是進一步擴大鼓勵外商對內陸地區投資，對內陸地區政府下放一部分外商投資項目的審批權，原則上與沿海開放地區一律平等；對內

陸地區採取和沿海地區相同的外商優惠政策。

　　爲了引導外資投向，使之更符合大陸的產業政策和經濟發展戰略，大陸政府於 1995 年 6 月間頒布《指導外商投資方向暫行規定》和《外商投資產業指導目錄》，對鼓勵、允許、限制和禁止外商投資的項目作出明確規定；其中，鼓勵外商投資項目包括：農業、能源、交通、主要原材料、高新技術、資源利用等領域，以及中西部地區的合理開發等；限制外商投資項目包括國家級吸收外資試點行業、實行專賣的行業、國內已開發或引進技術並已能滿足國內需求的項目，以及從事稀有、貴重礦產資源探勘開採等方面的項目；禁止外商投資項目則包括危害國家安全或損害社會公共利益、汙染環境等方面的項目。這是大陸政府第一次以法規形式將引進外商直接投資的產業政策公諸於眾。

　　另外，《指導外商投資方向暫行規定》還提到，對於少數關係到國計民生的產業及項目，必須由國有資產投資在股份有限公司形式的項目中占控股地位、在有限責任公司形式的項目中占控股地位、在有限責任公司形式的項目中註冊資本的比例占百分之五十以上。

　　在國內商業和對外貿易領域，由試點逐步對外商開放。自 1992 年在北京、天津、上海、大連、青島、廣州等 5 個地區試點開放外商投資商業零售企業；對外貿易方面，允許在沿海城市的保稅區內設立外商投資的外貿公司，從事轉口貿易。

　　大陸於 1996 年頒布實施《關於設立中外合資對外貿易公司試點暫行辦法》，允許外商參與進出口貿易行業，顯示國有外貿企業的獨占局面不再存在，同時也象徵大陸的外貿體制進一步向國際靠攏。

　　其次，在商品流通領域中，除了商業零售、批發和物資供銷對外商投資尚有限制，其他在市場基礎設施（如倉儲、運輸流通、物資流通等經營設施）、市場信息設施、市場服務行業等領域，均鼓勵外商投資。

　　第三是對外資銀行實行「國民待遇」。過去大陸吸引外資的主要手段是租稅優惠，以及進出口經營權、信貸和使用外匯方面的優惠。這些優惠對刺激外商的投資意願確曾發揮相當大的作用，不過卻也因此造成一些問題，譬如：出現「假外商」，造成稅收流失、內資企業處於競爭劣勢等，而外商企業在某些方面享受較低國民待遇，如各種生產服務價格、產業投向及信貸限制等，抵消了租稅優惠所得到的利益，則迭有怨言。

　　1990 年代末期，受到亞洲金融風暴的影響，外商對大陸直接投資出現停滯的現

象，大陸政府引進外資的政策順勢做了一些調整。首先，自 1998 年開始，加強鼓勵外商投資企業從事技術開發和創新，譬如：對外商投資設立的研發中心，自用設備及其配套的技術、配件和備件可免徵進口稅和進口環節稅；外國企業向大陸境內轉讓技術，可免徵營業稅和免徵企業所得稅等。

其次是積極鼓勵並引導外商到中西部地區投資。1997 年 12 月，大陸修訂了《外商投資產業指導目錄》，將能夠發揮中西部地區的人力、資源優勢，並符合中央產業政策的項目列為鼓勵外商投資領域；對於被列為限制外商投資的項目，但卻能夠發揮中西部地區資源優勢並符合產業政策的，則適當放寬政策。2000 年 6 月，大陸政府進一步制訂了《中西部地區外商投資優勢產業目錄》，對於向中西部地區投資的外商，在進口關稅、設立條件、允許進入的行業和所得稅減免等方面，給予更加優惠的政策。

第三是改善對外商企業的管理體制。2000 年 10 月，九屆人大修改了《外資企業法》，取消對外商投資企業外匯平衡、優先使用國產配件，以及其他一些方面的要求。2001 年 3 月，九屆人大四次會議另對《中外合資經營企業法》進行修改，取消了「合資企業生產經營計畫應報主管部門的備案，並通過經濟合同方式執行」，以及「合營企業所需要原材料、燃料和配套件等，應首先在中國購買」的規定。

四、全面發展階段（2002年～）

2001 年 12 月，大陸正式加入 WTO，開啟了改革開放以來的第二次外資戰略的重大調整，相較於過去，更加重視吸引外資要配合全國產業發展政策，更加重視外資的質量和效益，同時也更加重視法制化，政策透明和有效規範。利用外資政策已從過去彌補「雙缺口」為主 [5]，轉向優化資源配置、促進技術進步和推動社會主義市場經濟體制完善。具體的調整作為主要包括：

(一) 修訂頒布相關法規，營造與國際接軌的營商環境

取消與 WTO《與貿易有關的投資措施協議》相違背的法規政策，主要包括：修

---

[5] 指儲蓄缺口和外匯缺口，引進外資的重要目的是為了彌補國內資金不足和外匯短缺。

改優先在中國大陸購買條款要求，取消對外商投資企業的外匯自行平衡限制，取消「以產頂進」、「替代進口」的規定，取消銷售比例限制，取消那些國內法或行政命令項下的限制性或可予強制執行的措施，刪除外商投資法中存在的其他產品出口及進口限制條件的投資措施、出口產品及數量限制措施。

2008 年 1 月 1 日，新《企業所得稅法》正式實施，內、外資企業的所得稅統稅率統一爲 25%[6]，同時建立了反避稅制度。對於國家需要重點扶持的高新技術企業，不論外資企業還是國內企業，一律減按 15% 的稅率徵收企業所得稅。原則上，自 2011 年開始，大陸外資企業享受的優惠政策與內資企業完全一樣，惟外國企業、外國人從大陸境外向大陸境內轉讓技術取得的收入，可以免徵營業稅。

2008 年 8 月，《反壟斷法》正式實施。該法借鑑了發達國家的立法經驗，對以下三種壟斷行爲進行規範：「經營者達成壟斷協議」、「經營者濫用市場支配地位」、「排除、限制競爭效果的經營者集中」，明確禁止具有競爭關係的企業達成價格同盟，違法者將受重處。這兩大法律的實施，爲內資和外資企業建立起一個公平競爭的政策環境。

2018 年 5 月，大陸國務院常務會議通過了《關於積極有效利用外資推動經濟高品質發展若干措施的通知》，從投資自由化、投資便利化、投資促進、投資保護、優化區域開放布局、推動國家級開發區創新提升等六個方面提出措施，出發點就是要營造公平、透明、便利、更有吸引力的投資環境。

翌年 10 月中旬，大陸國務院常務會議又通過《關於進一步做好利用外資工作的意見》，結合利用外資的新形勢，以激發市場活力、提振投資信心爲出發點，以保障外商投資企業國民待遇爲重點，以打造公開、透明、可預期的外商投資環境爲著力點，以穩定外資規模、優化外資結構爲目標，從深化對外開放、加大投資促進力度、深化投資便利化改革、加大外商投資合法權益保護力度等 4 個方面，提出了 20 條穩外資的政策措施[7]。

2019 年 3 月 15 日，大陸十三屆全國人大二次會議通過《外商投資法》；同年 12 月 12 日國務院常務會議通過《外商投資法實施條例》。《外商投資法》及其實施

---

[6] 惟對於已進入中國大陸投資多年的外商，租稅優惠仍然享有五年的緩衝期。

[7] 白光裕、馬林靜，「積極、合理、有效地利用外資」，**商務部商務歷史網**，2019 年 8 月 26 日，http://big5.mofcom.gov.cn/gate/big5/history.mofcom.gov.cn/?newchina，2020 年 2 月 26 日檢索。

條例自 2020 年 1 月 1 日起施行，爲外國投資者創造更加穩定、透明、可預期和公平競爭的市場環境，彰顯了中國大陸持續推進對外開放、積極吸收外資、深度融入全球產業鏈的雄心。

(二) 逐步擴大外商可投資領域，提升對高品質外資的吸引力

　　大陸利用外資的政策態度，已逐漸從「招商引資」轉向「招商選資」，不再來者不拒；同時逐漸從「量」到「質」的根本轉變，更加注重環境保護、資源能源節約與綜合利用效率。對中國大陸稀缺或不可再生的重要礦產資源，不再鼓勵外商投資；限制或禁止高物耗、高能耗、高汙染外資項目准入。

　　2001 年以後，大陸歷經幾次修訂《外商投資產業指導目錄》，擴大開放外商投資領域；增加鼓勵類產業，減少限制性和禁止性產業；同時，取消了部分領域對外資的持股比率限制。

　　另外，也鼓勵外資以參股、併購等方式參與大陸本土企業改組、改造和兼併重組，引導外資向中西部地區轉移和增加投資；進一步下放外商投資審批權。爲推動外資併購有序發展，2011 年 2 月大陸頒布了《關於建立外國投資者併購國內企業安全審查制度的通知》，加強反壟斷審查和安全檢查。

　　2015 年，大陸商務部公布了《中華人民共和國外國投資法》（草案）[8]，取消外資三法確立的逐案審批制管理體制，探索准入前國民待遇加負面清單的管理模式，有重點地放開各產業領域，尤其是服務業領域的外資准入限制。

　　2015 年 4 月 10 日，新版《外商投資產業指導目錄》開始執行，該版目錄大幅減少了限制類項目，放寬外資持股比率限制；鼓勵類項目數量大致不變，但修改了其中 76 個項目內容，主要是調整指標和優化結構，促進外商投資使用新技術、新工藝、新材料、新設備，進一步提高利用外資素質。

　　2017 年 7 月間再度修訂《外商投資產業指導目錄》並正式執行，新目錄進一步減少了外商投資限制性措施，進一步縮小了外商投資企業設立及變更審批的範圍，除「境內公司、企業或自然人以其在境外合法設立或控制的公司併購與其有關聯關係的境內公司」以外，將不涉及准入特別管理措施的外資併購設立企業及變更，包括上市

---

[8]　該項法案於 2019 年 3 月 15 日第 13 屆全國人大第二次會議通過，並修改爲《中華人民共和國外商投資法》。

公司引入外國投資者戰略投資，均納入備案管理。徹底改革之前，不分投資主體、不分資金來源、不分項目性質，一律按投資規模大小，分別由各級政府及有關部門審批的管理辦法。

2019 年 7 月 30 日，正式實施新版《鼓勵外商投資產業目錄》，新目錄大幅度增加鼓勵外商投資領域；繼續將製造業作爲鼓勵外商投資的重點方向，支援外資更多投向高端製造（「高端製造」係「中國製造 2025」重點項目，爲專有名詞）、智慧製造、綠色製造等領域；鼓勵外資投向生產性服務業，全國性的目錄繼續擴大生產性服務業開放發展支援力度，促進服務業轉型升級；支援中西部地區承接外資產業轉移，中西部地區的目錄進一步增加了勞動密集型、先進適用技術產業和配套設施項目，擴大對中西部地區承接外資產業轉移的支援力度。

此外，截至 2019 年，中國大陸在上海、天津、福建、廣東等 18 個地方建立自由貿易試驗區（FTZ），探索准入前國民待遇加負面清單管理模式，旨在減少行政審批，放寬外資准入，提高外資管理體制的透明度。目前已經建立了以負面清單管理爲主的外商投資管理制度。自 2013 年 9 月上海自貿區設立的第一份負面清單開始，自由貿易試驗區負面清單六年來歷經五次修訂縮減，2019 年版的自貿區負面清單已從最初的 190 項縮減至 37 項。

2015 年 10 月，大陸國務院印發《關於實行市場准入負面清單制度的意見》，提出從 2015 年 12 月 1 日至 2017 年 12 月 31 日，在部分地區試行市場准入負面清單制度，從 2018 年起正式實行全國統一的市場准入負面清單制度。

(三) 加快簡政放權，構建新型政府監管體系

自 2013 年中共「十八屆三中」全會以來，大陸國務院頻頻發出紅頭文件，積極推動簡政放權，縮減行政許可事項，譬如：《關於取消和下放一批行政審批項目的決定》、《關於印發註冊資本登記制度改革方案的通知》、《關於促進外資增長若干措施的通知》等文件，對於營造公平、公正、公開、透明的營商環境具有重要意義。據統計，2013 年至 2017 年，大陸持續取消和下放國務院部門行政審批事項 618 項，清理規範國務院部門行政審批仲介服務事項 323 項，取消職業資格許可和認定事項 434 項；透過連續兩年修訂政府核准的投資項目目錄，中央層面核准項目累計減少了

90%[9]。中共「十九大」政治報告，再度強調要「深化簡政放權，創新監管方式，增強政府公信力和執行力，建設人民滿意的服務型政府」，近年來將深化「放管服」改革[10]，推動政府職能轉變，維護公平競爭的市場環境等列為施政重點。

---

[9]　白光裕、馬林靜「『入世』以後中國投資環境進一步改善」，**商務部商務歷史網**，2019 年 8 月 26 日，http://big5.mofcom.gov.cn/gate/big5/history.mofcom.gov.cn/?newchina，2020 年 2 月 26 日檢索。

[10]　所謂「放管服」，是指「簡政放權、加強監管、優化服務」的意思。「放」是以深化行政審批制度改革為重點，推進簡政放權；「管」是指切實加強事中事後監管；「服」是指優化政府服務。

參考文獻

于洋、呂煒、蕭興志（2005），《中國經濟改革與發展：政策與績效》，大連：東北財經大學出版社。

白光裕、馬林靜（2019），「『入世』以後中國投資環境進一步改善」，**商務部商務歷史網**，2019 年 8 月 26 日。

白光裕、馬林靜（2019），「積極、合理、有效地利用外資」，**商務部商務歷史網**，2019 年 8 月 26 日。

孫玉琴（2005），《中國對外貿易體制改革的效應》，北京：對外經濟貿易大學出版社。

張宇主編（2008），《中國模式：改革開放三十年以來的中國經濟》，北京：中國經濟出版社。

鳴謙（2018），「解讀：我國到底有多少種開發區」，**知乎網**，2018 年 6 月 7 日。

閻茂旭（2018），《改革開放 40 年的中國經濟》，北京：中共黨史出版社。

第三章 「改革開放」與大陸經濟發展成就

　　大陸自 1979 年實行「對內改革、對外開放」的政策迄今，已經歷四十年，「對內改革」從農村經濟體制推行「家庭聯產承包責任制」開始，到城市經濟體制「放權讓利」，循序漸進；「對外開放」從華南沿海地區開始，延伸到華北、華中和內陸地區，從局部到全面開放。

　　進入 1990 年代，大陸先後整合了「計畫」與「市場」，以及「姓社」與「姓資」的爭論，確立「社會主義市場經濟」的基本發展路線。1997 年 9 月間，中共召開「十五大」，進一步克服了所有制意識型態上「姓公」和「姓私」的爭論，經濟體制改革逐漸深化。2001 年 12 月，大陸完成加入世界貿易組織（WTO）的必要程序，正式成為 WTO 締約成員，經濟全面對外開放，體制改革再向前邁進一大步。四十年的經濟體制改革及開放，大陸經濟總量，以國民生產總值衡量，目前已晉升為全球第二大，僅次於美國，發展的成就受到世界各國矚目。

第一節 總體面經濟發展成就

　　改革開放之前，在中央計畫經濟體制下，大陸經濟發展的整體表現差強人意。資料顯示 [1]，1952～1978 年間，大陸的國民生產總值增長了 4.3 倍，平均每年增長 6.6%；工業和農業總產值分別增長了 3.6 倍和 2 倍，平均每年增長率分別為 5.8% 和 2.7%；進出口貿易總額增長了 9.6 倍，平均每年增長 9.5%。大陸學者的研究指出，中國大陸若不發生 1966～1976 年的文化大革命事件，對其經濟造成了嚴重破壞，其經濟發展成就也許會更加突出。

　　在 1978 年以前，大陸的經濟發展戰略基本上具有以下幾項特徵，其一是以高速發展為主要目標，試圖以最短的時間趕上西方資本主義國家；這種把高速度發展作為主要目標的經濟發展戰略，在「大躍進」時期表現得最為明顯和突出。

　　其二是以重工業為最優先發展的重點。試圖加速實現工業化，尤其發展重工業生

---

[1] 國務院發展研究中心 UNDP 項目組，《經濟發展改革與政策》第一卷（上），（北京：社會科學文獻出版社，1994 年），頁 20。

產，早日進入共產主義社會，實現「各盡所能、按需分配」的理想。

　　其三是以粗放發展為主。1958 年間鼓勵各地普遍而大量地發展小土群企業，以實現高速發展重工業、鋼鐵工業的目標，便是這種粗放式發展思想的充分表現。

　　其四是以實現經濟的自給自足為目標。原有的經濟發展戰略，本質上就是一種閉關自守的發展戰略，該項戰略將經濟的自給自足列為程度重要指標；西方國家對大陸採取「政治上孤立、經濟上封鎖」政策，則讓大陸政府除了實行閉關自守、自給自足的經濟發展模式，似乎沒有其他更好的選擇。

　　「改革開放」確實給大陸經濟發展注入生機與活力，並創造了舉世矚目的經濟成就。就總體經濟層面來看，1979～2018 年間，國內生產總值（GDP）（按可比價格計算）成長將近 36.77 倍（表 3-1），實質成長率每年平均達到 9.5%，綜合經濟實力顯著提升。同期間，人均 GDP 水準也大幅提高了 25.24 倍，每年平均成長 8.42%。相較之下，改革開放之前，也就是 1952～1978 年期間，中國大陸的 GDP 成長率每年平均約僅 6.15%，改革開放以來的經濟成長表現，可以媲美亞洲四小龍曾經創造的經濟奇蹟。

表 3-1　1952～2018 年大陸 GDP 和人均 GDP 成長情況

年	GDP		人均 GDP	
	成長倍數	年均成長率（%）	成長倍數	年均成長率（%）
1952-1978	3.72	6.15	1.80	4.03
1979-2000	7.6	9.78	5.85	8.76
2001-2010	2.73	10.55	2.58	9.58
2011-2018	1.77	7.45	1.70	6.59
2001-2018	4.84	9.17	4.39	8.54
1979-2018	36.77	9.51	25.24	8.42

資料來源：根據歷年《中國統計年鑑》的數據整理。

　　分不同階段觀察，自改革開放至加入 WTO 期間，也就是 1979～2000 年期間，改革開放為中國大陸創造了平均每年 9.78% 的經濟成長率，就 GDP 總量來看，2000 年的成就約相當於 1979 年的 7.6 倍。加入 WTO 之後，大陸經濟成長加速，表 3-1 資料顯示，2001～2010 年期間經濟成長率每年平均 10.55%，較加入 WTO 之前高出許多；嗣後，大陸經濟進入新常態，政策上不再追求高速成長，經濟成長逐年放緩，

2011～2018 年期間每年平均的經濟成長率已降至 7.45%，不過，在全世界各國中仍然獨占鰲頭。加入 WTO 之後迄 2018 年為止，也就是 2001～2018 年期間，大陸經濟保持每年平均成長 9.17%。

就人均 GDP 的成長表現來看，儘管與 GDP 比較，成長速度稍遜一些，但整體的成就仍值得稱道。1979～2018 年期間，中國大陸人均 GDP 成長 25.24 倍，每年平均成長 8.42%，而在改革開放之前，1952～1978 年間人均 GDP 僅成長 1.8 倍，平均每年成長 4.03%。分就 1979～2000 年和 2001～2018 年兩個階段觀察比較，人均 GDP 分別成長 5.85 倍和 4.39 倍，每年平均成長速度則分別為 8.76% 和 8.54%。

隨著經濟快速成長，中國大陸 GDP 總量在全世界經濟中所占的份額水漲船高（表 3-2）。國際貨幣基金（IMF）公布的資料顯示，已從 1990 年的 1.82% 上升到 2000 年的 3.7%；嗣後逐年增加，至 2010 年增加至 9.36%，2018 年已進一步提高至 15.9%；在世界各國之排名，自 1990 年的第 11 名，2000 年晉升到第 6 名，僅次於美、日、德、英和法，2010 年間超越日本，成為全球僅次於美國的第二大經濟體，一直持續至今。人均實際 GDP 從 1978 年的 383 美元[2]，2000 年增加至 959 美元，2018 年間進一步增加至 9,771 美元，在全世界排名大幅躍升至第 74 名。

大陸經濟持續高速成長，主要得益於下列兩個方面之因素，一是經濟體制改革所釋放出的強大動力，市場經濟體制逐步建立並取代原來計畫經濟體制，對增強經濟活力和提高經濟效率發揮巨大的作用；二是日益全球化的國際環境為大陸的外向型經濟發展提供了更為廣闊的空間，尤其是大陸加入 WTO 之後，更多的外國投資進入大陸，外國投資者不僅帶來了資金，同時也帶來了先進技術、管理和經營理念，使大陸得以充分運用國內、國際兩個市場、兩種資源發展經濟。

在出口擴張和進口替代政策引導下，自 1990 年代初開始，大陸對外貿易創造盈餘，且逐年快速增加；對外貿易盈餘逐年增加，加上外商直接投資絡繹不絕且總量規模不斷擴大，結果不只使得大陸擺脫外匯缺口，外匯儲備累積存量甚至在全球各國中名列前茅。表 3-2 資料顯示，大陸的外匯儲備在 1980 年間呈現赤字，1990 年間已增加至 110.9 億美元，1994 年突破 500 億美元。1996 年間，大陸的外匯儲備達到 1050.3 億美元，總量規模居世界第二位，僅次於日本。亞洲金融危機期間，大陸外

---

[2]　劉遵義，「中國人均實際 GDP，大概本世紀末才可能趕上美國」，The News Lens，2019 年 5 月 13 日，https://www.thenewslens.com/article/118516，2019 年 10 月 15 日檢索。

表 3-2　大陸重要經濟指標變動趨勢

	單位	1980	1990	2000	2005	2010	2015	2018
GDP	億元人民幣	15,305	37,192 (11)	100,280 (6)	160,027 (4)	273,464 (2)	399,465 (2)	485,069 (2)
GDP 占全球比	%	na	1.82	3.70	4.98	9.36	14.84	15.90
人均 GDP	美元	195	318	959	1,753	4,550	8,033	9,771
貨物貿易總值	億美元	381 (32)	1,154 (16)	4,743 (7)	14,220 (3)	29,740 (2)	39.530 (1)	46,244 (1)
進口值	億美元	200.2 (22)	533.5 (17)	2,251 (7)	6,600 (3)	13,962 (2)	16,796 (2)	21,357 (2)
出口值	億美元	181.2 (26)	620.9 (15)	2,492 (7)	7,620 (3)	15,777 (1)	22,735 (1)	24,867 (1)
外匯儲備	億美元	-13.0	110.9	1,656 (2)	8,189 (1)	28,473 (1)	33,304 (1)	30,727 (1)

說明：括弧中數字代表世界排名序位；GDP 以 2000 年不變價格表示。

資料來源：依據大陸國家統計局《中國統計年鑑》及世界銀行（World Bank）歷年資料整理而得。

匯儲備每年新增額雖然減少，不過，進入二十一世紀，又恢復大規模增加的趨勢，在 2014 年底曾創下接近 4 萬億美元的高峰。近年來，受到人民匯率波動的影響，資金外流壓力增大，截至 2018 年底，大陸的外匯儲備累計規模已降至 30,727 億美元（表 3-3）。

　　外國直接投資（FDI）流入對大陸整體經濟高成長扮演關鍵的角色。由於大陸擁有低廉的勞動和土地等生產要素，加上巨大的市場潛力，早自 1990 年代初期以來，受到世界跨國公司的青睞。表 3-3 資料顯示，大陸 FDI 流入，1990 年間約為 110 億美元，到 2017 年間已增加至 1,363 億美元，連續二十七年吸引 FDI 居發展中國家之首；流入大陸的 FDI 占全球 FDI 總額中的比重，1990～2017 年間從 1.7% 逐年上升至 9.5%，在全球的排名從第 11 位，提升到近年來的第 2 或第 3 位。截至 2017 年底為止，流入大陸的外商直接投資累計達 18,994 億美元，相當於 1990 年間累計投資總額 207 億美元的 91 倍，在全球的占比約 6%；全球排名則從 15 名上升至第 2 名。

表 3-3　歷年大陸吸收外資流量及存量變動

	1990	2000	2010	2016	2017
FDI 流量	110	407	1,147	1,337	1,363
全球排名	11	7	2	3	2
占全球比重（%）	1.7	3.3	8.3	7.7	9.5
FDI 存量	207	1,933	5,878	13,544	18,993.6
全球排名	15	7	13	3	2
占全球比重（%）	0.9	2.6	2.9	5.1	5.9

資料來源：聯合國貿易和發展組織（UNCTAD）。間接引自《中國外商投資報告》，2017 年、2018 年。

　　近年來，中國大陸對外直接投資也呈現蓬勃發展的景象，在全球外商直接投資場域的角色已愈來愈重要。

　　改革開放以來，中國大陸曾提出「出國辦企業」的經濟改革措施，淡出其對外投資規模很小，主要是少數企業在國外設立代表處或營業，資料顯示[3]，1982～2001 年，大陸實際對外直接投資累計金額僅 347 億美元。2002 年中共十六大提出「走出去」戰略，對外開放正式邁入「引進來」和「走出去」併重的階段，對外直接投資逐漸加速成長，2002～2018 年平均每年投資金額 750 億美元，相當於 1982～2001 年每年平均投資金額的 43.3 倍。

　　自 2002 年開始，對外直接投資連續十四年保持成長，2002～2016 年期間，平均每年成長 35.8%。不過，在 2016 年創下 1,962 億美元高峰之後，翌年急遽降為 1,583 億美元，主要是因當年人民幣呈現弱勢，大陸當局加強管控資金流出，嚴格審批對外直接投資，以及歐洲和美國對外來投資的審查收緊。2018 年，大陸對外直接投資繼續呈現負成長，僅達 1,430.4 億美元，約占全球外商直接投資總額的 14.1%，在全球排名第 2 位[4]。

　　大陸對外直接投資存量，截止 2018 年底高達 19,822.7 億美元，相當於 2002 年末存量的 66.3 倍，在全球外國直接投資總額中所占比重達 6.4%，全球排名從 2002 年第 25 名上升至第 3 位，僅次於美國和荷蘭（表 3-4）。近年來，大陸對外直接投

---

[3]　中華人民共和國商務部，《中國對外投資發展報告 2018》，（北京：中華人民共和國商務部，2018 年），頁 3-5。

[4]　商務部、國家統計局和國家外匯管理局，《2018 年度中國對外直接投資統計公報》，**中國政府網站**，2019 年 9 月 13 日。

資規模已超過外國到大陸直接投資規模，儼然已成為資本輸出國，在全球外國直接投資中的地位和影響力已日益明顯。

表 3-4　歷年大陸對外直接投資流量及存量變動

	2002	2005	2010	2015	2018
FDI 流出量	27.0	122.6	688.1	1,456.7	1,403,7
全球排名	26	17	5	2	3
占全球比重（%）	0.45	1.68	5.2	9.9	14.1
FDI 流出存量	299.0	572.0	3,172.1	10,978.6	19,822.7
全球排名	25	24	17	8	2
占全球比重（%）	0.48	0.59	1.6	4.4	5.9

資料來源：中國大陸商務部，《中國對外直接投資統計公報》，歷年。

　　對外直接投資遍布全球各地，以 2018 年底投資存量資料來看，超過 2.7 萬家境內投資者在全球 188 個國家直接投資 4.3 萬家企業，其中約 92% 集中在 20 個國家和地區；名列前五大的是香港、東協、歐盟、美國、澳洲和俄羅斯。就投資行業來看，租賃和商務服務、批發零售、金融、信息傳輸、製造和採礦等六大領域投資存量規模都超過千億美元，合計金額占中國大陸對外投資存量的比重高達 85%。

第二節　對外貿易擴張的國際效應

　　進出口貿易總值是衡量一個國家經濟國力的另一項重要指標。1978～2018 年期間，中國大陸進出口貿易總值從 206 億美元增加至 46,244 億美元，成長了 223 倍，每年平均成長 14.5%。加入 WTO 之後，大陸對外貿易進入新的階段，對外貿易總值先後在 2004 年、2007 年和 2011 年突破 1 萬億美元、2 萬億美元和 3 萬億美元，2013 年突破 4 萬億美元。

　　隨著進出口貿易斷擴大，大陸貨物貿易總額占全球的份額和排名也逐步上升，表 3-2 資料顯示，大陸的貨物進出口貿易總值，在 1980 年間約 381 億美元，占全球的份額僅 0.9%，排名第 32 位；1990 年對外貿易總值增加至 1,154 億美元，排名提升至第 16 位。嗣後，大陸對外貿易繼續維持高度成長，尤其在在加入 WTO 之後，2010

年資料顯示，對外貿易總值已達 29,740 億美元，同時在全球貿易中的份額也上升到 9.7% 左右，全球排名第 2 位。2013 年超越美國成為全球貨物貿易第一大國；2014～2018 年期間，除 2016 年，大陸持續保持全球貨物貿易第一大國地位，2018 年間占全球的份額為 11.8%。

就貨品進口與出口貿易分別觀察，圖 3-1 資料顯示，1980 年間，大陸的出口和進口貿易分別只有 183 億美元和 195.5 億美元，在全世界出口和進口貿易總值所占比重，分別都只有 1% 左右；迄至 2018 年，大陸出口貿易總額已增加到 24,867 億美元，占全世界總出口的比重增加到 12.5%，在全球的排名從 1980 年的第 32 位逐年躍升至第 1 位。大陸進口貿易總額，2018 年間增加到 21,357 億美元，占全世界總進口的比重提升到約 10%，在全球的排名逐年上升，目前排名第 2 位，僅次於美國。

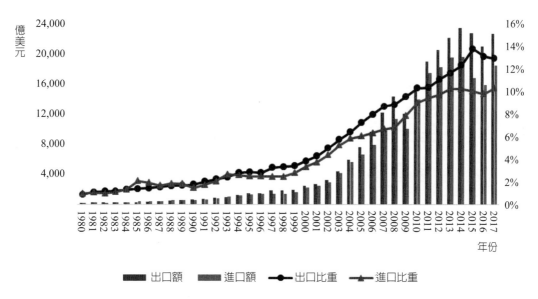

資料來源：依據 WTO，*Global Trade Atlas 2018* (Database), Global Trade Information Inc. 相關數據繪製。

圖 3-1　大陸出口、進口額及占全世界比重

大陸自 1980 年代以來，一直採取鼓勵出口的政策，到 1990 年代逐漸收到成果，對外貿易由入超轉變為出超，同時出超的金額也逐年增加。資料顯示，1978～1989 年間，除 1982 年之外，大陸對外貿易每年均出現入超，1985 年間的入超規模達到最高峰，達 150 億美元，約占當年出口值的 54.4%；自 1990 年以來，除 1993 年外，對外貿易每年則都呈現出超，2005 年出超規模突破 1,000 億美元，2015 年間更創下

5,939 億美元的貿易盈餘高峰，嗣後，在政府追求貿易平衡的政策引導下，對外貿易盈餘已呈現逐年縮減的趨勢。

　　伴隨大陸出口持續擴張，大陸製品在國際市場上的占有率也不斷提升。其中，資本財、中間財和零組件等製品出口逐年擴張，逐漸取代一般消費財成為大陸出口的主要財貨，且在國際市場上的占有率已逐年提升（圖 3-2）。2017 年資料顯示[5]，全球資本財市場來自大陸製造的占比超過四分之一；同年度，大陸零組件的全球市占率在亦達 14.7%。由此可見，大陸製品出口在全球產業鏈中，已占有一席之地。

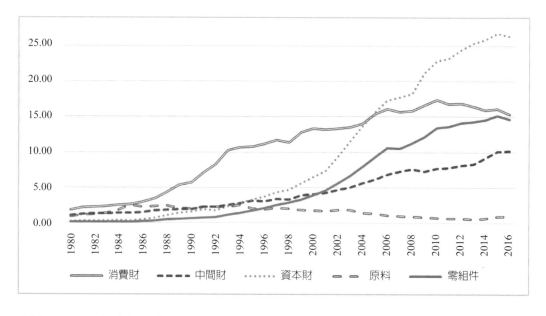

資料來源：利用日本經濟產業研究所 RIET-TID 資料庫資料繪製。

圖 3-2　大陸工業製品出口在全球市場占有率

　　對其他國家而言，大陸一直是主要競爭對手，特別是出口產品結構較接近的國家，更是直接感受到大陸的威脅。尤其亞洲毗鄰的外向型經濟體，在第三地市場上的占有率，因為大陸加入競爭，明顯遭到擠壓而縮減。

　　大陸出口擴張對國際市場造成諸多衝擊[6]。首先，由於大陸的生產成本較低，在

---

[5]　根據大陸國家統計局出版《中國統計年鑑》各年相關資料計算得知。

[6]　高長，「中國大陸紅色供應鏈之發展及其對臺灣的影響」，委託研究報告（未出版），2018 年。

國際市場上具有強勁的價格競爭力，結果造成了同類產品的國際價格不升反降，貿易條件因而惡化。其次，對於進口國而言，進口價格降低，使得通膨的環境更爲良性。在 2008 年農礦產品的國際價格衝到高峰之前，大陸高速經濟成長以及與全球經濟的快速接軌，產生了一個正面的貿易條件衝擊，結果導致全球經濟的通膨水準低於預期，也就是說，該期間大陸的出口擴張，對於全球通膨形勢能夠維持在穩定的水準有很大貢獻，同時也爲各國消費者提供更多的選擇和更高的福祉。

關於進口商品結構，在 2000 年以前，大陸進口貨品以中間財與資本財占大宗（圖 3-3），其中，鋼鐵、化學品、人造纖維及塑料原料等，屬於資本密集型產品；機器、運輸機械和電子產品等則屬於技術密集型產品。不過，近年來，隨著大陸工業化發展，原物料、零組件等之進口需求急增，取代資本財和中間加工財成爲進口之大宗。從全球市占率的角度觀察，自從大陸加入 WTO，更加融入國際經濟體系後，經濟快速發展同時帶動進口需求大增，結果造成大陸各類貨品進口在國際市場的占有率節節攀升；其中，尤其原物料、零組件等類貨品進口值成長的速度更快，目前大陸原物料進口在國際市場的占有率已突破 20%。

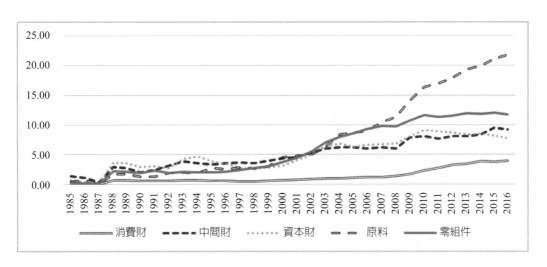

資料來源：利用日本經濟產業研究所 RIET-TID 資料庫資料繪製。

圖 3-3 大陸工業製品進口在全球市場占有率變化

近十多年來，礦產品進口大幅增加，特別是石油進口。大陸對能源、農礦產和原材料的大量需求，儘管在大陸進口總額中所占比重並不大，但在國際市場上形成競

爭，其規模已足以影響全球市場的行情，產生所謂的「中國效應」[7]。以能源為例，雖然大陸是全世界十大產油國之一，但由於石油的消費總量居全球第二大，超過一半的石油需仰賴進口；大陸對石油的大量進口需求，曾導致國際石油價格攀升，進而在國際間造成收入的重分配。主要石油出口國的貿易條件大幅改善，出口收入也隨之水漲船高；但石油進口國卻受到連累，包括部分已開發國家都無法倖免，並為此付出了代價。

　　大陸對外貿易擴張和經濟快速崛起，牽動了東亞經貿版圖，甚至對全球經貿版圖也造成影響。以出口貿易為例（表 3-5），1980 年大陸的貿易夥伴主要為亞洲和歐洲地區，占當年大陸出口總額的份額分別為 62.7%、22.1%；個別國家以日本所占份額最大，為 22.0%。最近幾年，美國已成為大陸最主要的出口市場，2010 年所占份額高達 18.0%，較 1980 年增加了 13 個百分點；2017 年進一步提高到 19%。對日本出

表 3-5　大陸貨品出口的地區分布

單位：億美元；%

地區別	1980		1990		2000		2010		2017	
	金額	比重	金額	比重	金額	比重	金額	比重	金額	比重
總計	183	100	521	100	2,492	100	15,777	100	22,635	100
亞洲	115	62.7	340	65.3	1,323	53.1	7,320	46.4	10,964	48.4
日本	40	22.0	89	17.0	417	16.7	1,210	7.7	1,373	6.1
南韓	-	-	-	-	113	4.5	688	4.4	1,028	4.5
臺灣	-	-	-	-	50	2.0	297	1.9	440	1.9
新加坡	4	2.3	19	3.6	58	2.3	323	2.1	450	2.0
東協	8	4.2	13	2.4	93	3.7	770 (1,382)	4.9 (8.8)	(2,791)	(12.3)
北美洲	11	6.1	52	10.0	553	22.2	3,058	19.4	4,613	20.4
美國	10	5.4	42	9.3	521	20.9	2,833	18.0	4,297	19.0
歐洲	41	22.1	87	16.8	455	18.3	3,552	22.5	4,291	19.0

說明：東協 2010、2017 兩年括弧內的數據包含 10 個國家；其他各年包含印尼、菲律賓、馬來西亞、泰國等四個國家。

資料來源：依各年《中國統計年鑑》相關資料計算。

---

[7]　據估計，1990 年代中期以來，世界市場農礦產品價格的上升有 50% 左右是由於大陸的需求增加造成的。Linda Yueh 著，魯東旭譯，《中國的增長：中國經濟的前 30 年與後 30 年》（北京：中信出版社，2015 年），頁 349-350。

口所占比重，同期間則呈現逐年下降趨勢，特別是進入 21 世紀以後，到 2017 年時僅占 6.1%；對歐洲各國出口所占比重，1990 年代期間曾經下滑，進入 21 世紀，該比重有回升的跡象，2017 年維持在 19%。

再從進口面來看（表 3-6），2000 年大陸自亞洲、北美和歐洲等三個地區進口的比重分別為 62.8%、11.6% 和 18.1%，與 1980 年的份額相比，大陸進口的地區分布最大的變化，是從日本和歐、美的進口比重下降，但自東協、韓國及臺灣等亞洲各地進口的比重則呈現逐年增加趨勢。

表 3-6　大陸進口貨品來源的地區分布

單位：億美元；%

地區別	1980		1990		2000		2010		2017	
	金額	比重	金額	比重	金額	比重	金額	比重	金額	比重
總計	196	100	331	100	2,250	100	13,962	100	18,140	100
亞洲	74	38.0	145	43.9	1,413	62.8	8,350	59.8	10.293	56.7
日本	52	26.4	81	24.3	415.1	18.4	1,767	12.7	1,657	9.1
南韓	-	-	-	-	232.1	10.3	1,383	9.9	1,775	9.8
臺灣	-	-	-	-	254.9	11.3	1,157	8.3	1,554	8.6
新加坡	2	1.0	5	1.4	50.6	2.2	247	1.8	342	1.9
東協	5	2.4	8	2.5	159.4	7.1	1,206 (1.547)	8.6 (11.1)	(2,357)	(13.0)
北美洲	47	23.8	63	19.1	261.2	11.6	1,170	8.4	1,744	9.6
美國	38	19.6	50	15.1	223.6	9.9	1,021	7.3	1,539	8.5
歐洲	50	25.6	87	26.2	407.8	18.1	2,179	15.6	3,268	18.0

說明與資料來源：同表 3-5。

進入二十一世紀，大陸自亞洲、北美、歐洲進口的比重呈現縮減的趨勢，惟自東協進口的比重持續上升。自歐美進口在近兩年已止跌回升，顯示經濟景氣復甦的帶動作用，惟幅度不大。

隨著經濟持續成長，大陸與東亞新興發展中國家的經貿關係愈來愈緊密；2017年大從東亞新興發展中國家進口的份額合計已超過三分之一，比 1980 年間，上升將近 27 個百分點，其中最大的變化來自於與臺灣和南韓的貿易。1980 年間，大陸與南

韓和臺灣的直接貿易微不足道，不過，到了 2017 年間，大陸自南韓和臺灣之進口占其進口總額的比重已分別達到了 9.8% 和 8.6%。

　　無疑的，在全球經濟舞臺上，大陸已成為重要的角色。大陸不只融入全球經貿體系的態度非常積極，也試圖爭取更重要的國際分工地位；而且以發展中國家的領導者自居，積極參與國際組織的運作，試圖在國際政經舞臺爭取更大的話語權和影響力。大陸領導人曾不諱言地公開表示，作為一個經濟和政治大國，參與國際經濟體制不僅要以負責任的態度去接受和遵守規則，更要主持國際正義，其企圖心昭然若揭。隨著各國經貿實力消長，國際社會對於大陸也有期待，大陸在發展國際政經關係上更顯得得心應手。

第三節　經濟發展方式轉變

　　改革開放四十多年，大陸經濟高速成長，創造了經濟奇蹟，可以媲美於 1960～1970 年代亞洲四小龍的成就。在東亞金融危機以後，亞洲地區包括四小龍在內的新興工業化國家經濟成長速度明顯回落，而大陸則繼續保持了強勁的成長趨勢。對於大陸經濟持續高速成長的成就，大陸及國際學術界從巨大的人口規模和市場需求、穩定的政府和經濟環境、高儲蓄率和投資率、低成本的人力資源、有效的政府干預、經濟的市場化、對外貿易擴張和利用外資、技術進步、二元結構的轉換、工業化和城市化等構面切入，進行廣泛而深入的研究，做了許多詮釋（張宇，2008）。簡單地說，改革開放後大陸採取了過去完全不同的經濟發展模式（表 3-7），是促成經濟高速成長的根本因素。

　　簡新華、葉林（2011）的研究指出，改革開放之前，大陸採取粗放型經濟發展方式，主要表現在高投入、高積累、低消費和低效率等特徵；所謂高投入，是指資本形成占國內生產總額的比率偏高而言。根據《中國統計年鑑》的資料顯示，1978 年以前大陸的資本形成率每年平均約 30% 左右，較 1960～1978 年間英美等國資本形成率平均 20% 左右高出許多。在缺乏外資進入的時空環境下，高投入必然伴隨著高積累；換言之，為了擴大生產規模，增加生產要素投入，必須增加投資，而投資的資金只能依靠大量的積累。基本上，高積累必須透由壓低消費的方式促成。改革開放前，大陸政府除了透過工農業產品價格管制，把農業的剩餘轉變為工業的積累之外，還透過壓

表 3-7 改革開放前後經濟發展方式比較

比較構面	改革開放以前	改革開放以來
要素使用	以粗放型主；高投入、高消耗	逐漸轉向集約型；高投入、高消耗
投入產出關係	數量規模擴張、外延擴大爲主；技術進步緩慢	數量規模擴張，外延擴大爲主；技術進步加快
積累與消費	高積累、低消費	高積累、低消費
產業政策	重工業優先	產業結構不斷調整
對外經濟聯繫	內向型；強調獨立自主、自力更生	外向型；強調對外開放、積極引進外資
經濟成長動力	內需推動	投資，外需拉動爲主
速度與效益	重速度、輕效益；高速度、低效率	高速度、重效益；效率偏低
資源環境	高消耗、高排放、資源短缺；犧牲環境	高消耗、高排放、資源短缺加劇、較重視可持續發展

資料來源：參考簡新華、葉林（2011）相關資料整理而得。

註：「積累」雖屬大陸用話，但與臺灣的「累積」仍有差異，此部分在說明大陸改革開放前後方式比較，維持「積累」較爲貼切。

低勞工工資和實施盈餘財政等措施，以實現資本快速積累。

　　以增加投入的方式追求經濟高速成長，必然帶來高消耗和低效率的問題。改革開放前，大陸並不重視資源使用效率，以能源爲例，1953～1978 年間，大陸的能源消耗量增加 9.6 倍，而國內生產總額僅成長 3.4 倍。高消耗衍生高排放，進一步引起資源供應緊張和環境汙染等問題。低效率主要表現在各要素生產力低下，以資本產出率（指每增加一單位產出所需增加的資本）來看，1953～1978 年間，大陸曾有三年爲負值，也就是出現資本增加而產出減少的現象，全期間該項指標平均爲 22.3，最高時曾達到 55.3（1976 年間），而美國在 1961～1978 年間的資本產出率平均僅 2.84，可見改革開放前大陸的資本使用效率非常低。

　　再以總要素生產力（total factor productivity）（是指勞動、資本等生產要素投入之外的技術進步和能力實現等導致的產出增加）指標來看，王小魯（2000）、張軍、施少華（2003）、王豔麗、劉傳哲（2006）等人的研究都不約而同的指出，1953～1978 年間，大陸總要素生產力的成長率爲負，其對產出成長的貢獻率爲負，顯示該期間產出成長是以增加投入，不重視資源使用效率方式達成。

　　其次，改革開放前，受到西方國家對大陸實行封鎖禁運的影響，大陸被迫採用

內向型經濟發展的方式，管制對外貿易，國內需求主要依靠國內生產來滿足。在內向型經濟發展模式下，大陸特別重視經濟自主，實行貿易保護政策和高度集中統一的外貿和外匯管理體制，對進出口商品實行全面的許可證制度，因此，在 1952～1978 年間，大陸對外貿易占國內生產總額的比重（即外貿依存度）平均只有 8.2%，促進經濟成長的動能主要來自於內需，特別是投資需求帶動。大陸官方的統計數據顯示，1952～1978 年間，全大陸固定資產投資總額成長了 14.35 倍，固定資產投資總額占國內生產總額的比重，由 1952 年的 6.4% 逐年增加到 1978 年的 18.4%。消費需求在國內生產總額中所占比重，在 1952～1978 年間呈現遞減的趨勢，顯示消費需求對經濟成長的貢獻愈來愈少。

第三，為了追求經濟獨立自主，強調自力更生，大陸以實現工業化為首要目標，特別重視重工業之發展，結果走上了優先發展重工業的道路。而選擇重工業優先發展模式，也是造成改革開放前高投資、高消耗、低效率的重要原因。

改革開放以來，大陸的經濟發展方式已發生變化，首先是逐漸由粗放型轉向集約型。以資本產出率來看，自 1979 年以來，呈現了先下降後上升又下降的趨勢，迄 2008 年，30 年平均為 3.22，比改革開放前降低許多，顯示資本使用效率在改革開放後這段期間已有明顯的改善。再以總要素生產力來看，郭慶望、賈雪（2005）的研究指出，1979～2004 年大陸總要素生產力的成長幅度比改革開放前提高，而且總要素生產力提高對經濟成長的貢獻也上升。可見要素生產效率之改善，對大陸經濟發展的重要性增加，要素數量增加扮演的角色較過去弱化許多，經濟發展方式已逐漸轉向集約型。不過，由於總要素生產力的成長率和總要素生產力提高對於經濟成長的貢獻，仍然低於一些新興工業化國家，尤其投資率偏高（1979～2008 年間，資本形成率平均為 37.7%，高於改革開放前的平均水準），顯示大陸的粗放型發展方式還沒有根本改變。

其次，自 1979 年以來，大陸改革了高度集中統一的外貿、外匯管理體制，積極發展對外貿易，大量引進外資和國外先進技術及管理經驗，經濟發展方式也逐漸從內向型走向外向型。1978～2010 年資料顯示，大陸進出口總額由 206.4 億美元增加到 29,740 億美元，成長了 144 倍，遠超過國內生產總值同期間成長的倍數（110 倍）。大陸進出口總額在全世界的排名，同期間由第 27 位躍升至第 2 位；大陸的對外貿易依存度（指進出口總額占國內生產總值的百分比）則由 1978 年的 9.74% 逐年攀升至 2006 年的 65.8%，近年來略為下降，2010 年間還有 50.3%。此外，大陸積極招商引

資以促進經濟發展，實際使用外商直接投資金額由 1983 年的 9.2 億美元增加到 2010 年的 1,057 億美元，成長近 114.9 倍平均成長率超過 20%，對於大陸製造能力提升，創造就業機會、對外貿易擴張、產業結構升級、經濟成長等方面貢獻卓著。自 1990 年代後期以來，大陸利用外資的規模居全世界第 2 位，在發展中國家中則排名第 1 位。巨額的外資流入加上貿易盈餘，使得大陸的外匯儲備由 1978 年間 1.67 億美元增加到 2010 年的 28,473 億美元，居世界第 1 位。

在外向型經濟發展模式引導下，大陸採取了各種措施，擴大對外開放地區和外商投資領域、對外商投資企業實行各種優惠，給出口企業提供出口信貸、補貼以鼓勵出口等等。隨著對外開放程度不斷提高，對外貿易快速發展，外需逐漸成為大陸經濟成長的重要因素，出口擴張的拉動作用不斷增強。資料顯示，大陸出口總額在 1978 年間只有 108.97 億美元，占國內生產總值的比重只有 4% 左右，可說是微不足道；到了 2010 年，出口總額已增加至 15,777 億美元，出口依賴度已由 1978 年的 4.6%，大幅提高至 2010 年的 26.7%，可見外需在大陸經濟成長中的貢獻愈來愈大。

第四節 經濟環境的量變與質變

中國大陸「改革開放」四十年，經濟持續快速成長，經濟結構也出現顯著的變化。以三級產業結構為例，表 3-8 資料顯示，無論以國內生產總值，或是勞動力就業人數，自 1978 年以來產業結構之變化非常明顯，第一產業所占比重逐年降低，第三產業的占比呈逐年增加之勢，而第二產業則呈現先增加後的減的趨勢。相對而言，第一階段，也就是 1978-1990 年間，產業結構的變化較為溫和，進入二十一世紀之後的變化則顯著加快。

中共「十八屆三中」全會以來，經濟發展進入「新常態」，政策上則加快推進經濟結構戰略性調整和轉型升級，2018 年資料顯示，第一、二、三產業國內生產總值的比重分別為 7.2%、40.7%、52.2%；就業比重分別為 26.1%、27.6%、46.3%，其中，第三產業增加值和就業的比重，分別較改革開放之前（1976～1980 年平均值）提高 32.5 和 34.6 個百分點；同期間，第一產業增加值和就業的比重則分別減少了 26.4 和 42.6 個百分點。第三產業，儘管近年來的發展相當快速，但與先進國家相比仍然相對落後；第一產業產值的占比逐年快速下降，但吸納的就業人口仍然超過總就業人口的四分之一，顯示還有空間可釋出勞動力。

　　大陸第二產業產值的占比一直維持在 40% 以上，與大陸的高投資率和做為世界工廠的特色緊密相關。改革開放以來，大陸制定和實施一系列促進工業發展的政策，對工業規模之壯大、技術水準之提升、產業鏈逐漸完整、製造品國際競爭力之提升大有助益。聯合國產業分類目錄中所有工業門類，大陸基本上都擁有，完整的產業配套為工業進一步發展奠定基礎。值得一提的是，近年來航空航天、資訊電子、醫療器材、新能源、新材料等高技術產業發展快速，高鐵、核電等重大裝備在國際市場上具競爭力，2018 年資料顯示，高技術製造業增加值，占規模以上工業增加值的比重為13.9%，比 1995 年間提高了 6.9 個百分點[8]。

　　服務業快速發展，出現了新業態、新模式。改革開放之前，服務業主要是一般生活服務業、批發零售和交通運輸倉儲業等；改革開放以來，服務業發展趨向多元，從相對份額比較，批發和零售業、交通運輸倉儲業增加值，占第三產業增加值的比重明

表 3-8　中國大陸三級產業結構變動趨勢

年度	國內生產總值比重（%）			就業比重（%）		
	第一產業	第二產業	第三產業	第一產業	第二產業	第三產業
1976-1980	33.55	47.18	19.27	68.70	19.64	11.66
1981-1985	31.80	44.25	23.95	65.94	19.22	14.84
1986-1990	26.37	43.05	30.58	60.08	21.90	18.02
1991-1995	21.17	45.11	33.72	56.22	22.24	21.54
1996-2000	17.41	46.59	35.99	50.06	23.24	26.70
2001-2005	13.29	45.90	40.81	48.16	22.32	29.52
2006-2010	10.61	47.13	42.26	39.56	27.14	33.30
2010	9.3	46.5	44.2	36.7	28.7	34.6
2015	8.4	41.1	50.5	28.3	29.3	42.4
2016	8.1	40.1	51.8	27.7	28.8	43.5
2017	7.6	40.5	51.9	27.0	28.1	44.9
2018	7.2	40.7	52.2	26.1	27.6	46.3

資料來源：依據「中國統計年鑑」歷年資料，作者自行計算。

---

[8]　國家統計局，「經濟結構不斷升級 發展協調性顯著增強」，2019 年 7 月 9 日，**人民網**，http://finance.people.com.cn/BIG5/n1/2019/0709/c1004-31222077.html，2020 年 2 月 27 日檢索。

顯下滑，而金融業和房地產業的占比則明顯上升。近年來，電子商務、數據消費、現代供應鏈、互聯網金融等新技術、新營運模式日新月異。2018 年資料顯示，實物商品網上零售額持續飆升，帶動快遞服務業務快速發展；租賃和商務服務業、信息傳輸軟體和信息技術服務業等也呈現蓬勃發展之勢。

　　其實，經濟結構和環境的巨變，不只量變，且已出現質變；一方面表現在綜合國力大增，國際政經議題的發言權大幅提升，另一方面，宏觀經濟體質也產生巨大變化，特別是集權計畫經濟的主導作用減弱、市場化和國際化的程度則不斷提高，非公有制經濟所占比重愈來愈大等方面，其中國際化程度不斷提高最值得重視。

一、國際化

　　「國際化」通常是反映一國融入世界經濟體系，與世界各國經濟互動關係或經濟整合程度的一項指標，可以由對外貿易總值占國民生產總值（或 GDP）的比重，也就是外貿依存度的變化得知梗概。改革開放以來，大陸的進出口貿易總額占 GDP 的比重是不斷提高的，從 1978 年的 9.7% 提高到 2005 年的 63.0%（表 3-9），平均每年約增加 2 個百分點，顯示大陸參與國際分工，結合國際經濟資源發展經濟的能耐，在

表 3-9　1978～2017 年大陸外貿依存度之變化

	進出口合計	出口貿易	進口貿易
1978	9.7	5.1	4.6
1980	12.6	6.0	6.6
1985	23.2	9.1	14.1
1990	30.1	16.2	13.9
1995	40.1	21.2	21.3
2000	44.0	23.1	20.9
2005	63.0	33.8	29.2
2010	50.6	26.8	23.8
2015	35.7	20.5	15.2
2017	33.6	18.5	15.1
2018	33.9	18.2	15.6

資料來源：根據各年《中國統計年鑑》相關資料計算。

國際分工格局中的地位水漲船高；同時也顯示，大陸經濟成長受到進出口貿易的影響愈來愈大，與世界經濟更加深入融合的結果，大陸經濟景氣與國際經濟景氣榮枯互動關係已愈來愈密切。

　　大陸對外貿易依存度的迅速提高，第一階段是在 1980 年代，由初期的 12.6% 逐年增加到 1990 年間的 30.1%（表 3-9）；進入 1990 年代，大陸的外貿依存度雖然仍呈現增加之勢，但相對平穩；進入二十一世紀以後，大陸的對外貿易擴張非常迅速，從而外貿依存度也由 1999 年的 36.1%，迅速提升到 2005～2006 年間達到最高，其中，尤其以出口貿易依存度提升的速度最快。不過，最近幾年來，隨著內需市場擴張，大陸經濟的外貿易依存已逐年降低至 40% 以下（圖 3-4）。

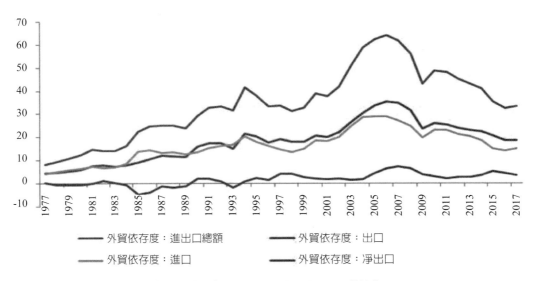

資料來源：引自「從外貿依存度看我國經濟結構問題」，2018 年 5 月 6 日，《幫趣》，http://bangqu.com/3V67J9.html
　　　　　2018 年 5 月 10 日下載。

圖 3-4　改革開放以來大陸外貿依存度變動趨勢

　　國際化程度提高，一方面表示有利於大陸參與國際分工，結合國外經濟資源進一步推動其經濟發展；另一方面，當然也表示大陸的經濟發展更依賴世界經濟體系，更容易受到國際經濟景氣的影響。值得注意的是，隨著大陸經濟規模總量增大，同時，大陸製品在國際市場占有率提高，大陸對於國際經濟景氣波動也漸具影響力。

二、非公有化

　　大陸經濟體制改革的重要內容之一是所有制改革，旨在將計畫經濟體制下單一公有制的型態，改為多元化所有制，也就是允許非公有經濟擁有生存與發展空間。

　　「增量改革」策略鬆綁了非公有經濟發展空間，改革的結果已使得所有制結構，從改革開放之前的單一公有制經濟，轉變為公有制、非公有制和混合所有制等多種所有制共同發展的局面。以工業部門為例，2010 年全國經濟普查的資料顯示[9]，國有企業家數的比重已經占不到 2%，產值的比重約在 8% 左右；非國有企業的角色愈來愈重要，尤其私營經濟高速發展，在工業部門企業總家數中約占六成，產值約占三成；境外投資企業（包括港澳台商和外商投資企業）家數約占 16%，產值的份額則高達27%。

　　個體戶、私營經濟等民營企業之所以能快速發展，主要是傳統的制度束縛鬆綁，同時大陸政府透過立法保障民營企業產權，發揮了鼓勵的效果。值得注意的是，四十年改革已使國有企業公司化，企業經營管理已享有高度的自主權；並且多數國有企業的產權已經多元化，特別是上市公司，已有大量的私人資本、外商資本和非公有的社會資本、公眾資本進入其中。

　　近年來，公有制經濟占比下降與非公有制經濟占比上升的變化已趨緩，2016 年的資料顯示[10]，公有制經濟在產值、就業、稅收等結構中所占比重都低於非公有制經濟，但公有制經濟在經營性總資產中的占比仍然超過 50%，顯示在國民經濟中公有制經濟仍然占主體地位。

　　不過，按照中央「做強做優做大」的要求，國有資本在戰略布局上已逐漸向資源姓、公共服務姓和涉及國家安全的的重要行業及關鍵領域集中，並發揮著主導作用。譬如，在攸關國民經濟命脈和國計民生的石油、天然氣開採業、菸草製品業、電力和熱力生產供應業、水生產和供應業等領域，2016 年的資料顯示，國有經濟占有 60% 以上的份額；公有制經濟在農村經營性資產中甚至居於絕對優勢。而在競爭性行業的領域裡，如批發業、零售業、餐飲業、住宿業等行業，公有制經濟則已逐漸退出，非

---

[9]　根據大陸國家統計局出版，《中國統計年鑑》相關資料整理。

[10]　姜春力，「我國所有制結構變化與發展建議」，2018 年 11 月 29 日，**中國國際經濟交流中心**，http://www.cciee.org.cn/ Detail.aspx?newsId=15866&TId=231，2019 年 3 月 29 日檢索。

公有制經濟迅速發展並逐漸占據優勢。

　　此外，混合所有制經濟早在 1997 年中共「十五大」提出的概念，自中共「十八屆三中」全會政治報告提出「積極發展混合所有制經濟」以來，得到國有企業和國有資產管理體制改革的加持，經過股份制改造和國有資產優化配置後的混合所有制經濟，已成為大陸所有制結構中，發展最快的型態。

三、市場化

　　經濟體制改革的重要內容之一是重建市場機制，經過三、四十年的改革，市場機制在大陸已逐步建立，取代了傳統的計畫經濟體制。首先從產品的市場化來看，在改革開放前的計畫經濟體制下，政府幾乎控制了包括消費財和資本財在內的所有產品之生產數量和價格，產品價格極度扭曲。自 1979 年開始，大陸政府放寬集市貿易的限制，逐步取消農副產品的統購統銷制度，縮小計畫品種，擴大市場調節範圍。以產品價格市場化為例，到 1990 年代初，大部分的消費財價格基本上都已放開；工業原材料、中間製品等的價格市場化，經歷了一個計畫內國家定價、計畫外市場調節同時並存的「雙軌制」階段，隨著中央政府有關部門定價的商品和服務項目逐年減少，至 2004 年底時，96% 以上的商品價格已放開由市場定價[11]。

　　相對於產品市場化的成就，大陸的要素市場化進展相對遲緩許多。以利率市場化為例，儘管改革始於 1978 年，但直到 1996 年，大陸政府開放了銀行間同業拆借市場利率，利率市場化改革才有了較大的進展，自 1997 年開始，利率市場化改革明顯加速，舉其要者，如 1997 年間，放開了銀行間債券市場債券回購和現券交易利率；1998 年，改革再貼現利率和貼現利率制度，放開貼現和轉貼現利率；1999 年，放開了金額在 3,000 萬元以上、期限在五年以上的保險公司協議存款利率；2000 年，放開外幣貸款利率；2001 年，放開了全大陸社保基金協議存款利率；2002 年，中國人民銀行宣布浙江、福建、黑龍江、吉林和內蒙古等六個省（區）的若干信用社進行利率市場化改革試點，存款利率最大浮動範圍是 30%，貸款利率的最大浮動範圍是 100%。

---

[11] 北京大學中國國民經濟核算與經濟增長研究中心編，《中國經濟增長報告（2006）》（北京：中國經濟出版社，2006 年），頁 119。

2004 年，大陸推動利率市場化改革有較明顯的進展。1 月間，中國人民銀行進一步擴大金融機構貸款利率浮動區間；同時，貸款利率浮動區間不再根據企業所有制性質、規模大小分別制訂，擴大商業銀行自主定價權，企業貸款利率最高上浮幅度擴大到 70%，下浮幅度 10%。3 月間，中國人民銀行決定實行再貸款浮息制度；4 月間，推出差別存款準備金率制度；10 月間，放開貸款利率上限和存款利率下限，商業銀行可與借款人協商確定貸款利率計結息方式和再定價方式。

從制度的建構來看，大陸在利率市場化已有相當的進展。不過，在實務面，資本價格（利率）的決定，基本上仍由政府行政管制，而不是市場定價；尤其在間接融資市場上，國有金融資本仍居絕對統治地位。就直接融資市場來看，其市場化程度更低。

在各類要素市場發展中，勞動力市場化速度可說是較快速的，從勞動力競爭機制上看，勞動力供需雙方都擁有自主選擇的權利，勞動力在產業間、區域間或城鄉間的流動已相當自由，且勞動工資報酬（價格）基本上已由市場決定，政府行政性決定工資水準的比例已經很低。

四、改革開放後的治與亂

中國大陸經歷二十多年的改革開放，經濟持續成長，國民所得水準不斷提升，總體經濟環境不只發生「量」變，也產生了「質」變，例如：經濟國際化程度提高，經濟體制上已朝向市場化、非公有化發展，經濟管理權限逐漸分散、地方經濟勢力擴張，政府行政愈來愈重視法制等。這些重大的變化可以說是大陸政府推動改革開放政策的重要成就，這些成就奠定了經濟進一步發展的基礎。

然而，我們也必須注意到，「改革開放」固然對大陸經濟發展具有多方面正面的效應，但由於「改革」採「漸進式」，經濟發展戰略採「不平衡模式」，因而在體制變革過程中造成許多不協調的局面。這些不協調局面使經濟改革的代價日益增大，同時也使進一步的經濟改革難度增加，對於大陸經濟未來長期持續發展，將具有嚴重的負面作用。

舉例來說，經濟體制改革的目的是要減少指令性計畫，增加市場機制對資源配置的作用，不過，由於計畫經濟走向市場經濟體制並非一蹴可幾，結果在演變過程中，形成了兩制併存的「雙軌制」現象，典型的例證，如：非國有經濟已大致融入市場經

濟,而國有經濟尚未真正融入市場經濟;沿海地區市場機制的作用在經濟活動中已占優勢,而在內陸原有的計畫體制的作用還很強大。「雙軌制」相對於原來的單一計畫體制雖有所進步,但雙軌之間的摩擦和衝突所形成的消極效應也不小,對於大陸經濟未來的發展相當不利。

「雙軌制」局面帶給大陸經濟發展的負面效應,主要可歸納從下列幾方面觀察:一是「雙軌制」為「尋租」活動提供了制度環境條件,從而衍生「以權謀私」、「權錢交易」行為;二是雙軌摩擦造成對國有資產價值的不當管理,譬如:企業股份化改造、興辦中外合資企業時,對國有資產的低估,土地批租過程中的不當定價等,造成國有資產大量流失;三是改革衍生的分配不公問題更加惡化。原有的收入分配不公問題如「平均主義」式分配的現象仍然存在於國有部門,城鄉收入差異、工農部門收入差異等現象並未改善,而改革之後更產生新的分配不公問題,如沿海與內陸之間、工薪階層與非工薪階層之間、國有企業職工與非國有企業職工之間的收入差距擴大。

其次,大陸的市場化程度逐漸提高,雖然對市場競爭機制的建立與資源的有效配置具有正面影響,但由於大陸的市場體系不夠健全,許多市場規則也未完善建立起來,因而普遍造成不公平競爭的現象,以及市場失序問題。以人力資源的配置為例,在原來的計畫經濟體制下實行「統包統配」辦法,求職求才雙方只能透過勞動行政部門的安排,別無選擇;勞動就業體制改革使勞動市場逐漸建立,市場機制逐漸發揮作用,改善了人力資源配置與運用效率。又如在商品、物資方面,計畫經濟體制下採用「統購統銷」辦法,改革以來市場經濟體制逐漸建立,市場化程度逐漸提高,有利於各類物資流通,進而促進生產效率,提升消費者福利水準。

然而,必須指出的是,大陸經濟體制改革在市場化方面的進度,主要還是侷限在商品等有形的市場,在無形的市場環境方面,如:法律規章、文化、社會價值觀等,仍然相當不足,市場規範不健全及落後的市場觀念造成不正當競爭行為及嚴重的地下經濟活動,使得市場機制無法充分發揮,甚至更嚴重地造成失序或扭曲現象。譬如:盲目投資造成產能過剩、庫存增加、產品價格下降、通貨緊縮、企業利潤大幅滑落、金融風險增加、出口貿易國際摩擦頻仍等問題;市場法規不健全,以及文化、社會價值觀等落後的市場觀念,造成不正當競爭行為及嚴重的地下經濟活動,使得市場扭曲,競爭機制無法有效發揮。

第三,在改革開放政策下,大陸採取「沿海地區先富起來」的不平衡經濟發展戰略,目的是希望藉具有比較優勢條件的東部地區優先發展起來,再輻射擴散到中西部

地區，最終實現共同富裕。這項戰略實施之後，的確促使具有比較優勢條件的東部地區優先發展起來，但寄望其輻射擴散到中西部地區的效果遠不如預期，反而原本地區間經濟發展不平衡的問題，更加突出。

　　大陸東部沿海地區，相對於中西部地區具有較雄厚的經濟、技術、人才基礎，不平衡的發展戰略促使其很快的實現工業化、現代化和市場化。中西部地區由於基礎設施嚴重落後、資金短缺，且科技水準較低、勞動力素質相對較低、經濟效益較差等不利因素之制約，無法吸引東部地區之資金、技術向中西部擴散，甚至中西部地區本來就十分短缺的資金、技術、人才等向東部流出，結果形成了東、中、西部地區發展差距愈來愈大的局面，陷入了二元經濟的不良循環。

　　第四是環境汙染和破壞問題。大陸巨大的能源消費規模和以煤炭為主的能源消費結構所引起的汙染物排放，例如：二氧化碳、二氧化硫、氮氧化物、煙塵等汙染物排放總量遠超過環境承載能力，生態遭到破壞。近年來，水質汙染、空氣汙染、耕地退化、沙塵暴等環境惡化現象，已經對大陸人民的正常生活與經濟活動等造成嚴重的影響。馬洪等人的研究指出，按照目前的趨勢發展，到 2020 年間，大陸二氧化碳排放量將達到 13～20 億噸，每人平均碳排放水準將高達 0.9～1.3 噸[12]。由於大陸是二氧化碳排放量的大國，國際社會要求大陸限排溫室氣體的壓力勢必愈來愈大，從長遠來看，未來大陸經濟的持續高速成長勢將受到環境容量的制約。

---

[12] 馬洪、王夢奎，2006 **中國發展研究**（北京：中國發展出版社，2006 年）。

參考文獻

中華人民共和國商務部（2018），《中國對外投資發展報告 2018》，北京：中華人民共和國商務部。

王小魯（2000），「中國經濟增長的可持續性與制度改革」，《經濟研究》2000 年第 7 期，頁 3-15。

王艷麗、劉傳哲（2006），「全要素生產率對中國經濟增長的貢獻：1952～2002」，《北京理工大學學報》第 8 卷第 5 期，頁 88-97。

北京大學中國國民經濟核算與經濟增長研究中心編（2006），《中國經濟增長報告（2006）》，北京：中國經濟出版社。

高長（2018），《中國大陸紅色供應鏈之發展及其對臺灣的影響》，委託研究報告（未出版）。

姜春力（2018），「我國所有制結構變化與發展建議」，**中國國際經濟交流中心官網**，2018 年 11 月 29 日。

馬洪、王夢奎（2006），《2006 中國發展研究》，北京：中國發展出版社。

商務部、國家統計局和國家外匯管理局（2019），《2018 年度中國對外直接投資統計公報》，**中國政府網站**，2019 年 9 月 13 日。

張宇（2008），《中國模式：改革開放三十年以來的中國經濟》，北京：中國經濟出版社。

張軍、施少華（2003），「中國經濟的全要素生產率變動：1953～1998」，《世界經濟文匯》2003 年第 2 期，頁 17-24。

簡新華、葉林（2011），「改革開放前後中國經濟發展方式的轉變和優化趨勢」，《經濟學家》2011 年第 1 期，頁 5-14。

郭慶旺、賈雪（2005），「中國全要素生產率的估算：1979～2004」，《經濟研究》2005 年第 6 期，頁 51-60。

魯東旭譯（2015），《中國的增長：中國經濟的前 30 年與後 30 年》，Linda Yueh 著，China's Growth: The Making Of An Economic Superpower，北京：中信出版社。

國家統計局（2019），「經濟結構不斷升級發展協調性顯著增強」，**人民網**，2019 年 7 月 9 日。

國務院發展研究中心 UNDP 項目組（1994），《經濟發展改革與政策》第一卷（上），北京：社會科學文獻出版社。

劉遵義（2019），「中國人均實際 GDP，大概本世紀末才可能趕上美國」，The News Lens，2019 年 5 月 13 日。

第四章　外商直接投資對大陸經濟發展的貢獻

　　引進外資，是大陸改革開放政策的重點工作之一。利用外資對大陸的重要意義，第一、可以補充國內資金不足的缺口；第二、可以擴大出口，賺取外匯；第三、可以引進外國先進技術和現代企業經營管理經驗與知識；第四、可以改善交通、能源、工業原材料供應等發展瓶頸；第五、可以提升企業管理能耐和工業整體製造能力。

　　1970 年代末期，中國大陸決定接受外商直接投資，在接下來的 1980 年代多數時間裡，大陸的政策和制度變革相對謹慎，是漸進式的、帶有區域性特點，該期間外商直接投資帶入的資金成長穩定，對最早實行開放政策的廣東和福建兩省經濟造成明顯的影響，惟對全中國大陸經濟的影響仍十分有限。

　　外商直接投資湧入中國大陸，始自 1992～1993 年間，而自 1996 年以後，每年流入中國大陸的外商投資資金，一直保持在 400 億美元以上，且大致上呈逐年上升趨勢。最先進入的投資者主要來自其他亞洲經濟體，特別是臺灣和香港，來自先進國家和地區的投資者隨後跟進。長期以來，儘管亞洲和全球經濟時有波動起伏，但國際資本流入中國大陸依然穩定成長。

　　外商直接投資一直是中國大陸獲得全球資本的主要形式，證券組合資本或銀行貸款等形式相對而言小了許多。資料顯示，進入二十一世紀，流入中國大陸的外商直接投資規模，占全部發展中國家外商直接投資的比重，每年都超過三分之一。大量外商直接投資於中國大陸的製造業，其創建的製造網絡能量，逐漸在全球價值鏈中扮演重要角色。

　　外商直接投資形成的外資經濟，在中國大陸市場經濟中占據了重要地位，在稅收、就業、技術進步、現代化經營管理經驗、市場行銷、對外貿易等方面的貢獻卓著。大陸商務部的資料顯示[1]，外商投資企業占中國大陸企業總數不到3%，但為中國大陸貢獻了約一半的進出口貿易、四分之一的規模以上工業企業產值和利潤、五分之一的稅收收入。

---

[1]　馬林靜，「新時期我國利用外資規模屢創新高」，2019 年 8 月 15 日，**商務部商務歷史網**，http://big5.mofcom.gov.cn/gate/big5/history.mofcom.gov.cn/?newchina，2020 年 2 月 25 日檢索。

第一節　引進外資政策

　　過去大陸實行高度封閉式計畫經濟體系，不允許私有經濟存在，外資的生存空間幾乎沒有。經濟體制改革的第一步是承認社會主義社會也可以有市場，在計畫經濟體制中打開了一扇門，這就意味著「改革」允許非公有制經濟之存在與發展，從而對外開放和引進外資，具備了制度合法性和可能性。

　　為了吸引外商直接投資，大陸積極建立鼓勵性的政策架構，陸續提出各種優惠政策和措施。早期最具代表性的是，1986 年 10 月間，國務院頒布的《關於鼓勵外商投資的規定》（「國務院二十二條」），對於先進技術企業和外向型企業，在稅收、土地使用費、信貸、使用外匯，以及進出口通關手續等方面，給予特別優惠，並在生產經營自主權方面提供保障；同時，逐步擴大下放外資項目審批權。

　　嗣後，大陸國務院又先後在 1989 年頒布《關於鼓勵臺灣同胞投資的規定》、1990 年頒布《關於鼓勵華僑和香港澳門同胞投資的規定》；各地政府也紛紛根據國務院頒布的文件制訂配套的實施細則。這些措施初步建立了鼓勵外商投資的制度環境。

　　各級政府採取諸多配套的政策與實施細則，譬如：提供租稅優惠，行政手續便捷化，開闢經濟特區、出口加工區和技術開發區，又陸續頒布實施稅務、外匯、進出口、金融、財務等涉外法規，提供法律保障等；省及以下地方政府被賦予相當大的自主權，可以管理在其轄區內所設立的合資企業，而在特區或開發區中投資的外商企業經營通常不受政府管制。

　　引進外資的政策初衷，是試圖透過引進外資彌補國內資金短缺和改善技術落後的問題。不過，由於在改革開放初期，外匯短缺限制了自國外進口機器設備、原材料和零組件；而技術基礎薄弱，對外資企業轉讓的技術消化吸收能力不足，因此，儘管早在 1982～1983 年間就提出「以市場換技術」政策，但吸引外資進入，早期主要乃依靠優惠的生產要素組合，「市場」的誘導效果有限；藉著外向型企業、加工製造和進口替代型外資製造業進入，達到技術學習和創收外匯的雙重目標[2]。

---

[2]　1983 年間頒布實施的《中外合資經營企業法實施條例》第十四條，要求企業在合同中規定「產品在中國境內和境外銷售的比例」，以約束合資企業出口的比重；該項規定直到 2001 年修法時，才刪除。

　　為了加強對外資流向的引導，配合整體產業發展政策，大陸國務院在 1989 年 3 月間頒布《關於當前產業政策要點的決定》，提出外商投資審查標準。其中，鼓勵投資的領域主要包括：產品適應國內外市場需要，而國內不能生產者；可以擴大出口、增加外匯收入者；經濟效益高、技術先進者；能源、交通運輸和原材料工業急需者。同時指出某些領域將限制投資，主要包括國內已經在開發或生產的，沒有出口競爭力的，不提供先進技術的，外匯不能自行平衡的，以及零配件依賴進口、產品主要在國內銷售的加工組裝生產線等。

　　進入 1990 年代，特別是社會主義市場經濟體制改革目標逐步確立之後，對外開放地域和領域進一步擴大。中共「十四大」政治報告提出，要「進一步擴大對外開放，更多更好地利用國外資金、資源、技術和管理經驗」，並強調「對外開放的地域要擴大，形成多層次、多管道、全方位的對外開放格局」，「利用外資的領域要拓寬」。

　　中國大陸利用外資政策開始加強對投資項目的產業引導，目標更著重在引進技術、促進產業結構升級，以及提升全要素生產力；「以市場換技術」政策做為引進外資工作的指導方針，重要性和效果也更加突出。1995 年，大陸發布《外商投資產業指導目錄》和《指導外商投資方向暫行規定》，對於外商投資領域分為鼓勵、允許、限制和禁止等四類，這是大陸官方第一次以法規形式，將引進外商直接投資的產業政策公諸於眾。高新技術、先進技術、出口型產業、資源開發和利用型產業等被列入鼓勵投資的類別中；加上逐步改革出口退稅制度，與利用外資的產業導向政策配合，對促進大陸產業結構轉型升級，產生積極的影響。

　　1992 年以後，「中策現象」開啟了外資併購大陸國有企業的風潮[3]。1993 年 12 月底頒布、1994 年開始實施的《公司法》，為大陸國有企業改革吹響了號角，也為外資併購國有企業，奠定法源基礎；1999 年 8 月，大陸國家經貿委頒布實施《外商收購國有企業暫行規定》，進一步具體規定外商可以參與併購國有企業。

　　嗣後，隨著加入 WTO 後，對外開放步伐加快，外資收購大陸上市公司的風潮進一步升溫。自 2003 年 1 月開始，大陸又陸續頒布實施《關於向外商轉讓上市公司國

---

[3] 「中策現象」是指「香港中國策略投資公司」從 1992 年 5 月起，在短短的兩年時間內，斥資 33 億元人民幣，把大陸百餘家分散在各地的國有企業改建成為 35 家，全部由中策公司控股 51% 以上的中外合資公司，造就了「中策企業王國」事件。參閱百度百科，2020 年 2 月 26 日檢索。

有股和法人股有關問題的通知》、《外資併購境內企業暫行規定》、《外國投資者併購境內企業的規定》等,加強對外資併購中國大陸企業的規範和監管,尤其在審批程序和反壟斷調查等方面。

自 2006 年開始,配合加入 WTO 後的新環境,中國大陸的外資政策進一步調整,整體而言,重點在放鬆管制、逐漸取消外資企業的超國民待遇,以及建立與國際接軌的引進外資機制。

首先,為塑造內外資企業公平競爭的環境,自 2006 年以來,大陸政府先後實行新的《企業所得稅法》和修訂《城鎮土地使用稅暫行條例》,取消對外資企業的稅收優惠等超國民待遇。2010 年 12 月 1 日,大陸取消對外商投資企業的最後兩項優惠政策,從此,城市維護建設稅和教育費附加之徵收,內外資企業統一適用。

其次,利用外資的政策態度,已逐漸從過去的「招商引資」轉向「招商選資」,不再來者不拒。2006 年 11 月,大陸國家發改委發布《利用外資「十一五規劃」》,宣示將持續推動利用外資從「量」到「質」的根本轉變,使利用外資的重點從彌補資金、外匯缺口等考量,轉到引進先進技術、管理經驗和高素質人才方面;同時,更加注重環境保護、資源能源節約與綜合利用效率。

第三,加強對外資併購涉及國家安全的敏感行業重點企業之審查和監管。2008 年大陸頒布實施「反壟斷法」,立法的目的在於預防和制止壟斷行為,保護市場競爭,提高經濟的運行效率,包括發改委、商務部和工商總局,都可依法執行反壟斷調查。

隨著中國大陸經濟逐步進入新常態,在「調結構、轉動能、促升級」的大政方針下,促進經濟成長的策略已由要素驅動轉向創新驅動,引進外資的政策也隨之調整,由原本偏重資本意涵轉向更重視創新要素組合和產業鏈之完善,導向創新促進。

中共「十八大」以來,中國大陸積極推動建構開放型經濟體制,自 2014 年開始,對外商投資項目之管理,由全面核准制轉向普遍備案制和有限核准;吸引外資的政策手段,由提供優惠措施轉向投資便利化。中共「十八屆五中」全會提出,要有序擴大服務業對外開放,全面實行「准入前國民待遇加負面清單」制度,實現外資管理體制由「逐案審批」向負面清單管理的重大變革;並在隨後修訂的《外商投資產業指導目錄》中,對外資禁止和限制的產業類別進一步縮減。

第二節　外商直接投資發展概況

一、整體發展趨勢

　　大陸自1980年代初開始實行改革開放政策，積極吸引外商到大陸直接投資（FDI），導引國際產業轉移逐漸成為大陸加強對外經濟協作的重要手段。不過，在早期，由於中國大陸投資環境不佳，尤其對改革開放政策的執行仍存在所謂改革派和保守派的爭執，導致政治不穩定，因此，FDI流入金額都不大，利用外資以對外借款為主，FDI所占比重不高。

　　根據大陸國家統計局統計資料，1979～1991年期間，中國大陸對外借款總額為525.6億美元，FDI流入總額為250.6億美元，分別占該期間利用外資總額的65%和31%，FDI流入金額不到對外借款的一半。

　　直到1992年，鄧小平南巡發表談話，並在中共「十四大」確立「社會主義市場經濟」發展路線之後，FDI流入才開始大幅成長，成為利用外資的主要形式；在1990年代中期，外商到大陸直接投資曾創下一波高峰（圖4-1）。主要的原因有二，一是經過十多年改革開放，中國大陸努力為外國投資者營造較好的經商環境，制度基礎和友好的外資政策逐步到位，博得外商的信任；二是擴大開放外國投資者進入國內市場，包括行業領域的准入放寬，製造商也獲准可在國內市場銷售自己製造的產品。

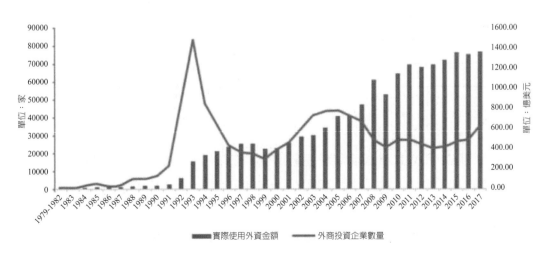

數據來源：商務部外資司

資料來源：http://big5.mofcom.gov.cn/gate/big5/history.mofcom.gov.cn/?newchina

圖4-1　1979～2017年中國大陸實際使用外資情況

　　大陸國家統計局公布的資料顯示（表 4-1），1989 年間，實際利用 FDI 僅 33.9 億美元，相當於 1983 年 9.2 億美元的 3.68 倍。不過，中共召開「十四屆三中」全會後，也就是 1995 年，大陸實際利用 FDI 大幅增加至 375.2 億美元，約相當於 1989 年的 11.1 倍。1991～1997 年期間，是中國大陸引進外資的第一段高速成長期，1998 年爆發亞洲金融危機，雖然曾使 FDI 流入受到短暫的衝擊，但進入二十一世紀，特別是 2001 年加入世界貿易組織（WTO）之後，又進入快速成長的軌道。

表 4-1　歷年來外商直接投資趨勢

年份	協議投資		實際投資金額 (3)	(2)/(1)萬美元	(3)/(2)%
	項目 (1)	億美元 (2)			
1979～1982	920	49.6	17.7	539	35.7
1983	638	19.2	9.2	301	47.8
1985	3,073	63.3	19.6	206	31.0
1989	5,779	56.0	33.9	97	60.5
1995	37,011	912.8	375.2	247	41.1
1998	19,799	521.0	454.6	263	87.3
2000	22,347	623.8	407.2	279	65.3
2005	44,001	1,890.6	603.2	430	31.9
2010	27,420	-	1,057.4	-	-
2015	26,575	-	1,262.7	-	-
2016	27,900	-	1,260.0	-	-
2017	35,652	-	1,310.4	-	-
2018	60,533	-	1,349.7	-	-

註：官方公布的協議投資金額只到 2006 年。

資料來源：根據 CEIC 資料庫數據計算

　　隨著大陸加入 WTO，投資環境逐漸改善，進入中國大陸的 FDI 風潮再起，每年投資金額迭創新高，以實際投資金額來看，2000 年間，達 407.2 億美元，創歷史新高，2002 年進一步增加至 527.4 億美元，嗣後各年繼續保持逐年成長趨勢，2010 年已突破千億，達 1,057.4 億美元，2018 年則再創新高，達 1,350 億美元。儘管自 2012 年以來，FDI 流入的金額成長趨緩，但中國大陸仍然是全球最具吸引力的 FDI 流入地

區之一。

從全球格局來看，1990～2018 年期間，大陸引進 FDI 從 110 億美元增加至 1,350 億美元，漲幅超過 11 倍；在全球 FDI 總額中所占比重，已由 1.7% 增加至 10% 左右。2003 年大陸已成為僅次於美國成為世界第二大 FDI 流入國；2014 年，大陸 FDI 流入量首次成為全球第一。自 1992 年起，中國大陸連續二十七年成為吸收外資最多的發展中國家；2017～2019 年間，全球跨國企業最佳投資目的地排名中，中國大陸繼續穩居全球第二，發展中國家第一[4]。

二、結構特徵

進入中國大陸的 FDI，早期主要集中在大陸沿海經濟特區、開放城市、經濟開放區等地帶，與中國大陸的區域對外開放政策相稱。基於技術學習和扶持國內幼稚產業發展的目的，早期合資、合作是中國大陸利用 FDI 的優先選擇；而新進入的外資企業對當地的制度環境尚不熟悉，也樂於與大陸本土企業合資或合作，因此，早期進入中國大陸的 FDI，採合資或合作投資型態的企業相當普遍。

隨著中國大陸對外開放的區域逐漸擴大，從沿海地區延伸到長江沿岸城市，以及沿邊和內陸省會城市，對外開放區域已推進到內陸腹地，加入 WTO 之後，更是形成全方位對外開放，FDI 的流入不再侷限在沿海地帶，內陸地區實際利用 FDI 的金額顯著成長，惟沿海地區仍然是外商直接投資最聚集的地區。

此外，外商進入中國大陸的投資型態，與早期相比，後期採獨資經營型態的比重有明顯增加之勢，尤其在 2000 年之後，採獨資經營型態的外商企業，無論就投資金額或是投資件數，占同年度實際利用 FDI 總數的比重都超過 50%，且呈現逐年增加趨勢。

劉建麗（2019）的研究指出[5]，外商採獨資型態的比重不斷增加，主要的原因在於，一是進入中國大陸的 FDI，大型跨國公司愈來愈多，具備較強的跨國投資經驗；二是中國大陸的經商環境，隨著經濟體制改革不斷推進，尤其加入 WTO 後，必須更

---

[4]　馬林靜，「新時期我國利用外資規模屢創新高」，**商務部商務歷史網**，2019 年 8 月 15 日。

[5]　劉建麗，「新中國利用外資 70 年：歷程、效應與主要經驗」，2019 年 12 月 19 日，WTO/FTA **諮詢網**，http://chinawto. mofcom.gov.cn/article/ap/p/201912/20191202923754.shtml，2020 年 2 月 25 檢索。

加接受國際經貿體系的規範，外商對於獨資經營的預期較具信心；三是出於知識產權保護，以及技術和商業機密保防之要求，外商希望採取獨資模式以掌握經營控制權。

值得一提的是，外商併購投資中資企業的案件逐漸增多，1992 年出現「中策現象」，開啓了外商併購國有企業的先河，嗣因投機性併購衍生國有資產流失和產業安全問題，受到各界關注，外資併購國有企業之政策曾一度喊卡，直到進入二十一世紀之後，該政策才逐漸從限制轉爲鼓勵。

不過，在 2014 年以前，外商併購中資企業的規模都不大，且成長緩慢，占 FDI 流入總額的比重大都未超過 5%[6]；自 2015 年開始，FDI 採併購方式的投資金額才大幅上升，資料顯示，2015 年間，外商的併購投資實現金額高達 177.7 億美元，占當年中國大陸 FDI 流入總額的 14.1%。近年來，外商在中國大陸境內的併購投資，繼續保持快速成長，2017 年間投資金額已達 238 億美元，2018 年進一步成長 28.4%，占同年度 FDI 流入總額的比重，分別增加至 18% 和 22.6%。

改革開放初期，中國大陸引資的對象以港澳台商和華僑爲主。香港憑藉其金融中心地位和稅制優勢，以及與廣東毗連的區位優勢，成爲海外華人投資大陸的橋頭堡；海外華人先在香港設立企業總部，以香港爲中介地向大陸投資，因此，長期以來，大陸引進的 FDI，最大的來源是港澳地區（表 4-2），來自臺灣和自由港或避稅港（主要指英屬維京群島、百慕達、開曼群島以及其他避稅港等）的投資則居次。

不過，在 1990 年代後期到二十一世紀初期間，港澳地區和臺灣對大陸投資成長力道轉弱，而來自不同避稅港的投資卻大量增加。實務上，臺灣企業在開曼群島和維京群島以及其他避稅港都有大量的投資；港澳企業面對自己的政治風險也有動機透過第三地中轉投資大陸，因此，來自避稅港的投資，其實有一大部分是來自港澳地區和臺灣的投資者。

香港是中國大陸最大的外來投資地區，除了因毗鄰之便，香港投資者比其他國家的投資者對大陸的政策變動，方便得到更多訊息，並能掌握先機、更迅速的做出回應。其次，香港做爲國際知名的金融、運輸和轉口貿易中心，是許多跨國公司子公司的所在地，在某些情況下，從世界各地到中國大陸的投資，很可能只是借道香港間接進行，但在記錄時，卻被歸類爲香港的投資，早期有不少台商赴大陸投資，採取這種

---

[6] 根據聯合國貿發會議《世界投資報告》統計，外商併購中資企業的金額，2000 年間約 22.5 億美元，占當年外商直接投資總額的比重約 5.5%；2010 年外資併購投資金額 32.5 億美元，占比 3.1%，十年間外資併購成長幅度不大。

表 4-2　主要國家對大陸直接投資之變動（實際投資）

	1995		2000		2005		2010		2015		2018	
	金額	%	金額	%	金額	%	金額	%	金額	%	金額	%
港澳	205.0	54.6	158.5	38.9	185.5	30.8	612.2	57.9	872.7	69.1	912.0	67.6
美國	30.8	8.2	43.8	10.8	30.6	5.1	30.2	2.8	20.9	1.7	26.9	2.0
日本	31.1	8.3	29.2	7.2	65.3	10.8	40.8	3.9	31.9	2.5	38.0	2.8
新加坡	18.5	4.9	21.7	5.3	22.0	3.6	54.3	5.1	69.0	5.5	52.1	3.6
臺灣	31.6	8.4	23.0	5.6	21.5	3.6	24.8	2.4	15.4	1.2	13.9	1.0
維京群島	na	na	38.3	9.4	90.2	15.0	104.5	9.9	73.9	5.9	47.1	3.5
百慕達	na	na	1.2	0.0	2.1	0.3	3.6	0.3	7.1	0.6	21.7	1.6
開曼群島	na	na	6.2	1.5	19.5	3.2	25.0	2.4	14.4	1.1	40.7	3.0
韓國	10.4	2.8	14.9	3.7	51.7	8.6	26.9	2.6	40.3	3.2	46.7	3.4
其他	47.7	12.7	70.4	17.3	114.1	18.9	135.1	12.8	117.1	9.3	155.0	11.5
合計	375.2	100.0	407.1	100.0	603.2	100	1,057	100.0	1,263	100	1,350	100

資料來源：根據 CEIC 資料庫數據計算。

註：金額單位為億美元。

模式，以規避可能的風險；甚至母公司在中國大陸的公司，也可能通過海外子公司投資借道返回大陸，以獲得優惠租稅待遇，以及其他只有外商投資企業才能享受的優惠和自主權。

　　來自美國、加拿大、日本和歐盟等先進國家的投資，在 1990 年代中期，美國企業曾經是大陸引進 FDI 的重要來源之一，僅次於港澳地區和臺灣，這股熱潮一直維持到二十一世紀初期若干年，惟近年來的投資行動已大不如前。日本企業對中國大陸的直接投資，也呈現減緩趨勢，與日本的經濟規模和地緣因素頗不相稱，可能的原因之一，是自 1990 年代以降，日本經濟陷入失落的之境，跨國投資的能量萎縮，其次是日本工商界對中國大陸經濟前景普遍持悲觀評價。

　　臺灣對大陸投資，1995 年間達 31.6 億美元，約占當年大陸引進 FDI 總額的8.4%；不過，嗣後成長速度減緩，甚至呈現衰退之勢，到了 2005 年已下跌至 21.5 億美元，占比更大幅下降至 3.0%。值得一提的是，由於政治因素，許多臺灣廠商常藉由第三地對大陸進行投資，如經由港澳，或是維京群島、開曼群島等免稅天堂，故實際投資金額應較大陸官方公布的統計為多。維京群島自 1990 年代後期開始，對大陸

投資快速大幅增加，其中有一大部分為台商的投資。

第三節　外商直接投資的產業結構特徵

外商進入大陸投資的產業，早期主要集中在製造業，2000 年間，FDI 流入大陸的總額中，製造業約占 63.5%（表 4-3）；進入二十一世紀，尤其大陸加入 WTO 之後，製造業外商實際直接投資金額迭創高峰，2004 年間，首度突破 400 億美元大關，占當年度大陸 FDI 流入總額的比重，也逐年上升並超過七成。主要是因大陸的勞動、土地等生產要素供給充裕，且價格低廉，還有廣大的內需市場腹地，對外商有很強的誘因。

嗣後，隨著大陸投資環境改變，尤其土地、勞工成本逐漸提高，環保要求愈來愈嚴格，加上人民幣不斷升值，環境變化對製造業投資不利，因而製造業實際投資金額開始逐年下滑，到 2017 年時，外商直接投資製造業實際金額已跌至 335.1 億美元，占比也減少至 24.6%。各類製造業中，實際投資金額較大的包括：通信設備、電腦及其他電子設備製造業，通用設備製造業，專用設備製造業，化學原料及製品製造業，醫藥製造業等（表 4-3）。2018 年，製造業實際利用外資的占比回升至 30.6%，約合 413.1 億美元

FDI 投入服務業，早期受限於政策，相對於製造業而言投資規模很小，不過，隨著政策開放和經濟環境逐漸改善，外商投資服務業的規模乃逐漸擴大；尤其自 2006 年 12 月 11 日起，中國大陸加入 WTO 的過渡期結束，零售、金融、交通運輸等服務業全面開放，吸引了大量外資進入；2010 年間，服務業首度超過製造業成為外商到大陸投資的主流。

從總量來看，進入服務業的 FDI 占同年度 FDI 總額的比重，在 2005 年間，還不到三成，到 2010 年間已增加到接近一半，近年來，服務業吸收外資占比持續攀升，2017 年間已超過七成（表 4-3）；2018 年的占比已接近四分之三。

從行業分布來看，房地產業的 FDI 一直占最大比重，不過，近年來，金融保險業、資訊傳輸與電腦軟體等服務業、零售批發業、租賃和商務服務業等吸引的 FDI 成長非常快速，2017 年資料顯示，資訊傳輸、電腦服務和軟體業對大陸投資高達 209 億美元，占同年 FDI 流入大陸總額的比重為 15.3%；其次是房地產業，租賃和商務服

表 4-3　外商到大陸直接投資行業結構（實際投資）

行業分類	2000		2005		2010		2015		2017	
	金額	%	金額	%	金額	%	金額	%	金額	%
農、林、牧、漁業	6.8	1.7	7.2	1.2	19.1	1.8	15.3	1.2	10.7	0.8
製造業	258.4	63.5	424.5	70.4	495.9	46.9	395.4	31.3	335.1	25.6
紡織業	13.7	3.4	49.2	8.2	16.0	1.5	7.9	0.6	4.9	0.4
化學原料及製品製造業	18.0	4.4	28.1	4.7	34.4	3.3	26.3	2.1	23.8	1.8
醫藥製造業	5.2	1.3	5.5	0.9	10.3	1.0	13.9	1.1	21.4	1.6
通用設備製造業	10.4	2.6	20.3	3.4	34.6	3.3	28.5	2.3	28.9	2.2
專用設備製造業	5.3	1.3	19.4	3.2	31.3	3.0	25.0	2.0	24.4	1.9
通信設備、電腦及其他電子設備製造業	45.9	11.3	77.1	12.8	84.3	8.0	68.6	5.4	59.0	4.5
電力、燃氣及水的生產和供應業	22.4	5.5	13.9	2.3	21.2	2.0	22.5	1.8	35.2	2.7
建築業	9.1	2.2	4.9	0.8	14.6	1.4	15.6	1.2	26.2	2.0
交通運輸、倉儲和郵政業	10.1	2.5	18.1	3.0	22.4	2.1	41.9	3.3	55.9	4.3
資訊傳輸、電腦服務和軟體業	-	-	10.1	1.7	24.9	2.4	38.4	3.0	209.2	16.0
批發和零售業	8.6	2.1	10.4	1.7	66.0	6.2	120.2	9.5	114.8	8.8
金融和保險業	0.8	0.2	2.2	0.4	11.2	1.1	149.7	11.9	79.2	6.0
房地產業	46.6	11.4	54.2	9.0	239.9	22.7	289.9	23.0	168.6	12.9
租賃和商務服務業	-	-	37.5	6.2	71.3	6.7	100.5	8.0	167.4	12.8
科學研究、技術服務和地質勘查業	0.6	0.1	3.4	0.6	19.7	1.9	45.3	3.6	68.4	5.2
其他	43.7	10,7	16.8	2.8	50.8	4.8	23.4	2.2	39.5	3.0
合計	407.1	100	603.2	100	1,057	100	1,263	100	1,310	100

資料來源：根據 CEIC 資料庫數據計算。

註：全額單位爲億美元。

務業，占比分別爲 12.4% 和 12.3%；再其次是金融和保險業（5.8%）、科學研究、技術服務和地質勘查業（5.0%）。

　　值得一提的是，加入 WTO 之後，中國大陸金融領域對外開放速度加快，間接利用外資的規模也逐年擴大。2002 年 11 月初，中國大陸頒布《合格境外機構投資者境內證券投資管理暫行辦法》，正式實施合格的境內投資者（Qualified Foreign Institutional Investors, QFII）制度，經過兩年的試水溫，自 2005 年開始，透過 QFII 流入的資金和持有股票的市值成長逐漸加速，2012 年資料顯示，QFII 重倉流通股市值按當年匯率計算已高達 127 億美元[7]，占當年大陸利用 FDI 總額的 11%。根據大陸國家外匯管理局統計，2018 年，透過 QFII 流入大陸的資金已攀升到 437 億美元，相當於當年 FDI 流入量的三分之一；2019 年，大陸國務院批准，QFII 總額度由原來的1,500 億美元擴大 1 倍，達 3,000 億美元，顯示中國大陸持續擴大金融領域對外開放的決心[8]。

　　此外，除了吸引外資進入國內的資本市場，加入 WTO 之後，中國大陸亦逐漸重視通過企業海外上市或發行債券間接引入外資。資料顯示，自 2002 年開始，中資企業海外上市融資規模成長逐漸加速，尤其自 2011 年以來，隨著中國大陸新經濟快速發展，尋求海外上市的企業大幅增加，每年海外融資規模平均約相當於年度引進 FDI流量的五分之一。

　　就製造業而言，早期到大陸投資的企業，大都是屬低階勞力密集加工產業，採取「兩頭在外」的經營模式，也就是所需的原材料、零組件、半成品等絕大部分自國外進口，加工製成品主要供作外銷，特別是紡織、成衣服飾品、食品、塑膠製品等勞力密集加工製造業，以及隨後逐漸成為 FDI 主流的家電、汽車、電子等產業。以 FDI累計實際投資金額來看，投資金額較大的主要有：通信設備、電腦及其他電子設備製造業，通用設備製造業，專用設備製造業，化學原料及製品製造業，醫藥製造業等。

　　不過，「兩頭在外」的經營模式，隨著進口替代產業持續快速發展而有改變。由於自我供應能力提升，早期仰賴進口的原材料等，逐漸由國產品取代，因而減少進口量；同時，自我供應能力之提升也表現在國際競爭力上，進一步有益於出口擴張。這是一個動態發展的過程，大陸的產業政策隨著不同發展階段，與時俱進，從而造就了產業結構和進出口貿易貨品結構不斷改善。

---

[7]　一種被多家基金公司持有並占流通市值的 20% 以上之股票，即為基金重倉股；也就是說，該種股票有 20% 以上被基金持有。參閱百度百科，2020 年 2 月 20 日檢索。

[8]　劉建麗，「新中國利用外資 70 年：歷程、效應與主要經驗」，2019 年 12 月 19 日，WTO/FTA 諮詢網，http://chinawto.mofcom.gov.cn/article/ap/p/201912/20191202923754.shtml，2020 年 2 月 25 檢索。

　　大陸加入 WTO 之後，在特殊的外資政策和產業發展政策配套加持下，外商製造業向大陸轉移速度加快；由於跨國企業將大陸定位為勞動密集型低階產品的生產基地，持續快速增加投資，促使大陸成為「世界工廠」。不過，近年來，由於大陸投資環境變差，尤其土地、勞工成本逐漸提高，環保要求愈來愈嚴格，加上人民幣不斷升值，對傳統製造業投資不利，紡織、食品和飲料、橡塑膠製品、雜項製品等傳統製造業 FDI 所占比重逐年下滑，而機械、電腦和通信設備、交通運輸設備等相對資本密集製造業則還能保持較快之成長。

　　經過多年的發展，製造業外商直接投資的結構已發生明顯的變化，以投資型態為例，初期以合資、合作等方式為主。自 1990 年代以來，大陸引進外資政策鬆綁，外商採獨資型態的領域愈來愈廣泛，加上外商將在大陸投資企業做為其全球布局的重要一環，為加強對技術移轉、財務和產銷等方面的控制，外商投資的獨資化趨勢愈來愈明顯。大陸商務部資料顯示，外商投資大陸採獨資型態，從 1997 年開始投資件數超過合資，從 2000 年開始投資金額超過合資企業，在外商投資獨資化的過程中，以併購方式取得股權或進行控股，成為外商投資方式的一個新趨勢。

　　其次，就投資規模而言，早期的投資大都為中小型企業，平均投資規模不大，主要來自臺港澳地區；自 1990 年代初開始，隨著製造業投資環境改善，市場准入逐步放寬，歐美跨國公司開始進入，並逐漸成為大陸製造業利用 FDI 的主要來源，來自臺港澳地區的投資，雖然絕對金額仍然增加，但相對份額則呈現下降趨勢。迄 2018 年，全球排名前 500 大企業，已在大陸投資者超過 450 家。

　　第三，就技術層次而言，早期大都為勞動密集型製造業，後期隨著大型跨國企業投資增多，則逐漸向資本、技術密集型製造業發展。進入二十一世紀以來，設備製造業、電氣機械及器材製造業、化學原料、化學製品等資本密集和技術密集產業的外商投資快速成長，在整個製造業投資中所占比重持續上升，並呈現高度集中的趨勢。

　　第四，就投資區位分布來看，早期外商在大陸投資主要集中在華南沿海地區，進入 1990 年代，到華東、華北地區投資愈來愈多，甚至也往中西部地區轉移。不過，迄 2018 年底為止，東部地區長三角、珠三角、環渤海灣三大地帶，仍然是外商直接投資最集中的地區，約占總額的三分之二左右。

　　第五，外商投資的產業鏈延伸且配套規模不斷擴大。跨國製造業在大陸直接投資不但規模不斷擴大，且逐漸向產業鏈的上中下游擴充，尤其已經進入大陸投資多年的大型跨國企業，在大陸的投資已從早期單打獨鬥，改採整個產業鏈投資模式，形成跨

國公司的群聚效應。例如：日本東芝公司，最初在大陸只投資部分電子零組件項目，後來擴大投資，逐步建立完整的彩色電視機零組件供應系統，進一步投資生產彩色電視機。跨國企業到大陸投資，還帶動了配套的海外企業／周邊衛星工廠到大陸投資，形成完整的產業鏈。

第六，外商投資企業設立研發機構愈來愈多。跨國公司在大陸設立研發機構／研發中心始於 1990 年代初期，不過，一直到大陸加入 WTO 後，才大幅成長。跨國公司設立的研發機構大都建立在其生產基地周邊，帶有明顯的生產導向型；就地區分布來看，在北京、上海、廣東三地約各占四分之一，其餘大多散布在江蘇、浙江、天津、遼寧等製造業中心。行業分布上則大多集中在計算機、通訊、電子、化工、汽車、醫藥等行業，尤其電子和計算機產業跨國公司在大陸設研發機構的比例最高，其次為交通運輸設備製造業[9]。

第四節　製造業FDI流入對大陸經濟的貢獻

流入大陸的 FDI 持續增加，是大陸經濟快速發展的主要貢獻因素，一方面外資流入與外向型經濟發展，帶動居民儲蓄成長，也緩解外匯儲備不足的壓力，引進外資發揮了填補大陸資金缺口的作用；另一方面，工業領域的外資大都投入消費性電子、電器、紡織服裝、食品飲料等輕工業產品的製造生產，競爭性領域的外資進入大陸，促進了生產效率之提升和產業分工的細化，同時帶入了相對先進的技術、國際行銷通路和管理經驗，透過技術溢出效應，促進了大陸製造業升級。中國大陸逐漸形成完整的產業供應鏈體系，被譽為「世界工廠」。

跨國公司從全球經營戰略著眼，把國際產業鏈中，部分加工組裝環節，大規模移向大陸的結果，對於大陸製造能力之提升、產業結構之改善具有明顯的貢獻；更重要地是，很快地把大陸帶入了全球高科技產業網絡，FDI 已經成為大陸技術轉讓的重要來源，同時跨國企業也逐漸成為大陸重要的技術成員[10]。

---

[9] 郭克莎、賀俊等著，《走向世界的中國製造業──中國製造業發展與世界製造業中心問題研究》（北京：經濟管理出版社，2007 年），頁 314。

[10] 諾頓（Barry Naughton）的研究指出，FDI 有助於總體投資和結構的改變；FDI 在帶來基礎資源的同時，也帶來管理經驗、營銷管道和技術。請見 Barry Naughton, *The Chinese Economy: Transitions and Growth* (Cambridge: The MIT Press, 2007), p. 360。

2010 年，習近平在聯合國貿發會議演講中指出，中國大陸約有 22% 的稅收、28% 的工業增加值、55% 的進出口、50% 的技術引進、約 4,500 萬人的就業，是來自外商投資企業的貢獻。大陸國務院發展研究中心的研究指出，1993～2018 年間，外商投資企業出口、進口額累計分別達 13.3 萬億美元和 11.8 萬億美元，占同期間中國大陸總出口、總進口的比重分別為 48% 和 50.6%[11]；進出口相抵，該期間，外商投資企業為中國大陸賺取了 1.5 萬億美元的外匯收入。

文獻上，針對 FDI 對大陸經濟發展的貢獻已有不少的實證研究成果。其中對資本形成、工業生產和進出口貿易影響的研究，舉其要者，如陳永生（2001）的研究指出，外商對大陸固定資本形成的貢獻率約 7.8%，在大陸工業增加總值中約占 22.0%；趙晉平（2001）的研究發現，外商直接投資每增加 1%，大陸的固定資產投資即增加 0.13%；張毓茜（2001）和陳策（2008）的研究也發現，外商直接投資增加 1%，大陸的出口總額將增加 1.3%～1.6%[12]。近期的文獻，胡（Albert G. Z. Hu）、傑佛森（Gary H. Jefferson）與錢（Qian Jinchang）（2005），以及莊奕琦（Yih-Chyi Chuang）與許碧峰（Pi-Fum Hsu）（2004）的研究發現，外商直接投資可以提高企業的生產力[13]。

外商在大陸直接投資，主要集中在工業部門。以工業增加值計算的資料顯示，外資工業企業產值占大陸整體工業部門總產值的比重，1994 年間大約 12.8%。嗣後，隨著 FDI 持續增加，外資企業所占份額逐年增加，尤其加入 WTO 後的投資熱潮不斷，外資企業對大陸工業生產的貢獻逐年擴大，2005 年間的份額創了新高，達到 37.3%。嗣後，外資企業工業增加值持續保持成長，惟所占份額到 2007 年間略減少至 35.3%（表 4-4）。受到資料的限制，2007 年之後，工業增加值以銷售產值替代。估計結果發現，外資工業企業所占份額逐年持續下滑，到 2017 年時，已降至 21.7%。

[11] 白光裕、馬林靜（2019），「積極、合理、有效地利用外資」，2019 年 8 月 26 日，商務部商務歷史網，http://big5. mofcom.gov.cn/gate/big5/history.mofcom.gov.cn/?newchina，2020 年 2 月 25 日檢索。

[12] 陳永生，「外國直接投資與中國大陸的經濟發展」，《中國大陸研究》第 44 卷第 3 期，2001 年 3 月，頁 17-43；趙晉平，《利用外資與中國經濟成長》（北京：人民出版社，2001 年），頁 56-61；張毓茜，「外國直接投資對中國對外貿易影響之實證分析」，《世界經濟文匯》2001 年第 3 期，頁 36-38；陳策，「外國直接投資對中國進出口貿易的影響：2000-2007」，《社會科學輯刊》2008 年第 5 期，頁 123-126。

[13] Albert G. Z. Hu, Gary H. Jefferson, & Qian Jinchang, "R&D and Technology Transfer: Firm Level Evidence from Chinese Industry," *The Review of Economics and Statistics*, Vol. 87, No. 4, November 2005, pp. 780-786; Yih-Chyi Chuang & Pi-Fum Hsu, "FDI, Trade, and Spillover Efficiency: Evidence from China's Manufacturing Sector," *Applied Economics*, Vol. 36, No. 10, June 2004, pp. 1103-1115.

表 4-4　外商投資企業在大陸經濟中的地位

年份	工業增加值／銷售值		對外貿易（億美元）		
	億元人民幣	占全國比重 (%)	合計	出口額	進口額
1992	na	na	na	173.6 (20.4)	na
1994	1,641.1	12.8	679.1 (28.7)	347.3 (28.7)	331.8 (28.7)
1996	2,853.4	18.5	1,371.1 (47.3)	614.8 (40.7)	756.3 (54.5)
1999	4,850.9	25.0	1,745.1 (48.4)	886.3 (45.5)	858.8 (51.8)
2000	6,090.6	28.2	2,366.7 (49.9)	1,194.4 (47.9)	1,172.3 (52.1)
2005	20,468.3	37.3	8,316.4 (58.5)	4,441.8 (58.3)	3,874.6 (58.7)
2006	25,545.8	35.4	10,362.7 (58.9)	5,637.8 (58.2)	4,724.9 (59.7)
2007	32,129.7 (125,498)	35.3 (31.4)	12,551.6 (57.7)	6,953.7 (57.1)	5,597.9 (58.6)
2010	(188,729)	(27.1)	16,006.2 (53.8)	8,622.3 (54.6)	7,383.9 (52.9)
2015	(245,698)	(22.1)	18,334.8 (46.4)	10,046.1 (44.2)	8,288.7 (49.4)
2016	(250,393)	(21.6)	16,875.4 (45.8)	9,167.7 (43.7)	7,707.7 (48.5)
2017	(247,620)	(21.9)	18,392.0 (44.8)	9,775.6 (43.2)	8,616.4 (46.8)
2018	(244,478)	(23.3)	19,676.6 (42.6)	10,358.4 (41.6)	9,318.2 (43.6)

資料來源：工業增加值和進出口貿易資料，整理自歷年中國大陸國家統計局出版的《中國統計年鑑》。工業銷售產值
　　　　　資料，整理自中國大陸國家統計局，《中國工業統計年鑑 2017》（北京：國家統計出版社，2017 年）。

說　　明：1. 工業增加值數據，《中國統計年鑑》自 2008 年後未再更新，2011 年後未有該指標；因此，2008 年以後，
　　　　　　以工業銷售產值做為替代；為便於比較，2007 年並列，括弧欄為銷售產值。

　　　　　2. 對外貿易欄括弧中的數字，代表占總數的百分比。

　　就個別產業觀察，以 2016 年資料為例，外資企業（包含臺港澳工業企業）在各該行業銷售總值所占份額，電腦、通信和其他電子設備製造業最高，達 57.9%，其次是汽車製造業，占 45.3%，皮革、毛皮及其製品與製鞋業，占 31.9%；其他行業中，外資企業銷售值占各該行業銷售總值比重超過當年平均值（21.6%）者，依序包括：儀器儀表業（27.1%）、紡織服裝服飾業（26.5%）、造紙和紙製品（25.3%）、化學纖維業（24.3%）、食品製造業（23.3%）、電氣機械和器材製造（23.2%）、一般機械（22.4%）等 [14]。

　　跨國企業的 FDI，促進大陸製造能力顯著提升，一方面有利於出口擴張，改善國際收支，另一方面，更有利於大陸更廣泛地參與國際的生產分工，並使大陸製品在國際市場占有率不斷增加，奠定了大陸的「世界工廠」地位 [15]。主要工業部門如家電、資訊、冶金、石化等都具有國際競爭力，尤其紡織、建材、有色金屬等產業之相關產品，甚至已成為全球主要的供應基地。

　　在大陸投資的外商企業，大都屬外向型企業，因此，隨著外商企業投資規模擴大，其進口與出口貿易值也大幅成長，逐漸成為大陸對外貿易的主力軍，對大陸整體進出口貿易的貢獻也愈來愈大。以出口貿易為例，表 4-4 的資料顯示，1992 年間，外資企業出口值合計約 173.6 億美元，占同年大陸出口總值之比重 20.4%；嗣後，外資企業出口實績保持逐年穩定成長之勢，到 2015 年間突破 1 萬億美元，創下新高之後呈現頹勢。

　　進入二十一世紀，外資企業之出口呈現跳躍式成長，對大陸整體出口實績的貢獻，2005 年間曾創下 58.3% 高峰，近年來該比重則呈現逐年縮減趨勢，顯示大陸本土企業崛起，在國際市場上也逐漸開創了一片天，導致外資和本土陸資企業出口對大陸整體出口創匯的貢獻出現消長。另一方面，也可能是因國際市場不景氣，部分加工型外資企業外移，以及擴大經營大陸內需市場逐漸收效有關。

　　2016 年，外資企業出口實績出現負成長，對大陸整體出口的貢獻下降，可能與國際經濟不景氣，以及部分加工型外資企業外移有關，因而，外資企業出口所占份額進一步下降至 43.7%。2017 年大陸外資企業的出口實績恢復成長，儘管創下 9,775 億

[14] 根據大陸國家統計局出版的《中國工業統計年鑑》相關資料計算而得。

[15] 高長，「『改革開放』與大陸經濟發展」，收錄於趙春山主編，《兩岸關係與政府大陸政策》（臺北：三民書局，2017年），頁 124。

美元，但對大陸整體出口的貢獻率繼續下滑，跌至 43.2%。

　　至於外資企業的進口貿易，由於外資企業採取「兩頭在外」發展模式，其進口金額歷年來的成長趨勢幾乎與出口同步，在大陸進口總值中所占的比重，長期趨勢變化與出口所占比重相比，大致一致。表 4-4 資料顯示，外資企業進口占大陸總進口的份額，從 1994 年的 28.7%，逐年上升至 2006 年達到最高峰的 59.7%，嗣後各年則呈現逐年下滑的趨勢，到 2017 年時，已減少至 46.8%，究其原因，可能是國內產業製造能力提升，產業鏈漸趨成熟，進口替代作用發酵。

　　外資企業進口在大陸對外貿易中的份額，與其出口表現比較（圖 4-2），可以發現，歷年來，除 2008～2013 年期間較低之外，其他各年都較高，且在 1996～2012 年期間，該項比重都超過 50%，顯示外商直接投資企業偏向「兩頭在外」經營模式的特質。近年來，外商直接投資企業進、出口貿易實績，在大陸整體外貿中所占比重逐年降低，背後隱含的意義，出口面一方面可能是因國際市場不景氣，而大陸內需市場潛力漸漸發揮作用，另一方面，可能是本土企業出口實績表現優於外資企業；進口面可能是國內產業製造能力提升，產業鏈漸趨成熟。

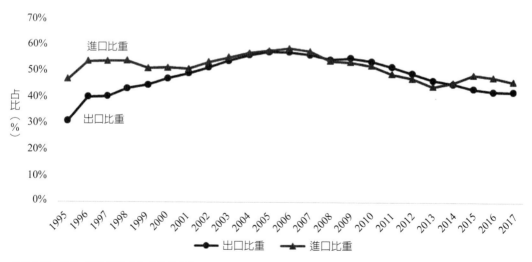

資料來源：依據 CEIC 資料庫相關資料繪製。

圖 4-2　外商投資企業占中國大陸出口、進口比重之變動

　　關於台商直接投資對大陸經濟的貢獻，高長（1997）曾利用中華經濟研究院抽樣調查資料及大陸官方發布的外／台商直接投資統計數據估計，結果發現，1990 年

初期，台商赴大陸投資主要爲製造業，其中 45.4% 爲傳統製造業，食品飲料、紡織成衣非金屬礦物製品、皮革及其製品、雜項製品等勞力密集加工業爲大宗。基礎製造業、技術密集製造業各占 26.8% 和 27.8%，前者主要是基本金屬及其製品、塑膠製品製造業；後者主要是電力機械器材及設備、運輸工具業、電子零組件、電腦電子產品及光學製品等。

　　整體而言，台商投資對大陸資本形成的貢獻率約達 1.32%；大陸臺資製造業爲大陸創造了 214.5 億美元的出口實績，占同年度大陸出口總額的 14.4%；台商在大陸雇用的員工估計將近 400 萬，占當年大陸非農業就業人口的 2.2%[16]。

　　童振源、洪家科（2011）參考前引高長的研究方法[17]，利用最新、較完整的官方資料重新估計台商投資對大陸經濟的貢獻，結果發現，累計至 2008 年底，加計台商經香港、英屬維京群島、開曼群島的轉投資之後，台商在大陸投資金額約爲 1,665.3 億美元，約占 1979-2008 年流入大陸 FDI 總額的二成左右，名列大陸第二大外資來源，僅次於港澳地區；對大陸資本形成的貢獻率約 1%。

　　台商到大陸投資，主要動機在於利用當地低廉的生產要素，降低生產成本，產品仍然是以外銷至歐美市場爲主。高長（1997）的研究指出，大陸臺資製造業大都屬外向型企業，所需的原材料、半成品、零配件、機器設備等，平均有 48.9% 依賴進口；而製成品中有 52.1% 供外銷，台商進出口傾向明顯高於其他外資企業。童振源、洪家科（2011）的研究指出，1988-2008 年，大陸臺資企業進出口貿易額合計占大陸對外貿易總額的比重，平均而言約 13.87%。2008 年底的資料顯示，大陸臺資企業雇用職工總數約 1,443.4 萬人，占同一年大陸勞動就業人口的比重約 1.86%。

　　大陸吸引 FDI 的政策非常重視發展合資企業，更注重引進先進技術以提高國內企業的生產力，這些現象在大陸的經濟特區表現特別明顯。加入 WTO 之前，大陸要求中外合資企業必須擁有對大陸有利的先進技術，並在契約中，明定技術轉讓條文，這樣的要求使得大陸企業能夠更多的獲得外資夥伴直接或間接的技術轉移。

　　早期大部分進入大陸的 FDI 都採合資型態，學界普遍認爲，採合資型態經營更容易產生對本土企業的技術外溢效應，成爲本國工業發展的催化劑。

---

[16] 參閱高長，「台商在大陸投資趨勢及其對大陸經濟之影響」，《經濟情勢暨評論》第 3 卷第 1 期，1997 年，頁 134-152。

[17] 參閱童振源、洪家科，「台商對中國大陸經濟發展的貢獻：1988～2008 年」，收錄於徐斯勤、陳德昇主編，《台商大陸投資二十年：經驗、發展與前瞻》（新北市：INK 印刻文學生活雜誌出版，2011 年），頁 139-177。

學理上，FDI 帶來的技術外溢有直接的途徑，也有間接的途徑：前者是屬顯性的技術轉讓，例如：合資企業的中方和外方簽署技術轉讓協議，後者指隱形的轉移，例如：邊做邊學式的技術轉移、本地雇員在與擁有較高生產技術的外籍員工一起工作時，學習相關技術；模仿生產跨國公司的產品在本地市場銷售，雇用曾接受過跨國公司培訓的員工，橫向或縱向聯繫導致的競爭促進作用等。

橫向技術外溢的例子，包括國內企業在本地市場通過模仿外資企業的技術，提高自己的生產力。另一種管道是，跨國公司給所在的市場或行業帶來競爭的壓力，該市場或行業中的國內公司，必須尋求新的技術或提高生產力才能生存與發展。縱向的聯繫指產業鏈上的上游（逆向）和下游（順向）關聯。對於上游的原料供應商，本地供應商很容易獲得跨國公司直接的技術轉移，或透過觀察學習等手段，獲得間接的技術轉移；下游的聯繫則可以讓本地公司從跨國公司獲得更先進、更優質的中間產品。大量的 FDI 集中流入特定地區，形成產業聚落，使得專業知識更容易擴散，企業也更能獲得外部經濟效應。

岳琳達（Linda Yueh, 2013）的研究發現 [18]，FDI 流入對提高大陸製造業的技術水準、生產力、GDP 成長動能的影響非常顯著。自 1979 年以來，FDI 整體對大陸經濟成長率的貢獻約為 0.71%，其中，中外合資企業部分為 0.42%；換句話說，如果大陸沒有引進任何 FDI 的話，那麼由於沒有技術移轉效應和其他非直接學習管道來提高生產力，經濟成長的速度會減緩 0.4～0.7 個百分點。

其次，岳琳達（2013）的研究亦發現，和其他類型企業比較，中外合資企業的生產力大約高出 23%，而有技術轉讓協議的合資企業，生產力水準更高，領先幅度達 73%。由於 1990 年代期間，合資企業在投資中的重要性更為顯著，上述這些數字還只是保守的估計，因此，可以確定的是，合資企業的存在，提高大陸的生產力，對大陸經濟的影響是巨大的。

通過 FDI 引進國外技術，是大陸改革開放以來，技術引進的重要管道。為了達到引進先進技術的目的，1992 年間大陸政府提出「以市場換技術」的戰略，同時修改了《合資企業法》，允許外方控股並出任董事長。不過，從執行成果來看，在

---

[18] Yueh 利用大陸國家統計局 2006 年對全國 12 個城市、1,201 家企業調查的資料進行研究。參閱 Linda Yueh, *China's Growth: The Making of An Economic Superpower*, 2013；中譯本，《中國的增長：中國經濟的前 30 年與後 30 年》，魯多旭譯，北京：中信出版社，2015 年，第五章，「追趕發展模型：技術轉移和創新」，頁 210-247。

1997 年以前，幾乎沒有透過合資以及獨資的方式引進技術，主要是透過成套設備以及關鍵設備採購的方式引進。進入二十一世紀後，專利技術許可或轉讓逐漸增加，特別是在能源、機械電子、郵電交通、輕紡、建材等主要行業，引進技術和技術合作全面展開，除了硬體技術，還增加對軟體技術和新興技術的引進。

　　加入 WTO 後，外商投資企業向大陸轉移先進技術的速度加快，且愈來愈廣泛，電子資訊產業就是典型的例子。全球主要的筆記型電腦製造商自 2002 年開始，在大陸建造大規模、最先進的生產能力，造就大陸成為全球筆記型電腦最重要的生產基地。

　　近些年來，大陸技術進步和技術升級進展較大的為電子、家用電器、通訊設備製造業、辦公用品業、儀器儀表業、化工原料和製品等，大都是外商投資企業進入比較密集、外資研發機構設立較多的行業，技術進步和外資進入兩者之間，存在明顯的正相關性，因此，可以說，外商投資企業特別是大型跨國公司進入，加快了大陸製造業技術進步和製造能力提升。

　　外資企業在大陸技術溢出的途徑，首先是透過上下游產業關聯作用。作為外商直接投資的供應商或配套廠商，從跨國企業的產品創新、先進的工藝技術和市場知識中獲得技術溢出，從而產生技術擴散效應。具體而言，當某一關鍵產品進入大陸市場，與之配套的企業逐漸形成產業鏈或產業聚落，汽車、ICT（資訊與通信科技）產業是典型的案例。外商按照自己的技術規範，要求上游產品生產企業配合，有的提供圖紙，有的甚至派出技術人員，指導上游企業的生產；跨國公司為了保證零組件、中間製品的品質，透過 OEM（原廠委託製造）/ ODM（原廠設計製造）的方式合作，對內資企業提供技術支援。

　　其次是市場競爭和示範模仿效應促使技術溢出。跨國公司進入大陸後，打破了原有的市場平衡，加劇了當地的市場競爭，本土企業為了生存和發展，勢必加強學習和模仿，尋找和使用更新的技術以改善管理水準，提高市場競爭力。此外，隨著跨國公司進入，一些新的生產技術、經營理念和和現代商業模式陸陸續續展示出來，其強大的技術比較優勢將產生極大的示範作用。為了提升市場競爭力，本土企業將利用各種方法或途徑獲取這些技術。

　　第三是人才流動帶動技術擴散。人才是企業最大的資產，培育當地人才並逐步取代派駐幹部，乃是跨國企業在海外經營的重要策略之一。受過嚴格訓練、對先進技術知識和管理技能已有掌握的員工，自跨國企業流向國內其他企業或自行創業時，其所

學的專業技術和管理技能也會隨之外流，從而產生技術擴散效應。

第四是設置研發（R&D）中心。加入 WTO 後，愈來愈多的大型跨國公司在北京、上海、深圳等地設置研發中心，除了有利於技術本土化，更對大陸科研人才之培育、研發能力之提升產生巨大的貢獻。

參考文獻

一、中文

馬林靜（2019），「新時期我國利用外資規模屢創新高」，商務部商務歷史網，2019 年 8 月 15 日。

白光裕、馬林靜（2019），「積極、合理、有效地利用外資」，商務部商務歷史網，2019 年 8 月 26 日。

商務部（2017、2018），《中國外商投資報告》，大陸商務部官網。

高長（1997），「台商在大陸投資趨勢及其對大陸經濟之影響」，《經濟情勢暨評論》第 3 卷第 1 期，頁 134-152。

高長（2017），「『改革開放』與大陸經濟發展」，收錄於趙春山主編，《兩岸關係與政府大陸政策》，臺北：三民書局，頁 111-135。

郭克莎、賀俊等著（2007），《走向世界的中國製造業—中國製造業發展與世界製造業中心問題研究》，北京：經濟管理出版社。

陳永生（2001），「外國直接投資與中國大陸的經濟發展」，《中國大陸研究》第 44 卷第 3 期，頁 17-43。

陳策（2008），「外國直接投資對中國進出口貿易的影響：2000-2007」，《社會科學輯刊》2008 年第 5 期，頁 123-126。

張毓茜（2001），「外國直接投資對中國對外貿易影響之實證分析」，《世界經濟文匯》2001 年第 3 期，頁 36-38。

童振源、洪家科（2011），「台商對中國大陸經濟發展的貢獻：1988-2008 年」，收錄於徐斯勤、陳德昇主編，《台商大陸投資二十年：經驗、發展與前瞻》，新北市：INK 印刻文學生活雜誌出版，頁 139-177。

趙晉平（2001），《利用外資與中國經濟成長》，北京：人民出版社。

魯東旭譯（2015），《中國的增長：中國經濟的前 30 年與後 30 年》，北京：中信出版社；譯自 Linda Yueh, China's Growth : The Making of An Economic Superpower, 2013。

趙晉平（2001），《利用外資與中國經濟成長》，北京：人民出版社。

劉建麗（2019），「新中國利用外資 70 年：歷程、效應與主要經驗」，《管理世界》，2019 年第 11 期；WTO/FTA 諮詢網，2020 年 2 月 25 日檢索。

二、英文

Naughton, Barry (2007), *The Chinese Economy: Transitions and Growth,* Cambridge: The MIT Press.

Hu, Albert G. Z., Gary H. Jefferson, & Qian Jinchang (2005), "R&D and Technology Transfer: Firm Level

Evidence from Chinese Industry," *The Review of Economics and Statistics*, Vol. 87, No. 4, pp. 780-786.

Chuang, Yih-Chyi & Pi-Fum Hsu (2004), "FDI, Trade, and Spillover Efficiency: Evidence from China's Manufacturing Sector," *Applied Economics*, Vol. 36, No. 10, pp. 1103-1115.

第五章　大陸製造業崛起的國際效應

　　近年來，有關大陸產業的供應鏈議題備受各界熱烈討論。早在 2013 年 9 月 29 日，英國《金融時報》（*Financial Times*）有一篇報導[1]，聚焦討論大陸製造實力崛起的現象，認爲「中國企業技術不斷升級，對原先主導全球電子產品供應鏈的臺、日、韓企業之威脅有增無減」。當時該報雖然沒有用「紅色」供應鏈來形容大陸日趨完善的產業體系，不過，之後各界談起大陸製造業供應鏈體系相關問題時，乃都以「紅色供應鏈」稱之[2]。

　　其實，大陸產業供應鏈的形成與茁壯，並非一朝一夕完成的。自實行改革開放政策以來，大陸官方有計畫的執行各項產業政策，加上全球化潮流打破了經濟的國際藩籬，跨國企業頻頻調整全球布局策略，國際產業轉移大陸的熱潮不斷。經過多年的努力，中國大陸已經逐漸建立完整的「自我供應」生產體系，在全球產業鏈中的地位節節攀升。該體系形成的進口替代效應，正在排擠大陸自國外採購進口物料的需求，同時，也因爲製造能力提升，逐漸在國際市場上攻城掠地，對臺灣、韓國、日本等競爭對手之出口也造成排擠，因而關於大陸製造業崛起的現象，在國際間成爲熱議的課題。

第一節　促進產業發展相關政策

　　改革開放之前，中國大陸照搬蘇聯經驗，實行重工業優先發展戰略，同時，不重視對外經濟聯繫，尤其早期受到歐美各國聯合圍堵策略的影響，產業發展基本上與國際市場脫節，因此，其產業體系自成一格，以資本和技術密集產業爲重點，忽視勞動密集型消費工業的發展，且產品品質低落、生產效率不彰。不過，自 1970 年代末期開始，大陸著手進行經濟體制改革，同時採取對外開放政策，積極發展對外貿易和吸

---

[1] Sarah Mishkin, "Chinese Companies Move into Supply Chain for Apple Companies," *Financial Times*, September 29, 2013, https://www.ft.com/content/d70fca52-2691-11e3-9dc0-00144feab7de.

[2] 所謂供應鏈 (supply chain)，學理上，是指一個商品生產製造的流程，從前段的採購及原物料供應商、工廠生產，以及倉儲，到後段的物流業者把最終產品運送到終端消費者手上的網絡。參閱 Robert Russell & Bernard W. Taylor, *Operations Management* - 5th Edition (New York: John Wiley & Sons, Inc., 2006), pp. 409-474.

引外商直接投資（FDI），產業結構逐漸轉變。

改革開放以來，大陸的經濟發展戰略改以依循比較優勢原則，優先發展勞動比較密集的產業。除了借鑑日本、亞洲四小龍的經驗，選擇採取比較優勢的外向型經濟發展戰略，大陸政府也在市場經濟的基礎上，制定相關政策支持某些產業發展，並在有關產業、產品和技術的資訊蒐集、傳播上，以及協調、克服外部性問題等方面，發揮因勢利導的作用，讓自國外引進的技術產生外溢效果，落地生根、提升自主創新能力，避免落入「比較利益陷阱」。

一、外向型經濟發展戰略

改革開放以來，大陸實行外向型發展戰略，主要是採取進口替代（import substitution）和出口導向（export orientation）或稱出口促進（export promotion）併進的策略[3]。

爲了落實進口替代戰略，首先是嚴格管制進口，尤其嚴格限制一般工業品和消費品的進口，透過關稅、進口許可證、進口商品分類管理、國營貿易等措施管制。其次是嚴格管制外匯，控制用匯指標。第三是引進國外先進機器設備和高新技術，大力發展進口替代型工業。第四是制定一系列有關產業或產品進口替代的規定，尤其是在外資企業與中方合作的協議中或在協議之外，要求外方做出「當地產品含量」的承諾，以助益本土幼稚產業發展。第五是實行配額管理。由中央主管機關與地方有關部門協商，針對特定產品的每年需求量，執行限量進口，然後由中央主管部門將配額分配給相關用戶，並派員駐在各口岸進行嚴格管理。

加入世界貿易組織（World Trade Organization, WTO）之後，推動改革開放以來的第二次進口替代政策，重點在於積極利用外商直接投資，引進最先進技術，尤其引導外資投向高新技術產業、裝備製造業等領域。大陸政府爲了扶持本土幼稚產業發展，從 1996 年開始迄今持續推出五個五年期計畫，有計畫地鼓勵外資投入相關產業，並善用廣大的市場腹地爲籌碼，要求外資企業合資，奉行最低在地採購比例，限

---

[3] 根據學理，「出口導向」是指採用某些鼓勵措施，推進本土製造業發展，以勞動密集型製造業產品出口，取代勞動密集型農產品和初級產品出口；「進口替代」是指採用貿易保護措施來發展本土工業，並以本土製造的產品代替進口製品的發展戰略。這兩種戰略的共同點是，旨在引導學習過程和生產力成長，強調經濟實力需要恢復能力，以及應對環境變化的調節能力。

期轉移技術等；另一方面，則設置產業發展基金，積極輔導本土企業創新、轉型升級，培養生產技術與能量，提升自製能力，以取代相關中間財貨與關鍵零組件的進口，減少對外國的依賴，並進一步培育出口能量。

　　這段期間，較具代表性的進口替代型產業政策方案，一是「十大重點產業調整振興計畫」（2009年公布實施）[4]，主要在於保護重點產業，淘汰高汙染、高耗能、高耗資源產業，培育國際品牌、鼓勵併購，形成高附加價值和較長產業鏈；二是「十二五規劃」（2011～2015年），聚焦在產業升級與戰略性新興產業發展，鎖定節能環保、新能源、新材料、電動汽車、新醫藥、生物育種及資訊產業等七大戰略性新興產業；三是「中國製造2025」（2015年公布實施）[5]，催生第三次進口替代產業，特別是一些高端技術領域，如積體電路、OLED顯示面板、航空航天技術、生物醫藥、數控機床等行業。

　　關於出口促進的措施，自1980年代初期開始，首先是用貨幣貶值來促進出口貿易，其次是鼓勵和扶持出口型企業，在價格、關稅、利潤稅、外匯保留等方面實行優惠政策；取消對用匯指標的控制；建立外匯調劑市場。第三是引進外資，鼓勵來料加工和進料加工的出口，積極發展出口創匯型產業；發展國家出口商品基地，對外貿企業提供虧損補貼。第四是對外向型企業從國外進口必需的資本財、原材料、半成品、機器或儀器的零配件等，實行減、免關稅。第五是實施出口退稅制度。第六是優先為出口企業提供信貸便利；設立中國進出口銀行，為出口企業辦理信貸與保險業務。第七是開放沿海城市，設立經濟特區、經濟技術開發區、高新技術開發、出口加工區、保稅區等多種形式開發區，授予優惠政策和貿易特權。

　　在1990年代，大陸進一步推出五大戰略[6]，一是大經貿戰略，即以進出口貿易為基礎，使商品貿易、技術貿易、勞務合作等多種經貿活動相互融合、協調發展。二是「走出去」戰略，主要是透過鼓勵和支持具相對優勢企業擴大對外投資，發展境外加工貿易、境外資源開發、對外工程承包與勞務合作等。三是以質取勝戰略，旨在推行

---

[4]　主旨在於保護重點產業，淘汰高汙染、高耗能、高耗資源產業，引導產業發展，培育國際品牌、鼓勵併購，形成高附加價值和較長產業鏈。

[5]　做為中國大陸由製造大國轉型為製造強國的行動綱領，期望透過工業智慧化生產，提升中國大陸在全球供應鏈的製造優勢和地位；分「三步走」，也就是分三個階段（2025、2035、2049為查核點），逐步實現製造強國的戰略目標。

[6]　chunt，「改革開放實施以後我國對外貿易策略演變」，2017年1月20日，《學術堂》，http://www.lunwenstudy.com/zhongguojj/121746.html，2018年2月16日檢索。

國際質量體系認證、加強質量監督，增加出口商品的附加價值和技術含量。四是市場多元化戰略，針對不同國家和地區因地制宜、採取不同的出口政策。五是科技興貿戰略，加速發展高新技術產業，擴大高新技術產品出口；同時，利用高新技術改造和提高傳統出口產品的技術含量和附加值。

　　進入二十一世紀，受惠於加入 WTO 的機遇，人民幣相對穩定，各項財政、稅收、金融等措施的加持，以及推進貿易便利化等配套措施，促使該階段大陸出口導向型外貿繼續呈現快速發展之勢。

二、市場化改革

　　經濟改革的主軸在於市場化改革，核心的問題則是要處理好政府與市場的關係。自 1980 年代初期開始，陸續採取一系列引入市場機制的改革開放措施，關於工業改革，初期的重點在於透過「放權讓利」，擴大激勵和市場力量在資源流量配置中的作用。針對國有部門，一方面提高激勵和企業自主管理權，另一方面則引入一套獨特的價格「雙軌制」，把所有投入和產出的商品分成計畫和市場兩部分，其中計畫配額的產品按政府制定的價格進行交易，而透過市場交易的產品，則按照有彈性的市場價格進行。

　　此外，改革的內容還包括，允許新的企業可以進入先前被國有企業壟斷的行業，其中最為突出的是鄉鎮企業大量出現；同時，新政策也歡迎外商直接投資進入，在各種優惠措施和降低關稅壁壘的激勵下，外資企業從經濟特區逐漸擴散，尤其擴散到所有沿海省市。鄉鎮企業和外商企業等非國有企業快速發展的結果，一方面對國有企業的競爭加劇，逼使國有企業加速改革、提升效率；另一方面產業結構也出現明顯改善。

　　在 1992 年春鄧小平南巡談話之後，大陸開始加速推進市場化改革。首先是啓用新稅制，並逐步調低關稅；市場經濟國家通行的分稅制取代了原來的地方財政包幹制。其次是將價格改革的重點擴展到資源產品和生產要素價格的市場化：人民幣外匯牌價與調劑價併存的複式匯率制度，在 1994 年間完成併軌，另在 1996 年底以前，實現了人民幣經常項目下的可兌換。

　　個體、私營和外資企業等非公有制企業快速發展，打破了公有制一統天下的局面，尤其帶動的市場導向經濟活動，對國有企業造成競爭威脅，進一步促使國有企業

進行改制。結果，工業生產結構出現了巨大變化，外商企業雇用的勞工數量，超過了
國有和集體企業雇用勞工數的總和；民營經濟活動愈來愈活躍。

　　到二十一世紀初，大陸的市場化程度一般估計已達 70% 以上，市場格局也發生
重大變化，買方市場已取代連續近半個世紀困擾大陸的賣方市場。改革的重點推向資
源產品價格形成機制，包括放開煤炭價格、深化成品油價格和天然氣價格改革。此
外，生產要素市場化改革也逐步推進。例如：農民工工資已由市場形成、利率市場化
程度不斷提高、人民幣匯率也逐步放開、資本項目可兌換逐步推進；土地市場也在逐
步提高市場化程度。

三、借力全球化融入國際經濟體系

　　被稱為改革開放的總設計師鄧小平曾指出[7]，「對外開放是國際分工和世界經濟發
展的客觀要求」，「中國要謀求發展，擺脫貧窮和落後，就必須開放」。在對外開放
的實踐中，大陸採取「區域推進」的辦法，初期從一些沿海城市起步，首先以經濟特
區為「窗口」試點，取得具體成效後再陸續擴大對外開放的地域，從 14 個沿海港口
城市到沿海經濟開放區。進入 1990 年代，大陸在原有的「沿海發展戰略」基礎上，
進一步開放長江沿岸主要城市，加速內陸沿邊境和內陸省會（自治區首府）城市，分
別實行不同程度的開放政策和吸引外資的優惠政策[8]。

　　在涉外經濟方面的另一個重點是推動內部體制與國際規則接軌，主要是打破外
貿壟斷制度；其次是逐步放鬆外匯管制和調降官定的匯率；第三是制定或修訂相關法
規，向國際體制靠攏，特別是在 2001 年 11 月，成為 WTO 正式成員之後，體制改革
和建構新法制的範圍，廣泛涉及貨物貿易、服務貿易、智慧財產權保護和投資准入各
方面。

　　大陸在推行改革開放的過程中，借助全球化潮流，取得了加乘的效果。冷戰結束
後，經濟全球化潮流興起，商品、服務、資本、技術、資訊，甚至勞動力等生產要素
在全球各地之間的流動限制減少，跨越國界的經濟活動愈來愈頻繁。大陸適時推行對

---

[7]　胡淑珍主編，《中國經濟熱點研究報告1》（北京：社會科學文獻出版社，2000 年），頁 35-36。

[8]　1990 年代初，中國大陸提出。「四沿戰略」「四沿」是指沿海、沿邊（境）、沿（長）江、沿線（指從大陸東部港口至
　　新疆阿爾泰山口這段鐵路的沿線地區）。

外開放政策，積極參與國際分工、融入國際經濟體系，發展經濟的政策與國際的全球化潮流相得益彰。

自 1990 年代初期開始，製造業產能在國際間轉移發展特別快速。各國為了提高國際競爭力，爭取國際市場更多的市場份額，紛紛從自身的資源稟賦、基礎設施、產業技術、市場需求等基本條件出發，並採取各種配套政策強力支持，通過產業向外轉移，或承接國際產業轉移，融入全球產業分工體系。

隨著經濟全球化趨勢不斷發展，產業在國際之間轉移愈來愈普遍，大陸堪稱是其中最大的受益者。究其原因，除了先進國家的產能過剩、勞動力成本上升等因素外，主要是運輸、通信和數據處理技術進步，促進了外國直接投資成長和跨境生產網絡之建立。大陸適時地推行改革開放政策，挾其勞動、土地等生產要素的比較優勢，加上政府對基礎設施和教育等大規模投資，投資環境逐步改善，以及提出一系列配套的產業政策和優惠措施，吸引外商直接投資；來自先進國家生產能量尤其是製造業生產能量的轉移，促進大陸有效地融入國際生產網絡。

第二節　紅色供應鏈崛起的真相

改革開放 40 年，特別是自 1990 年代中期以來，外商直接投資大量進入大陸地區，帶動大陸製造業整體的投入、產出快速發展，不但表現在主要產品產量大幅成長，而且整個製造業的國際競爭力快速提升，在國際分工中的地位也愈來愈重要。大陸製造業規模不斷擴張的成就，儼然已成為發展中的工業大國。

一、製造業整體發展趨勢

改革開放初期，為了扭轉過去抑制消費所帶來的弊端，採取了扶持輕工業發展的方針，對輕紡工業實行「五優先」的政策 [9]，結果，以滿足民眾基本生活需求的農副加工製品、紡織、服裝、食品等輕紡工業發展特別快速。

進入 1990 年代，輕紡工業在大陸仍保持快速成長之勢，特別是以非農產品為原

---

[9] 「五優先」是指：優先保證發展所需要的能源和原材料、優先增加進口所需的原材料、優先增加投資和用匯、優先安排挖潛革新改造項目、優先安排所需的運力等。

料的輕工業，家庭設備用品如縫紉機、自行車、電風扇、收錄音機、電視機、洗衣機、電冰箱、照相機等領先成長；在另一方面，大陸再度推出重化工化，能源、原材料工業（含採掘）、機械電子等產業產值所占比重大幅增加。

亞洲金融危機之後，隨著民眾消費結構升級，進入以住房和汽車消費為主導、城鎮化加快發展的階段，重工業的比重大幅增加，輕工業則反之。

如果按照產品的主要用途別將工業部門分為六大類，可以發現，自 2000 年以來，金屬製造加工業、機械設備製造業產值成長特別快速，占全部工業產值的比重漲幅最大；而消費品加工業、原材料加工業所占比重則相對萎縮（表 5-1）。

表 5-1　按六大產業分類的工業部門行業結構

	1984	1995	2000	2005	2009	2016
工業合計	100.0	100.0	100.0	100.0	100.0	100.0
採掘業	6.4	6.2	6.4	5.9	6.0	4.0
消費品加工業	32.8	28.5	24.5	20.6	20.5	22.8
原材料加工業	22.1	22.5	22.9	20.5	20.5	22.0
金屬製造加工業	11.1	12.2	11.0	14.3	14.5	12.9
機械設備製造業	21.7	23.6	27.8	30.2	30.9	32.1
其他行業	5.9	7.0	7.3	8.4	7.7	6.3

說　　明：1. 採用工業總產值當年價計算；2000 年以前為鄉及及鄉以上獨立核算工業企業；2000 年及以後為全部國有及規模以上非國有工業企業。

　　　　　2. 採掘業包括煤炭採選業、石油和天然氣、黑金屬礦、有色金屬礦、非金屬礦、其他礦；消費品加工業包括食品、農副食品加工、飲料、菸草、紡織業、紡織服裝、鞋帽製造、皮革毛皮羽絨業、木材加工、家俱、造紙及紙製品、印刷業、文體用品；原材料加工業包括石油加工及煤焦業、化學原料及製造、化學纖維、醫藥、橡膠製品、塑料製品、非金屬礦物製品；金屬製造加工業包括黑色金屬冶煉及壓延加工、有色金屬冶煉及壓延加工、金屬製品；機械設備製造業包括通用設備、專用設備、交通運輸設備、電氣機械及器材、通信設備、計算機及其他電子設備、儀器儀表；其他行業包括工藝品及其他製造業、廢棄資源和廢舊材料回收加工業、電力和熱力的生產與供應、燃氣生產和供應、水的生產和供應。

資料來源：2009 年、2016 年根據大陸國家統計局，《中國統計年鑑》計算；1984～2000 年資料間接引自國家發展和改革委員會產業經濟與技術經濟研究所，《中國產業發展研究報告（2008）》（北京：經濟管理出版社，2008 年），頁 8-9。

金屬製造加工業所占比重不斷上升，主要是因居民住、行等消費結構升級和城市化發展所帶動。金屬工業中最重要的產業是黑色金屬冶煉和壓延加工業，其比重在

所有工業中排名第二。由於金屬工業是高耗能產業，其比重提高，是前幾年大陸單位GDP 能源消耗不降反升的重要結構性因素之一。

機械設備製造業主要包括電氣機械、專用設備、電子通信設備、運輸設備等，屬於技術和資本密集型產業，過去二十多年來快速發展，對於帶動大陸的產業結構升級發揮了重要作用；其產值在全部工業中的市場份額明顯上升，與勞動密集型的消費品製造業所占份額的差距逐漸擴大。

拜勞動力成本的優勢，大陸製造業自改革開放以來快速發展，在初期，紡織、服裝、鞋帽、食品、皮革羽毛羽絨等傳統勞動密集型產業扮演舉足輕重的角色，自1990 年代中後期開始，家用電器、電子零組件、初級電子產品等新興勞動密集產業成長速度大幅超過傳統產業，成為當時帶動大陸製造業快速成長最重要動力。

這些新興勞動密集產業雖然在整體上偏向資本密集或技術密集型特性，但由於產製品分布在技術層次相對較低的一端，高度依賴勞動成本優勢，具有顯著的勞動密集型特徵，同時核心技術則掌握在外資手中，高端產品也都保留在先進國家中生產，由於分工的原因，在大陸生產的產品具有顯著的勞動密集型，以及處於附加價值相對較低端的特徵。

表 5-2 的資料顯示，在公元 2000 年之前，紡織業、機械工業、食品業一直是大陸最大的三個行業，電子及通信設備製造業在外資企業大量湧入之下，自 1990 年代中期開始擠進前十大，嗣後繼續維持高速成長，在整體工業部門中所占比重持續上升，到 2006 年時已超過一成，居各行業之冠。

同期間，黑色金屬冶煉及壓延加工、電氣機械及器材、交通運輸設備製造、石油加工及煉焦業等，都是成長相對較快的行業，其序位也都呈現上升趨勢；而紡織業、食品業、機械工業等的成長則相對較緩，其產值的占比和重要序位，都比 1980 年代大幅下降。2016 年，工業產值最大的三個行業，依序是電子及通信設備、交通運輸設備製造、化學原料及製品（表 5-2）。

在政府各項政策大力扶持下，近年來大陸製造業中，高新技術產業成長速度的確相對較快，且紅色供應鏈體系逐漸形成。以大陸本土品牌廠為例，除了利用政府保護「民族工業」的政策深耕國內市場外，更積極布建自有供應鏈體系；譬如：華為，從1997 年起與 IBM 展開系列合作，成功地轉型成為全球最大網路設備製造商；又如：聯想，在 2004 年購併 IBM PC 部門後，運用 IBM PC 的基礎持續發展，到 2012 年間，已成為全球第二大 PC 供應商；2013 年取代惠普（HP）成為全球筆記型電腦出貨龍頭；

表 5-2　大陸工業部門產值前十大行業—各年比較

比重：%

序位	1984		1995		2006		2016	
	產業別	比重	產業別	比重	產業別	比重	產業別	比重
1	紡織業	13.0	紡織業	8.4	電子及通信設備	10.5	電子及通信設備	9.4
2	機械工業	10.4	機械工業	7.5	黑色金屬冶煉及壓延加工	8.0	交通運輸設備製造	8.7
3	食品、飲料	8.1	食品、飲料	7.4	機械工業	6.9	化學原料及製品	7.5
4	化學原料及製品	7.7	化學原料及製品	7.0	化學原料及製品	6.5	機械工業	7.4
5	黑色金屬冶煉及壓延加工	6.2	黑色金屬冶煉及壓延加工	6.7	交通運輸設備製造	6.4	電氣機械及器材	6.4
6	非金屬礦物製品業	4.8	交通運輸設備製造	6.0	電氣機械及器材	5.7	紡織業	5.5
7	交通運輸設備製造	4.0	非金屬礦物製品業	5.5	食品、飲料	5.6	非金屬礦物製品	5.4
8	電氣機械及器材	3.7	電氣機械及器材	4.7	紡織業	4.8	黑色金屬冶煉及壓延加工	5.2
9	石油加工及煉焦業	3.7	電子及通信設備	4.6	石油加工及煉焦業	4.8	食品、飲料	4.5
10	金屬製品業	2.6	石油加工及煉焦業	3.7	有色金屬冶煉及壓延加工	4.1	有色金屬冶煉及壓延加工	4.2

說　　明：採用工業總產值當年價計算；2000 年以前為鄉及鄉以上獨立核算工業企業；2000 年及以後為全部國有及
　　　　　規模以上非國有工業企業。

資料來源：根據大陸國家統計局各年《中國統計年鑑》相關資料計算；1984 年、1995 年資料整理自國家發展和改革
　　　　　委員會產業經濟與技術經濟研究所，《中國產業發展研究報告（2008）》（北京：經濟管理出版社，2008
　　　　　年），頁 8-9。

且自有供應鏈代工比例，從 2011 年的 5%，提高至 2014 年的 42%，零組件都是向大
陸供應商採購[10]。

---

[10] 吳碧娥，「Intel 扶植陸系電腦系統供應商 臺廠全球出貨比重持續衰退」，北美智權報，2015 年 6 月 15 日，〈http://
www.naipo.com/Portals/1/web_tw/Knowledge_Center/Industry_Economy/publish-280.htm〉，2018 年 2 月 16 日檢索

　　儘管如此，高新技術產業產值所占份額還偏低。2016 年資料顯示（表 5-1），醫藥，航空、航天器及設備，電子及通訊設備，計算機及辦公設備，醫療儀器設備及儀器儀表，資訊化學品等六大高技術製造業增加值，占規模以上工業增加值的比重僅為 12.4%[11]。同時，在創新能力、品牌、商業模式、國際化程度等方面明顯較弱，還有不少的「殭屍企業」，成為經濟發展的大包袱。

　　大陸工業高速成長，得益於全球化潮流下，先進國家勞動密集型產業離岸外包和產業轉移的趨勢。大陸把握國際產業轉移促成新的全球生產網絡的機會，充分發揮了本身勞動力資源豐富和工資低廉的優勢；以「市場換技術」策略吸引 FDI，透過大量的合資、合作開發、合作生產、引進技術等路徑，獲得外國較先進的技術和設備，引進的技術經過消化吸收，以及人才的培育和流動等方式產生外溢效應，使得產業的技術水準普遍提升，讓低成本製造優勢如虎添翼。因此，在不同期間，大陸發展較快速、產值占比較高的產業，同時也是外商投資較聚集的行業；例如：早期的紡織成衣、玩具、鞋帽、食品、飲料；自 1990 年代開始，以現代技術為基礎的下游產業陸續向大陸轉移，如：電子及通信產品的加工組裝、非核心技術製程和零組件的生產等行業，部分跨國企業甚至開始在大陸設置研發中心。

　　國際產業轉移伴隨著資本和技術持續投入，在當地逐漸形成產業聚落，並透過上下游產業關聯、示範和模仿效應，以及人員流動等方式形成外溢效應。進入二十世紀，大陸電子和機械設備等資本和技術較密集的產業快速發展，從而逐漸成為全球製造中心。

　　值得一提的是，由於大陸引進的 FDI，絕大部分來自東亞周邊國家，因此，伴隨 FDI 快速發展，大陸逐漸融入東亞區域生產網絡，與韓國、日本、臺灣等周邊國家的經貿關係愈來愈密切，嵌入式分工模式的加工貿易在大陸迅速發展，典型的經營模式是，從臺灣、日本、韓國、東協等國家進口工業原材料、中間製品、零組件，加工製造、組裝成最終產品，或生產技術層次較低的中間投入品，再外銷到國外，特別是歐美等西方國家。加工貿易帶動的這種三角貿易型態蓬勃發展，顯示大陸在全球價值鏈和國際生產網絡中，扮演重要的加工裝配生產者角色。

　　國際產業轉移往往伴隨著資本和技術的持續投入，大陸工業對先進技術的模

---

[11] 中國社會科學院工業經濟研究所，《2017 中國工業發展報告》，（北京：經濟管理出版社，2017 年），頁 10。

仿、消化吸收，不只總體規模持續擴大，產業結構和製造能力也不斷升級，大陸製造業產值在全球所占比重也不斷翻升。資料顯示，大陸製造業增加值占全球的比重，在 1980 年間僅 1.5%[12]，相當於巴西的一半，處在全球排名十強之外。不過到了 1990 年，該比重已提高至 2.7%，不只超過巴西，居發展中國家之首，甚至亦擠進全球第八強。

　　不少傳統勞動密集型產品的生產量，例如：棉布、電話機、紡織品、服飾鞋帽製品、鋼鐵、水泥、平板玻璃、化肥等，在 1990 年代初期，就名列世界前茅，一些新興的勞動密集型產品，例如：電視機、洗衣機、電冰箱等的產量，從 1990 年代後期以來也竄升到世界第一位。其中家電、服裝、紡織品、日用工業品等領域，大陸已經成為全球的主要生產基地。截至 2014 年，在 500 多種主要工業產品中，大陸生產量居全世界第一位的超過 220 種[13]。美國《財富》（*Fortune*）雜誌公布的《2018 年全球財富 500 強》，大陸共有 120 家企業入選，比 2008 年增加了 85 家；其中製造企業 60 多家，連續三年成為世界 500 強企業數量，僅次於美國的第二大國[14]。

　　自 2001 年以來，大陸工業增加值持續保持成長的趨勢，漲幅在主要工業國家中居於首位[15]；大陸工業增加值分別於 2005 年和 2008 年超越德國和日本；2011 年進一步超越了美國，成為全球製造業第一大國。截至 2016 年，大陸製造業實際增加值已相當於 2000 年的 7 倍，占全球製造業總產值的比重，則從 8.5% 提高到 30.9%[16]。

　　這段期間，工業增加值的全球版圖出現明顯的消長，占比下降較為明顯的是美國和日本兩大工業大國，2000～2016 年間，美國和日本在全球製造業的比重分別由 28.5%、17.0%，下降到 19.3%、11.6%，特別是 2008 年全球金融危機以來，降速加快；而新興工業化國家的表現，大陸一枝獨秀，即便表現也相當搶眼的韓國和印度，

[12] 郭克莎、賀俊，《走向世界的中國製造業：中國製造業發展與世界製造中心問題研究》（北京：經濟管理出版社，2007 年），頁 6。

[13] 工業和信息化規劃司，「工信部解讀中國製造 2025：已成世界製造業第一大國」，《新浪財經》，2015 年 5 月 19 日，http://finance.sina.com.cn/china/20150519/143422215407.shtml，2018 年 2 月 16 日檢索。

[14] 美國占 126 家，日本居第三位，52 家。「2018 年世界 500 強 120 家中國上榜公司完整名單」，財富，2018 年 7 月 19 日，〈http://www.fortunechina.com/fortune500/c/2018-07/19/content_311045.htm〉，2018 年 2 月 16 日檢索。

[15] 中國社會科學院工業經濟研究所，《2016 中國工業發展報告：工業供給側結構性改革》（北京：經濟管理出版社，2016 年），頁 24。

[16] 楊燕青、林純潔，「中國如何引領全球製造業競爭力變遷」，《新浪財經》，2018 年 4 月 8 日，http://finance.sina.com.cn/roll/2018-04-08/doc-ifyvtmxe1025807.shtml，2018 年 2 月 16 日檢索。

無論從相對成長的速度，還是絕對的規模水準，也難以與大陸相匹敵。

　　2000-2008 年，也就是金融危機爆發之前，全球製造業增加值以每年平均 2.7% 速度成長，其中 1.6 個百分點是由大陸製造業貢獻的，占了將近六成（表 5-3）。全球製造業成長創造的就業機會增加約 1.6%，不過，如果把大陸排除在外，則勞動就業的成長爲負 0.4%，可見在這一段期間，大陸是全球就業成長的最大貢獻者；同時，大陸製造業大規模的就業成長將全球製造業的勞動報酬推高了 25%，也使得全球製造業平均勞動成本降低三成左右。人口紅利對於製造業快速發展的貢獻，扮演了重要角色。

表 5-3　全球製造業中的「中國權重」

單位：%

	2000～2008				2008～2016			
	全球成長	全球（不含大陸）	中國權重	中國權重占比	全球成長	全球（不含大陸）	中國權重	中國權重占比
實際增加值	2.7	1.1	1.6	59	3.3	1.3	2.0	61
勞動就業量	1.6	- 0.4	2.0	125	0.5	0.9	- 0.4	- 80
勞動生產力	1.0	1.5	- 0.4	- 40	2.9	0.4	2.5	86
勞動報酬總額	4.4	3.3	1.1	25	2.3	- 0.4	2.7	117
平均勞動成本	2.8	3.7	- 0.9	- 32	1.8	- 1.4	3.2	178
單位產出勞動成本	1.7	2.2	- 0.5	- 29	- 1.0	- 1.7	0.7	70

資料來源：引自楊燕青、林純潔，「中國如何引領全球製造業競爭力變遷」，2018 年 4 月 9 日，中證網，http://big5. xinhuanet.com/gate/big5/www.cs.com.cn/sylm/zjyl_1/201804/t20180409_5768825.html，表 3，2018 年 5 月 17 日檢索。

　　金融危機之後迄 2016 年，全球製造業每年平均成長 3.3%，大陸的貢獻大致維持在危機之前的水準，不過，大陸對全球製造業成長動能的貢獻，不再是勞動就業量之增加，而是勞動生產力的提升。全球製造業的勞動報酬總額和平均勞動成本，因爲包含大陸製造業而呈現顯著的上漲，但由於大陸製造業的勞動生產力提升速度相對較快，最終對全球製造業單位產出勞動成本降低貢獻了 70%（表 5-3）。大陸平均勞動成本漲幅較全球平均漲幅高，顯示大陸勞動成本優勢在縮減，人口紅利已漸漸流失。

　　大陸製造業在全球所占的權重上升，不只意味著規模帶來的獨特競爭優勢，也顯

示大陸製造業在全球產業鏈中已占有重要地位；大陸製造業崛起，不只在加工製造領域的全球產品市場，以及能源和原材料市場已爭得議價權，更促進了全球製造業領域的國際專業化分工、形成全球性生產供應鏈；大陸製造業巨大的市場份額，顯示其任何波動，都會對全球產生重大影響。

根據聯合國工業發展組織（United Nations Industrial Development Organization, UNIDO）的數據[17]，2012 年以來，在 22 個製造業國際標準工業分類中，大陸有 12 個大類產業的增加值居世界第一名，其中在全球占有的份額超過 40% 的產業包括基本金屬（47.1%）、皮革及其製品和鞋（46.7%）、服裝（46.3%）、紡織（45.1%）、辦公、會計和計算機械（42.1%）、菸草製品（40.7%）等，還包括電器機械及設備（27.2%）、未列入的其他類機械和設備（27.0%）、非金屬礦物製品（26.2%）、造紙和紙製品（24.1%）、廣播、電視和通信設備（19.5%）、木製品（19.2%）；另有九大類製造業的增加值居世界第二位，包括化學原料及化學製品（20.8%）、家具製造（17.6%）、食品和飲料（16.7%）、橡膠和塑膠製品（15.5%）、焦炭、精煉石油產品及核燃料（15.2%）、金屬製品（15.2%）、汽車、拖車和半拖車（14.2%）、其他運輸設備（14.1%）、醫療、精密和光學儀器（13.7%）等，可見大陸製造業的量體規模非常大。

2016 年的資料顯示，全球最大的五個製造業行業，包括化學工業、食品工業、電子和通訊設備製造業、機械製造業、汽車製造業等，中國大陸的排名，除了電子和通訊設備製造業居第二名，其他四個行業都位居第一名，且其產值所占比重都較第二名超出甚多（表 5-4）。

值得一提的是，儘管自改革開放以來，大陸產業結構已顯著的改善，從總量來看已經成為全球工業大國，但是從全球價值鏈（global value chain, GVC）的角度看，大陸的工業水準仍然處於中低端，附加價值偏低[18]。例如：近年來出口貨品結構中，雖然機電產品等高新技術產品比重已逐漸提升，但這些現代產業在大陸仍缺乏核心技

---

[17] UNIDO, International Yearbook of Industrial Statistics 2014，作者整理自中國社會科學院工業經濟研究所，《2016 中國工業發展報告：工業供給側結構性改革》，頁 41。

[18] 「價值鏈」是指產品價值的創造貫穿於產品的設計、開發、生產製造、銷售，到最終消費者使用、售後服務、最後循環利用的全過程。組成價值鏈的各種活動，可以包含在一個企業之內，也可以分散於各個企業之間；可以聚集在某個特定的地理範圍之內，也可以散步於全球各地。全球價值鏈指散布於全球、處於 GVC 上的企業參與各種增值活動的國際分工與協作體系。

表 5-4　2016 年全球五大製造業產值前五大國家

	第一名	第二名	第三名	第四名	第五名	占比小計
化學工業	中國 （29.0）	美國 （26.1）	日本 （10.6）	德國 （6.7）	巴西 （3.5）	76.0
食品加工製造	中國 （21.6）	美國 （15.6）	日本 （12.6）	巴西 （6.5）	印尼 （5.6）	61.9
電子和通訊設備製造	美國 （31.9）	中國 （21.0）	日本 （13.2）	韓國 （10.2）	臺灣 （8.2）	84.5
機械製造	中國 （32.1）	日本 （17.4）	美國 （14.7）	德國 （12.5）	義大利 （4.7）	81.5
汽車製造	中國 （26.6）	日本 （16.6）	美國 （15.6）	德國 （13.2）	韓國 （4.3）	76.3

說　　明：括弧中的數據是各國所占份額，以整體製造業或製造業部門實際增加值為 100。

資料來源：引自楊燕青、林純潔，「中國如何引領全球製造業競爭力變遷」，2018 年 4 月 9 日，中證網，http://big5. xinhuanet.com/gate/big5/www.cs.com.cn/sylm/zjyl_1/201804/t20180409_5768825.html，表 2，2018 年 5 月 17 日檢索。

術，整體而言，製造業成長的投入要素仍然以勞動力、資源為主，組裝加工仍是價值的主要來源；在國際產業分工中主要是加工製造的部分，附加價值產品的占比較高。

　　大陸的主要製造業在 GVC 分工格局中，大都仍處在中低端，製造業大而不強。以個人電腦為例，臺灣經濟研究院的研究發現，在 GVC 微笑曲線的分布，美國位於價值鏈的上游，包括產品的研發、設計晶片、創新等，是生產技術的主要提供者，創造的附加價值最大；臺灣、韓國等緊接在美國之後，包括設計、製造主機板、顯示器、記憶體等中上游關鍵零組件；東協主要國家位於臺灣、韓國的下游；中國大陸位在曲線的下方，屬於價值鏈中間製造、組裝階段，僅比新興工業國家越南、柬埔寨的地位高一些；微笑曲線右邊端點，包括品牌、行銷、售後服務等還是美國、日本等先進國家的天下[19]。

　　張慧明、蔡銀寅（2015）的研究指出，在大陸 22 個製造行業中，處於 GVC 低端鎖定狀態的行業達 12 個，而居於 GVC 高端的只有 3 個；產業融合能力還有待加

---

[19] 臺灣經濟研究院，《紅色供應鏈對臺灣產業之影響評估》，臺灣證券交易所股份有限公司委託研究報告，頁 64-66。

強[20]。近年來，戰略性新興產業的發展雖然相當快速，但關鍵材料和零組件仍仰賴進口，且產業低端重複建設問題依然突出。另外，根據世界品牌實驗室公布的《2018年世界品牌500強》名單，大陸入選品牌38個，僅占7.6%，美國則占據其中的233席[21]。

值得注意的是，大陸長期以來運用的嵌入式分工加工貿易模式，近年來受到勞動力、土地等要素成本不斷上升的影響，原有的比較優勢逐漸流失，驅使大陸中低端製造業向拉美及其他周邊後發展中國家等要素成本更加低廉的地區轉移。例如：全球最大的鞋類代工廠之一的寶成集團，已陸續將在大陸的產能遷往越南和印尼，在大陸生產量的份額持續下降。此外，近年來，美國等工業先進國家紛紛提出「重返製造業」、「再工業化」，新一輪工業革命和國際區域貿易協定對既有的全球價值鏈體系造成衝擊，也讓大陸備感壓力，長期以來嵌入式分工的產業結構正在發生轉變，加工貿易在對外貿易總額中的份額，已逐漸下降。

為促進產業結構轉型和升級，近年來，大陸政府展開新時期的進口替代產業發展行動，尤其在2010年間，推出七大戰略性新興產業計畫，積極扶持新一代信息技術、生物醫藥、高端裝備製造、新能源、新材料、新能源汽車、節能環保等產業發展。嗣於2015年間提出《中國製造2025》產業發展戰略，宣示產業升級的9項戰略任務和十大重點行業領域，同時設定「三步走」的戰略目標，預計到2025年，從製造大國邁入製造強國；到2035年，製造業整體達到世界製造強國陣營中等水準；到2049年，綜合實力進入世界製造強國前列[22]。

在官方政策大力扶持下，近年來人工智能、物聯網、互聯網+（或稱智能＋）、積體電路、第五代移動通訊等領域已經有明顯的進展，在國際產業圈中，逐漸嶄露頭角。不過，卻也因此引來各國關切，尤其美國認為大陸政府對《中國製造2025》所列目標產業提供大量補貼，並且以公權力強迫外資企業轉讓技術，造成不公平競爭，不計代價對中國大陸發動貿易戰、科技戰，因此，預料未來大陸的「製造強國」之路或將坎坷難行。

---

[20] 張慧明、蔡銀寅，「中國製造業如何走出低端鎖定－基於面板數據的實證分析」，《國際經貿探索》，2015年1月，**維普網**，http://www.cqvip.com/qk/97153x/201501/663380111.html，2018年2月16日檢索。

[21] 「2018世界品牌500強」，**百度百科**，2018年12月18日檢索。

[22] 「中國製造2025」，**百度百科**，2019年5月10日檢索。

第三節　從貿易面看大陸製造業崛起

　　自改革開放以來，大陸貨品進出口貿易快速發展，在國際市場上占有的份額水漲船高，其發展趨勢在本書第三章中已有討論，不再贅述。在此要補充說明的是，過去四十年大陸製造業崛起，進出口貿易貨品結構和夥伴國家也發生很大的變化。就進出口貿易貨品結構觀察，大陸出口結構的根本性變化始於 1985 年，此前自然資源的出口一直占大宗，其中石油是最大的單項出口產品；1985 年之後，在沿海發展戰略引導下，日趨成熟的加工貿易體系和外商投資企業不斷參與，大陸的出口成長加速，而且貨品也轉向以加工製造和一般消費品等勞動密集型產品為主。

　　以 HS（Harmonized System）二位碼分類產品做為產業分類基準，1990 年代，食品飲料、塑橡膠製品、皮及皮革製品、紡織製品、鞋帽傘等製品、雜項製品等六大類典型勞力密集型產品出口額合計，占大陸出口總值的比重達 46%，尤其紡織製品在大陸出口貨品中占最大宗。不過，到了 2017 年，這六大傳統勞力密集產品出口占大陸總出口比重已低於三成（表 5-5）[23]。

　　相對而言，1995～2017 年期間，大陸製造電子電氣及機械設備、運輸設備、精密儀器製品、塑橡膠製品等貨品出口，占大陸同年度出口總額的比重則呈逐年擴張趨勢，尤其是電子及機器設備製品，1995 年的出口值約占當年大陸出口總值的18.6%，僅次於紡織製品，且基本上是以吸塵器、電話機、磁帶、錄影機及其零件等消費性電子產品為。嗣後，電子產品之出口繼續保持逐年快速成長趨勢，2010 年的出口值之占比已上升至 44.2%；2017 年出口的占比仍維持在 43.2%，顯示大陸電子產業崛起的現象。運輸設備相關產品之出口占比亦由 1995 年的 2.8%，逐年上升至2010 年高峰的 5.6%，2017 年稍降至 4.6%。大陸出口結構之變化，反映大陸產業的多元化發展，資本與技術密集型產品已逐漸在出口貿易中嶄露頭角。

---

[23] 以 HS 二位碼分類歸納各項產業類別如下：

HS 二位碼	產業分類	HS 二位碼	產品分類	HS 二位碼	產品分類
HS ≤ 05	活動物；動物產品	41 ≤ HS ≤ 43	皮及皮革製品	72 ≤ HS ≤ 83	基本金屬製品
06 ≤ HS ≤ 14	植物產品	44 ≤ HS ≤ 46	木及木製品	84 ≤ HS ≤ 85	電子及機械設備
15 ≤ HS ≤ 15	動植物油脂產品	47 ≤ HS ≤ 49	紙漿及紙製品	86 ≤ HS ≤ 89	運輸設備
16 ≤ HS ≤ 24	食品飲料、酒及煙草	50 ≤ HS ≤ 63	紡織製品	90 ≤ HS ≤ 92	精密儀器製品
25 ≤ HS ≤ 27	礦品	64 ≤ HS ≤ 67	鞋帽、雨傘等製品	93 ≤ HS ≤ 96	雜項製品
28 ≤ HS ≤ 38	化學產品	68 ≤ HS ≤ 70	陶瓷、玻璃及其製品	97 ≤ HS ≤ 97	古董
39 ≤ HS ≤ 40	塑橡膠及製品	71 ≤ HS ≤ 71	卑金屬	HS > 97	其他不可分類產品

表 5-5　大陸出口貨品結構變動情形

金額：億美元

HS 二位碼商品類別	1995		2000		2005		2010		2017	
	金額	%	金額	%	金額	%	金額	%	金額	%
活動物及產品	45	3.02	44	1.77	67	0.88	120	0.76	176	0.77
植物產品	41	2.76	52	2.09	83	1.09	159	1.01	256	1.12
食品、飲料等	46	3.09	52	2.09	112	1.47	194	1.23	301	1.32
礦產品	67	4.50	92	3.29	209	2.74	304	1.93	394	1.73
化學產品	84	5.65	116	4.65	319	4.18	750	4.75	1,148	5.04
塑橡膠及其製品	43	2.89	80	3.21	233	3.06	496	3.14	920	4.04
皮及皮革製品	56	3.76	75	3.01	156	2.05	232	1.47	338	1.48
紡織製品	359	24.13	494	19.82	1,077	14.13	1,996	12.65	2,585	11.34
鞋帽傘等製品	82	5.51	120	4.82	228	2.99	439	2.78	617	2.71
水泥、陶瓷、玻璃製品等	27	1.81	40	1.61	123	1.61	272	1.72	487	2.14
基本金屬製品	121	8.13	166	6.66	571	7.49	1,108	7.02	1,670	7.33
電子、電氣及機械設備	277	18.62	729	29.25	3,222	42.27	6,989	44.28	9,836	43.16
運輸設備	41	2.76	93	3.73	285	3.74	889	5.63	1,050	4.61
精密儀器製品	47	3.16	85	3.41	284	3.73	567	3.59	774	3.40
雜項製品	95	6.38	178	7.14	454	5.96	886	5.61	1,621	7.11

資料來源：利用 *WTO, Global Trade Atlas 2018* (Database)，International Import and Export Commodity Trade Data 計算而得。

　　以 HS 四位碼商品分類觀察大陸出口商品結構之變化，可以發現，1995 年大陸主要出口商品中，屬於紡織業（HS50-HS63）的有 7 項之多，大都是勞動密集的成衣服飾等產品；屬於電子電氣及機械產品（HS84-HS85）的有 5 項，包括無線電發收器（HS8527）、自動資料處理機（HS8471）、變壓器等（HS8504）、打字機和文字處理器之零配件（HS8473）、電話機（HS8517）等，大都屬於組裝產品；還有鞋靴（HS64）2 項、皮革製品（HS42）2 項[24]。

---

[24] 根據 WTO, *Global Trade Atlas 2018* (Database), International . Import and Export Commodity Trade Data 計算而得，受到篇幅的限制，相關表格資料暫不陳列。

隨著大陸經濟起飛，產業發展漸趨多樣化，2005 年以後，前 20 大出口商品結構已出現明顯變化，電子電氣及機械產品逐漸取代紡織、塑橡膠鞋靴等傳統勞動密集型產品，成爲主要出口貨品。轉變爲 HS8471、無線電傳輸器（HS8525）、HS8473、無線電廣電的發送裝置之零配件（HS8529）、（HS8542）、液晶裝置（HS9013）、HS8517 等等產品。到了 2017 年，前二十大出口商品中技術層次較高之電子電氣及機械占了 9 項，包括 HS8517、HS8471、積體電路（HS8542）、HS8473、監視器及投影機（HS8528）、二極體等半導體裝置（HS8541）、變壓器等（HS8504）、絕緣電纜（HS8544）、電熱水器（HS8516）等，還有 4 項雜項製品（HS94-95）；而紡織品進入前二十大的僅有女用西裝（HS6204）1 項。

伴隨大陸出口持續擴張，大陸製品在國際市場上的占有率也不斷提升。一般消費財出口在國際市場占有率，一直較其他類別財貨高，不過，資本財和零組件等製品出口逐年擴張，且在國際市場上的占有率已逐年提升。圖 5-1 資料顯示，資本財出口的全球市場占有率，從 90 年代中期以後，快速上升，2005 年間已超過消費財的占有率，到 2017 年時，全球資本財市場來自大陸製造的占比超過四分之一；大陸零組件的全球市占率在 2017 年時亦達 14.7%，與一般消費財的表現大致相當。由此可見，儘管大陸出口產品相對偏屬於低技術含量產品，但其在全球產業鏈中，已占有一席之地，亦是不爭的事實。

對其他國家而言，大陸一直是主要競爭對手，特別是出口產品結構較接近的國家，更是直接感受到大陸的威脅。尤其亞洲毗鄰的外向型經濟體，在第三地市場上的占有率，因爲大陸加入競爭而明顯遭到擠壓而減少了[25]。

大陸出口擴張對國際市場造成諸多衝擊。首先，由於大陸的生產成本較低，在國際市場上具有強勁的價格競爭力，結果造成了同類產品的國際價格不升反降，貿易條件因而惡化[26]。其次，對於進口國而言，進口價格降低，使得通膨的環境更爲良性。在 2008 年農礦產品的國際價格衝到高峰之前，大陸高速經濟成長以及與全球經濟的快速接軌，產生了一個正面的貿易條件衝擊，結果導致全球經濟的通膨水準低於預

[25] Sanjaya Lall & Manuel Albaladejo, "China's Competitive Performance: A Threat to East Asian Manufactured Exports?" *World Development*, Vol. 32, No. 9, September 2004, pp. 1441-1466.

[26] Raphael Kaplinsky, "Revisiting the Terms of Trade Revisited: What Difference Does China Make?" *World Development*, Vol. 34, No. 6, June 2006, pp. 981-995.

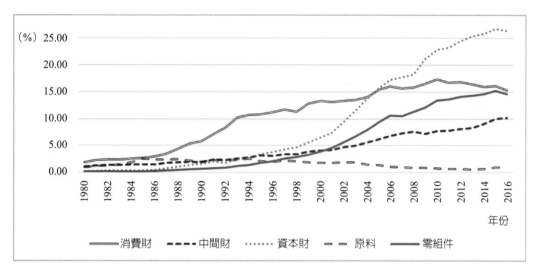

資料來源：利用日本經濟產業研究所貿易行業資料庫（Research Institute of Economy, *Trade and Industry-Trade and Industry Database 2018*, RIETI-TID）資料繪製。

圖 5-1　大陸工業製品出口在全球市場占有率

期 [27]，也就是說，該期間大陸的出口擴張，對於全球通膨形勢能夠維持在穩定的水準有很大貢獻，同時也為各國消費者提供更多的選擇和更高的福祉。

　　進口貨品結構之變化，與實施進口替代政策息息相關。大陸在 1980 年代後期實施第一階段進口替代，重點在於發展消費品行業替代進口，例如：家用電器、食品加工製品、紡織製品、服裝成衣等一般消費品，進口替代產業持續發展的結果，替代效應將導致進口減少。第二階段進口替代政策大約自 1990 年代末期、二十一世紀初期開始實施，重點轉向生產中上游的資本財或中間財相關行業，譬如：基本金屬、運輸設備、機械設備製造、石油化工等行業；同時，這些行業的生產活動使用當地投入品的比率逐漸提高。

　　以 HS 二位碼分類產品為例（表 5-6），1995 年大陸進口的最大宗財貨是電子電機設備，占比達 35.6%；若加上運輸設備、精密儀器等設備產品的進口，合計占比超過 40% 以上，顯示大陸電子器械等設備產業發展相對落後，高度依賴進口補足。

---

[27] 魯多旭譯，《中國的增長：中國經濟的前 30 年與後 30 年》（北京：中信出版社，2015 年），頁 350。

表 5-6　大陸進口貨品結構變動情形

金額：億美元

HS 二位碼商品類別	1995		2000		2005		2010		2017	
	金額	%	金額	%	金額	%	金額	%	金額	%
植物製品	41	3.10	43	1.91	112	1.70	332	2.38	619	3.46
動植物油脂	26	1.97	10	0.44	33	0.50	89	0.64	83	0.46
調製食品、飲料等	19	1.44	18	0.80	35	0.53	96	0.69	220	1.23
石油及礦產品	72	5.45	245	10.88	923	13.98	3,009	21.59	3,773	21.08
化學產品	104	7.87	181	8.04	506	7.66	932	6.69	1,326	7.41
塑橡膠及其製品	90	6.81	164	7.29	389	5.89	806	5.78	881	4.92
皮及皮革製品	25	1.89	32	1.42	54	0.82	77	0.55	95	0.53
木及木製品	16	1.21	37	1.64	57	0.86	113	0.81	235	1.31
紙漿及紙製品	33	2.50	70	3.11	110	1.67	201	1.44	279	1.56
紡織製品	158	11.96	166	7.37	234	3.54	296	2.12	310	1.73
基本金屬製品	122	9.24	206	9.15	566	8.57	1,028	7.37	955	5.34
電子、電氣及機械設備	470	35.58	852	37.85	2,713	41.09	4,868	34.92	6,269	35.02
交通輸設備	54	4.09	64	2.84	199	3.01	656	4.71	1,089	6.08
精密儀器製品	45	3.41	82	3.64	512	7.76	922	6.61	1,015	5.67

資料來源：利用 WTO, *Global Trade Atlas 2018* (Database), International Import and Export Commodity Trade Data 計算而得。

　　對紡織業而言，儘管在 1990 年代，紡織製品也是大陸主要進口財貨，其中絕大部分是紡織原料，包括棉花、化學纖維等。不過，隨著大陸石化產業發展，國產紡織原料供給能力激增，在進口替代效應下，1995～2017 年期間，紡織製品進口僅成長 1.96 倍，因而其進口值占大陸總進口比重，2017 年間已降至 1.73%。同期間，塑橡膠製品、皮革製品、紙製品等之進口值雖然保持成長，但在總進口值中所占比重，近年來已逐漸降低 [28]。

　　近十多年來，由於大陸產業供應鏈逐步外擴，且生產規模不斷擴大，對原物料需求激增，能礦產品進口大幅增加，特別是石油進口，加上國際價格大幅上揚，在

---

[28] 可能的原因，除了進口替代政策逐步落實，大陸經營環境（勞動力、資源、土地等）改變，勞力密集型產業發展空間受到壓縮而縮減規模，甚至已有部分企業撤離大陸或歇業，因而對中間財和原物料等之進口需求減弱。

1995～2017 年期間能礦產品進口成長達 52 倍之多，占大陸進口比重在 2017 年間高達 21.1%。

以 HS 四位碼商品觀察進口商品結構的變化，可以發現，1995 年間，前二十大進口產品中屬電子、電氣及機械設備（HS84-HS85）的有 8 項，大都是資本財、中間財；還有紡織製品（HS50-HS63）2 項、石油及礦產品（HS25-27）3 項、化學產品 HS28-HS38）2 項、塑橡膠製品（HS39-HS40），這些財貨基本上為中間財或半成品。進入二十一世紀，隨著工業化快速發展，進口貨品結構出現明顯變化，2017 年間，在 HS 四位碼貨品排名前二十大進口產品中電子、電氣及機械設備業（HS84、HS85）占了 6 項，包括積體電路（HS8542）、電話機（HS8517）、二極體等半導體裝置（HS8541）、自動資料處理機（HS8471）、半導體製造器具（HS8486）、電氣用具（HS8536）等，主要為中間財、零組件等；此外，石油等礦產品（HS25-HS27）進口大幅增加，2017 年四位碼商品有 5 項擠進前二十大，主要包括石油原油（HS2709）、鐵礦石及其精砂（HS2601）、石油氣（HS2711）等；交通輸設備（HS86-HS89）的 HS 四位碼商品也有 3 項擠進前二十大：苯乙烯（HS3903）、乙烯（HS3901）等石化原料進口量的排名已不如往昔，顯示大陸國內石化產業快速發展，石化原料自給率提升，替代部分進口。

較特別地是，電子電機設備始終是大陸進口的最大宗商品，1995～2017 年間，電子電機設備進口值成長了 13 倍；二十一世紀初期，其占同年度進口總值的比重曾突破 40%，可見其高度依賴進口的情形，二十多年來都沒有改變。不過，從 HS 四位碼商品（或甚至更細的分類）觀察，可以發現除了自動資料處理機（HS8471）、積體電路（HS8542）、電話機（HS8517）三類貨品一直是前二十大的進口貨品，主要是因半導體產業的進口替代才剛起步，電話機高階產品如基站（8517.61）等仍仰賴進口。1995 年間，重要進口貨品如 HS8525（無線電廣播或電視的傳輸設備）的零配件（HS8529）、HS8519（錄音器具）的零配件（HS8522）、機器及機械（HS8479）、HS8469（文字處理機）之零配件（HS8473）、塑橡膠加工機（HS8477）等 5 大類，2017 年已經不再是；而半導體製造器具（HS8486）、二極體等的半導體裝置（HS8541）、電氣用具（HS8536）等 3 類貨品進口快速增加，2017 年間，進口金額擠進前二十，其更細分類貨品結構上也有變化。

總之，在 2000 年以前，大陸進口貨品以中間財與資本財占大宗，其中，鋼鐵、化學品、人造纖維及塑料原料等屬於資本密集型產品；機器、運輸機械和電子產品等

則屬於技術密集型產品。不過,近年來,隨著大陸工業化發展,原物料、零組件等之進口需求急增,取代資本財和中間加工財,成為進口之大宗。

　　從全球市占率的角度觀察,在加入 WTO 之前,無論哪一類貨品進口值,大陸在國際市場的份額都低於 5%(圖 5-2),但自從加入 WTO 之後,更加融入國際經濟體系後,經濟快速發展同時帶動進口需求大增,結果造成大陸各類貨品進口在國際市場的占有率節節攀升;其中,尤其原物料、零組件等類貨品進口值成長的速度更快,目前大陸原物料進口,在國際市場的占有率已突破 20%。

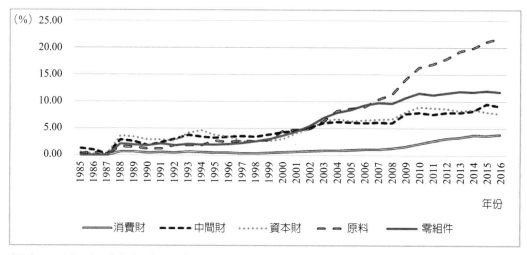

資料來源:利用日本經濟產業研究所貿易行業資料庫(Research Institute of Economy, Trade and Industry-*Trade and Industry Database 2018*, RIETI-TID)資料庫資料繪製。

圖 5-2　大陸工業製品進口在全球市場占有率變化

　　值得一提地是,大陸對能源、農礦產和原材料的大量需求,儘管在大陸進口總額中所占比重並不大,但在國際市場上形成競爭,其規模已足以影響全球市場的行情,產生所謂的「中國效應」[29]。以石油為例,雖然大陸是全世界十大產油國之一,但由於石油的消費總量居全球第二大,超過一半的石油需仰賴進口;大量進口曾導致國際石油價格攀升,進而在國際間造成收入的重分配。主要石油出口國的貿易條件大幅改

---

[29] 據估計,1990 年代中期以來,世界市場農礦產品價格的上升有 50% 左右是由於大陸的需求增加造成的。參閱魯多旭譯,《中國的增長:中國經濟的前 30 年與後 30 年》,頁 349-350。

善，出口收入也隨之水漲船高；但石油進口國卻受到連累，包括部分已開發國家都無法倖免，並為此付出了代價。

　　比較大陸出口（表5-5）和進口（表5-6）貨品結構之後可以發現，在1990年代，紡織製品（HS50-HS63）、電子及電機設備製品（HS84-HS85）、基本金屬（HS72-HS83）、化學產品（HS28-HS38）等主要進口貨品，同時也都是大陸的重要出口財貨；近年來，紡織製品在大陸進口和出口所占份額已大幅下降，而運輸設備（HS86-HS89）則竄起成為進口和出口的主要產品之一。這種現象正突顯大陸這些相關行業都是以加工生產為主的特質，主要原物料來自海外，而加工後，銷售海外市場，也就是「大進大出」的經營模式。

　　若進一步以HS四位碼商品觀察，以2017年資料為例，可以發現前二十大出口產品中，電子及電機設備製品占了9項；而前二十大進口產品中，電子及電機設備製品占了6項，其中，HS8517、HS8541、HS8542、HS8471等4項產品，甚至同時名列在出口和進口的前二十大主要產品中。這項特徵突顯大陸進出口貿易存在「產業內貿易」（intra-undustry trade）性質，也就是上下游產業的貿易活動。這種貿易型態與傳統的不同產業之間的貿易，所謂產業間貿易（inter-industry trade）型態不相同。產業間貿易反映的是國際水平分工的特質，而產業內貿易反映的是垂直分工現象，更能顯示大陸相關產業透過貿易與其他國家的產業已形成緊密的關聯。

　　從大陸的主要貿易夥伴觀察，過去三十多年來也發生明顯變化，在本書第三章第二節已有討論，此處不再贅述。值得注意地是，大陸經濟崛起，打破了東亞經濟發展的「雁行模式」，牽動了東亞經貿版圖，過去扮演領頭雁的日本，儘管在亞洲經濟中仍具重要地位，但其風光已大不如前。大陸引進的FDI中，有70%左右係來自東亞周邊國家和地區，尤其是來自臺灣、南韓、香港、新加坡的企業；由於這些跨國企業將大陸定位為海外的主要生產據點，其所需之工業原材料、半成品和零組件絕大部分是從東亞各國進口，因而伴隨工業化發展，大陸自東亞各國進口金額快速成長；而加工製造的產品仍然是以歐美地區為主要市場，因此，在1980～2017年間，大陸出口快速成長和出口地區結構的變化，背後其實反映了大陸與周邊國家和地區出口實績轉移的現象。

　　隨著大陸融入國際經貿體系愈深，各國對大陸的貿易依存度也愈來愈高。資料顯示，各國自大陸進口占各該國自世界各國進口總額的比重，2003～2017年間都呈現逐年增加之勢，譬如：東協10國從8.3%增加至21.6%；美國則從7.1%增加至

17.9%；其中，對大陸依賴度漲幅最大的是伊朗、越南、菲律賓、伊拉克、智利等國[30]。這個數據的變動，同時也反映大陸製品出口至各國，在當地市場之占有率已愈來愈高，同時排擠了其他競爭對手國家和東道國企業的市場份額，東道國的勞工就業可能連帶遭殃。

此外，各國對大陸出口的貿易依賴度，在 2003～2017 年期間，變動幅度幾乎都超過 10 個百分點，其中，超過 20 個百分點有澳洲、智利、伊拉克，主要涉及礦產和能源的貿易；其次，該比重變動幅度超過 15 個百分點的有越南、巴西、紐西蘭等國。大陸進口需求增加創造新的商機，對其他國家而言，乃是兵家必爭之地。

第四節　綜合分析[31]

大陸製造業快速發展，幾乎與全球化潮流發展過程同步。長期以來，大陸善用國際產業轉移的機會，大幅擴張製造能量，目前大陸已成為全球最重要的生產基地，製造業總產值居全球第一位；在國際產業鏈中的地位，大陸已逐漸從加工組裝環節向附加價值較高的產業鏈結提升。不過，相對於先進國家，大陸出口的貨品，其實大多數仍屬於高技術產業中的勞動密集或低技術生產環節的製品，整體而言，大陸自有的核心技術仍然缺乏，組裝加工仍是價值的主要來源。

換言之，大陸製造業仍處在全球產業鏈中低端和非核心地位，比較優勢主要還集中在一般的勞動密集型產業或產品上，或是高技術產業中對勞動成本比較敏感的生產範疇，技術創新能力有限。價值鏈中高附加值的上游部分，如研發、關鍵零組件之生產，以及下游部分如銷售和服務等，大都仍控制在先進國家手中，芯片 OLED 顯示面板等就是其中最典型例子。近年來，大陸已展現強烈的企圖心，先後推出七大戰略性新興產業、「中國製造 2025」等戰略規劃，幾乎傾全國之力投入資金和人才培育，試圖突破瓶頸，從製造大國邁向製造強國。

---

[30] 利用 United Nations, *UN Comtrade Database 2018*, New York: United Nations Statistics Division; The World Bank, *World Development Indicators 2018*, Washington, D.C. : The World Bank；中國海關總署，〈統計月報〉；European Commission, *Database-Eurostat. 2018*; ASEAN, *ASEANSstats Database 2018*, ASEAN Statistics Division. 等相關統計數據計算得知。參閱高長，《中國大陸紅色供應鏈之發展及其對臺灣的影響》，委託研究報告（未出版），2018 年。

[31] 此節主要參考高長，「中國大陸紅色供應鏈崛起的國際效應」，《遠景基金會季刊》第 20 卷第 3 期，2019 年 7 月，頁 43-45。

　　針對大陸已成爲製造大國的事實，以美國爲首的西方國家認爲，大陸企業如華爲、中興等通訊基礎設備供應商，甚至像小米這樣的硬體製造商，得以在國際市場上嶄露頭角，是大陸當局以不正當手段取得外國技術、侵犯他國智財權，從事不公平競爭的成就。2018 年 7 月美國對大陸發動經貿制裁，依「301 調查」提出的懲罰性關稅課徵貨品清單，都聚焦在高科技產品；同時也將嚴格管制大陸企業收購與投資美國特定戰略性產業，顯示美國已無法包容大陸高科技產業快速發展、經濟崛起造成的威脅，頻頻透過各種制裁手段，遏制大陸高科技產業發展，經濟強權之爭顯然已進入白熱化。美中貿易爭端戰火延燒已導致製造業外資撤離大陸，對大陸而言，未來擬沿用過去的策略模式，透過引進 FDI、對外投資或其他各種手段取得先進國家的技術，促進高科技產業升級與發展，恐將面臨更多的困難。

　　此外，爲應對大陸製造業之崛起，近年來歐美日等國反思「去工業化」的弊端，紛紛推出「再工業化」和「再平衡」策略，試圖從數位化、智能化和低碳化中尋找技術升級的出路，提振實體經濟；強調發展高科技、知識導向型高端、先進製造業，以擴大產業技術方面的領先優勢，確保產業價值鏈上的全球主導地位。製造業跨國企業回流歐美各國，對大陸爭取跨國企業 FDI，以及伴隨的技術引進，勢必造成排擠作用。儘管如此，大陸製造業崛起及已奠定的基礎，未來的發展能量仍然不能輕忽。

參考文獻

一、中文

工業和信息化規劃司（2015），「工信部解讀中國製造 2025：已成世界製造業第一大國」，**新浪財經**，2015 年 5 月 19 日。

中國社會科學院工業經濟研究所（2016、2017），《中國工業發展報告》，北京：經濟管理出版社。

臺灣經濟研究院（2016），《紅色供應鏈對臺灣產業之影響評估》，臺灣證券交易所股份有限公司委託研究報告。

吳碧娥（2015），「Intel 扶植陸系電腦系統供應商 臺廠全球出貨比重持續衰退」，**北美智權報**，2015 年 6 月 15 日。

胡淑珍主編（2000），《中國經濟熱點研究報告 1》，北京：社會科學文獻出版社。

高長（2018），《中國大陸紅色供應鏈之發展及其對臺灣的影響》，委託研究報告（未出版）。

高長（2019），「中國大陸紅色供應鏈崛起的國際效應」，《遠景基金會季刊》第 20 卷第 3 期，頁 1-54。

郭克莎、賀俊（2007），《走向世界的中國製造業：中國製造業發展與世界製造中心問題研究》，北京：經濟管理出版社。

國家發展和改革委員會產業經濟與技術經濟研究所（2008），《中國產業發展研究報告（2008）》，北京：經濟管理出版社。

張慧明、蔡銀寅（2015），「中國製造業如何走出低端鎖定—基於面板數據的實證分析」，《國際經貿探索》2015 年第 1 期，頁 52-65。

楊燕青、林純潔（2018），「中國如何引領全球製造業競爭力變遷」，**新浪財經**，2018 年 4 月 9 日。

魯多旭譯（2015），《中國的增長：中國經濟的前 30 年與後 30 年》（*China's Growth: The Making of An Economic Superpower*）（Yueh, Linda 著），北京：中信出版社。

Chunt（2017），「改革開放實施以後我國對外貿易策略演變」，**學術堂**，2017 年 1 月 20 日。

二、英文

Kaplinsky, Raphael (2006). "Revisiting the Terms of Trade Revisited: What Difference Does China Make?" *World Development*, Vol. 34, No. 6, pp. 981-995.

Lall, Sanjaya & Manuel Albaladejo (2004). "China's Competitive Performance: A Threat to East Asian Manufactured Exports?" *World Development*, Vol. 32, No. 9, pp. 1441-1466.

Mishkin, Sarah (2013). "Chinese Companies Move into Supply Chain for Apple Companies," *Financial Times*,

September 29, 2013.

Russell, Robert & Bernard W. Taylor (2006). *Operations Management*, 5th Edition. New York: John Wiley & Sons, Inc..

第六章 大陸外匯體制改革與人民幣國際化

　　大陸的外匯管理體制，在改革開放以前，實行統收統支、高度集中的計畫管理模式，出口收入全部結售給政府，企業用匯由政府計畫安排。改革開放之後，外匯管理體制逐漸向間接的市場化管理轉變，在 1993 年以前的改革措施，主要包括設立專門管理外匯的機關，頒布實施外匯管理法規；改革外匯分配制度，實行外匯流程辦法；建立和發展外匯調劑市場；改革人民幣匯率制度；建立多種金融機構並存的外匯經營體制；建立對資本輸出入的外匯管理制度。

　　自 1994 年開始，大陸在外匯管理體制逐步推進改革，其中最為重要的是將官定匯率與調劑匯率併軌，實行以市場供需為基礎的、單一的、有管理的浮動匯率制度；此外，實行銀行結售匯體制，並建立了全國統一的銀行間外匯市場，人民幣經常項目從有條件可兌換到全面可兌換，最後確立了「經常項目可兌換、資本項目維持一定管理」的外匯管理制度。

　　進入二十一世紀，為執行加入 WTO 的承諾，大陸國家外匯管理局頒布實施了多項改革外匯管理的政策措施，舉其要者，如進一步簡化經常項目結售匯手續，逐步鬆綁資本項目管制、全面推廣外商投資項下資本金結匯管理方式改革，擴大對銀行授權、建立電子化管理機制。2005 年 7 月，人民銀行進行第二次匯率制度改革，宣布自即日起實行「以市場供需為基礎、參考一籃子貨幣進行調節、有管理的浮動匯率制度」，人民幣不再盯住單一美元，形成更富彈性的匯率制度。

　　這段期間，人民幣國際化從無到有，逐步發展。從 2002 年底批准人民銀行於香港辦理個人人民幣業務，並提供清算，香港金融管理局與人民銀行簽署備忘錄，展開第一個人民幣離岸市場；另外，陸續與韓國、香港、馬來西亞、白俄羅斯、印尼、阿根廷等國家和地區簽署雙邊貨幣互換協定，人民幣國際化快速發展，2015 年 11 月，IMF 公開宣布，正式將人民幣納入成為特別提款權（SDR）國際儲備貨幣。

第一節　人民幣匯率形成機制改革

　　自改革開放以來，人民幣匯率制度已歷經多次改革。其中較為重要的有三次，第一次改革為 1994 年，大陸建立了以市場供需為基礎的、單一的、有管理的浮動匯率

制度，並將人民幣兌美元的匯率固定在 0.3% 幅度內浮動。第二次改革在 2005 年，中國人民銀行宣布廢除爲因應亞洲金融危機形成的盯住單一美元的匯率政策，開始實行以市場供求爲基礎、參考一籃子貨幣進行調節、有管理的浮動匯率制度。第三次改革則是在 2015 年，改革人民幣匯率中間價報價機制，並綜合考慮外匯供需情形，以及國際主要貨幣匯率變化提供中間價報價。

關於人民幣匯率決定機制，改革開放以來，經歷三個階段的演變，茲分述如下：

一、第一階段（1979～1993年）

1978 年，中共「十一屆三中」全會後，實施改革開放政策。爲了配合「對內改革、對外開放」，大陸開始實施外匯留成制度，並於 1980 年創辦外匯調劑市場，有別於官方市場，允許留成單位將閒置的外匯按政府規定的價格，賣給或借給需要外匯的單位，透過中國銀行及其分行進行外匯調劑；翌年進一步實施「貿易內部結算價」與「官方牌價」併存的雙重匯率制 [1]，前者爲適用於貿易外匯收支的貿易內部結算匯率，後者爲適用於非貿易收支的官方匯率。針對經常項目和資本項目，實施不同的匯率制度，對貿易、非貿易和資本流動，進行干預和控制。

不過，從嚴格意義上來說，1985 年開辦的外匯調劑中心並不是眞正的市場，因爲當時外匯調劑業務是由中國銀行在北京、上海等 12 個大中城市辦理，且調劑外匯的價格受到嚴格的限制，在開辦初期，只允許現匯交易，賣出額度需要先配成現匯。例外的是，爲解決外商投資企業的外匯不平衡問題，在經濟特區和沿海開放城市開辦外商投資企業相互之間的外匯調劑業務，且僅限於外商投資企業之間，其調劑價格可以自由議定，不受最高價格的限制。

爲符合國際貨幣基金組織（IMF）會員相關規定，如「會員國可以實施多種匯率，但必須盡量縮短單一匯率過度的時間」，自 1985 年起，大陸取消貿易內部結算價格，貿易及非貿易外匯結算採統一的公開牌價，又恢復單一匯率，以貿易匯價爲基礎；隨後，官方匯率進行多次下調，匯率調整是依據全大陸的出口換匯成本。由於 1985 年以後，內部物價大幅上漲，出口換匯成本迅速上升，使人民幣匯價不斷下跌。

---

[1] 按照 1978 年出口平均換匯成本再加一定利潤計算得出，「貿易內部結算價」爲 1 美元兌 2.80 元人民幣，至 1984 年底被取消前，皆無變動。「官方匯價」爲 1 美元兌 1.52 元人民幣，適用於非貿易外匯收支的匯價。

　　大陸在名義上雖然是實行單一匯率制度，但隨著大陸外匯調劑（「調劑」爲大陸專有名詞）業務的擴張，各地相繼設立外匯調劑中心外，1986 年開始，再度實施統一的官方牌價與市場調劑匯價併存的新雙軌制，其中官方匯率可調整地釘住美元，以換匯成本爲基礎調整官方名義匯率水準，透過匯率調整來保持出口的國際競爭力，實現經濟成長的目標。調劑市場的匯率是由國家規定在官方牌價匯率的基礎上加上一定幅度來確定。

　　外匯調劑中心建立之後，大陸的外匯調劑市場迅速發展。首先，外匯調劑範圍逐步擴大，地方政府的留成外匯，華僑、港澳臺居民的捐贈外匯等都允許進入，部分地區則開辦了大陸居民個人外匯調劑業務；開放國營、集體企業與外商投資企業的外匯調劑相互融通。其次，取消了外匯調劑價格的限制。第三建立了外匯調劑公開市場，根據市場供求狀況，實行競價成交方式。

　　1988 年開始，大陸放開了調劑市場匯率由買賣雙方根據外匯供求狀況決定，人民銀行適度對市場進行干預。各地先後開辦外匯調劑公開市場，辦理中央部門所屬的企業、事業單位之間外匯額度和現匯的調劑業務，同時允許外商與國營、集體事業間的外匯調劑，並取消了調劑價格限制。同年 9 月，上海在原有的外匯調劑業務的基礎上，開辦第一家外匯調劑公開市場。1991 年進一步開放，有限度地允許個人參與外匯調劑市場，居民可以在指定銀行參照調劑匯率出售外匯。大陸放開調劑匯價之後，人民幣調劑市場年均匯率由 1988 年 100 美元兌 646 元人民幣，呈現先升後貶趨勢，1993 年間貶至 859 元。到 1993 年底，受外匯調劑市場匯率調節的外匯收支活動約占 80% 左右。

　　1994 年初，大陸外匯管理體制進行重大改革，除了實施官方匯率和外匯調劑市場匯率接軌，建立以市場供求爲基礎的、單一的、有管理的浮動匯率制度，並取消外匯留成和上繳，對中資企業實行銀行結售匯制度，建立銀行間外匯市場，取消境內外幣計價結算，禁止外幣在境內流通、取消外匯兌換券，取消外匯收支的指令性計畫，在經常項目實現了有條件的兌換[2]。

　　1994 年 4 月，大陸的銀行間外匯市場正式運作，並在上海成立外匯交易中心，形成統一的外匯市場，爲經營外匯業務的金融機構之間進行外匯買賣提供交易和清算

---

[2]　劉光燦、孫魯軍、管濤，《中國外匯體制與人民幣自由兌換》（北京：中國財政經濟出版社，1997 年），第七章。

的系統。統一的外匯市場包括三個層次，一是銀行與客戶（指企業）之間的外匯交易，即零售市場，二是銀行與銀行相互之間進行的外匯交易，即批發市場，三是外匯指定銀行與中央銀行之間進行的外匯交易。

二、第二階段（1994～2004年）

由於雙軌匯率制度帶來了黑市交易、金融秩序混亂的現象，1993 年 12 月底，中國人民銀行公布《關於進一步改革外匯管理體制的公告》，決定自次年元旦開始，將人民幣官方匯率與外匯調劑市場匯率合併，並取消外匯收支的指令性計畫及外匯留成和上繳，禁止外幣在境內計價、結算和流通，實施銀行結售匯，建立銀行間外匯市場，實行以市場供需爲基礎的、單一的、有管理的浮動匯率制度。這次改革，大陸試圖將所有外匯供求關係都納入市場軌道，人民銀行根據銀行間外匯市場交易情況公布匯率，並規定人民幣兌美元的匯率固定在 0.3% 幅度內浮動。人民銀行透過外匯公開市場操作，對人民幣匯率實施有管理的浮動。

人民幣匯率併軌及形成機制，具以下幾項特點[3]：第一，匯率的決定以外匯市場的供求狀況爲基礎。1994 年 1 月實施銀行結售匯制度和 4 月建立的銀行間外匯市場爲人民幣匯率的形成提供平臺。外匯指定銀行根據每個營業日企業在銀行的結售匯情況和人民銀行對其核定的結售匯周轉外匯資金限額，在銀行間外匯市場買賣外匯形成外匯供求，透過市場交易形成人民幣對外幣的市場價格，外匯市場的供求關係成爲決定人民幣匯率的基礎。

第二，統一的匯率。匯率併軌後，人民銀行根據前一營業日銀行間外匯市場形成的美元對人民幣的加權平均價，公布當日主要交易貨幣對人民幣交易的基準匯率。並由外匯指定銀行根據公布的基準匯率參照國際外匯市場，計算人民幣兌主要貨幣匯價。所有貿易、非貿易及資本項目對外支付和結算，都使用此匯率進行，消除了外匯調劑市場因各地區等因素而形成匯率不一致的情形。

第三，浮動匯率。允許人民幣匯率在公布的基準匯率一定幅度範圍內浮動，從1996 年 7 月起，銀行間外匯市場美元的交易價仍在人民銀行公布的交易中間價 0.3%

---

[3]　呂進中，《中國外匯制度變遷》（北京：中國金融出版社，2006 年），頁 104。

內浮動，日元、港幣交易價浮動範圍為 1%，對客戶的外匯買賣則為 0.25％內對外掛牌。

1997 年爆發亞洲金融危機，東南亞各國貨幣劇貶，人民幣則政策性的不貶值，並採取了嚴格釘住美元的匯率制度，對沒有實際經濟活動支撐的跨境短期資本流動實施嚴格管控，改革的腳步因此放緩，1994 年初，實行以市場供需為基礎的單一的、有管理的浮動匯率制度，名存實亡。人民幣匯率由 1994 年併軌後，大幅貶值的基礎上開始逐年緩升過程，100 美元兌人民幣匯率由 1994 年的 862 元人民幣，升至 1997 年的 829 元，1998～2003 年，人民幣匯率大致穩定在 828 元左右[4]。

三、第三階段（2005年之後）

加入 WTO 後，大陸出口快速擴張，釘住美元的人民幣匯率制度遭到 IMF 批判，同時，國際社會要求人民幣升值的壓力逐漸升高。2005 年 7 月，中國人民銀行進行第二次匯率制度改革，宣布自即日起實行「以市場供求為基礎、參考一籃子貨幣進行調節、有管理的浮動匯率制度」。中國人民銀行稱人民幣匯率不再釘住單一美元，將視內外經濟金融形勢管理和調節，形成更富彈性的人民幣匯率機制；中國人民銀行於每個工作日後，公布當日銀行間外匯市場美元等交易貨幣對人民幣匯率的收盤價，做為下一個工作日該貨幣對人民幣交易的中間價格。同時調整美元對人民幣交易價格調整為 1 美元兌 8.11 元人民幣，一次性升值 2%。

新的匯率制度包括三個方面的內容：一是以市場供求為基礎的匯率浮動，強調匯率的價格信號作用；二是根據經常項目、貿易平衡狀況，動態調節匯率浮動幅度，強調「有管理」；三是參考一籃子貨幣，即從一籃子貨幣的角度看匯率，不再關注與某個單一貨幣的雙邊匯率。

中國人民銀行指出，一籃子貨幣的選取以及權重的確定，主要是考慮國際收支經常項目的主要國家、地區及其貨幣，並給予每種貨幣適當的權重，而幣種的選擇和權重的設定，主要原則有四個，第一，將對外貨品與服務貿易做為構成貨幣籃子的原則和基礎，第二，參考大陸外債的主要貨幣種類，第三，加上一定程度外商直接投資的

---

[4]　中國人民銀行編，《中國人民銀行年報 2018》。

貨幣種類，第四，是國際上與他國之前的支付轉移類的貨幣交流。

　　該時期，由於中國人民銀行未透露籃子內的所有幣種、幣種權重及匯率的目標區，及央行認爲合理、均衡的匯率水準，因此，其行政裁量權相當大，加上形式上是參考一籃子貨幣，事實上美元仍占據主導地位，因此，又可稱爲「參考美元的軟釘住制」，而且在匯率管理上，仍難脫人爲干預。

　　2006 年 1 月，中國人民銀行在中間價形成方面進行了改革。主要爲銀行間即期外匯市場上引入「詢價交易方式」（簡稱OTC）[5]，同時保留撮合方式。此外，在銀行間外匯市場引入做市商制度，爲市場提供流動性，改進人民幣匯率中間價形成方式，以完善匯率形成機制，並提高金融機構自主定價能力。同時，人民銀行授權中國外匯交易中心於每個工作日上午 9 時 15 分對外公布當日人民幣對美元、歐元、日元和港幣匯率中間價，作爲當日銀行間即期外匯市場（含 OTC 方式和撮合方式）以及銀行櫃臺交易匯率的中間價。

　　引入 OTC 後，人民幣兌美元匯率中間價的形成方式，由銀行間外匯市場以撮合方式產生的收盤價確定的方式，改爲外匯交易中心於每日銀行間外匯市場開盤前，向所有銀行間外匯市場做市商詢價，並將全部做市商報價做爲人民幣兌美元匯率中間價的計算樣本，去掉最高和最低報價，剩餘做爲市商報價加權平均，得到當日人民幣兌美元匯率中間價，權重由中國外匯交易中心根據報價方在銀行間外匯市場的交易量及報價情況等指標綜合確定。

　　2007 年 5 月，銀行間外匯市場人民幣對美元匯率的日幅度從 0.3% 擴大到 0.5%。這是自 2006 年初銀行間市場引入做市商制度以來最重要的措施，也是自 1994 年以來，對人民幣對美元匯價波幅的首次調整。嗣後，美元兌人民幣官方匯率逐步單邊升值，一直到 2008 年美國爆發次貸危機，升值趨勢才減緩；同時，在國際金融危機爆發後，人民幣匯率再度緊盯美元。

　　自 2012 年起制 2014 年 3 月，中國人民銀行先後兩次調整銀行間即期外匯人民幣兌美元交易價浮動幅度，由 0.5% 擴大至 2%，即每日銀行間即期外匯市場人民幣兌美元的交易價，可在中國外匯交易中心對外公布的當日人民幣兌美元中間價上下 2% 的幅度內浮動。外匯指定銀行爲客戶提供當日美元最高現匯賣出價與最低現匯買入價

---

[5]　銀行間外匯市場交易主體，可選擇以集中授信、集中競價的方式交易，也可選擇以雙邊授信、雙邊清算的方式，進行詢價交易。

之差，不得超過當日匯率中間價的幅度由 2% 擴大至 3%，其他相關規定，仍依照《中國人民銀行關於銀行間，外匯市場交易匯價和外匯指定銀行掛牌匯價管理有關問題的通知》執行。

張明（2015）的研究指出，自 2005 年改革人民幣匯率制度後至 2015 年，人民幣的名義與實際有效匯率分別升值了 46% 與 56%，帶來三項成就 [6]：

第一，人民幣匯率不再低估，同時也改善了國際收支失衡。其中，最值得注意的是，**經常帳順差占 GDP 的比率，2011 年起，連續四年低於 3%，表示人民幣有效匯率已經相當接近於均衡匯率水準。**

第二，改善大陸的貿易條件，促進貨物與服務進口以及對外直接投資。人民幣對其他主要貨幣的升值，降低了企業的進口成本，提高了進口數量以及利潤空間 [7]。

第三，促進人民幣國際化。大陸從 2009 年開始，推動跨境貿易與投資的人民幣結算以及離岸人民幣金融市場的發展。截至 2014 年底，跨境貿易的四分之一左右，已經轉為人民幣結算，離岸人民幣存量已經超過 2 兆元。在人民幣國際化快速發展背後，支持非居民願意持有人民幣資產的動機，是人民幣兌美元匯率的持續升值預期。這種本幣匯率升值預期、以及大陸內部利率水準顯著高於國際利率水準的利差，也是推動人民幣國際化的主要動力。當然，由於匯率升值預期與境內外利差的跨境套利，在人民幣國際化中也扮演了重要角色。

2015 年 8 月 11 日，大陸匯率改革再度吹起號角，人民幣中間價的形成機制，過去實行報價商在每日開盤前自行報價，因此和收盤價差距較遠；新的報價機制參考前一天的收盤價，並參考外匯市場供需關係，以及歐美市場與一籃子貨幣的變化，再報出中間價，將使當天的開盤價和收盤價更加接近。中國人民銀行表示，2005 年以來，中間價被視為基準匯率，對於引導市場預期、穩定市場匯率發揮了重要作用，但長期而言，中間價與市場匯率偏離的幅度愈來愈大。

除了改善人民幣中間價的報價機制外，2015 年 10 月，中國人民銀行要求辦理遠期售匯業務銀行須向人民銀行上海總部的專用帳戶交存 20% 的風險保證金，凍結期一年，利率為 0，並上調個別銀行的人民幣即期購售匯平盤交易手續費至 0.3%。中

---

[6] 張明，「中國匯改十年的成就與缺憾」，FT 中文網，2015 年 7 月 30 日，http://www.ftchinese.com/story/001063242?full=y&archive，2018 年 3 月 6 日檢索。

[7] 該期間，海外旅行與購物、海外留學的規模擴大，還有企業對外投資明顯增加，人民幣升值在其中扮演了重要角色。

國人民銀行同時在遠期和即期市場打壓跨境套利，使境內外人民幣兌美元匯價趨於統一[8]。

第二節　人民幣自由化歷程

大陸在推動人民幣匯率形成機制改革的同時，也逐步推動人民幣的經常項目、資本項目可兌換，跨境貿易人民幣結算以及跨境直接投資人民幣結算等一系列改革措施，爲人民幣「走出去」建構基礎。

一、經常項目開放

自 1979 年開始，大陸外匯管理體制進行一連串重大變革，包括實施外匯留成與額度帳戶管理；實施外匯兌換券、購物支付證和以人民幣爲計價單位的匯兌制度[9]；放寬民眾持有外匯；推行出口收匯核銷制度，在出口方面實施全額結匯[10]及出口收匯核銷管理制度[11]，在進口方面則是嚴格的進口付匯的審核管理。

1993 年，大陸的外匯管理制度再度出現重大的變革，例如：匯率併軌、銀行結售匯體系的設立，以及取消外匯留成等。1996 年，大陸實現了人民幣在經常帳方面的可自由兌換，這是大陸外匯管理體制的一大突破。

另外，中國人民銀行也從 1994 年 1 月起，陸續公布一系列有關外匯管理的法規，主要有「結匯、售匯及付匯管理暫行規定」、「銀行間外匯市場管理暫行規定」、及「外匯帳戶管理暫行辦法」等。1996 年間，對 1980 年的「外匯管理暫行條例」進行修改，公布新版「外匯管理條例」。該期間，大陸新的外匯管理制度重點如下：

---

[8]　王冠群，《人民幣國際化問題研究》（北京：經濟科學出版社，2016 年），頁 114。

[9]　外匯券人民幣與人民幣等值，可用於對外貿易結算，但只限於帳面支付，不能在國際上流通。

[10]　收匯後須立即辦理結匯，未經當地外匯局核准，不得私自保留或存放在境外，同時憑結匯單在當地外匯局辦理貿易外匯留成。

[11]　1991 年起實施出口收匯核銷制度。出口收匯核銷是指貨物出口後，由外匯局對相應的出口收匯進行核銷。另外，1994 年實施進口付匯核銷制度，成爲監督進出口外匯資金流動、防範外匯流失的手段。

(一) 匯率併軌

取消過去官方匯率及外匯調劑市場匯率併存的制度，並依照「外匯管理條例」第33條的內容，以市場供需爲基礎，對人民幣的匯率採取單一的（將官方匯率與調劑匯率合併）及有管理的浮動匯率制度，由中國人民銀行根據銀行間外匯市場形成的價格來公布人民幣的對外匯率[12]。

(二) 實施銀行售匯制度

允許人民幣在經常帳項目下，可以有條件的兌換外匯[13]。此處「有條件」指的是，境內企、事業單位及機關團體在經常帳下的貿易用匯或非貿易項下的經營性支付，只要持具有效力的憑證，便可持人民幣到外匯指定銀行購買外幣，不需再經過指令性計畫與審批制度的允許。

(三) 實施外匯收入結匯制度

外匯收入結匯制度指的是，境內所有企、事業單位及機關和社會團體在經常帳下的各類外匯收入，除國家規定准許保留的外匯，可在外匯指定銀行開立外匯帳戶外，都必須及時調回境內，按銀行掛牌匯率，全部售給外匯指定銀行。

(四) 取消上繳外匯與外匯留成

過去企業出口創匯收入的一部分，必須上繳及按一定比例保留部分外匯收入，改變成企業可將外匯收入按當日匯率賣給外匯指定銀行，即可得到相應的人民幣收入；而當企業需要外匯時，只需憑有效憑證或商業單據，即可到外匯指定銀行購買外匯，對外支付。

---

[12] 其具體的作法如下：人民銀行按照前一營業日銀行間外匯市場形成的加權平均匯率來公布人民幣對美元、港幣及日圓三種貨幣的基礎匯率。銀行間外匯市場人民幣對美元的買賣價，可以在基礎匯率上下各 0.3% 的幅度作浮動；人民幣對港幣與日圓的買賣價，可以在基礎匯率上下各 1% 的幅度內浮動。這三種外幣以外的其他外幣匯率，則按照人民幣／美元基礎匯率爲基準，並依照國際外匯市場的匯價來套算其基礎匯率。

[13] 仍存在部分經常項目的匯兌限制：第一，年度檢查不合格的外商投資企業，不允許進入外匯調劑市場；第二，個人用匯需批准，供匯範圍和標準存在限制；第三，對部分非貿易、非經營性的經常性交易用匯仍存在限制、對移民者境內資產收益產生之對付和轉移，要求存在限制。

(五) 建立銀行間外匯市場，改進外匯調劑市場的運作

迄 1994 年 3 月底，全大陸有 108 個外匯調劑中心，但外匯調劑市場的組成主體僅限於國營、集體企事業單位，個別的外匯調劑中心依據個別企業單位的外匯供需情形決定調劑匯價，金融機構只是權充經紀商，代理客戶進行外匯調劑，結果造成外匯調劑市場業務的運作十分混雜。為統一外匯調劑業務的運作，1994 年 4 月起，大陸政府在上海建立一個銀行間外匯交易市場，以統一全國外匯調劑業務的運作。

此外，1996 年 4 月 1 日開始實施的「外匯管理條例」，消除了在 1994 年後仍保留的經常帳戶下非貿易、非經營性交易的匯兌限制；同年 7 月，又消除了因私用匯的匯兌限制，擴大供匯範圍，提高供匯標準，超過標準的購匯，在經國家外匯管理局審核後即可購匯；將外商投資企業全面納入全國統一的銀行結售匯體系，取消 1994 年外匯體制改革後尚存的經常專案匯兌限制。

為使人民幣更能符合經常帳自由兌換的要求，1996 年 5 月，大陸國家外匯管理局發布「境內居民因私兌換外匯管理辦法」及「境內居民外匯存款匯出境外的規定」，進一步取消非貿易及非經營性的用匯限制。1996 年 6 月，人民銀行發布「結匯、售匯及付匯管理規定」，將外資企業與外資銀行納入結售匯實施範圍內，使外商投資企業可以同時經由外匯指定銀行與外匯調劑中心買賣外匯，並取消對外商投資企業經常項目的匯兌限制。1996 年 12 月，中國人民銀行宣布接受國際貨幣基金組織協定第 8 條第 2 款、第 3 款和第 4 款的義務，對經常性國際貿易支付與轉移，不再加以限制，從此，人民幣實現經常帳的可自由兌換。

二、資本項目開放

資本帳開放就是取消對資本流動的限制。1979 年起，中國大陸對資本項目管理，主要聚焦在外商投資企業外匯管理、外債管理制度、企業境外投資等三方面，其中前二項是計畫商品經濟時期資本項目管理的重點。在外商投資企業外匯管理部分，因開放外商直接投資是吸收境外資金為主要方式，一方面給予優惠政策，給予資金運用上的便利，同時加強企業對外匯資金的事後監督檢查；另一方面，要求外商投資企

業的外匯收支平衡，並進行外商投資企業進入、經營、退出全程的外匯管理[14]。在外債管理制度方面，又可分為計畫管理、登記管理、外匯管理和償還管理。在境外投資方面，則是頒布「境外投資外匯管理辦法」，確立管理機構[15]。

黃仁德（2015）的研究指出，在 1996 年實現經常項目的可兌換後，人民幣可說已達成貨幣自由兌換的部分條件。1997 年 1 月，中國大陸的「外匯管理條例」明確規範「對經常性國際支付和轉移不予限制」，然而，同年 7 月爆發亞洲金融危機，大陸採取了更謹慎的管理措施，如嚴格控制提前償還外債、外債轉移貸款和自營外匯貸款、禁止使用人民幣購匯還款、對大額購匯還款追蹤檢查等。

中國大陸在面對亞洲金融風暴時，曾對資本帳施予嚴格管制，因而降低了外國投機客可能對大陸造成的傷害；管制措施也使大陸資本帳開放的時程表不再明示，改以保守的態度來處理資本帳開放的議題；開放資本帳的腳步在亞洲金融風暴後，明顯放慢。

加入 WTO 後，大陸開放資本帳的腳步似乎有加快的趨勢。例如：在 2002 年開放合格境外機構投資者（QFII）制度，境外投資者可以投資人民幣債券和股票（A股）；大陸國務院批准中國人民銀行於香港辦理個人人民幣業務並提供清算，香港金融管理局與中國人民銀行也在北京簽署備忘錄，同意自 2004 年 1 月起，開辦人民幣業務（包括發行人民幣信用卡、設人民幣帳戶及兌換人民幣等）。

2003 年 10 月，中共「十六屆三中」全會通過「關於完善市場經濟體制若干問題的決定」，指出要「在有效防範風險的前提下，有選擇、分步驟地放寬對跨境資本交易的限制，逐步實現資本帳的可兌換」；嗣後，「逐步實現人民幣資本項目可兌換」先後被寫入中共「十七大」、「十八大」報告和「十二五規劃」，中共「十八屆三中」全會更提出要「加快實現人民幣資本項目可兌換」。

這一階段資本項目可兌換進程有兩個特點，一是持續擴大開放。開放重點從過去的直接投資領域，逐步擴大到對外債權債務、證券投資等跨境資本和金融交易；譬如：在證券投資領域，先後推出合格境外機構投資者（QFII）制度、合格境內機構投

---

[14] 包含對外商投資企業可行性研究報告進行審查、各部門對中外合資企業、中外合作經營企業、外資企業的成立，進行審批、對外商投資企業人員及帳戶的管理等。

[15] 外匯方面由國家外匯管理局負責，核准投資等審批程序則由國家計畫委員會、對外貿易經濟合作部和各省市政府指定部門負責。

資者（QDII）制度、人民幣合格境外機構投資者（RQFII）制度、合格境內個人投資者境外投資試點（QDII2）；允許 QFII、RQFII 的可投資範圍也逐步擴大，包括新三板股票、債券回購、私募投資基進、金融期貨、商品期貨、期權以及證券交易所融資融券交易等。

　　二是雙向均衡推進。資本項目可兌換從過去的寬進嚴出，逐漸轉變為雙向均衡推進，也逐漸拓寬資本流出管道，譬如：在直接投資領域，取消境內企業境外投資購匯額度限制；在證券投資領域，允許境外證券投資；在資本轉移領域，允許個人財產轉移等。

　　其他的一些新進展，主要包括：對於企業「走出去」過程中的投融資行為，實現了按實需原則購匯和支付；推出滬港通，實現了大陸和香港的基金互認；完全開放境外央行類機構進入境內銀行間債券市場、銀行間外匯市場；上海自貿區分帳核算單元有關業務逐步發展。

　　2016 年初，大陸國家外匯管理局曾對資本項目可兌換程度進行評估，結果指出，在全部 40 個資本項目中，完全可兌換 10 項，部分可兌換 27 項，完全不能兌換 3 項。也就是說，人民幣已在大多數資本項目實現了可兌換，但仍有一些不可兌換。這些「不可兌換」主要集中在金融交易中，尤其是股票市場及個人跨境金融投資[16]。2015 年 11 月，國際貨幣基金（IMF）決定將人民幣納入特別提款權（SDR）國際儲備貨幣，該項決定是人民幣資本項目可兌換和金融市場開放的里程碑。

　　根據 IMF《2018 年匯兌安排與匯兌限制年報》對中國大陸資本帳戶管制的描述，2017 年，中國大陸資本帳戶不可兌換項目有 2 大項，主要是非居民參與國內貨幣市場和衍生工具的出售和發行；部分可兌換的項目主要在債券市場交易、股票市場交易、房地產交易和個人資本交易等方面。經過量化分析計算，得出中國大陸的資本帳戶開放度為 0.701，較 2012 年計算的結果 0.5045，中國大陸資本帳戶開放度已提高了許多[17]。

[16] 董登新，「離岸市場是人民幣國際化新引擎」，鉅亨網，2016 年 7 月 6 日，https://news.cnyes.com/news/id/2098883，2018 年 6 月 18 日檢索。

[17] 中國人民大學國際貨幣研究所，《人民幣國際化報告 2019─高質量發展與高水平金融開放》（北京：中國人民大學出版社，2019），頁 36。

第三節　外匯管理制度的演進

一、經常項目外匯管理

　　1996 年實現經常項目可兌換後，經常項目外匯管理，主要包括貨物貿易、服務貿易和個人外匯管理。

　　關於貨物貿易外匯管理，自 1990 年代起，實施進出口核銷制度，要求企業每一筆貨物出口均有對應的收匯資金流，每一筆進口支付均有對應的進口貨物流，這種「一一對應，逐筆核銷」的管理模式，曾對遏制和打壓逃匯、套匯、騙匯、走私及逃騙稅等違法行為，產生嚇阻作用。

　　隨著宏觀環境、體制基礎和市場環境改變，貨物貿易外匯管理體制在 2012 年 8 月間，進行了改革。改革後，對企業的貿易外匯管理方式，由現場逐筆核銷改為非現場總量核查，透過新建立的貨物貿易外匯監測系統，全面採集企業貨物進出口和貿易外匯收支逐筆數據，定期比對；根據企業貿易外匯收支的合規性及其與貨物進出口的一致性，將企業分為 A、B、C 三類實行差別監管，A 類企業進口付匯單證簡化，B 類、C 類則實施嚴格監管，對存在異常的企業，進行重點監測，甚至實施現場核查。

　　此外，改革後，取消了出口收匯核銷單，合規企業的進出口收付匯，可直接在銀行辦理相關業務。A 類企業適用便利化的貿易外匯收支政策；B 類企業貿易外匯收支，真實性審核要求較為嚴格；C 類企業貿易外匯收支，必須逐筆到外匯管理部門事前登記，並在結算方式等方面，予以一定的限制。

　　服務貿易外匯管理制度，早期採事前真實性和合規性審核，以單證審核和限額管理為重點，2013 年 9 月間進行改革後，改採事後監管模式，從對逐筆交易的監管，轉變為對交易主體的綜合監管，包括簡化事前手續、便利存放境外、實行均衡管理等。

　　至於個人經常項目用匯之管理，主要是採額度管理的方式，目前個人結匯和境內個人購匯享有每人每年等值 5 萬美元的額度；對個人攜帶外幣現鈔出入境，實行限額管理。

二、資本項目外匯管理

　　資本項目外匯管理，主要針對居民與非居民之間的資本與金融交易，所涉及的外匯收支和匯兌行為，實施監管。

　　實現人民幣經常項下的完全可兌換，使資本項目管理的難度進一步增大。1994年以前，資本項目外匯實行嚴格管理，一是除國務院另有規定外，所有外匯收入均需調回境內，二是境內機構（包括外商投資企業）的資本項下外匯收入，均應在銀行開立外匯專用帳戶，經外匯管理部門批准後，才能賣給外匯指定銀行，三是資本項下的購匯和對外支付，均須經過外匯管理部門的核准。

　　資本項目外匯管理，主要是針對對外借債，直接投資和證券投資的管制。在模式上是以計畫審批、數量控制為主的直接管理，在形式上，一方面是對跨境資本交易行為本身進行管制，另一方面是在匯兌時，對跨境資本交易進行管制[18]。

(一) 直接投資外匯管理

　　長期以來，對外商直接投資實行准入管理制度，所有投資須先行獲得商務主管部門的核准或備案，後續的外匯登記和匯兌管理則由外匯管理部門負責。2012年底，取消了直接投資項下的外匯帳戶開立核准、外匯資金原幣劃轉核准、資金購付匯核准等多項審核，進一步放鬆了直接投資項下的資金運用限制。2013年5月，大陸發布《外國投資者境內直接投資外匯管理規定》及相關配套文件，進一步簡化並整合了外商直接投資所涉的外匯相關管理規定和政策。

　　其次是放開中資企業對外直接投資。大陸國家外匯管理局從2002年起，進行境外投資外匯管理改革試點，並於2005年5月開始，推廣至全中國大陸，積極支持企業「走出去」，例如：取消境外投資外匯風險審查和匯回利潤保證金制度；放寬全大陸各地區購匯額度，下放審批權限；允許境內企業以自有外匯、購匯或國內外匯貸款進行境外投資；允許跨國公司內部進行資金跨境運作；將境內銀行對境外投資企業提供融資性對外擔保的管理方式，從原先的逐筆審批，轉為餘額管理。

---

[18] 王國剛主編，《資本帳戶開放與中國金融改革》（北京：社會科學文獻出版社，2003年）。

2009 年頒布實施《境內機構境外直接投資外匯管理規定》，其中要點包括[19]：一是允許企業使用自有外匯、國內外匯貸款、人民幣以及人民幣購匯等多種資金進行境外直接投資；二是取消對境外投資購匯額度的限制；三是取消了境外直接投資外匯資金來源審查，將外匯資金匯出改為事後登記；四是允許境內機構在其境外項目正式成立前的籌建階段匯出前期費用，不再強制要求境外投資利潤匯回等。目前，境外直接投資外匯管理已無前置性審核，基本上已實現可兌換。

為協助解決境外投資企業境外融資難的問題，2004 年允許符合條件的跨國公司境內成員公司向境外成員公司放款，集合或調劑其區域、全球外匯資金，並於 2009 年擴大境外放款的主體範圍和資金來源，簡化了相關核准和匯兌手續。2014 年初，進一步放寬境內企業境外放款主體限制，取消放款額度有效期。

(二) 跨境信貸外匯管理

1. 關於外債管理。主要包括數量管理和匯兌管理兩方面，前者用在控制對外借款規模，後者主要包括外匯登記、開立帳戶、結匯、購付匯等。

外商投資企業籌措長短期外債，無須事前批准，惟借用外債的上限或額度，不得超過投資總額和註冊資本的差額。除此之外，其他境內機構（包括中、外資金融機構和中資企業等），需事先取得借款主體資格和借款指標，經外匯管理部門批准後，才能對外借款。外商投資企業的外債和國際金融組織或外國政府貸款可以結匯，其他外債（包括金融機構的外債和中資企業直接對外商企業借款）均不能結匯。

針對跨境貿易中企業之間發生的貿易信貸，包括預收（付）貸款或延期收（付）款，都是短期融資行為，實行登記管理的制度。

2. 跨境擔保管理。對外擔保構成對外或有負債，採取總量控制的原則。外匯管理部門對跨境擔保的管理，經歷了從逐筆核准，到總量控制與逐筆核准相結合，再到登記管理的逐步放鬆過程。目前對跨境擔保的管理，對內保外貸（指擔保人註冊地在境內、債務人和債權人註冊地均在境外）和外保內貸（指擔保人註冊地在境外、債務人和債權人註冊地均在境內）實行登記管理；境內中資、外資企業跨境擔保政策統一。

---

[19] 戴相龍主編，《領導幹部金融知識讀本》（北京：中國金融出版社，2014 年），頁 325。

(三) 資本市場外匯管理

一是放開外資投資大陸證券市場的限制。自 2002 年底，開始實行合格境外機構投資者（QFII）制度，允許符合條件的境外機構投資者，經批准匯入一定額度的外匯資金，並轉換成人民幣，透過專用帳戶，投資大陸當地證券市場，其本金、資本利得、股息等經批准後，可購匯匯出境外。

主要內容包括：資格條件限制（准入門檻）；投資規模限制（投資額度）；投資通道控制（專用帳戶）；資金匯出入限制（本金鎖定期）等。2019 年 9 月間，QFII 的投資上限已取消。

二是放開本國資本對外國證券之買賣。自 2004 年，開始實行合格境內機構投資者（QDII）制度，允許符合條件的境內機構，經批准，在一定額度內，透過專用帳戶投資境外證券市場。目前，大陸的 QDII 包括三類機構，即：商業銀行代客境外理財、保險資金境外運用和基金管理公司等。

主要內容包括：第一是資格條件限制，符合一定條件的商業銀行、保險機構、基金管理公司、證券公司、信託公司等資產管理類機構，經監管部門批准；第二是投資規模限制（投資額度）；第三是投資管道控制（專用帳戶）；第四是資金匯入、匯出均受到監管等。

三是開放境外人民幣資金進行境內證券投資。自 2011 年末，開始試點實行人民幣合格境外機構投資者（RQFII）制度，經主管部門批准的境外機構投資者，取得外匯管理部門批准投資額度，運用來自境外的人民幣資金，進行境內證券投資；投資的範圍包括交易所市場的人民幣金融工具和銀行間債券市場。目前，RQFII 的投資上限已取消。

四是關於境外上市外資股（H 股）和境內上市外資股（B 股），前者指大陸境內股份有限公司，在境外公開的證券交易所發行股票並流通轉讓，目前涉及的外匯管理，基本上無特別的管制，只保留了登記和結匯的真實性審核；後者指在大陸境內註冊的股份有限公司向境外投資者發行，並在大陸境內證券交易所上市的股票。在境內發行 B 股的企業開立 B 股專用帳戶，以及將發行股票所得外匯收入結匯的，均須經所在地外匯局審批。

第四節　人民幣國際化歷程

人民幣國際化的主要涵義，一是人民幣現金在境外可以流通使用；二是以人民幣計價的金融產品成爲國際主要金融機構，包括各國中央銀行的投資工具；三是國際貿易中，以人民幣結算的交易達到一定的規模，其中，最重要的是後兩項。

人民幣國際化是個漸進的過程，從策略面觀察，中國大陸採取的是「三步走」的策略，以國際化的區域範圍爲例，先推動周邊化，也就是先推進人民幣在港澳及東南亞等周邊國家和地區流通，再推進區域化，提升人民幣在其他亞洲國家的流通使用，逐步成爲區域性主要貨幣，最後再擴大到全球。再從貨幣功能的角度看，三步走的策略操作，主要是逐步實現人民幣成爲跨境貿易結算貨幣、投資貨幣和儲備貨幣。

改革開放帶動經濟持續發展，中國大陸與周邊國家的貿易往來愈加密切，人民幣也逐漸在與周邊國家貿易中做爲計價和結算的工具[20]；1997 年爆發亞洲金融危機，加速大陸與東協及周邊國家之合作，人民幣在周邊國家和地區流通範圍和規模，乃不斷擴大，備受國際矚目。

2008 年爆發國際金融危機，主要儲備貨幣匯率出現劇烈波動，中國大陸金融貨幣受到重大衝擊之後，乃決定推出跨境貿易人民幣結算試點，拉開了人民幣國際化的帷幕。具體作法包括在貿易結算、支付利息、服務費、分紅等經常帳項目中，使用人民幣；允許特定的資本項目交易使用人民幣，譬如：外商直接投資（FDI）、對外直接投資（ODI）、海外央行和部分離岸銀行可以把多餘的人民幣投入中國大陸的銀行間債券市場等，向人民幣可完全兌換目標前進。

人民幣的國際化進展，可從下列幾個層面觀察：

一、跨境結算

人民幣跨境結算，是指在大陸與境外地區的跨境交易中使用人民幣結算。大陸推動人民幣跨境結算的順序，大致是先由跨境貿易開始，再到跨境直接投資，最後爲跨境金融投資，策略上則是過去三十多年的經濟改革中慣用的「摸著石頭過河」的試誤

---

[20] 丁劍平、趙曉菊等，《「走出去」中的人民幣國際化》（北京：中國金融出版社，2014 年），頁 218-220。

方式，先開放部分跨境交易、境內部分地區、部分企業與境外部分地區，做為試點，再逐步擴大試點範圍，最後全面推廣到所有跨境交易、境內所有地區、所有企業與境外所有地區。

2009 年 7 月 2 日，大陸發布「跨境貿易人民幣結算試點管理辦法」，允許使用人民幣與境外進行貿易結算，在大陸境內批准 5 個城市（上海市及廣東省的廣州、深圳、珠海、東莞）的試點企業（365 家），境外初期只批准香港、澳門，及東協（ASEAN）等三個地區。在試點地區內的試點企業，可以使用人民幣報關並與境外企業進行國際貿易結算，進口商可以使用人民幣付匯，出口商可以直接收取人民幣貨款。嗣後，又先後在 2010 年 6 月、2011 年 8 月兩次進一步擴大開放跨境貿易人民幣結算地區，涵蓋了全中國大陸，並將試點範圍涵蓋跨境貨物貿易、服務貿易和其他經常帳項目人民幣結算。2012 年 5 月 8 日以後，大陸境內具有進出口經營資格的企業均可按照「跨境貿易人民幣結算試點管理辦法」對進出口貿易以人民幣進行結算。

2011 年 1 月初，中國人民銀行發布「境外直接投資人民幣結算試點管理辦法」，將跨境人民幣結算試點範圍擴大至境外直接投資人民幣結算，境內企業可以辦理境外直接投資人民幣資金匯出和境外投資企業增資、減資、轉股、清算等人民幣資金匯出入手續。同年 10 月 13 日，中國人民銀行制定「外商直接投資人民幣結算業務管理辦法」開放境外投資者辦理外商直接投資人民幣結算業務。

自 2009 年以來，人民幣跨境結算保持穩定成長趨勢。表 6-1 資料顯示，以貿易結算為例，2009 年，以人民幣做為結算工具的規模微不足道，嗣後逐年快速成長，2015 年間，經常項目人民幣結算的規模曾創下 7.23 萬億元，相當於當年度經常項目交易總額的 28.7%；不過，自 2016 年以來，受到人民幣貶值趨勢的影響，跨境貿易人民幣結算的規模急遽縮減，2018 年間，已滑落至 5.11 萬億元，占當年度全大陸貨物貿易與服務貿易總額的比重為 14.9%。經常項目人民幣結算，貨物貿易占大宗；不過，近五年，服務貿易人民幣結算成長較快，目前占比約三成左右。

就資本帳人民幣跨境結算來看，在早期的結算規模也是很小，不過，自 2011 年開始逐年大幅成長，在 2015 年創下 4.87 萬億元高峰之後，2016 年下滑至 4.62 萬億元，嗣後出現反彈，2018 年已進一步突破至 10.75 萬億元，占當年度資本帳本外幣結算總額的比重高達 67.8%[21]。

---

[21] 中國人民銀行編，《中國人民銀行年報 2018》，頁 43。

表 6-1　人民幣跨境結算規模

年份	經常帳結算規模（億美元）			資本帳結算規模（億美元）			經常帳人民幣結算占比（%）
	合計	貨物貿易	服務貿易	合計	對外投資	引進外資	
2009	26	20	6	71	-	-	
2010	3,501	3,034	467	605	57	224	2.5
2011	15,889	13,811	2,078	5,047	266	1,007	6.6
2012	28,797	26,040	2,757	11,362	312	2,592	8.4
2013	46,368	41,368	5,000	15,972	867	4,571	12.0
2014	65,510	58,946	6,564	34,078	2,244	9,606	23.7
2015	72,344	63,911	8,432	48,699	7,362	15,871	28.7
2016	52,275	52,275	11,066	46,193	10,619	13,988	16.9
2017	43,243	43,243	10,942	65,122	4,579	11,961	na
2018	51,069	51,069	14,497	107,466	8,048	18,586	14.9

資料來源：中國人民銀行編，《中國人民銀行年報》，歷年。

二、跨境支付

2009 年以來，人民銀行陸續推出一系列政策，便利人民幣跨境貿易和投資使用，推動雙邊貨幣合作，也透過「代理行模式」和「清算行模式」等多種方式支援人民幣跨境支付業務。自 2015 年起，人民幣已經成為大陸第二大跨境支付貨幣和全球第五大支付貨幣，官方也宣布要「加快建設人民幣跨境支付系統，完善人民幣全球清算服務體系」，因此，在同年 10 月 9 日啓動人民幣跨境支付系統（Cross-border Interbank Payment System，簡稱 CIPS），開放首批 19 家中外資銀行直接參與人民幣跨境和離岸資金清算、結算，人民幣國際化再邁進重要的一步。

開放行動分兩期，實施初期採用實時全額結算方式，主要包含跨境貨物和服務貿易、跨境直接投資、跨境融資和跨境個人匯款等業務；第二期將採混合結算方式，屆時人民幣跨境和離岸資金的清算、結算將全面進行。

英國「金融時報」指出，啓用 CIPS，是推動人民幣國際化努力的一大步。但報導指出，CIPS 除了向外資開放大陸資本市場外，另一個目的是希望取代清算和結算人民幣支付交易的過於複雜的系統，採用一種便利促進人民幣使用的簡易平臺，並提供自我保護，避開美國情報機構能夠監視的環球銀行金融電信協會（Society for

Worldwide Interbank Financial Telecommunication，縮寫 SWIFT）系統 [22]，因為是開放的支付系統，只支援中文，與銀行交換付款細節的安全資訊系統 SWIFT 不相容。

三、建立人民幣離岸市場

人民幣離岸市場是指在大陸境外經營人民幣相關業務的市場。在 2003 年以前，人民幣於大陸境外流通，都是以非官方形式進行，因此官方無法掌握大陸境外的人民幣流通數量，同時，中國人民銀行也無法進行監控或管制；透過建立人民幣離岸市場模式，大陸官方可掌握境外人民幣流動。因此，在 2003 年 8 月簽署的「內地與香港關於建立更緊密經貿關係的安排」（Mainland and Hong Kong Closer Economic Partnership Agreement，簡稱 CEPA），增加「積極研究允許香港銀行在香港試行辦理人民幣個人業務，條件許可時，優先考慮在香港開設人民幣離岸金融中心」等 6 項內容；同年 11 月，中國人民銀行開始在香港提供人民幣清算業務。

自 2004 年 1 月 1 日起，香港銀行在建立清算機制之後，開放提供香港本地居民在人民幣存款、外匯、匯款及信用卡的個人商務服務，逐步開啟人民幣境外發展的進程。經過五年的磨合期，中國人民銀行於 2009 年 6 月至 2011 年 8 月間，逐步開放大陸內陸各省市與香港進行人民幣跨境貿易結算的試點，為境外人民幣業務的發展奠定了市場基礎，香港人民幣離岸中心儼然形成，至今香港已成為全球最大的離岸人民幣市場。

經過多年的發展，近年來，離岸人民幣市場已經形成了以香港市場為主，東南亞、歐洲、北美、中東和其他市場積極參與發展的局面。主要人民幣離岸市場的金融產品，除傳統的存貸款、債券、股票及基金等產品之外，還推出人民幣期貨、期權等衍生產品，為境外投資者提供人民幣套期保值工具。

香港是規模最大、功能最齊全的人民幣離岸市場，其點心債（「點心債」為在香港發行的人民幣計價債券）的發行流通規模、人民幣存貸款規模，都名列前茅，香港同時也是最大的離岸人民幣清算中心；而新加坡則是服務東協國家的重要離岸人民幣中心。此外，倫敦做為境外最大的人民幣外匯交易中心，2019 年 5 月資料顯示，倫

---

[22] 董樂，「英媒：人民幣挑戰美元，中國邁出一大步」，BBC 中文網，2015 年 10 月 9 日，https://www.bbc.com/zhongwen/trad/press_review/2015/10/151009_press_review，2018 年 6 月 10 日檢索。

敦的人民幣外匯交易量占中國大陸境外外匯交易量的比重高達 44.5%。

四、簽署雙邊貨幣互換協定

中國大陸首次與外國簽訂貨幣互換始於 2000 年「東協 10+3」的「清邁倡議」（Chiang Mai Initiative，縮寫 CMI），但「清邁倡議」架構下的貨幣互換，目的是在緊急情況下，對簽約國提供資金支援，預防金融危機的發生或擴散，而不是常態性的機制，而且只有在與日本、韓國及菲律賓的貨幣互換協議是使用人民幣與對手國貨幣互換，其餘則以美元互換。由於只有在特殊條件下才能啓動，因此，促進人民幣國際化的效果有限。

自 2008 年爆發國際金融危機後，中國人民銀行開始積極對外簽署貨幣互換協議，主要是爲人民幣貿易提供結算資金，從國家的高度增加人民幣在國外地區的供給，當雙方貿易以人民幣計價及支付，可透過商業銀行向中央銀行拆借人民幣資金，而兩國則透過貨幣互換協議，解決資金供給來源。

2010 年 8 月，貨幣互換協議從貿易層面擴展到投資，中國人民銀行宣布允許境外中央銀行或境外參加銀行，運用人民幣投資大陸境內銀行間債券市場，但可運用的人民幣資金僅限於貨幣互換協議及跨境貿易所獲得之人民幣資金，在境外用外幣兌換得到的人民幣資金並不適用。截至 2018 年底，中國人民銀行已與 38 個國家和地區的中央銀行或貨幣當局，簽署了雙邊本幣互換協議，協議總規模達 36,787 億元人民幣[23]。

貨幣互換協議可以被大陸視爲「走出去」的官方工具，是因爲外國貨幣可透過互換協議，將取得的人民幣流入該國國內金融市場，或是用來干預外匯市場。簽署貨幣互換協議是推動人民幣在國際上流通的重要方式，主要是因爲目前人民幣在國際市場上尚未形成循環管道，而國際收支上，經常帳和資本帳需要至少一項長期存在逆差，才能像世界各國提供穩定的流動性。所以就國際經驗觀察，英國在金本位時代透過資本輸出，向全世界輸出了大量的英鎊；美國在布雷頓森林體系時代，透過經常帳逆差提供美元的流動性；日本則在 1980 年代，透過大規模跨國投資向各國提供日圓，大

---

[23] 中國人民銀行編，《中國人民銀行年報 2018》，頁 43-44。

陸透過簽署貨幣互換協議，促進人民幣國際化的企圖心非常強烈。

五、納入「特別提款權」（SDR）貨幣籃子

中國大陸爭取 IMF 將人民幣納入 SDR 體系的態度不遺餘力，尤其在 2008 年之後，先後爆發美國次貸風暴和歐債危機之後，國際金融動盪不安，大陸經濟則保持穩定成長。2009 年，中國人民銀行行長周小川曾公開提出[24]，「應儘快通過1997年第四次章程修訂及相應的 SDR 分配決議，以使 1981 年後加入的成員國也能享受到 SDR 的好處。在此基礎上考慮進一步擴大 SDR 的發行」、「SDR 定值的籃子貨幣範圍應擴大到世界主要經濟大國，也可將 GDP 做為權重考慮因素之一」。

2011 年 1 月，美國與大陸簽署「中」美聯合公報，美國第一次明確支持大陸逐步推進人民幣納入特別提款權（SDR）。IMF 於 2015 年 12 月 1 日正式宣布，人民幣將於 2016 年 10 月 1 日加入 SDR，成為其貨幣籃子的一份子。IMF 根據大陸經濟規模、經濟總量，以及人民幣支付總額換算，制定人民幣占 SDR 權重為 10.92%，超越日圓的 8.33% 及英鎊的 8.09%，僅次於美元 41.73% 及歐元 30.93%，象徵人民幣已躍升為全球第三大國際貨幣。

人民幣納入 SDR，成為 SDR 的五大國際儲備貨幣之一，是人民幣國際化進程中一個指標性的里程碑，對人民幣匯率市場化及大陸金融改革，乃至於大陸經濟改革的進程，都具有深遠的意義[25]。

人民幣自 2009 年以來，國際化的腳步快速發展，也取得了一些成就。首先，跨境貿易和直接投資的人民幣結算規模持續擴大。迄 2018 年底，全球國際貿易活動中，以人民幣結算的份額約達 2.07%，做為支付貨幣在全球排名第五位。在包括直接投資、國際信貸、國際債券與票據等在內的國際金融交易中，採人民幣計價的綜合占比為 4.9%。

第二，資本金融項目快速成長。隨著金融市場持續擴大開放，直接投資人民幣結

---

[24] 周小川，「關於改革國際貨幣體系的思考」，**中國人民銀行官網**，2009 年 3 月 23 日，http://finance.people.com.cn/BIG5/1040/59940/63710/9010905.html，2018 年 6 月 30 日檢索。

[25] 鍾銘泰、張凱君，「從人民幣國際化進程，談兩岸金融合作契機」，《兩岸金融季刊》第 3 卷第 4 期，2015 年 12 月，頁 153。

算、跨國企業集團跨境雙向人民幣資金池業務、人民幣跨境貸款、人民幣國際債券、RQFII、RQDII、滬港通、深港通、債券通等多種管道陸續開展。人民幣直接投資、證券投資與其他投資約占跨境人民幣使用總規模的70%；以直接投資為例，自2010年試點開放以來保持快速成長，2018年總規模達到2.7萬億元，人民幣FDI和人民幣對外投資分別為1.9萬億元和0.8萬億元。

截至2018年底，境外機構和個人持有境內人民幣金融資產，包括股票、債券、貸款和存款等，共計4.85萬億元[26]；在非居民所持人民幣資產中，規模最大的是債券，其次是股票、存款及貸款，過去五年，債券類金融資產持續快速成長，存款類金融類資產則不斷下降；人民幣股票和債券先後被納入全球股票及債券指數後，境外投資主體更加青睞人民幣股票和債券。2018年資料顯示，全球503家機構投資者透過「債券通」進入銀行間債券市場。

第三，人民幣做為外國官方儲備資產規模持續擴大。根據中國人民銀行統計，截至2018年，與大陸央行簽署雙邊本幣互換協議的國家和地區達到38個，總金額超過3.68萬億元。2017年3月，IMF發布的「官方外匯儲備貨幣構成」報告中，首次擴大了貨幣範圍，單獨列出人民幣外匯儲備。2019年第一季的資料顯示，全球約有60多個國家央行已經將人民幣納為外匯資產，人民幣做為外國官方儲備資產的規模合計約1,925億美元[27]，較上年同期增加690.27億美元；在外匯儲備中的占比約1.89%，較上年度提高0.57個百分點；在全球主要儲備貨幣中排名第6位。做為國際儲備貨幣，雖然較美元、歐元等主要貨幣仍然存在很大差距，但人民幣的份額略有提升。

第四，人民幣清算體系遍布全球。人民幣清算體系由兩部分構成，一是境外清算行、代理行與非居民帳戶模式，二是運用人民幣跨境支付系統（CIPS）。迄2018年底，中國人民銀行已與25個國家和地區的貨幣當局簽署了建立人民幣清算安排的合作備忘錄，美國、俄羅斯也在2016年相繼加入人民幣清算體系。CIPS涵蓋人民幣跨境貿易結算、跨境資本項目結算、跨境金融機構與個人匯款支付結算等功能。資料顯示，人民幣清算網絡系統遍布全球，CIPS實際業務範圍遍布全球161個國家和地區的2,659家法人金融機構。

---

[26] 中國人民大學國際貨幣研究所，《人民幣國際化報告2019—高質量發展與高水平金融開放》（北京：中國人民大學出版社，2019），頁28。

[27] 中國人民銀行出版《中國人民銀行年報2018》，頁42。

　　第五，人民幣離岸中心快速發展。人民幣離岸中心是人民幣國際化的重要平臺，特別是資本項目還沒有全面開放，更顯得其重要性。迄 2016 年，除香港外，臺北、新加坡、倫敦、法蘭克福、巴黎、盧森堡、多倫多、杜拜、雪梨等城市已經或正在發展成為人民幣離岸市場；大陸主要的國有商業銀行已陸續取得各離岸中心的清算行地位。

　　2016 年以來，離岸人民幣債券發行主體向主權機構拓展。匈牙利、韓國分別發行點心債和熊貓債（「熊貓債」為國際多邊金融機構在華發行的人民幣債券）；未來預計有更多主權機構考慮發行人民幣債券，人民幣進入主權機構資產配置呈現逐步升溫的趨勢。此外，大陸財政部三年期 30 億元人民幣債券在倫敦證券交易所成功上市，這是大陸財政部首次在大陸境外發行人民幣國債，對促進倫敦離岸人民幣市場發展，具有深刻意義。根據環球銀行金融電信協會（SWIFT）資料顯示，英國在 2016 年 3 月已取代新加坡，成為大中華區以外的人民幣最大清算中心，在人民幣所有離岸交易中約占 6.3%，較新加坡的份額多出 1.7 個百分點，不過與香港所占分額 72.5% 相比，差距仍非常懸殊 [28]。

　　第六，人民幣國際化程度逐年提高。中國人民大學國際貨幣研究所自 2012 開始，每年編製並發布「人民幣國際化指數」（RII），研究指出 [29]，2009 年底，RII 只有 0.02%，顯示人民幣在國際市場上的使用幾乎完全空白；到了 2018 年底，該指數已提升到 2.95%，短短十年之內，已逐漸嶄露頭角。

　　不過，根據國際清算銀行（BIS）公布的數據顯示 [30]，2016～2018 年間，人民幣的國際化之路進展微不足道，人民幣在世界所有貨幣的交易總量中所占比重，僅從 2016 年的 4%，微幅增加至 4.3%，與美元、歐元等其他主要貨幣相比，表 6-2 的資料顯示，人民幣國際化才剛開始，未來還有很長的路要走，且近年來，人民幣國際化道路並不平順。

---

[28] 鄧茜，「英國成為第二大離岸人民幣清算中心」，**鉅亨網新聞中心**，2016 年 4 月 29 日，https://news.cnyes.com/news/id/1968456，2016 年 9 月 15 日檢索。

[29] 中國人民大學國際貨幣研究所編著，《人民幣國際化報告 2019－高質量發展與高水平金融開放》頁 2-3。

[30] 陳秀宜，「人民幣國際化之路裹足不前，三年努力僅換得 0.3% 增長」，**鉅亨網新聞中心**，2019 年 9 月 17 日，https://news.cnyes.com/news/id/4382848，2020 年 2 月 20 日檢索。

表 6-2　人民幣國際化指數及其國際比較

年份	人民幣	美元	歐元	日圓
2009	0.02	52.79	26.92	3.60
2010	0.23	53.33	25.58	4.34
2011	0.45	54.18	24.86	4.56
2012	0.87	52.34	23.72	4.78
2013	1.23	53.81	27.44	4.39
2014	2.33	54.67	24.49	4.18
2015	3.60	54.94	23.71	4.29
2016	2,26	54.42	23.25	4.73
2017	1.90	52.28	22.92	4.38
2018	2.95	51.95	25.75	4.38

註：本指數根據一國貨幣做爲國際支付結算貨幣、國際金融資產計值和交易貨幣、國際儲備等，在全球對應總額的比
　　重計算而得。

資料來源：中國人民大學國際貨幣研究所，《人民幣國際化報告》，歷年。

　　儘管人民幣國際化已有顯著的進展，加入 SDR 貨幣籃子更是爲人民幣國際化進
程提供了繼續快速發展的養分，不過，人民幣在國際上跨境的使用仍然有限[31]，以貿
易結算爲例，將近 80% 是在香港進行的，且人民幣在絕大多數國際貿易合約中，都
是交換媒介而非記帳單位。也就是說，人民幣是支付手段，而不是計價貨幣。此外，
人民幣在全球債券發行量和外匯交易量中，分別排第八和第九位，表示人民幣在國際
金融市場的使用，仍然非常有限。

　　人民幣在國際上的使用之所以仍不普及，從貨幣國際化的角度來看，有三個因
素，第一，對中國大陸經濟和政治體系的信心，第二，是否具備成熟且開放的金融市
場，第三，是否擁有廣闊的國際貿易網。大陸已經超越美國，成爲全球第一大貿易
國，因此在第三點具有相當優勢，而且在東亞地區特別明顯，該地區已有多個國家
央行將人民幣納爲主要儲備貨幣。但前兩個因素上，仍未達到標準。由於大陸是金融
管制的政府主導型資本主義，加上國有銀行主要爲國有企業提供信貸，因此其金融

---

[31] 米格羅・伊格萊希亞斯（M. Iglesias），「人民幣國際化進程因何受限？」，FT **中文網**，2016 年 1 月 25 日，，http://big5.
ftchinese.com/story/001065906?page=1，2016 年 9 月 18 日檢索。

市場仍然不夠發達。而銀行向私營部門提供的貸款相當於 GDP 的 128%。在美國，該數字僅爲 48%。相比之下，大陸債券市場的規模僅相當於 GDP 的 41%，而美國爲 243%。同樣的情況也體現在股市上，美國股市規模相當於 GDP 的 118%，而大陸僅爲 44%。

總而言之，一國貨幣要推向國際，發行國不僅要有信譽良好的中央銀行，以及有深度、全面、流動性好的金融市場，開放的資本帳戶和貨幣的完全可兌換，也還必須擁有穩定、透明的政治和法律制度。大陸只要這些情況不改變，人民幣做爲國際儲備貨幣受到各國普遍採納的可能性，就難以提高。

不過，人民幣國際化的確有助於提升大陸整體經濟實力。近年，大陸積極推動人民幣國際化，在貨幣匯率穩定度、國際流通程度，以及國際性人民幣商品發行等方面都有進展，表示人民幣國際接受度逐漸擴大，對提升對外貿易能量及國際貨幣體系之地位有益。未來大陸可能朝兩個層面發展，第一是逐漸放寬人民幣匯率浮動區間、擴大跨境人民幣結算及外匯交易規模，以及放寬資本市場管制等措施，擴大人民幣國際化普及面，第二是配合「一帶一路」戰略，藉對外區域經貿金融互助，加強與各國互聯互通，並拓展對外簽署人民幣清算及貨幣互換等機制，做爲支撐經濟外交重要平臺。

參考文獻

丁劍平、趙曉菊（2014），《「走出去」中的人民幣國際化》，北京：中國金融出版社。

中國人民大學國際貨幣研究所（2019），《人民幣國際化報告 2019—高質量發展與高水平金融開放》，北京：中國人民大學出版社。

中國人民銀行編（2018），《中國人民銀行年報 2018》，北京：中國人民銀行。

王冠群（2016），《人民幣國際化問題研究》，北京：經濟科學出版社。

王國剛主編（2003），《資本帳戶開放與中國金融改革》，北京：社會科學文獻出版社。

米格羅・伊格萊希亞斯（M. Iglesias），「人民幣國際化進程因何受限？」，FT **中文網**，2016 年 1 月 25 日。

呂進中（2006），《中國外匯制度變遷》，北京：中國金融出版社。

周小川（2009），「關於改革國際貨幣體系的思考」，**中國人民銀行官網**，2009 年 3 月 23 日。

高　長（2016），《大陸金融體制改革和股匯市等金融情勢對台商之影響及因應建議》，海基會委託研究報告，未出版。

陳秀宜（2019），「人民幣國際化之路裹足不前，三年努力僅換得 0.3% 增長」，**鉅亨網新聞中心**，2019 年 9 月 17 日。

張明（2015），「中國匯改十年的成就與缺憾」，FT **中文網**，2015 年 7 月 30 日。

鄧茜（2016），「英國成為第二大離岸人民幣清算中心」，**鉅亨網新聞中心**，2016 年 4 月 29 日。

董登新（2016），「離岸市場是人民幣國際化新引擎」，**鉅亨網**，2016 年 7 月 6 日。

董樂（2015），「英媒：人民幣挑戰美元中國邁出一大步」，BBC **中文網**，2015 年 10 月 9 日。

劉光燦、孫魯軍、管濤（1997），《中國外匯體制與人民幣自由兌換》，北京：中國財政經濟出版社。

鍾銘泰、張凱君（2015），「從人民幣國際化進程談兩岸金融合作契機」，《兩岸金融季刊》第 3 卷第 4 期，頁 133-159。

戴相龍主編（2014），《領導幹部金融知識讀本》，北京：中國金融出版社。

第七章　大陸區域發展政策與成就

中國大陸幅員遼闊，各地的地理條件、自然資源、經濟活動和社會經濟發展水準差距極大。從區域經濟發展的策略觀察，在改革開放之前，大陸中央政府實行的是，旨在追求縮小地區差距的平衡發展戰略，財政資源的配置，明顯傾向於偏遠和落後地區，包括公共投資、財政轉移支付和產業的空間布局。在 1960 年代中期，甚至基於安全的考慮，開始建設「大三線」[1]，將幾十家大中型工業企業從沿海省市和與蘇聯接壤的地區搬遷到內陸，同時另外新建了數百家企業；在計畫經濟體制下，地方政府缺乏自主權，只能被動的服從中央政府執行各項政策，不能因地制宜發揮地理優勢，推動本地區的經濟發展。

改革開放之後，大陸政府改變了政策導向，把著重點從「平等」轉移到「效率」上來，採取的是有利於部分沿海省市的「非平衡發展戰略」，這一套戰略顯著地促進了一些省份和地區的經濟活力和城市化發展，且就絕對水準而言，幾乎所有地區的經濟條件都有所改善。不過，由於各地區的效果迥然不同，發展的同時，也擴大了各省，特別是沿海和內陸地區之間，在經濟發展水準上的差距。

隨著改革開放持續推進，大陸的區域發展戰略也與時俱進地做了調整，譬如：1990 年代初期，就改革開放初始推出的沿海經濟發展戰略，擴大包含沿（長）江、沿邊（境）、沿線的四沿區域發展戰略；1999 年間另推出「西部大開發」。進入二十一世紀，又先後實施「振興東北老工業基地」、「中部崛起」、「東部率先發展」等戰略，大陸國務院在 2011 年開始實施的「十二五規劃」中強調，未來五年促進區域協調發展，總體戰略為「深入實施西部大開發」、「支持西藏、新疆和其他民族 地區發展」、「全面振興東北地區」、「促進中部地區崛起」、「支持東部地區率先發展」。

「十三五」（2016～2020 年）時期，大陸繼續強調區域協調發展的重要性，在戰略上，將延續過去西部大開發、東北等老工業基地振興、中部崛起與東部率先發展

---

[1]　三線建設是一場出於國防軍事背景的區域工業化過程，其涵蓋的範圍，包括大陸中西部的 13 個省、自治區。按照設想的軍事地理區劃，大陸沿海為第一線，中部為第二線，後方為第三線。湘西、鄂西及四川、雲南、貴州三省為西南三線；西北三線建設的轄區，包括陝、甘、寧、青、豫西、晉西。相對於西北、西南的「大三線」，中部及沿海地區腹地稱為「小三線」。

等四大戰略，並以此爲基礎，再藉「一帶一路」建設、京津冀協同發展、長江經濟帶建設等三大戰略加持，建成沿海、沿江、沿線經濟帶爲主的合縱連橫經濟軸帶，發揮城市群輻射帶動作用。

第一節　區域發展戰略的演進

　　1950 年代初期，大陸爲了改善沿海和內地的失衡關係，也爲了備戰的需要，決定將集中在大城市和沿海地區的製造業轉移至內陸地區，積極推進「三線建設」，過程中各項投資高度向中西部傾斜。譬如：在第一個五年經濟計畫期間（1952～1957），前蘇聯援助大陸的 156 項重大工程中，沿海地區約占五分之一，其餘都在內陸地區；第三個五年經濟計畫（1965～1970）當中，全大陸新建的大、中型項目，西南、西北、中南地區的項目數所占比重高達 60.2%，而該時期東部地區之發展則受到了遏制[2]。

一、區域發展政策回顧

　　改革開放以來，在鄧小平提出「允許和支持一部分人、一部分地區先富起來」的思想指導下，大陸區域經濟發展戰略做了重大的調整，一方面中止實施「三線建設」，另一方面實行鼓勵沿海地區率先發展的政策，區域經濟發展戰略已由過去區域均衡發展轉向區域非均衡發展；由過去向內陸傾斜轉爲向沿海傾斜。

　　向沿海傾斜的發展戰略，旨在利用沿海工業基礎和區位優勢，面向國際市場，積極發展外向型產業，以及參與國際市場競爭、擴大產品出口的模式；積極吸引外商直接投資，實行原材料和銷售市場「兩頭在外」，並加強沿海與內地的橫向經濟聯繫。1988 年 3 月，大陸國務院召開「關於沿海地區對外開放工作會議」，正式決定實施「兩頭在外、大進大出」的沿海地區經濟發展戰略，積極參與「國際經濟大循環」。

　　沿海地區優先發展戰略的具體政策內容，主要有三，一是劃定特殊區域，二是實施優惠政策，三是鼓勵體制創新。

---

[2]　孫久文，「『十三五』中國區域發展戰略前瞻」，**中國改革論壇**，2015 年 11 月 6 日，http://www.chinareform.org.cn/Explore/perspectives/201511/t20151106_237816.htm，2016 年 8 月 20 日檢索。

　　1979 年率先賦予廣東、福建兩省實行「特殊政策、靈活實施」的權力，嗣後並陸續批准設立深圳、珠海、汕頭、廈門為經濟特區，以及開放 14 個沿海城市，確定珠江三角洲，長江三角洲和廈、漳、泉閩南三角地帶為經濟開放區，逐步擴大沿海對外開放的地域範圍。1988 年進一步批准海南升格為省建制並設立特區，1992 年又批准上海市浦東新區為改革開放的新試驗區，更加提高沿海非均衡發展程度。

　　其次是給沿海特定地區一系列優惠政策，例如：減免企業所得稅、下放投資審批權、提高當地外匯留成比例、鬆綁金融服務市場准入（允許境外金融機構在沿海地區設立總部或分支機構）、發展資本市場（在深圳和上海建立證券交易所）等。

　　第三是鼓勵沿海地區進行體制創新，默許沿海地區先行先試中央尚未鬆綁的有關政策或制度。

　　鼓勵東部沿海地區率先發展的政策，發揮了區位比較優勢，因而沿海地區經濟快速發展，綜合實力迅速提升，不過，中西部、東北部地區發展速度遠較東部沿海地區滯後，伴隨而來的區域發展差距擴大，區域間利益的矛盾和衝突等問題，也愈來愈突出，對大陸經濟持續發展與社會和諧產生的困擾，有增無減。

　　為了矯正實行非均衡發展戰略造成的區域發展差距擴大問題，大陸在第九個五年經濟計畫（1996～2000）首次提出區域經濟協調發展的構想，並先後於 1999 年、2003 年和 2005 年提出西部大開發、振興東北等老工業基地、促進中部地區崛起等戰略。經過多年的努力，這些戰略取得了一些成效，譬如：東部與中部，西部和東北在成長速度上的差異有縮小的趨勢，省際之間，按人均國內生產總值計算的基尼係數也有所縮減[3]，區域產業分工與經濟合作方面逐漸形成經濟圈（區）的格局，如珠三角、長三角經濟區，京津冀都市圈，遼中南城市群，成渝經濟帶，武漢城市群，中原城市群等。然而，由於歷史、自然條件和政策因素等方面之原因，地區發展差距的格局並未發生根本性的改變。

　　「十一五」期間（2006～2010），大陸的區域發展政策延續過去的區域協調發展戰略，仍然實施推進西部大開發，振興東北地區等老工業基地，促進中部地區崛起，鼓勵東部地區率先發展，支持革命老區、民族地區和邊疆地區發展等已經形成的區域戰略和政策。同時，推進形成主體功能區，促進城市化發展，其重點在於促進大

---

[3]　張軍擴，「中國的區域政策和區域發展回顧與前瞻」，人民網，2008 年 10 月 16 日，http://theory.people.com.cn/BIG5/49154/49155/8180676.html，2016 年 8 月 20 日檢索。

中小城市和小城鎮協調發展，提高城鎮綜合承載能力，逐步推進城鎮化，改變城鄉二元結構。

「十二五」時期（2010～2015）的區域發展政策[4]，基本上仍延續過去的架構。首先在總體戰略部分，除了繼續強調推進西部大開發、全面振興東北、促進中部崛起、支持東部率先發展的「四大板塊」區域發展政策，另提出「三個支撐帶」戰略[5]，以及採取更有力措施「支持革命老區、民族地區、邊疆地區和貧困地區加速發展」政策；其次，2010年12月，大陸國務院通過《全國主體功能區規劃》，在四大國土空間分類下，再區分為城市化地區、農產品主要產區和重點生態區等；第三，試圖透過主體功能區戰略之實施，改善地區惡性競爭和重複投資等問題；第四，在城鎮發展上強調要「穩步推進農業轉移人口轉為城鎮居民」，「完善城市化布局和型態，加強城鎮化管理」，「積極穩妥推進城鎮化」。

二、「十三五」時期的區域發展戰略

(一) 總體發展戰略

就區域發展的總體戰略而言，「十三五規劃」延續了過去一段時間執行的「四大板塊」戰略；同時，也納入了2013年間提出的「一帶一路」、京津冀協同發展和長江經濟帶等「三大戰略」。

「四大板塊」中的西部大開發，提出將加強西部地區交通、水利、能源基礎建設，發展特色優勢產業，加強生態環境保護；完善西部地區資源開發模式，不斷提升產業的生產能力和競爭力，並以「陸上絲綢之路」建設為契機，加快西部地區向中亞、歐洲的陸路開放。

振興東北等老工業基地戰略，將透過深化改革、轉型升級，積極發展混合所有制、非公有制和中小企業，加快轉變農業發展方式，增強經濟活力；促進資源枯竭地區轉型發展，增強資源轉型城市可持續發展能力；重點推進遼寧沿海經濟帶、瀋陽經濟區、長吉圖經濟區、哈大齊和牡綏地區等區域發展。

---

[4] 胡鞍鋼、鄢一龍、周紹傑等著，《「十三五」大戰略》（杭州：浙江人民出版社，2015年），頁131-132。

[5] 「三個支撐帶」是指「京津冀協同發展」、「長江經濟帶」和「一帶一路」三大戰略而言。

　　中部地區具備承東啓西、連接南北的區位優勢，將加大政策支持力度，加快市場導向改革，有序承接東部地區和國際產業轉移，提升產業發展的科技能力、資源利用效率和循環經濟發展水準。加速建構沿隴海、沿京廣、沿京九經濟帶，落實長江經濟帶的規劃，推動中部地區城市群發展，促進中部地區與東西部地區的區域經濟連動發展。

　　東部地區主要在推動制度創新，轉型發展，發揮技術創新潛能和制度創新的示範作用；積極建設上海、廣東、福建和天津等四大自貿區，加速培育產業的國際競爭力，透過產業轉移，加強與中西部的經濟聯繫和協調發展，繼續發揮東部地區對全大陸各地經濟發展的引領和支撐作用。

　　「三大戰略」是實現區域協調發展的關鍵。其中，「一帶一路」將突破原有地區發展政策囿於國內的思維，強調內外連動，擴大經濟發展空間，充分運用國際國內「兩個市場、兩種資源」，提升開放型經濟水準。「京津冀協同發展」的核心，在於有序疏解北京的非首都功能，推進交通一體化、擴大環境容量和生態空間，調整經濟結構和城市空間布局，探索人口、經濟密集區新的開發模式，形成帶動經濟成長的新動能。「長江經濟帶」主要是將建設綜合主體交通走廊，改善長江流域生態環境，引導產業改善布局和分工協作，促進經濟成長空間，從沿海向沿江及內陸拓展。

(二) 主體功能區發展戰略

　　「主體功能區」概念在「十一五規劃」首次提出後，中共「十七大」政治報告正式列為實現全面建設小康社會目標的一項新訴求。「十一五規劃」將國土空間劃分為「優化開發、重點開發、限制開發和禁止開發」四類主體功能區 [6]，按照主體功能定位執行區域發展政策和績效評價，以規範空間開發秩序，形成合理的空間開發結構。在「十二五規劃」中，進一步提升主體功能區戰略的位階，成為區域結構戰略性調整的重要內容。

　　「十三五規劃」提出加速建設主體功能區，強調以主體功能區規劃為基礎，推動各地區依據主體功能定位發展。主體功能區之規劃，主要是根據各地區的資源環境承

---

[6]　優化開發區域，主要包括環渤海、長三角、珠三角等三大區域；重點開發區域主要包括冀中南、太原城市群、哈長、東隴海、江淮、海峽西岸經濟區、中原經濟區、長江中游、北部灣、黔中、藏中南、關中—天水、蘭州—西寧、寧夏沿黃經濟區、天山北坡等十八個區域。

載能力、現有開發密度和發展潛力，對國土空間所進行的戰略劃分。按 2011 年 6 月公布的《全國主體功能區規劃》，全大陸將劃分為 3 個優化開發區域，18 個重點開發區域、25 個重點生態功能區，7 個農產品生產區，開發的原則為「優化結構、保護自然、集約開發、協調開發、陸海統籌」。

該項規劃確立了後來大陸國土空間開發三大戰略格局，一是以「兩橫三縱」為主體的城市化戰略格局[7]，引導工業化城市化空間布局，培育中西部地區新的城市群，促進經濟成長和市場空間由東向西，由南向北拓展。二是以「七區二十三帶」為主體的農業戰略格局[8]，旨在優化農業產業布局、引導農業專業化發展，對保障糧食和農產品供給安全具重要戰略意義。三是以「兩屏三帶」為主體的生態安全戰略格局[9]，為可持續發展構築生態屏障。

「規劃」提出「加速建設主體功能區」，「發揮主體功能區做為國土空間發展保護基礎制度的作用，落實主體功能區規劃，完善政策」，並公布全大陸「主體功能區規劃圖和農產品主產區、重點生態功能區目錄」，落實「各地區依據主體功能定位發展」；「以主體功能區規劃為基礎，統籌各類空間規劃」。

第二節　城鎮化具體政策與發展

改革開放之前，在計畫經濟體制下，實行嚴格的城鄉戶籍制度，農民由農村遷移至城市受到嚴格管制，尤其受到「三線建設」和文化大革命等事件影響，城鎮化進程陷入停滯的局面，並逐漸形成城鄉二元結構的現象。直到改革開放以後，隨著經濟體制改革的進展，城鎮化才有較快的發展。

---

[7] 「兩橫三縱」是指以陸橋通道、沿長江通道為兩條橫軸，以沿海、京哈京廣、包昆通道為三條縱軸的大陸全國的城市化布局。

[8] 「七區二十三帶」中，是指糧食主產區、特色農產品優勢區、大城市郊區農業區、東部沿海農業區、農墾經濟區、草原生態經濟區等農業主產區，涵蓋小麥、玉米、棉花等 23 個農產品和產區。

[9] 「兩屏三帶」是指青康藏高原生態屏障、黃土高原－川滇生態屏障，以及東北森林帶、北方防沙帶、南方丘陵山地帶，所形成的一個整體綠色發展生態輪廓。

一、城鎮化發展政策

自 1984 年開始，大陸國務院陸續發布多項文件，例如：《城市規劃條例》、《關於農民進入集鎮落戶問題的通知》、《關於城鎮暫住人口管理的暫行規定》等，逐步開放符合條件的農民到集鎮落戶，允許暫住人口在城鎮居留，人口遷移政策逐漸鬆綁。實施家庭聯產承包責任制所產生的農業剩餘勞動力，或就地轉移，或允許進到集鎮、城鎮工作，新興小城鎮乃應運蓬勃發展起來。

1991 年通過的《國民經濟和社會發展十年規劃和第八個五年計畫綱要》，首度提出「有計畫地推進城鎮化進程」，初期大陸對於城鎮化道路之選擇，仍然延續前期發展小城鎮的思維，主要是不希望人口過度聚集在大城市，造成某些發展中國家常見的「貧民窟」問題。

不過，隨著戶籍制度改革和「社會主義市場經濟體制」確立了全面改革與開放，城市地區經濟社會蓬勃發展，私營、個體經濟快速崛起，農村人口開始大規模湧入城鎮地區，甚至跨地區遷徙，從事非正規就業。這一時期城鎮化的主要動力來自農村改革所產生的推力，「先進城再建城」是該時期城鎮化的特點。1998 年，中共中央在《關於農業和農村中若干重大問題的決定》中正式提出「小城鎮、大戰略」[10]，時任中共總書記江澤民在當年中央經濟工作會議上強調：「發展小城鎮是一大戰略」。

進入二十一世紀，大陸開始探索大中小城市和小城鎮協調發展的「中國特色城鎮化道路」。2002 年，中共「十六大」確立「全面小康」新戰略，提出「全面繁榮農村經濟，走中國特色城鎮化道路」的政策，強調社會主義新農村，要「堅持大中小城市與小城鎮協調發展」的原則，按照「循序漸進、節約土地、集約發展、合理布局」的原則，促進城鎮化健康發展。

這一時期，大陸推動城鎮化的政策態度似乎更加積極，針對上一階段被控制發展的大城市，提出發揮其輻射帶動作用的政策方針，並要求積極發展中小城市。2007年，中共「十七大」的政治報告提出，要「按照統籌城鄉、布局合理、節約土地、功能完善、以大帶小的原則，促進大中小城市和小城鎮協調發展」，對於城鎮化的提法，強調要「形成城鄉經濟社會發展一體化的新格局，積極穩妥地推進城鎮化，要建

---

[10] 「小城鎮、大戰略」是由著名社會學家費孝通先生提出，是改革開放初期農村城鎮化的主流思想之一。

設城市群,培育新的增長極」(「增長極」是法國經濟學家弗郎索瓦·佩魯(Francois Perioux)所提出的概念)。城市群的概念第一次被提出,顯示當時所提的城鎮化,概念上已和過去不太相同,同時城市群或城市化建設被認爲是經濟成長的重要動能。

2010 年以來,城鎮化發展速度加快,調控政策也從「注重協調區域發展、優化城鎮化布局、提升城鎮化質量」,到「促進四化同步發展、推進城鄉發展一體化」的歷程。2012 年,中共「十八大」政治報告,提出要「堅持走新型的城鎮化道路」,推動「信息化與工業化深度融合、工業化與城鎮化良性互動、城鎮化與農業現代化相互協調」,「四化」同步發展的方針。

二、「新型城鎮化」政策

中共「十八大」以來,關於「新型城鎮化」的討論,幾乎沒有停止過。國務院總理李克強曾公開表示,「擴大內需的最大潛力在於城鎮化,城鎮化既可以增加投資,又能拉動消費,是中國經濟發展的重要引擎」[11]。2012 年大陸召開年度例行的中央經濟工作會議,新型城鎮化首次被列入年度經濟工作「六大任務」,稱「城鎮化是中國現代化建設的歷史任務,也是擴大內需最大潛力所在」。

中共「十八屆三中」全會通過「全面深化改革」之決定,指出解決「城鄉二元結構」問題之道,在於「完善城鎮化健康發展體制機制」,形成「以工促農、以城帶鄉、工農互惠、城鄉一體的新型工農城鄉關係」;強調「堅持走中國特色新型城鎮化道路,推進以人爲核心的城鎮化,推動大中小城市和小城鎮協調發展、產業和城鎮融合發展,促進城鎮化和新農村建設協調推進」。

2013 年底,大陸召開「中央城鎮化工作會議」,將城鎮化議題提升到國家戰略層級,強調城鎮化是現代化的必由之路。該次會議提出推進城鎮化的六大主要任務,一是推進農業轉移人口市民化,二是提高城鎮建設用地利用效率,三是建立多元可持續的資金保障機制,四是優化城鎮化布局和型態,五是提高城鎮建設水準,六是加強對城鎮化的管理[12]。這些任務同時也成了推進城鎮化要實現的具體目標。

---

[11] 中國證券報,「中央經濟工作會議閉幕,積極推進城鎮化」,**新浪財經網**,2012 年 12 月 17 日,http://finance.sina.com.cn/china/hgjj/20121217/021914019761.shtml,2016 年 8 月 20 日檢索。

[12] 中國廣播網,「『中央城鎮化工作會議』在京舉行提出六項任務」,2013 年 12 月 14 日,**新浪財經網**,http://finance.sina.com.cn/china/20131214/192917636234.shtml,2016 年 8 月 20 日檢索。

翌年 3 月，大陸公布《國家新型城鎮化規劃（2014～2020）》（以下簡稱《城鎮化規劃》），具體揭示了新型城鎮化政策的內涵（表 7-1），強調「堅持走中國特色新型城鎮化道路」，要積極推動大中小城市和小城鎮協調發展，產業和城鎮融合發展，協調推進城鎮化和新農村建設；努力促使城鎮常住人口都能享受基本公共服務，實施高效、包容、可持續的城鎮化發展。

表 7-1　大陸新型城鎮化政策的內涵

要項	目　標　內　容
意義	1. 是現代化必經之路 2. 是保持經濟持續健康發展的強大引擎 3. 是加快產業結構轉型升級的重要抓手 4. 是解決農村農業農民問題的重要途徑 5. 是推動區域協調發展的有力支撐 6. 是促進社會全面進步的必然要求
政策形成背景	1. 外部挑戰日益嚴峻（如全球能源爭奪、外需不振等） 2. 內在要求更加緊迫（如人口紅利將盡、土地資源制約等） 3. 發展的基礎條件日趨成熟
發展理念	1. 以人為本，公平共享 2. 四化同步，統籌城鄉 3. 優化布局，集約高效 4. 生態文明，綠色低碳 5. 文化傳承，彰顯特色 6. 市場主導，政府引導 7. 統籌規劃，政府輔導
發展目標	1. 城鎮化水準和質量穩步提升（如提升人口城鎮化率） 2. 城鎮化格局更加優化（如「兩橫三縱」城市群發展格局） 3. 城市發展模式科學合理（如集約、綠色發展） 4. 城市生活和諧宜人（如基本公共服務全覆蓋） 5. 城鎮化機制不斷完善（如戶籍、土地、社保、行政等體制）

資料來源：依據《國家新型城鎮化規劃（2014～2020）》整理。

歸納《城鎮化規劃》的主要內容，一是「以人為本，公平共享」。將循序推動農業轉移人口市民化，落實以人為本的理念，降低城鎮准入門檻，全面提供基本公共服務，讓居民共享現代化成果。

二是「四化同步，融合城鄉」。實現城鎮化和工業化、信息化、農業現代化融合

發展，形成「以工促農、以城帶鄉、工農互惠、城鄉一體」的新工農和城鄉關係。

三是「優化布局，集約高效」。根據資源環境承載能力，建構完善的交通運輸和資訊網絡；建設城市群的同時，嚴格管控城鎮建設用地和農田，優質化城市內部格局，提高國土空間利用率。

四是「生態文明，綠色低碳」。推進綠色、循環、低碳城市發展，節約、集約利用土地、水、能源等資源，並強化環境保護和生態修復，形成綠色低碳生產、生活方式與城市建設營運模式。

五是「文化傳承，彰顯特色」。根據地域的自然歷史文化，發展具歷史、文化、地域與民族特色的城鎮。

六是「市場主導，政府引導」。遵循市場機制配置資源，政府負責建構制度、規劃政策、建設公共服務等；中央負責統籌與總體規劃、戰略布局和制度性安排，而地方政府須因地制宜、循序貫徹落實政策。

「新型城鎮化」政策的重點，第一是推動「新四化」協調發展。「十八大」政治報告提出「堅持走中國特色新型工業化、信息化、城鎮化、農業現代化道路」；「新型城鎮化」推動「新四化」相互協調，透過產業發展和科技進步推動產城融合，實現城鎮帶動的統籌城鄉發展和農村永續發展，以及擴大內需潛力、經濟穩定成長的動力；不同地區將因地制宜，採取不同的路徑、選擇不同的治理模式，由需求和市場導向來促進城鎮化的良性發展。

第二是推動經濟與社會協調發展。「新型城鎮化」要以集約、智慧、綠色、低碳的發展思維，促進人口、經濟、資源和環境的相互協調，而不是「人為造城」的傳統城鎮化發展模式。為了避免城鎮化建設衍生投資衝動，也為了解決土地經濟和城鎮擴張的衝突，「新型城鎮化」將以市場為導向，在經濟發展與社會公益之間、土地開發與生態環境利益之間、經濟成長與資源消耗之間等面向，取得平衡。

第三是推動區域經濟與城市群發展。「新型城鎮化」十分重視區域經濟協調發展，尤其是縮小「城鄉差距」和「區域差距」。主要是以城市群為主體的區域發展模式，以大城市做為區域發展的核心，帶動中、小城市與小城鎮之間的協調發展，擴大區域發展的輻射帶動作用，並與產業布局緊密銜接；除了要優化東部地區城市群的發展，更要培育發展中西部地區城市群。

目前已經形成了京津冀、長三角、珠三角、遼中南、山東半島、海峽西岸、中原、長江中游、關中、川渝城市群等 10 個城市群，未來將再打造哈長、呼包鄂榆、

太原、寧夏沿黃、江淮、北部灣、黔中、滇中、蘭西、烏昌石等 10 個區域性城市群。各城市群將包括不同行政層級的城市；將建立城市群協調發展機制，明確定位各城市的功能和分工，統籌交通基礎設施和信息網絡布局，以加快區域整合。此外，也將推動建立跨區域城市間協調聯繫機制，破除行政壁壘和壟斷，促進生產要素自由流動和效率配置。

第四是落實「市民化」與「公共服務均等化」。為了解決城鎮化所衍生的社會經濟問題，將進一步統籌推進戶籍制度的改革，在穩定就業和居所前提下，全面放開小城鎮和小城市落戶限制，有序放開中等城市落戶限制，逐步放寬大城市落戶條件，合理設定特大城市落戶條件，逐步把符合條件的農業人口轉為城鎮居民。

此外，透過戶籍制度改革，協助農村轉移人口真正融入城市生活，尤其要保障轉戶居民享有教育、衛生、醫療保險、養老保險、失業保險、住房等公共服務，落實「人口城鎮化」。公共服務均等化的推動，「新型城鎮化」將不只是城鎮「量」的增加，更重視「質」的提升。放寬城鎮落戶限制的政策，除了有助於改善「人口城鎮化率」指標，較小型的城鎮可能因而獲得較大的發展契機。

新型城鎮化戰略的內涵可用「三破三立」的概念來理解[13]。第一是破除舊的戶籍制度，建立居住證制度，解決城市非戶籍人口及親屬的社保、教育等問題。「十三五規劃」提出建立居住證制度，逐步改善這些人的義務教育、就業服務、養老、醫療、保障性住房等公共服務乃至市民化問題。打破戶籍壁壘，讓人可以在農村和城市，以及城市和城市之間流動，進城農民和市民享受同樣待遇。

第二是破除城市間資源、發展不均，建立「兩橫三縱」的城鎮化戰略布局，提高城市可持續發展。從目前大陸城市群格局來看，東部京津冀、長三角、珠三角三大城市群，以不到3%的國土面積聚集了將近20%的人口，創造了36%的國內生產總值；從城市規模結構來看，部分特大城市人口規模與資源環境綜合能力的矛盾不斷加劇，而一些中小城市聚集的產業和人口不足。建構「兩橫三縱」的城鎮化布局，透過綜合交通運輸網絡的連接，增強城市群內部的城市和小城市產業功能、聚集功能和服務功能，引導在東中西部地區、在大中小城市之間的互動關係。

第三是破除城鄉分割的管理制度，推動建立城鄉發展一體化。現行城鄉分割的管

---

[13] 中國廣播網，「發改委：將建立居住證政策解決非戶籍人口社保問題」，**人民網**，2015 年 3 月 24 日，http://china.cnr.cn/yaowen/201403/t20140324_515140600.shtml，2016 年 8 月 20 日檢索。

理制度，使得已經形成的城鄉利益失衡格局難以破解，從而阻礙城鎮化健康發展。新型城鎮化戰略要與城鄉發展一體化統籌協調，要逐步破除城鄉二元結構及城市內部二元結構矛盾，透過改革釋放發展潛力，為新型城鎮化注入活力和動力。

第三節　城鎮化發展成就與暴露的問題

　　大陸改革開放後城鎮化發展的歷程，大致可分為四個時期（表 7-2）。第一個時期（1978～1984 年），以農村改革為主的城鎮化恢復發展時期。隨著農村家庭聯產承包制逐步推廣，農業勞動生產力大幅提高，農業生產快速發展，農村剩餘勞動力轉移助力城鎮化發展；1984 年之後，鄉鎮企業崛起在農村掀起工業化浪潮，進一步促進小城鎮的發展。而更重要的是，早年上山下鄉知識青年與下放幹部及其家屬，因改

表 7-2　各時期中國大陸城鎮化新增城鎮人口的變化

年度	城鎮人口（萬人）	城鎮化率（%）	建置市（個）	建置鎮（個）
1978	17,245	17.92	193	-
1984	24,017	23.01	300	9,140
1992	32,175	27.46	517	14,539
2003	52,376	40.53	660	20,226
2012	71,182	52.57	657	19,881
2018	83,137	59.58	672	21,297
時期	平均每年城鎮人口（萬人）	平均城鎮化率（%）	城鎮化率年均提高幅度	年均新增城鎮人口（萬人）
1949-1978	12,117	16.26	0.25	395.86
1979-1984	20,930	20.71	0.85	1,128.67
1985-1992	28,864	25.80	0.56	1,019.75
1993-2003	41,926	33.60	1.19	1,836.45
2004-2012	62,829	47.12	1.34	2,089.56
2013-2018	78,154	56.68	1.17	1,991.83

說　　明：按中國大陸的定義，城鎮人口是指居住於城市、集鎮時間超過六個月以上的非農業人口。2014 年間充新界定了城市規模劃分標準，目前分為五大類，城區常住人口 50 萬以下的城市為小城市，50～100 萬人為中等城市。100～500 萬人為大城市，500～1,000 萬人為特大城市，1,000 萬人以上為超大城市。2,000 人以上、2 萬人以下，期中非農業人口超過 50% 的為集鎮，其常住人口為集鎮人口。

資料來源：依據《中國統計年鑑》相關》資料計算。

革開放而相繼返鄉，使得城鎮人口，尤其是大城市人口快速增加。這一時期，大陸城鎮人口自 1978 年 1.72 億，至 1984 年已達 2.40 億；同期間，城鎮化率自 17.92% 提升至 23.01%，城鎮化率每年平均增加 0.85 個百分點，建置市已達 300 個，建置鎮增加至 9,140 個。

　　第二個時期（1985～1992 年），以城市改革爲主的城鎮化平穩發展時期。這個階段，大陸的改革重心已從農村轉向城市，城市經濟借鑑農村改革的成功經驗，開始實施承包制。城市產業結構偏向吸收勞動力就業較多的輕工業，特別是以鄉鎮企業爲主導的中小企業，促進農村人口向城鎮轉移和小城鎮快速發展。制度上，小城鎮戶籍制度與市鎮建置標準放寬，全大陸設市、設鎮的步伐加快，也爲農村人口有條件進入城鎮開闢了通道。迄 1992 年，大陸城鎮人口已增加到 3.22 億，城鎮化率提升至 27.46%，建置市 517 個，建置鎮激增至 14,539 個。這一時期，城鎮化率每年平均提高 0.56 個百分點，城鎮人口每年新增 1,020 萬人。

　　第三個時期（1993～2003 年），以市場經濟體制改革爲主的城鎮化快速發展時期。1992 年，大陸開啓了「社會主義市場經濟體制」時代，城市工業與服務業蓬勃發展，加速吸收農村剩餘勞動力。隨著市場經濟改革日益深化，大陸也調整了設市標準，推動各類城鎮化快速發展，從而到 2003 年時，大陸城鎮人口總數已達 5.24 億，城鎮化率提升至 40.53%，建置市達 660 個，建置鎮達 20,226 個。這一時期，大陸城鎮化率每年平均提高 1.19 百分點，城鎮人口每年新增 1,836 萬人。

　　第四個時期（2004～2012 年），以城鄉統籌爲主的城鎮化進入更快速發展階段。2003 年，大陸中央開始實施新農村建設，力推「以工補農」、「以城帶鄉」政策，致力於促進城鄉基本公共服務均等化，解決農民工之住房、子女教育、醫療、養老等「市民化」問題。

　　2006 年間，大陸提出一系列放寬中小城市、小城鎮，特別是縣城與中心城鎮的農民工落戶條件，部分大城市也放寬進城務工農民落戶條件的政策。至 2012 年，大陸城鎮人口達 7.11 億，建置市達 657 個，建置鎮達 19,881 個。2004 至 2012 年，大陸城鎮化率每年平均提高 1.34 個百分點，城鎮人口每年新增 2,090 萬人。

　　近年來，在新型城鎮化政策推動下，大陸城鎮化又有新的進展。表 7-2 資料顯示，截至 2018 年底，大陸城鎮人口以飆破至 8.3 億人，城鎮化率直逼 60%；建置的市和城鎮已分別增加至 672 個和 21,297 個。2013 至 2018 年，大陸城鎮化率每年平均提高 1.17 個百分點，城鎮人口每年新增 1,991 萬人。

　　大陸改革開放初期，座落在中部地區的城市所占比重，居各地區之冠（表7-3），反映了過去「三線建設」戰略，產業布局向內陸地區傾斜，帶動城鎮經濟發展的結果。1980年代，城市數在大陸東、中、西部地區的分布結構，基本上沒有太大改變；不過，在沿海經濟發展戰略實施之後，自1990年代初期，開始出現較明顯的變化。

表 7-3　中國大陸城市在三大區域分布

年度	全國	東部		中部		西部	
	個數	個數	比重（%）	個數	比重（%）	個數	比重（%）
1978	193	69	35.8	84	43.5	40	20.7
1985	324	113	34.9	133	41.0	78	24.1
1998	664	337	50.8	168	25.3	159	23.9
2005	657	319	48.6	168	25.6	170	25.8
2012	657	314	47.8	169	25.7	174	26.5
2018	672	301	44.8	172	25.6	199	29.6

說　明：城市包括四個直轄市、地級市和縣級市。
資料來源：1978、1985、1998數據取自劉維奇（2013）；2005年以後數據依《中國統計年鑑》資料計算。

　　表7-3資料顯示，1998年間，大陸城市總數已增加為664個，由於改革開放後經濟發展重心轉向東部沿海地區，東部城市數量快速增加，所占比重大幅上升為44.9%。嗣後，大陸先後啟動西部大開發戰略、振興東北老工業基地戰略和中部地區崛起，改革開放政策擴展至全中國大陸地區，因此，2000年後，大陸內陸地區城市數量逐漸增加，尤其西部地區增加幅度更明顯，而東部地區受到行政區重劃、市轄區增加的影響，城市數明顯減少，因此，大陸城市在各地區的分布結構出現顯著變化。

　　各地區城市化水準不同，反映在不同區域之間發展的不平衡。具體來說，隨著鼓勵沿海地區率先發展戰略順利推動，東部地區藉著地理條件和交通運輸等基礎設施的優勢，經濟快速發展，從而造成了區域經濟差距逐漸擴大，1979～1991年期間的資料顯示，沿海與內陸相比，國民生產總值的絕對差距擴大了10倍以上，人均國民生產總值的絕對差距擴大了4.4倍[14]；國民生產總值在區域間的相對份額出現明顯的消

---

[14] 孫久文，「『十三五』中國區域發展戰略前瞻」，中國改革論壇，2015年11月6日。

長，東部地區所占份額節節攀升，而中西部地區則呈現縮減之勢[15]。這種消長現象直到 2005 年過後，才逐漸出現逆轉，因為西部大開發、振興東北老工業基地和中部崛起等戰略先後提出，區域發展政策逐漸傾向於鼓勵中西部和東北地區發展。

區域經濟發展差距擴大，進一步加劇區域之間的利益摩擦和衝突。由於中國大陸加工製造能量主要集中在東部，形成東、中、西部的梯度分布，而自然資源則主要集中在中西部，東中西部形成的分工協作關係，貿易條件絕對有利於東部地區、不利於中西部地區。為了加快本地區之發展，縮小與其他地區的經濟差距，中西部地區各省市也開始致力於加工製造業投資，結果導致地區間爭奪原料的摩擦和矛盾，甚至祭出地方保護，形成地區間貿易和要素流動的壁壘；同時也造成了地區之間產業結構趨同化問題。

城鎮化快速發展，儘管促進了大陸經濟、社會發展，但由於長期以來，城鎮化過程，走的是一條傳統的道路，片面強調土地的城鎮化，對人口、居民素養、生活素質不夠重視，對土地、能源、水資源的高度消耗，致使傳統城鎮化在生產、生活與生態上呈現不協調發展的問題，出現所謂「土地的城鎮化」快過於「人口的城鎮化」的現象。土地城鎮化也帶來房價、地價暴漲，而造城運動帶來生態環境、資源消耗、城鄉居民收入差距拉大等問題，且隨著傳統城鎮化的快速推進更趨嚴峻（孫立行，2014）。

傳統城鎮化暴露的問題，可大致整理歸納從城鎮化不完全、粗放型發展、盲目擴張、土地利用效率低、資源環境代價高，以及社會福利與土地利益分配不當，造成社會不安等幾個構面觀察（表 7-4）。

首先，大陸的城鎮化是一種不完全的城鎮化，主要表現在農民工進城後的權益不受重視，不能享受與城鎮戶籍居民同等的待遇。魏后凱等人（2013）的研究指出，農業轉移人口雖然常住在城鎮地區，並被統計為城鎮居民，但在城鄉二元戶籍制度下，農民工市民化存在較高的制度門檻；大量進城務工的農民工難以在城鎮落戶，無法順利實現身分轉變，他們在就業、工資福利、子女就學、醫療、社會保障、住房等方面，無法享受與城鎮戶籍居民同等的待遇。

---

[15] 比如，1978～2000 年，東部生產總值占全國的份額由 44.1% 上升到 52.8%；中部的份額由 21.8% 下降到 20.2%；西部的份額由 20.1% 下降到 17.1%；東北的份額由 13.9% 下降到 10.0%。參閱張軍擴，「中國的區域政策和區域發展回顧與前瞻」，人民網，2008 年 10 月 16 日。

表 7-4 中國大陸城鎮化發展之相關成果、特徵與弊端

階段	穩步推進時期（1978～1995）	加速推進時期（1996～迄今）
特徵	城鎮化穩步推進，發展進入正軌。城市發展與全球化日益密切	城鎮化加速推進。十八大後推出「新型城鎮化」力求除弊興利
成果	・城鎮化水準由 1977 年的 17.55% 提高到 1995 年的 29.04%，年均增加 0.64% ・城鎮人口由 1977 年的 16,669 萬人，增至 1995 年的 35,174 萬人，年均增加 1,028 萬人	・城鎮化水準由 1995 年的 29.04% 提高到 2018 年的 52.57%，年均增加 1.24% ・城鎮人口由 1995 年的 35,174 萬人，增至 2018 年的 83,137 萬人，年均增加 1,970 萬人
弊端	・改革開放初期，大陸經濟發展與城市建設投入呈現極大活力，導致經濟過熱而採取緊縮性政策，爲當時的國民經濟帶來衝擊 ・小城鎮的遍地開花，導致土地資源的浪費、規模不經濟、生態環境破壞等代價 ・大中城市規模效應、集聚效應和輻射效應等未能充分發揮，城市人口與就業的吸納能力受限	・城市經濟高速增長，資源高度消耗，汙染大量排放，資源與人口壓力負擔極大 ・對於「人的城鎮化」缺乏實質進展 ・城鎮空間盲目擴張與無序蔓延的問題嚴峻 ・區域城鄉發展差距不斷擴大 ・城鎮化進程的包容性發展，如城中村、城市內新二元結構等問題嚴重 ・城鎮建設缺乏特色，出現「千城一面」現象，重建設而輕管理

資料來源：根據魏后凱等人（2014）頁 5 資料補充整理。

其次，中國大陸傳統城鎮化模式，是一種高投入、高消耗、高汙染的粗放型發展模式，付出高昂的資源環境代價。魏后凱等人（2014）的研究發現，大陸城鎮化率每提高 1 個百分點，就要消耗煤炭 87.58 萬頓、石油 21.44 萬頓、天然氣 8.08 萬頓，資源利用邊際效益明顯低落。由於資源的消耗與短缺，以及城市發展空間格局配置失衡，大規模、長距離的能源和資源調度，如北煤南運、南水北調、西氣東輸等，都加重經濟運行與城鎮化的成本，降低資源配置效率。此外，大量的汙染排放亦使得環境壓力增加，造成城鎮地區生態環境惡化；長期以來，粗放型城鎮化模式，已使得大陸資源供需和生態環境壓力累積，不利於經濟永續發展。

第三、中國大陸傳統城鎮化與「土地財政」分不開。各地方爲了經濟發展、招商引資的需要，不惜大肆徵收城鎮周邊農業耕地，一方面大力興建新區、產業園區；另一方面，透過土地開發來增加地方財政的收入。這樣的發展模式導致耕地大幅減少、農民權益受損，更嚴重的是加劇土地資源失衡和嚴重浪費的問題（馮奎，2013）。由於地方政府僅關注城鎮化「量」的增加，忽視「質」的提升，往往造成投入的基礎設施無法有效利用，加劇了土地資源浪費的問題。

第四節　「新型城鎮化」發展前景平議

「新型城鎮化」的發展，能否如大陸官方所預期，可以扭轉過去土地城鎮化模式、落實人口城鎮化、實現城鄉一體化，發揮擴大內需的作用、帶動經濟成長，其實還有很多不確定因素。

一、必要的制度改革配套難以推動

大陸推出「新型城鎮化」政策，目標之一是要達到農民工市民化與公共服務均等化，以縮小城鄉差距、消弭社會二元化問題。然而，現實上，新型城鎮化仍必須面對許多問題與挑戰，包括戶籍制度、社會保障制度、就業制度等制度化改革的障礙，以及城鄉之間存在文化差異、社會歧視等非制度性落差的矛盾。顯然，城鎮化的推展，關鍵是配套的各項改革能否順利進行。

丁凱（2013）的研究指出[16]，農業轉移人口無法享受「市民化」待遇，主要是城鎮勞動力市場上存在諸多歧視性的用工現象，諸如勞動用工管理不完善、工資偏低、同工不同酬等問題，而勞動就業平等的訴求，往往面臨技術門檻、教育程度等標準的對待，地方政府也一直不重視公共就業服務的體制建立，這些都成為推動統一平等就業制度的最大阻礙。

由於城鎮基本公共服務鑲嵌在傳統的戶籍制度下，長期以來依屬地管理、分級承擔的機制管理，迄今未根本改變，農村轉移人口大多排除在制度保障之外（王寧、王業強，2013）。譬如：農民工子女教育不同階段無法銜接；農民工未被納入城鎮基本公共衛生醫療服務體系，無法與城市居民一樣，平等享受相關的醫療服務保障等問題，未來要達到基本公共服務均等化目標，必須要落實包括戶籍制度、衛生醫療保障等相關制度改革。然而，改革涉及既得利益者權益，尤其社會福利支出牽涉地方財政負擔，地方政府大都消極配合，對落戶人口訂定嚴苛的門檻條件，使得改革進展困難

---

[16] 丁凱（2013），「農民工市民化障礙與難點研究綜述」，**中國改革論壇**，2013 年 5 月 3 日，http://www.chinareform.org.cn/forum/crf/77/paper/201305/t20130503_166207.htm，2016 年 6 月 16 日檢索。

重重[17]。

　　近年來，大陸政府針對完善城鎮社會保障制度日益重視，包括職工基本養老保險、基本醫療保險、工傷保險等，投保率也相較過去提高許多。儘管如此，以農民工占多數的製造業而言，給予農民工投保相關社會保險的企業仍不多。由於農民工的投保意識仍薄弱，加上保險制度的強制性不足，制度也不夠完善，例如：企業體大都不願意為農民工提供全額投保，加上保險無法異地銜接、尚未納入社會補助體系等因素，導致社會保險體制改革的進展遲緩，因此，巴曙松、楊現領（2013）認為，短期內，社保制度改革發展仍難以樂觀。

　　總之，由於大陸中央與地方政府之間的利益不一致，使得「新型城鎮化」建設的進展，仍然面臨諸多不確定性[18]。首先，在戶籍制度改革方面，由於大陸地方政府必須負擔城市居民的義務教育、社會保障、就業服務、醫療衛生、保障性住房，以及公用設施等各方面公共成本，因而地方政府不希望愈來愈多的農民變成市民，以免大幅增加地方財政負擔，此從許多人口輸入的大省或大城市，對於農民轉入成為市民的戶籍門檻規定得非常嚴格，便可以得知梗概。

　　其次，「新型城鎮化」還涉及土地制度。「土地財政」一直是地方政府解決財政困境的主要出路，政府以低價收購農民土地，再以高價轉手給財團或直接介入土地開發，擷取超額利益，農民成為最大犧牲者。農民遷移進入城鎮的意願不高，主要的原因，一是由於政府徵地的補償標準過低，土地補償收入難以支持農民進城的生活成本；二是因土地低徵高售炒作，導致房地產價格不斷攀升，墊高農民工進城的居住成本。

　　此外，目前大陸對農村集體所有土地流轉的限制，導致農民無法取得土地及房產增值收益，限制了其進城定居的財力支持；同時，隨著土地增值潛力不斷增加，農民要放棄原有土地換取市民身分的機會成本也相對提升。這些因素都使得農民遷移進入

---

[17] 以北京市為例，外地人想轉入，在申請戶籍時，至少要拿到工作證，且需持續繳納所得稅、社保金達七年以上。但大陸個人所得稅起徵點是 3,000 人民幣，這已超出大多數農民工的能力所及。參閱蔡素蓉，「戶籍二元制，大陸城鎮化絆腳石」，**中時電子報**，2013 年 6 月 29 日，https://www.chinatimes.com/realtimenews/20130629002304-260409?chdtv，2015 年 5 月 20 日檢索。

[18] 邵海鵬，「發改委專家：城鎮化規劃難產緣於中央地方分歧」，**中國改革論壇**，2013 年 10 月 23 日，http://www.chinareform.org.cn/area/city/Report/201310/t20131023_178554.htm，2015 年 5 月 18 日檢索。

城鎮的意願，大大降低[19]。

第三是文化障礙與社會排斥問題。由於大陸城鄉之間長期處在隔離狀態，兩地居民的價值觀、行為模式、生活方式等迥然不同，尤其城鎮戶籍居民對移入的農民工有偏見，甚至在行為上出現排斥（李貴成，2013），造成進城農民對於城市生活缺乏適應與歸屬感[20]。

城鎮對於農業轉移人口的社會排斥，除了城鎮居民隱性的偏見歧視外，同時也存在於包括就業、教育、醫療、社會保險等制度方面，對於農民工實施「一城兩制」的作法，而各式各樣的進城落戶門檻亦往往將農民工排斥在外。現行多數大城市的戶籍落戶條件設置諸多不公平的嚴苛標準，只有少數較具專業人員，或具有特殊貢獻的務工人口才有機會取得戶籍。由於城鄉隔離造成的文化障礙與社會排斥現象已根深蒂固，大陸政府試圖透過制度改革加以扭轉的用心，值得肯定，但改革可否落實？改革能否消除這種意識型態？都是不容樂觀的。

二、城鎮化建設面臨資金缺口

「新型城鎮化」政策的最大挑戰來自於資金缺口。根據麥肯錫（McKinsey）發布的「城市中國計畫」指出，配合「新型城鎮化」政策，基礎設施投資需求將高達20兆人民幣至30兆人民幣之間，再加上資訊化等基礎建設至少10兆人民幣的投資需求，總計到2020年，資金需求將達30兆人民幣至40兆人民幣。假設2020年大陸政府債務控制在六成以內（約20兆人民幣左右），則資金缺口為10兆人民幣到20兆人民幣，這還沒有加入農村居民轉為城市戶口所需額外增加的社會保障的開支[21]。

按大陸官方公布的現有城鎮人口，真正享受到政府提供的教育、醫療、社會保障等公共服務的人口計算，大陸的實際城鎮化率只有36%而已。換言之，約有17%左

---

[19] 根據相關調查，有75%的農民工希望進城定居後仍能保有原本在農村的農業承包用地，亦有67%的希望進城後能保留其農村宅基地。參閱國務院研究發展中心，《農民工市民化：制度創新與頂層設計》（北京：中國發展出版社，2011年）。

[20] 根據研究調查，廣州、深圳、東莞等城市中，有63%的外來務工人口在不同程度上，存在著「我並不屬於這裡」的自我身分界定，參閱張麗艷、陳余婷，「新生代農民工市民化意願的影響因素分析—基於廣東省三市的調查」，《西北人口》2012年第4期，頁63-66。

[21] 郭芝芸，「陸城鎮化：2020年缺20兆人民幣」，**中時電子報**，2013年11月30日，https://www.chinatimes.com/newspapers/20131130001100-260303?chdtv，2015年5月18日檢索。

右的農民工雖已居住在城鎮地區，但迄目前並未眞正享受到一般市民的公共服務和社會保障。因此，根據中國社會科學院（2013）估算，如要在 2030 年前，將這些農民工全部納入城市保障體系，以每位農民工市民化的公共成本 13.1 萬人民幣來計算，則總公共成本支出將高達 51 兆人民幣。由此衍生的基礎建設需求，即公共交通、市容環衛、汙水處理、綠化、水熱氣供應、道路橋梁等建設資金需求，約爲 16 兆人民幣[22]。

　　吳福明（2014）的研究指出，當前城鎮化融資方式，存在兩個問題：第一，融資的利率與期限存在嚴重錯置現象。基礎設施投資週期長、回收慢，需要長期、低利資金的支持，但地方政府融資主要依賴商業銀行短期融資，且利率偏高。由於地方政府不能公開發債，只能透過金融機構融資平臺融資，導致「影子銀行」大行其道，債務成本不斷攀升。

　　第二，融資項目的收益率難以塡補市場化的融資成本。這種融資模式若不改變，城鎮化發展只會進一步加劇地方政府的債務負擔[23]。依賴土地收益做爲財政來源，將阻礙城鎮化健康發展。

　　顯然，城鎮化背後有一系列的資金問題，未來地方政府必然遇到更嚴重的資金瓶頸。爲執行「新型城鎮化」政策，各地方政府紛紛向北京中央爭取經費，但中央並未埋單，以銀行貸款爲主的融資管道又難以滿足資金需求，未來勢必走回「土地財政」的老路[24]，如此趨勢是否會衝擊「18 億畝耕地」的紅線，令人擔憂。

三、對能源與環境的考驗

　　新城鎮化持續發展，農村人口往城鎮集中，必須先解決誰來種地的問題，同時有關城市承載能力的問題也難以迴避。首先，城鎮化需要大量土地，人多地少的現實條件，加上「18 億畝耕地」的紅線要求，或將限制新城鎮化發展。此外，城市每天消

---

[22] 邵宇 (2013)，「新型城鎮化的幾種潛在風險」，**中國網**，2013 年 1 月 14 日，http://finance.china.com.cn/stock/20130112/1233848.shtml，2016 年 8 月 20 日檢索。

[23] 吳福明，「土地資金化是城鎮化融資突破口」，**每日經濟新聞**，2014 年 1 月 20 日，http://jjckb.xinhuanet.com/opinion/2014-01/20/content_488133.htm，2016 年 8 月 20 日檢索。

[24] 黃蔚、廖梓達，「城鎮化或成經濟新動力，戶籍之痛不可小視」，**中國評論新聞網**，2013 年 4 月 25 日，http://hk.crntt.com/doc/1025/1/5/8/102515884.html?coluid=123&kindid=0&docid=102515884，2016 年 8 月 20 日檢索。

耗大量的能源和水資源，同時產生龐大的廢棄物和汙染物，對城市的可持續發展勢，將形成更大的壓力。

在傳統的城鎮化過程中，農業轉移人口高度集中在大中城市，已導致城市規模結構出現嚴重失調[25]。大量的農業轉移人口湧入大城市，造成大城市，尤其是特大城市的規模急速膨脹，以及交通堵塞、房價高漲、空氣汙染、水資源短缺等「城市病」問題。為了解決人口超載的問題，大城市往往透過嚴格的行政手段來控制農業人口轉入，對於大陸部分中小城市和小城鎮而言，卻往往因為缺乏產業支撐、就業機會欠缺、公共服務不足等因素，流入不易甚至出現淨流出的現象，廣東汕頭即是個中典型案例。

長期以來，人口的傾斜流動已導致大陸城市規模結構朝向「大城市愈大、中小城市萎縮、小城鎮偏多」的兩極分化發展。城市人口規模不斷增加，對能源與環境造成的壓力只會更大。中國工程院研究指出，城市人均消耗的能源，以及人均排放的二氧化硫（SO_2）、氮氧化物（NO_x）、化學需氧量（chemical oxygen demand, COD）等環境汙染物，都遠高於全大陸平均水準[26]。另，中國科學院可持續發展戰略研究組（2012）的研究顯示，城鎮化每提高 1 個百分點，推動大陸能源消費 8,000 萬噸標準煤。若 2020 年城鎮化達到 60% 時，將拉動全大陸 8 億噸標準煤能源消費。這個數字相當於法國、義大利，以及西班牙三個國家能源消費的總和，接近南美洲能源消費總量。

據估計，中國大陸有 80% 的城市都未達到永續發展的標準，特別是上海、北京、重慶、天津、廣州與深圳等六個超大城市的資源和環境承載力正面臨嚴峻挑戰。未來 5～10 年，**霧霾**、交通擁堵、地下水水位下沉、夏季限電等資源環境問題，將持續威脅大陸城市的永續發展[27]。

---

[25] 根據大陸官方調查，2012 年農民工流向地級市及以上城市的比重高達 65%，其中將近四成六的比例是流向直轄市與各省會城市；希望在城市落戶的流動人口中，有 70% 以上希望在大陸城市落戶。**國家統計局**，《2012 年全國農民工調查監測報告》，國家統計局官網，2013 年 5 月 27 日，http://www.stats.gov.cn/tjsj/zxfb/201305/t20130527_12978.html，2015 年 4 月 16 日檢索。

[26] 孫自法，「中國工程院：中國城鎮化城市病，突顯造城嚴重」，**鳳凰財經網**，2014 年 2 月 28 日，http://finance.ifeng.com/a/20140228/11777081_0.shtml，2015 年 5 月 18 日檢索。

[27] 趙川（2013），「報告：我國 80% 城市未能達到協調可持續發展」，21 **世紀經濟報導**，2013 年 9 月 12 日。http://finance.sina.com.cn/china/20130912/021616736391.shtml，2015 年 5 月 20 日檢索。

　　林伯強（2013）的研究指出 **28**，大陸城鎮化進程不可避免地將面臨能源稀缺、環境汙染排放等諸多挑戰。而大陸中國工程院、國務院發展研究中心等均不約而同的提出警告，如果在 2020 年前，大陸政府沒能對城市能源消耗進行嚴格控制，由於城鎮地區的能源消耗已占全大陸城鎮總能源消耗的 80～90%，預期在最壞的情況下，至 2020 年，大陸石油消耗將超過 6 億噸，2030 年將超過 8 億噸，2030 年石油進口依存度將達到 75%，不僅將阻礙城鎮化進程，甚至將影響大陸的能源安全。

---

28 林伯強，「面對中國能源危局 城鎮化成為節能減排的關鍵」，**中國新聞網**，2013 年 10 月 16 日，http://www.chinanews.com/cj/2013/10-16/5385711.shtml，2016 年 8 月 20 日檢索。

參考文獻

丁凱（2013），「農民工市民化障礙與難點研究綜述」，**中國改革論壇**，2013 年 5 月 3 日。

中國社會科學院（2013），《社會藍皮書：2014 年中國社會形勢分析與預測》，北京：社會科學文獻出版社。

中國科學院可持續發展戰略研究組（2012），《2012 中國新型城市化報告》，北京：科學出版社。

王　寧、王業強（2013），「推進城鎮常住人口基本公共服務全覆蓋」，收錄於潘家華、魏后凱編，《城市藍皮書—中國城市發展報告 NO.6》，北京：社會科學文獻出版社，頁 229-242。

巴曙松、楊現領（2013），《城鎮化大轉型的金融視角》，福建：廈門大學出版社。

林伯強（2013），「面對中國能源危局，城鎮化成為節能減排的關鍵」，**中國新聞網**，2013 年 10 月 16 日。

吳福明（2014），「土地資金化是城鎮化融資突破口」，**每日經濟新聞**，2014 年 1 月 20 日。

邵宇（2013），「新型城鎮化的幾種潛在風險」，**中國網**，2013 年 1 月 14 日。

邵海鵬（2013），「發改委專家：城鎮化規劃難產緣於中央地方分歧」，**中國改革論壇**，2013 年 10 月 23 日

胡鞍鋼、鄢一龍、周紹傑（2015），《「十三五」大戰略》，杭州：浙江人民出版社。

孫久文（2015），「『十三五』中國區域發展戰略前瞻」，**中國改革論壇**，2015 年 11 月 6 日。

孫自法（2014），「中國工程院：中國城鎮化城市病突顯造城嚴重」，**鳳凰財經網**，2014 年 2 月 28 日。

國務院發展研究中心（2011），《農民工市民化：制度創新與頂層設計》，北京：中國發展出版社。

張軍擴（2008），「中國的區域政策和區域發展回顧與前瞻」，**人民網**，2008 年 10 月 16 日。

張麗艷、陳余婷（2012），「新生代農民工市民化意願的影響因素分析—基於廣東省三市的調查」，《西北人口》2012 年第 4 期，頁 63-66。

黃蔚、廖梓達（2013），「城鎮化或成經濟新動力，戶籍之痛不可小視」，**中國評論新聞網**，2013 年 4 月 25 日。

馮奎（2013），「以體制機制創新推動新型城鎮化發展」，《經濟研究參考》第 2500 期，頁 30。

趙川（2013），「報告：我國 80% 城市未能達到協調可持續發展」，**21 世紀經濟報導**，2013 年 9 月 12 日。

國家統計局（2013），《2012 年全國農民工調查監測報告》，**國家統計局官網**，2013 年 5 月 27 日。

魏后凱、盛廣耀、蘇紅鍵（2013），「推進農業轉移人口市民化的總體戰略」，收錄於潘家華、魏后凱編，《城市藍皮書—中國城市發展報告 NO.6》，北京：社會科學文獻出版社，頁 1-43。

魏后凱、蘇紅鍵、關興良（2014），「中國特色新型城鎮化道路的選擇」，收錄於魏后凱編，《走中國特色的新型城鎮化道路》，北京：社會科學文獻出版社，頁 1-75。

第八章 「一帶一路」戰略的政經意涵

　　所謂「一帶一路」，是「絲綢之路經濟帶」和「二十一世紀海上絲綢之路」的簡稱；前者是習近平於 2013 年 9 月間，出訪哈薩克時提出的（簡稱「一帶」），後者是同年 10 月習近平出訪印尼時提出的（簡稱「一路」）。

　　該「一帶」、「一路」的論述，初始只是個倡議，隨後則被列入中共「十八屆三中」全會「全面深化改革」正式文件中，宣示將「加快同周邊國家和區域基礎設施互聯互通建設，推進絲綢之路經濟帶、海上絲綢之路，形成全方位開放格局」。翌年，李克強總理在亞洲和歐洲訪問時，進一步宣揚，並寫進政府工作報告中，強調「要把『一帶一路』建設與區域開發開放結合起來」，「構建全方位對外開放新格局」，「加強新亞歐大陸橋、陸海口岸支點建設」，「加快互聯互通，打通海關和國際物流大通道建設」等。目前已成為大陸最重要的國家發展戰略，受到國際社會高度關注和廣泛議論。

　　對中國大陸而言，「一帶一路」之規劃乃立足於全面開放戰略，試圖建立有利於國內經濟發展的國際環境，以及促進中西部經濟發展。「一帶」是在古絲綢之路概念基礎上形成的，是一條貫穿東西，連通南北，透過連接亞歐的陸路大通道，涵蓋的地域範圍，由中國大陸出發，途經中亞、西亞，到另一邊發達的歐洲經濟圈，跨越的區域被認為是世界上最長、最具有發展潛力的經濟大走廊。「一路」則以海路為主，起始於大陸東南沿海港口，涵蓋的範圍包括大陸的山東、江蘇、浙江、福建、廣東、海南等 6 個沿海省份，往南穿過南中國海，進入印度洋、波斯灣地區，再經由非洲東部到歐洲南部，涵蓋東南亞、南亞、中東、北非洲和南歐洲各國。

　　嚴格而言，「一帶一路」並不是一個實體，也不是一個機制，而是一項國際合作發展的理念和倡議，基本上是將江澤民執政年代力推的「西部大開發」計畫，以及胡錦濤執政時期推出的「中部崛起」戰略，重新包裝並跨出國界向中亞國家延伸。不過，從戰略的角度觀察，該項倡議也連結了胡錦濤年代為了突破能源運輸的「麻六甲困局」[1]，而採取的印度洋「珍珠鏈戰略」[2]，以及為取得中亞的能源與天然氣管道輸送

---

[1] 大陸進口原油大約五分之四是透過麻六甲海峽運輸，對中國大陸而言，麻六甲海峽是中國大陸海上石油運輸的生命線。石油進口對這條水道的依賴度過高，又無能力掌控，給中國大陸的能源安全帶來重大的潛在威脅。參閱石洪濤，「能源安全遭遇麻六甲困局」，2014 年 6 月 13 日，**人民網**，http://www.people.com.cn/GB/gouji/14549/2570978.html，2016 年 5 月 12 日檢索。

[2] 珍珠鏈戰略（string of pearls）是指中國大陸在南亞和東南亞的戰略投資，從地圖上看，酷似一串包圍印度的珍珠而得名。

而採用的政策，顯然是一份重要的上位戰略規劃[3]。

其實，大陸高層並不諱言這個大倡議的企圖心，就如新華社報導所指：「這個計畫預料將透過沿線渴望成長國家的發展，而改變世界政治和經濟的版圖」。因此，自習李政府公開提倡以來，「一帶一路」已經在大陸國內和國際上引起熱烈的迴響，大陸國內各級政府積極響應，企業、機構單位等也都積極投入研究、運籌，尋找其中商機；國際上，圍繞在「一帶一路」議題的討論不斷，各國非常關心「一帶一路」戰略遂行之後，對各自國家的潛在影響。

2015年3月，大陸公布《推動共建絲綢之路經濟帶和二十一世紀海上絲綢之路的願景與行動》方案，定調「一帶一路」戰略的發展方向。嗣後，大陸官方的「政府工作報告」一再闡述「一帶一路」是「構築全方位對外開放新局面」的重要支柱，顯示該戰略的核心是對外開放。究竟大陸對「一帶一路」如何定位？設定的目標為何？對中國大陸和沿線國家的經濟會造成什麼影響，是各界關注也是本章要探討的重點。

第一節　倡議「一帶一路」的環境背景

中國大陸之所以提出「一帶一路」，主要是基於2008年以來，國內外環境急遽變化。從國際環境背景來看，美國次貸危機引發的國際金融動盪，對全球經濟造成嚴重影響，經過多年，全球經濟仍處在危機後的調整過程中；先進國家經濟低迷不振，貨幣政策走向分歧，許多開發中國家亦遭受波及而陷入經濟困境，大陸亦無法避免遭受池魚之殃，亟需開創新的經濟增長點以擺脫陰霾。

其次，世界貿易組織（WTO）一直致力於推動貿易自由化和經濟全球化，不過，自1990年代初期以來，多邊貿易談判卻進展緩慢，反而是雙邊和複邊談判逐漸蔚為風潮，區域經濟整合因而快速發展。近十多年來，在國際金融危機的衝擊下，各類型區域經濟組織強化了區域內締約成員抗擊金融危機的能力，同時也成為全球經濟成長的主要貢獻源泉。

外媒報導稱，中國大陸針對那些為從非洲和中東運輸石油而成為據點的國家提供各種援助，發展特別外交關係。美國對中國大陸這套為保護石油運送路航路安全的地緣戰略所賦予的一個名稱。參閱互動百科，2016年5月12日檢索。

[3]　賴怡忠，「『一帶一路』，亞投行，以及臺灣的機會與挑戰」，**想想論壇**，2015年4月6日，https://www.thinkingtaiwan.com/content/3911，2016年5月12日檢索。

　　對中國大陸而言，世界主要國家都致力於建立地區性國際經濟合作組織，在亞太地區如「東亞峰會」（East Asia Summit，縮寫 EAS）[4]、「東協地區論壇」（ASEAN Regional Forum，縮寫 ARF）等[5]，俄羅斯、白俄羅斯和哈薩克也在 2014 年間提出「歐亞經濟聯盟」（Eurasian Economic Union，縮寫 EEU）[6]；而最讓大陸在意的是《跨太平洋夥伴關係協議》（TPP）、《跨大西洋貿易與投資夥伴協議》（TTIP），以及美國前國務卿希拉蕊（Hillary Diane Rodham Clinton）在 2011 年 9 月提出的「新絲綢之路計畫」（New Silk Road Initiative）等國際區域經濟合作機制。這些新型國際區域合作機制不斷出現，衝擊現有的國際貿易與投資規則，同時國際貿易保護主義興起，對大陸造成極大的壓力。大陸倡議的「一帶一路」，在某種程度上，是為了因應國際區域經濟整合潮流，藉此結盟相關國家以爭取更多的國際話語權。

　　從國際政治層面觀察，美國經濟在 2008 年爆發次貸危機之後，經濟低迷不振，弱勢美元在各國外匯儲備中的比重不斷下降，國際經濟地位逐漸下滑；相反地，以金磚五國為代表的新興經濟體則保持較快的成長，各國經濟實力消長導致全球經貿版圖重整，對全球治理結構造成衝擊。大陸身為全球第二大經濟體，在全球經濟調整和轉型過程中，是否應扮演負責任大國的角色，國際社會有期待，大陸本身也展現高度企圖心。

　　其次，美國歐巴馬政府於 2011 年 11 月於亞太經合組織（APEC）峰會提出「重返亞洲」，並於次年 6 月提出「亞太再平衡戰略」，中國大陸的國家利益受到衝擊而頗感不安。美國歐巴馬政府積極布署亞太再平衡戰略，在外交、軍事、區域安全、經貿等領域實行一系列新措施，例如：推行「巧實力」外交，強化「美日安保」，拉攏日、韓、菲、澳等國構築「三條島鏈」[7]，介入東海、南海主權爭議問題，駐軍澳大利

---

[4]　東亞峰會是與東協峰會同期舉行的一項會議，每年舉行，該合作形式在東亞地區新創不久，致力於推動東亞一體化，以實現東亞共同體為目標。

[5]　該論壇成立於 1994 年間，現有 26 個成員，是東亞地區規模最大、影響最廣的官方多邊政治和安全對話與合作管道。

[6]　2014 年 5 月 29 日三方簽署《歐亞經濟聯盟條約》，隔年 1 月 1 日正式啟動，約定 2025 年前實現商品、服務、資本和勞動力的自由流動，終極目標是建立類似歐盟的經濟同盟。歐亞經濟聯盟亦稱歐亞聯盟。

[7]　所謂島鏈，是指以海洋中自然形成的島嶼所組成的一條鏈條狀軍事防線。二戰後，美國在太平洋西岸劃分了三條島嶼鎖鏈，第一島鏈就是從日本、琉球、臺灣、菲律賓到東南亞的島鏈，主要為了封鎖暨遏制中蘇和北韓、越南等社會主義國家向外擴張，從第一島鏈向美國本土依次構建了第二島鏈和第三島鏈。參閱「日本在太平洋上建立了三條島鏈」，**新浪博客**，2016 年 1 月 29 日，blog.sina.com.cn/s/blog_d5ae5ca60102vxy5.html，2016 年 8 月 10 日檢索。

亞，重返菲律賓等，意圖主導亞太政經事務，圍堵大陸的發展空間[8]。近年來，大陸積極參與建構國際新秩序，參與建構全方位、多層次國際對話管道和合作機制等行動[9]，在某種程度上乃在抗衡美國重返亞洲計畫，兩者形成的競合關係，顯示中美兩國的戰略博奕日益尖銳化。

從國內環境看，鄒磊的研究指出[10]，「一帶一路」戰略之提出，與當前大陸在區域協調、對外開放、產能輸出、資本輸出、能源安全、貿易通路方面的一系列現實考量有關。以區域協調爲例，改革開放初期，優先推出沿海開放戰略，在產業政策、區域政策與對外開放戰略的配套下，沿海地帶創造了舉世矚目的經濟成就；不過，該項非均衡的區域發展戰略也使得本已長期存在的東西部地區差距更加擴大。1999 年 9 月間，大陸推出「西部大開發」戰略，經過十多年持續投入大量的資源，西部地區的開發與開放雖已取得一些進展，但在整體的區域發展與對外開放版圖中，西部地區仍然處於相對落後的位置，有必要再加把勁。

自 2010 年以來，國內外經濟環境遽變，大陸經濟進入「新常態」，對外開放面臨調整轉向，同時經濟成長減緩、經濟結構調整壓力上升、產能過剩等問題愈來愈突出，亟待新的經濟發展驅動力和成長點。大陸希望透過「一帶一路」擴大對外開放，一方面激勵外部需求，帶動企業對外投資，促進大陸與沿線國家的經貿發展，另一方面也能拉動大陸的經濟腫型與產業升級，提升大陸在國際間的影響力，爲達成百年經濟發展目標創造新藍圖。

其次，大陸經濟高速成長，已成爲全球能源進口和消費大國，原油的進口依賴度節節攀升，且進口來源卻愈來愈集中。有鑑於國際原油市場深受國際政治的影響，對原油進口的供應來源造成很大的不確定性，原油進口的安全性已成爲大陸最關切的國家利益。大陸原油需求有 60% 左右依賴進口，進口來源主要集中在中東國家、非洲的蘇丹等地，其中 80% 需要經過麻六甲海峽。原油是一國重要的戰略物資，進口來源和運輸通道高度集中，不利於供應的安全保障，如何擴大油氣資源、礦產資源的供

---

[8] 「習近平『一帶一路』戰略構想背後的深意」，**人民論壇網**，2015 年 2 月 10 日，www.360doc.com/content/15/0316/23/8031812_455682973.shtml，2016 年 8 月 8 日檢索。

[9] 例如：積極參與聯合國維和、G20、APEC 等國際事務，參與協調地區事務，如東協 10+3、中日韓領導人峰會、北韓核武問題六方會談等機制，樹立負責任大國形象；發起並主導上海合作組織、博鰲亞洲論壇、中歐論壇、中東歐合作論壇、中非合作論壇、亞信峰會、金磚國家峰會等。

[10] 鄒磊，《中國「一帶一路」戰略的政治經濟學》（上海：人民出版社，2015 年），頁 109-121。

給來源，以及多元化資源進入管道，對大陸而言，已刻不容緩。

第二節　「一帶一路」的戰略意圖

　　胡鞍鋼等人認爲[11]，「絲綢之路經濟帶」在性質上乃結合政治經濟、內政外交與時空跨越爲一體，在內容上匯集向西開放與西部開發爲一體的大戰略。何茂春、張冀兵的研究指出[12]，「絲綢之路經濟帶」是大陸在區域經濟一體化和經濟全球化新形勢下，提出的跨區域經濟合作新模式，符合跨境次區域合作理論，是新時代對古代絲綢之路的復興和拓展計畫，兼顧了國際、國內兩方面的戰略需求，也兼顧了政治、經濟、安全乃至文化利益的均衡發展。

　　徐希燕等人的研究指出[13]，「一帶一路」戰略不只傳承及創新古絲綢之路的商貿合作，推進貿易、產業、投資、能源資源、金融及生態環保等之合作，培育新的經濟成長點，更擴充了政治、文化、安全等範疇的合作項目，深化與沿線國家之間的區域合作，建構亞歐協同發展新路徑和新型地區安全基石。

　　其實，習近平在提出「一帶一路」倡議之初，主要是從對外政策考量，強調要建立區域合作架構，發展海洋合作夥伴關係；後來隨著國內外反應愈來愈熱烈，該倡議逐漸演變成爲大陸的國家發展戰略。其意圖非常清楚，一是加強與周邊國家結盟，打通經濟突圍之路，開闢新藍海；二是著眼於打造大陸改革開放的升級版，培育國際競爭新優勢，實現對外開放和改革發展的良性互動，三是透過基礎設施建設和體制機制創新，創造新的經濟成長點。

一、國際面的戰略意圖

　　「一帶一路」規劃是大陸國際戰略和外交政策的重點，該規劃的基本理念是，統合大陸與沿線國家既有的雙邊和多邊機制，強調與沿線各國合作，打造互利共贏的利

---

[11] 胡鞍鋼、馬偉、鄢一龍，「『絲綢之路經濟帶』：戰略內涵、定位和實現路徑」，《新疆師範大學學報》（哲學社會科學版）2014 年第 2 期，頁 1-10。

[12] 何茂春、張冀兵，「新絲綢之路經濟帶的國家戰略分析：中國的歷史機遇、潛在挑戰與應對策略」，**人民論壇**，2013 年 12 月 31 日，theory.people.com.cn，2016 年 8 月 9 日檢索。

[13] 徐希燕，《「一帶一路」與未來中國》（北京：中國社會科學出版社，2016 年），頁 60。

益共同體、發展經濟繁榮的命運共同體。透過貿易、投資、金融等之交流合作，加強推動與相關國家經濟融合，一方面提升本國資源配置效率，另一方面有助於維護和改善外部經濟、政治環境，甚至建立新的區域安全體系，有效緩解大陸周邊地緣政治安全的壓力，在周邊和一定區域內，形成一道安全屏障[14]。

該規劃強調，將「秉持共商、共建、共享原則，與周邊國家共同打造開放、包容、均衡、普惠的區域經濟合作架構」，「建立政治互信、經濟融合、文化包容的利益共同體」。擴大與沿線國家雙邊經濟合作，強化和改善大陸經濟開放發展的國際空間和外部環境；創造一個經濟相互依存網絡，以及更緊密的國際經貿關係，進而鞏固中國大陸在本區域的領導地位，這是習近平時代大陸推動大國經濟外交戰略的重大布局，具有旗艦工程的指標意義。該項規劃與「上海合作組織」、「西部大開發」、「中部崛起」等三個國內外布局相連結，形成「連結內外、向西傾斜、劍指歐亞大陸」，兼顧經濟與安全的新格局。

值得一提的是，從國際戰略的角度看，「一帶一路」倡議最初的意圖，主要在於反制 2011 年美國在中東和中亞推動的新絲綢之路（New Silk Road）戰略。在北約組織自阿富汗撤軍的背景下，美國試圖建構一個涵蓋中亞、阿富汗、伊朗在內的西域經濟新秩序，即所謂的「新絲綢之路」；大陸認為，該項戰略旨在圍堵中國大陸向西擴張，同時對於「疆獨」勢力也會產生激勵作用，因此，試圖透過「絲綢之路經濟帶」建設，加強與沿線國家的政經整合，從而有利於掌握該區域的政治權力更迭，以及為動亂風險做好應對準備，有助於抵禦暴力恐怖勢力、民族分裂勢力和宗教極端勢力等三股勢力東侵[15]。梅新育的研究指出，在歐洲成為大陸第一大貿易夥伴的背景下，「絲綢之路經濟帶」的構想，還具有因應阿拉伯世界動盪局勢下，中歐貿易路線轉移壓力的意涵[16]。

此外，美國實施重返亞洲與亞太再平衡戰略，積極推動「跨太平洋夥伴協定」（TPP），對大陸構成極大壓力，大陸試圖透過「一帶一路」戰略，建立橫跨歐亞大陸的聯盟，強化亞太地區區域經濟合作，一方面營造與鞏固有利於大陸和平發展的外

---

[14] 周建閩，「『一帶一路』：21 世紀中國發展戰略」，**中評網**，2015 年 9 月 20 日，http://www.CRNTT.com，2015 年 11 月 12 日檢索。

[15] 梅新育，「絲綢之路謹防深陷『伊斯蘭陷阱』」，**四月網**，2015 年 1 月 30 日，www.m4.cn/opinion/2015-01/1262012.shtml，2016 年 8 月 6 日檢索。

[16] 梅新育，「新絲綢之路的深意」，**人民論壇網**，2013 年 12 月 2 日，politics.rmlt.com.cn，2016 年 8 月 8 日檢索。

部環境，另一方面也有強化與中亞、西亞，以及歐洲各國的聯繫，以抗衡美國重返亞洲的戰略。

二、國內面的戰略意圖

從國內環境看，主要是試圖透過「一帶一路」戰略，開拓新的經濟成長動能，突破經濟發展瓶頸。改革開放初期，優先推出沿海開放戰略，在產業政策、區域政策與對外開放戰略的配套下，沿海地帶創造了舉世矚目的經濟成就，不過，卻也造成原已長期存在的東西部地區差距更加擴大。其次，2008 年以來，國際經濟環境邅變，大陸經濟進入「新常態」，經濟成長速度明顯減緩，產能過剩問題愈來愈突出，面臨經濟結構調整和轉型升級的重要關卡，需要進一步的改革開放，找到突破口。

「一帶一路」沿線開發中國家的經濟發展大都屬相對落後地區，交通、能源、通信等基礎設施嚴重不足，資金供應短絀，自 2008 年以來，受到國際經濟衰退所累，這些國家之經濟處境更加嚴峻，亟需獲得外援，因此，「一帶一路」倡議深獲沿線國家的歡迎。「一帶一路」建設陸續展開，一方面有助於大陸基礎產業和工程承包走出去，另一方面也有助於帶動大陸鐵路、工程機械等大型設備和技術出口，未來沿線國家或將成為大陸重要的出口市場。

從另一個角度看，「一帶一路」沿線國家勞動力供應充沛、市場腹地廣大，隨著「一帶一路」建設逐漸推進，可為陸資企業開拓新的海外投資機會，減輕或甚至化解過剩產能問題；同時，也可以透過擴大對外投資，轉移產能過剩的產業，或已不適合在大陸生存發展的產業，將沿線國家發展成為大陸產業對外轉移的主要承接地，透過資本、投資與貿易的融合，進一步形成跨境產業鏈，並使得大陸企業在全球價值鏈分工體系中，占據更重要的位置。

其次是關於資源的獲取。大陸的能源、礦產高度依賴進口，且主要透過海路運輸，亟需建立穩固的能源、礦產供應來源，以及安全的運輸通道。「一帶一路」沿線涵蓋俄羅斯、中亞、東南亞和中東、非洲等能源礦產供應大國，加強與沿線國家的雙邊合作，不但可以擴大及穩定能源、礦產資源的供給端，也可以增加資源進口的陸路通道，為大陸能源安全問題提供強有力的支撐，達到分散能源供應、降低運輸風險的目的。

第三是掌握區域貿易主導權。「一帶一路」戰略對大陸而言，不僅能抗衡美國的

圍堵戰略，還有機會透過「一帶一路」建設，推動區域經濟整合，在經貿活動中，掌握國際貿易主導權、定價權和資源配置權，提升區域經濟影響能力。

從國內政治面來看，推出「一帶一路」另有兩項戰略意圖，第一是凝聚國民向心力，鞏固領導中心。習近平接掌大權之後，大肆整頓黨內風紀，肅貪雷厲風行，政壇上存在緊張氣氛，加上經濟成長減緩、進一步改革阻力重重，習試圖透過「一帶一路」大戰略凝聚內部能量，樹立領導權威。第二是抑制疆獨。中亞地區的穩定，與新疆的繁榮和社會安定息息相關，透過「絲綢之路經濟帶」，加強與中亞地區相關國家合作，將新疆整合入中亞經濟，有利於抑制疆獨，強化區域穩定和安全。

第四是加速人民幣國際化進程。過去多年來，人民幣國際化透過離岸市場和跨境貿易結算等路徑，已取得顯著的成果[17]。未來大陸與「一帶一路」沿線各國共建過程中，將探索使用區域內貨幣進行貿易結算與發債融資等金融合作途徑，為人民幣進一步發展成為國際貨幣創造更好機會，一方面透過簽署雙邊本幣互換協定，以及拓展跨境金融貿易，建立人民幣清算安排，支持人民幣成為區域計價、結算及投融資貨幣，另一方面，透過貿易和基礎建設投資，促進人民幣計價和支付走進當地市場，為人民幣離岸市場發展增添新動能[18]。

第三節 「一帶一路」倡議的具體規劃

「一帶一路」做為國家發展戰略，自 2013 年提出以來，按照決策慣例，乃由中共中央啟動自上而下先進行政治安排，分別在國內和國際兩個層面進行密集性的布署和動員溝通[19]。在中共中央的政治決策確立之後，大陸國務院相關部委紛紛將「一帶一路」建設納入自身的重要工作日程中，同時，各相關地方政府也紛紛開啟對接「一帶一路」戰略的各項安排；對外則進行外交動員，爭取沿線國家對「一帶一路」的理

---

[17] 迄 2015 年 10 月，人民幣已成為全球第二大貿易融資貨幣、第五大支付貨幣、第六大外幣交易貨幣。儘管與主要國家貨幣比較，人民幣在國際投資和儲備功能方面仍落後一大截，不過，隨著大陸經濟在全球經濟體系中的相對地位提升，人民幣在國際交易中，逐漸增加使用乃大勢所趨。

[18] 鄂志寰，「『一帶一路』的經濟金融效應」，收錄於財新傳媒編輯部編，《「一帶一路」引領中國：國家頂層戰略設計與行動布局》（北京：中國文史出版社，2015 年），頁 82-86。

[19] 自 2013 年唱議「一帶一路」以來，先後經過周邊外交工作座談會、中共「十八屆三中」全會、中央經濟工作會議和全國人大等中央級的會議，並頒布各項指導性文件，落實中央決策層面的戰略布署和政治動員。同時，自 2014 年開始，增加外交資源投入，爭取沿線國家對「一帶一路」的理解、支持和參與。參閱鄒磊（2015），同前引註，頁 139-154。

解、支持和參與。

　　大陸已成立推進「一帶一路」建設工作領導小組，並在國家發展改革委設立領導小組辦公室；2015 年 3 月間公布《推動共建絲綢之路經濟帶動和二十一世紀海上絲綢之路的願景與行動》（以下簡稱《願景與行動》）文件，設定建設藍圖做為行動綱領，領導小組由國務院副總理張高麗領軍。

　　「一帶一路」貫穿歐亞非大陸，涵蓋廣大的腹地。在大陸境內，「一帶」涵蓋的區域，包括新疆等九個省市自治區，各有其功能定位（圖 8-1）。譬如：新疆定位為「一帶」的核心區，陝西、甘肅、寧夏、青海等四地則定位為面向中亞、南亞、西亞國家的通道、商貿物流樞紐、重要產業和人文交流基地，廣西定位為二十一世紀海上絲綢之路與絲綢之路經濟帶銜接的重要門戶，雲南的定位是面向南亞、東南亞的輻射中心，四川則是定位為重要的交通樞紐和經濟腹地。「一路」主要涵蓋江蘇等五個省，每一個省也各有其功能定位，其中，福建是核心區，廣東是橋頭堡，浙江是戰略經貿合作先行區、網上絲綢之路試驗區、貿易物流樞紐區。

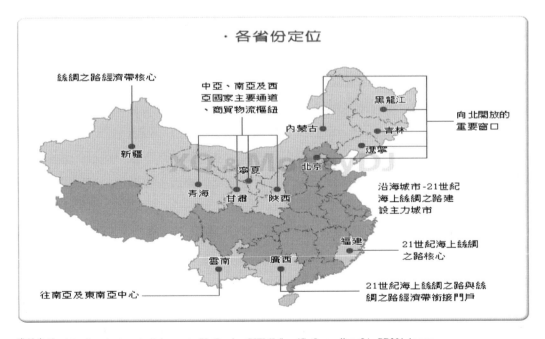

資料來源：http://newjust.masterlink.com.tw/HotProduct/HTML/img/GetImg.xdjpng?A=PB301-1c.png

圖 8-1　大陸各省份在「一帶一路」戰略規劃中的定位

絲綢之路經濟帶由中國大陸出發，主要有三個走向，一是經中亞、俄羅斯到歐洲（波羅的海），現有已西伯利亞鐵路為主幹道的亞歐大陸橋；二是經中亞、西亞到波斯灣，再到地中海，以新亞歐大陸橋為主幹道；三是經東南亞、南亞到印度洋沿岸國家。「海上絲綢之路」的走向則有兩個，一是從大陸西南沿海港口，經過南海、麻六甲、印度洋、地中海並延伸至西歐南方，二是從大陸東南沿海港口，經過南海，到南太平洋 [20]。

根據《願景與行動》規劃方案，「一帶一路」建設之宏圖，陸上將依托國際大通道，以沿線中心城市為據點，以重點經貿產業園區為合作平臺，進一步加強合作、推動資源共享，與沿線國家共同打造新亞歐大陸橋、中蒙俄、中國－中亞－西亞、中國－中南半島等國際經濟合作走廊，建立雙邊經濟合作夥伴關係；海上以重點港口為支撐，共同建設安全高效率的運輸大通道，打造中巴、孟中印緬兩個經濟走廊，拓展大陸與東南亞、中東及歐洲各國的經濟合作。

這六大國際經濟走廊的建設各有側重（圖 8-2），譬如：建設新亞歐大陸橋經濟走廊，重點在基礎設施互聯互通，以及產業合作；中蒙俄經濟走廊，強調要把絲綢之路經濟帶同俄羅斯跨歐亞大鐵路、蒙古國草原之路的倡議進行對接；中國－中亞－西亞經濟走廊，要加強與伊朗、土耳其等相關國家合作，積極參與土耳其東西高鐵等之建設和經營；中國－中南半島經濟走廊，要加強與泰國、柬埔寨的合作，海陸並舉，推動各項建設；中孟印緬經濟走廊，要加強政府合作機制，推動基礎設施項目建設。

大致上，中巴、孟中印緬、新亞歐大陸橋，以及中蒙俄等經濟走廊，構成絲綢之路經濟帶的陸路骨架。其中，中巴經濟走廊著重石油運輸通路，孟中印緬強調與東協國家的雙邊貿易往來，新亞歐大陸橋是大陸直通歐洲的物流主要通道，中蒙俄經濟走廊則偏重國家安全與能源開發。

由於「一帶一路」沿線國家資源稟賦各異，《願景與行動》計畫特別強調和而不同，也就是突顯將充分尊重沿線國家和地區不同的國情，共同推進發展和合作；同時也強調包容、開放、共享發展的區域經濟合作模式，堅持共商、共建、共享原則，以和平合作、開放包容、互學互鑑、互利共贏的精神為指引，以「政策溝通、設施聯通、貿易暢通、資金融通、民心相通」等所謂的「五通」為重點，推動與沿線國家的

---

[20] 參考 MBA 智庫百科，2016 年 8 月 7 日檢索。

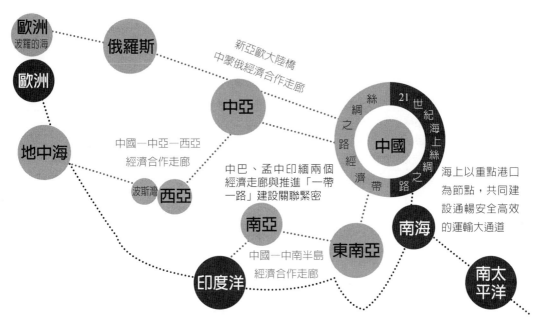

資料來源：http://www.rfi.fr/tw/ 生態 /20170726—從一帶一路談中國的環境評估

圖 8-2 「一帶一路」規劃的六大國際經濟走廊分布圖

經濟合作關係。

　　「政策溝通」的重點在於建立機制，加強與沿線國家政府之間的政策溝通，協商解決合作的制度、政策、標準等規範的銜接問題（表 8-1），譬如：設置自貿區、產業合作園區之政策協調等；建構多層次經濟戰略、宏觀政策、重大規劃等對接的健全機制，促進政治互信。據報導，大陸與沿線國家已成立了 11 個自貿區；此外，也已與越南的「兩廊一圈」構想、柬埔寨的「四角」戰略、印尼的「全球海洋支點」構想、哈薩克的「光明大道」發展戰略、俄羅斯的「跨歐亞大通道」建設、蒙古的「草原之路」倡議、環孟加拉灣多領域經濟技術合作倡議等有關規劃實現對接[21]。

---

[21] 李珊珊，「『一帶一路』倡『五通』開拓國際合作新模式」，**央視網**，2017 年 5 月 4 日，http://news.cctv.com/2017/05/04/ARTItJbP5UTi8U0IgkChfiaO170504.shtml，2017 年 7 月 7 日檢索。

表 8-1　「一帶一路」倡議的《願景與行動》計畫

計畫面向	具 體 內 容
政策溝通	1. 積極建構多層次政府間宏觀政策溝通協調機制 2. 共同制訂推進國家／區域合作的發展規劃和措施 3. 協商解決合作中的問題及提供政策支援
設施聯通	1. 重點暢通沿線各國的基礎建設，包括建公路、鐵路、港口、石油及天然氣管道、光纖網路等 2. 形成緊密連接、便捷高效的交通物流資訊網絡
貿易暢通	1. 各國合作解決投資貿易便利化問題 2. 消除貿易和投資壁壘 3. 降低貿易投資成本 4. 建構區域內的良好營商環境
資金融通	1. 加強貨幣政策協調、深化多邊金融合作 2. 擴大沿線國家雙邊本幣互換、結算的範圍和規模 3. 推動亞洲債券市場的開放和發展 4. 成立和推動亞洲基礎設施投資銀行、金磚國家開發銀行和絲路基金，為計畫提供資金支持
民心相通	1. 擴大相互間留學生規模，中國大陸每年提供 1 萬個政府獎學金名額 2. 提高沿線各國遊客簽證便利化水準 3. 推動二十一世紀海上絲綢之路郵輪旅遊合作 4. 提高合作處理突發公共衛生事件的能力 5. 促進文化交流造就人文共融

資料來源：作者根據相關資料整理。

　　「設施聯通」強調基礎設施互聯互通，重在一體化。是指加強鐵路、公路、機場、港口，電信設施、油氣管道等基礎設施建設規劃，技術標準體系的互聯互通，減少非經濟因素干擾，逐步建成連接亞洲各次區域，以及亞歐非之間的基礎設施網絡。

　　「貿易暢通」主要在於推動擴大相互市場開放、提高投資貿易便利化水準，減少貿易投資壁壘，加強訊息交換、通關、認證等合作，降低貿易投資成本；共建經貿合作區，促進區域經濟整合。同時，積極拓寬相互投資和貿易領域，以投資帶動貿易發展；加強與沿線國家合作，推動上下游產業鏈和關聯產業協同發展；利用中國—東協博覽會、中國—南亞博覽會、中國—亞歐博覽會、中國—阿拉伯博覽會等展會的平臺，促進經貿交流。

　　「資金融通」方面，重點在於加強沿線國家貨幣政策協調，擴大各國雙邊本幣

互換、結算的範圍和規模；推動亞洲債券市場的開放與發展；深化多 / 雙邊多種形式金融合作，建設區域開發性金融機構，包括亞洲基礎設施投資銀行（簡稱「亞投行」）、絲路基金、金磚銀行、上合組織銀行等，引導國際資本投入。

除了亞投行、絲路基金、金磚國家開發銀行等平臺機制，爲提供「一帶一路」建設穩定的金融支持，大陸做了很多金融合作的創新，例如：加入歐洲復興開發銀行；成立亞洲金融協會，加強亞洲證券類、銀行類機構的合作；成立 16+1 金融控股公司，主要爲東歐一些國家裝備和產品的生產提供金融支持；設立一個絲路的國際銀行，主要是給在非洲投資的一些企業提供人民幣的業務支付。此外，也透過設立發展基金（例如：中非發展基金）、產能合作基金（如中哈產能合作專項基金），對相關業務提供資金支持[22]。

「民心相通」方面，重點在於開展人文交流，促進不同文明之間的對話，廣泛開展文化交流、學術往來、青年和婦女交往、志願者服務等，加強人才交流合作、媒體合作、旅遊合作等方式，增進相互了解，爲推展區域合作奠定民意基礎和社會基礎。大陸與沿線國家民間交流，包括文化節、藝術節、電影節、電視週、圖書展等，形式不斷創新、多元，交流領域也不斷擴大。此外，大陸在沿線國家積極發展文化產業，透過建設文化產業基地、文化創意園區，舉辦文化演出等方式，推廣絲路文化；同時，也加強在教育產業、公共衛生等方面的合作，促進民心相通。

「一帶一路」建設需要龐大的資金融通支持，大陸積極透過提供專向信貸、設立投資合作基金、籌建開發性金融機構等形式，加強推動與沿線國家金融合作。大陸政府已宣布多項承諾，包括專注於「一帶」沿線國家基礎設施、資源開發、產業和金融合作等項目的 400 億美元絲路基金、500 億美元的亞投行，以及 100 億美元的金磚國家新開發銀行。

此外，大陸也在上海合作組織高峰會上，積極倡議建立上合組織發展基金、開發銀行與合作基金、中國—歐亞經濟合作基金。籌辦中的上合組織開發銀行，將由所有成員共同出資 100 億美元，期中，中方將出資 80 億美元。

「一帶一路」建設是一項複雜的系統工程，大陸宣稱「要堅持共商、共建、共享

---

[22] 申兵，「一帶一路建設進展及重點方向」，**新浪財經頭條**，2017 年 3 月 28 日，https://cj.sina.com.cn/article/detail/5738866 767/201399?column=china&ch=9&，2017 年 6 月 22 日檢索。

原則」，「積極利用現有多邊機制[23]，推進沿線國家發展戰略的相互對接」，「推動簽署合作備忘錄或合作規劃」，「建設一批雙邊經貿合作示範區」等。同時，「要繼續發揮沿線各國區域、次區域相關國際論壇、展會的建設性作用」，以及利用中國－東協博覽會、中國－亞歐博覽會、中國－南亞博覽會、中國－中東歐博覽會等平臺，舉辦各類貿易投資促進活動，爲企業創造更大商機。

第四節　「一帶一路」發展現況與前景平議

「一帶一路」倡議的發展理念，強調開放合作、和諧包容、市場運作和互利共贏（表 8-2）。該倡議旨在提供一個平臺，激發沿線國家秉持開放包容精神，推進發展戰略的相互協作，共同打造政治互信、經濟融合、文化包容的利益共同體、命運共同體和責任共同體；充分尊重沿線國家不同的發展階段、不同的社會制度、不同的宗教和傳統文化，堅持共商、共建、共享原則，促進經濟要素有序自由流動、資源有效配置和市場深度融合，促進經濟共同繁榮。

表 8-2　「一帶一路」倡議的發展理念

發展理念	具　體　內　涵
開放合作	「一帶一路」相關的國家基於但不限於古代絲綢之路的範圍，各國和國際、地區組織均可參與，讓共建成果惠及更廣泛的區域。
和諧包容	倡導文明寬容，尊重各國發展道路和模式的選擇，加強不同文明之間的對話，求同存異、兼容並蓄、和平共處、共生共榮。
市場運作	遵循市場規律和國際通行規則，充分發揮市場在資源配置中的決定性作用和各類企業的主體作用，同時發揮好政府的作用。
互利共贏	兼顧各方利益和關切，尋求利益契合點和合作最大公約數，體現各方智慧和創意，各施所長，各盡所能，把各方優勢和潛力充分發揮出來。

資料來源：作者根據相關資料整理。

「一帶一路」貫穿歐亞非大陸，已得到沿線 60 多個國家的積極回應。部分評論

---

[23] 例如：上海合作組織（SCO）、中國－東協 10+1、亞太經合組織（APEC）、亞歐會議（ASEM）、亞信會議（CICA）、大湄公河次區域（GMS）經濟合作、中亞區域經濟合作（CAREC）等。

家將「一帶一路」形容爲「中國版的馬歇爾計畫」[24]；從表面上看來，「一帶一路」與「馬歇爾計畫」兩者確實有諸多相似之處，譬如：都注重以基礎建設和重工業投資推動經濟發展，都是試圖藉海外投資以消化國內閒置生產力、更有效地運用充足的資金等。

　　不過，兩者推出的時代背景不同，實施的意圖和內容或有差別。「馬歇爾計畫」透過實物、資金等經濟援助，協助戰後歐洲各國經濟儘快復甦，整個計畫持續了四個財政年度，在當年冷戰背景環境下，具有團結歐洲國家對抗向西擴展的蘇聯共產主義國家之意圖。「一帶一路」是在後金融危機時代提出，強調「共商、共建、共享」的原則，倡導新型國際關係和二十一世紀區域合作模式，與「馬歇爾計畫」單方面輸出經濟援助的方式或有不同，目的也不一樣。

一、發展現況

　　「一帶一路」倡議，2017 年中共「十九大」已將之寫入黨章，宣稱要推動建構人類命運共同體，翌年更進一步寫入憲法[25]；甚至「一帶一路」也已被載入聯合國、二十國集團、亞太經合組織以及其他國際區域組織等有關文件中，可見國際組織認同並支持中國大陸提出的共建「一帶一路」建設倡議。

　　「一帶一路」自 2013 年推出迄今，按大陸官方公布的資料顯示已獲得一些成果[26]，譬如：在政策溝通方面，截至 2019 年 11 月底，累計已有 137 個國家和 30 個國際組織簽署 199 份合作文件[27]，涵蓋的地域已由亞歐擴大到非洲、拉丁美洲和南太平洋等；數位化、標準化、智財權保護，還有稅收、法治、能源、農業等專業領域的合作，都有不同程度的進展。

---

[24] 二戰結束後，美國主導發動對被戰爭破壞的西歐國家給予經濟援助和參與重建的計畫，該計畫以時任美國國務卿馬歇爾的姓氏命名，也稱爲「歐洲經濟復興計畫」。參閱王義桅，《「一帶一路」：機遇與挑戰》（北京：人民出版社，2015 年），頁 27-31。

[25] 陳靖玜，「中國的『一帶一路』會不會默默死掉？」，《天下雜誌》667 期，2019 年 2 月 25 日，https://www.cw.com.tw/article/article.action?id=5094124，2019 年 4 月 30 日檢索。

[26] 以下關於「一帶一路」倡議實施五年多來的成果，相關資料不一一附註，主要引自推進「一帶一路」建設工作領導小組辦公室，「共建『一帶一路』倡議：進展、貢獻與展望」，2019 年 4 月 22 日，**新華網**，http://www.xinhuanet.com/2019-04/22/c_1124400071.htm，2020 年 3 月 25 日檢索。

[27] 曹忠祥、公丕萍、趙斌，「走向 2020 的一帶一路建設：新進展、新形勢和新舉措」，中國對外承包工程學會，2020 年 2 月 19 日，http://www.chinca.org/CICA/info/20021909571311，2020 年 3 月 25 日檢索。

　　在設施聯通方面，以鐵公路合作為例，與泰國、寮國、馬來西亞、哈薩克、俄羅斯，乃至非洲多國合作的鐵路建設項目，都已陸續展開或建設完成；與 15 個沿線國家簽署了 18 個雙多邊國際運輸便利化協定。中國大陸通往中亞、歐洲等沿線國家的貨櫃國際運輸通道，也就是俗稱的「中歐班列」，與白俄羅斯、德國、哈薩克、蒙古、波蘭和俄羅斯等國鐵路公司簽署了《關於深化中歐班列合作協議》；自 2011 年 3 月至 2018 年底，已聯通亞歐大陸 16 個國家的 108 個城市，累計開行 1.3 萬列，運送貨物超過 110 萬標準箱。

　　再以港口合作為例，大陸與 47 個沿線國家簽署了 38 個雙邊和區域海運協定；國際合作建設的港口，如巴基斯坦的瓜達爾港、希臘的比利埃勒斯港、馬來西亞的皇京港、阿聯酋哈利法港二期貨櫃碼頭等都即將或已經完工開始營運。至於航空運輸，主要是簽署雙邊政府間航空運輸協定、擴大航權安排等，自 2013 年以來，與沿線國家新增國際航線 1,239 條，占新增國際航線總數將近七成。

　　其他的設施聯通，還有能源設施建設的合作，例如：中俄原油管線、中國－中亞天然氣管線和中哈原油管線等都已建成並開始營運；中緬油氣管線全線貫通；中俄天然氣管道預計 2024 年全線通氣。通訊設施建設方面，與緬甸、巴基斯坦、吉爾吉斯、俄羅斯合作建設的跨境光纜信息管道已有明顯進展，與吉爾吉斯、塔吉克、阿富汗等國簽署了絲路光纜合作協議，即將啟動建設。

　　貿易暢通方面，中國大陸發起《推進「一帶一路」貿易暢通合作倡議》，有 83 個國家和國際組織積極參與；海關檢驗檢疫合作不斷加強，建設農產品快速通關綠色通道，與沿線國家的自由貿易區網絡體系逐漸形成。2013～2018 年資料顯示，中國大陸與沿線國家貨物貿易進出口累計值超過 6 萬億美元，每年平均成長率高於同期全國平均水準，占中國大陸貨物貿易總值的比重已高達 27.4%；跨境電子商務等新業態、新模式已逐漸成為促進貿易暢通的新動能。

　　資金融通方面，首先是探索新型國際投融資模式，各國主權財富基金和投資基金對沿線國家投資規模逐漸增加；絲路基金與歐洲投資基金共同投資的 5 億歐元中歐共同投資基金，已於 2018 年 7 月開始實質運作。中國人民銀行與世界銀行所屬的國際金融公司、汎美開發銀行、非洲開發銀行和歐洲復興開發銀行等機構開展聯合融資；陸續推動成立中國－中東歐、中國－阿拉伯國家、中國－中非金融合作等銀行聯合體，建立多邊金融合作機制

　　此外，陸續推出各類創新金融產品，拓寬共建「一帶一路」的融資管道，除了擴

大發行熊貓債，提高銀行間債券市場對外開放程度，中國進出口銀行面向全球投資者發行「債券通」綠色金融債券；金磚國家新開發銀行也發行綠色金融債，支持綠色絲綢之路建設。與德國、哈薩克證券期貨交易所之間的股權、業務和技術合作，正逐步推進。

金融領域的互聯互通逐漸發展，截至 2019 年 3 月，已有 11 家中資銀行在 28 個沿線國家設立 76 家一級機構；來自 22 個沿線國家的 50 家銀行，在大陸境內設立 7 家法人銀行、19 家分行和 34 家代表處。2 家中資證券公司在新加坡、寮國設立合資公司。此外，中國大陸先後與 20 多個沿線國家建立了雙邊本幣互換安排，與 7 個沿線國家建立了人民幣清算安排，與 35 個沿線國家的金融監管當局簽署了合作文件。人民幣跨境支付系統（CIPS）已遍及近 40 個沿線國家，人民幣做為國際支付、投資、交易、外匯儲備的角色地位，逐步發展。

此外，在打造國際合作的融資平臺方面，中國大陸發起的亞投行，總部設在北京，法定資本 1,000 億美元，自 2016 年開始營業。截至 2019 年 7 月底，亞投行的成員已從創始的 57 個增加為 100 個，遍布全球各大洲；累計批准貸款 85 億美元，並帶動其他投資超過 400 億美元；已批准的 45 個項目，主要分布在印尼、巴基斯坦、塔吉克、亞塞拜然、阿曼、土耳其、埃及等 18 個國家[28]。

2014 年 11 月，大陸政府宣布出資 400 億美元成立絲路基金，首期資本 100 億美元；2017 年 5 月，進一步增資 1,000 億人民幣。截至 2018 年底，絲路基金協議投資金額約 110 億美元，實際出資金額約 77 億美元，並出資 20 億美元與哈薩克共同設立中哈產能合作專項基金。

民心相通方面，各國開展了形式多樣、領域廣泛的公共外交和文化交流。譬如：與沿線國家簽署合作文件，互辦藝術節、電影節、音樂節、文物展、圖書展等藝文活動，合作推動圖書、廣播、影視精品創作和互譯互播。此外，中國大陸設立「絲綢之路」政府獎學金項目，與 24 個沿線國家簽署高等教育學歷學位互認協議；在 54 個沿線國家設有孔子學院 153 個、孔子課堂 149 個；中國科學院在沿線國家設立碩士、博士生獎學金和科技培訓班等。

在產業合作方面，中國大陸對沿線國家的直接投資和承包工程逐漸增加，

[28] 小山，「亞投行年會首去金融大國盧森堡 會員增至 100 家」，2019 年 7 月 14 日，**法廣**，http://www.rfi.fr/tw/%E4%B8%AD%E5%9C%8B/20190714-，2020 年 3 月 25 日檢索。

2013～2018 年資料顯示，直接投資金額累計已超過 900 億美元，對外承包工程營業額超過 4,000 億美元。此外，國際產能合作和第三方市場合作也逐步擴大，截至 2018 年底，中國大陸已與哈薩克、埃及、衣索比亞、巴西等 40 多個國家簽署了產能合作文件：與東協、非洲聯盟（African Union）、拉美和加勒比國家共同體（Community of Latin American and Caribbean States，縮寫 CELAC）等區域組織合作，展開機制化產能合作；與法國、義大利、西班牙、日本、葡萄牙等 14 個國家，簽署了第三方市場合作文件。

二、發展前景平議

儘管「一帶一路」運作五年多來已經取得一些成果，不過，該項戰略的宏大目標能否實現，其實仍存在諸多不確定性。美國《外交》雜誌曾刊文指出[29]，大陸倡議「一帶一路」建設存在諸多風險，譬如：沿線區域的基礎設施建設需要投入龐大的資金，無可避免地將對大陸國內可貸資金造成排擠作用。其次，就外部環境看，大陸需要贏得鄰國信任，但南海領海爭端懸而未決，大陸的外交政策又表現得愈來愈進取，同時伊斯蘭恐怖組織正向中亞擴張，都給「一帶一路」帶來不確定性。

曹遠征的研究指出[30]，「一帶一路」的風險，主要表現在以下幾個方面，一是國際治理模式的差異，友好協商型的安排具有包容性優點，但並不能保證一定行得通；二是沿線國家文化差異非常大，各國文化習俗不同，宗教信仰和政經體制也迥異，而且部分國家之間，還存在長期的衝突，想依靠法律解決問題，談何容易。

共建「一帶一路」涉及的領域、地域都很廣泛，整體環境相當複雜，區域內各國絕大多數是發展中和轉型中國家，種族、宗教、地域、派系等問題叢生，各國內部的政治對立與外部大國博奕交織，政治局勢欠缺穩定性；國際恐怖主義、宗教極端主義、民族分離主義等三股勢力，南海領土爭端等，都可能滋生區域政治和安全的風險。

[29] 王維舟，「美國《外交》：『一帶一路』理想美好，現實嚴峻」，**華爾街見聞**，2015 年 9 月 29 日，wallstreetcn.com/node/224204，2016 年 5 月 13 日檢索。

[30] 林遠，「『一帶一路』是人民幣國際化最重要地區」，《經濟參考報》，2016 年 4 月 18 日，http://rmb.xinhua08.com/a/20160418/1629008.shtml，2016 年 5 月 13 日檢索。

在另一方面，「一帶一路」沿線各國普遍存在金融基礎設施薄弱、資本監管不力等問題，容易受到國際政經環境變動的影響；同時，基礎建設存在巨大的資金缺口，依賴「亞洲基礎建設投資銀行」（簡稱「亞投行」）、絲路基金、金磚國家新開發銀行、上合組織開發銀行等機制融資能否得到滿足，金融監管能否有效執行等，都存在變數，絕對不能低估經濟面的風險。

國際信評機構惠譽（Ratings）發表的一份研究報告指出：大陸針對「一帶一路」沿線國家的基礎設施投資，正在實施與規劃的專案耗資估計將超過 9,000 億美元，其中多數資金可能來自大陸的政策性銀行和大型國營商業銀行，惠譽懷疑，這些金融機構是否有足夠的經驗與能力去甄選出適當的專案，並控制風險；尤其許多選定的專案背後，政治動機可能已凌駕了商業邏輯。其次，惠譽也指出，大陸的工程和建築企業未來在執行專案時，在不熟悉的市場營業，面對不可預測的商業環境，增加執行的風險，或將進一步拖累金融機構海外融資的資產品質，甚至影響大陸的公共財政[31]。

推動「一帶一路」合作計畫受到最多質疑的，是大陸輸出「債務陷阱」。由於「一帶一路」建設項目有很多是源自政治而非市場導向，且大都缺乏透明招標過程，國際放貸行為不夠嚴謹，導致債務危機頻傳。相關國家因為無法償還巨額貸款，不得不退出合作項目，或是重新談判合約的有關條款。

債務問題已使得部分國家對「一帶一路」熱情下降[32]，馬來西亞馬哈迪（Tun Mahathir bin Mohamad）政府取消三個由大陸支持的合作項目，包括 200 億美元原訂與大陸合作的東海岸鐵路計畫，與兩項天然氣管道計畫，取消的理由是成本高昂；緬甸政府表示要永久擱置中國大陸投資的密松大壩（Myitsone dam）；巴基斯坦政府也呼籲對中巴經濟走廊（CPEC）重新進行評估。

除了債務問題，大陸的「一帶一路」合作項目於當地人直接受惠的程度、海外貪腐問題，以及大陸是否透過「一帶一路」輸出威權意識等問題，也引發議論。有學者指出[33]，與各國的大型合作項目，不像日本或美國等西方國家，會考量到人權和環境保護優先等議題，就是典型的威權意識輸出的表現。其次，由於許多合作項目由大陸

[31] Atkinson，「惠譽提出警告：『一帶一路』難獲利，且恐影響中國財政」，2017 年 1 月 30 日，Money DJ，https://finance.technews.tw/2017/01/30/，2017 年 4 月 27 日檢索。

[32] 陳婷詒，「中國的一帶一路會不會默默死掉？」，《天下雜誌》667 期，同前引註。

[33] 李宗憲，「中國『一帶一路』高峰論壇在質疑聲浪中開幕」，2019 年 4 月 24 日，BBC 中文網，https://www.bbc.com/zhongwen/trad/chinese-news-48044005，2019 年 4 月 30 日檢索。

主導建設，在採購和建設階段，對大陸國有企業高度依賴，用的是大陸的原材料、大陸的勞工，對於當地就業機會創造和社會經濟的乘數效果助益，很有限。

此外，「一帶一路」的海外投資，並未擺脫大陸傳統的外援模式，也就是較著重上層關係：大陸主張輸出基礎建設，在實務運作上卻由國企通吃，忽視財務的可持續性[34]；而參與國的高層官員主導，行政支配取代市場分配資源，政績工程造成財政支出過度，更衍生貪腐弊端。

「一帶一路」倡議自推出以來，受到國際社會之高度關注，但各界的評論卻呈現兩極化。中東歐 16 國，以及鄰近的奧地利，南歐的希臘、葡萄牙，地中海國家馬爾他等都與大陸簽訂合作文件和備忘錄；全球七大工業國之一的義大利，頂住了美國和歐盟的壓力，於 2019 年 3 月間，與中國大陸簽署《共同推進一帶一路建設諒解備忘錄》，這對大陸來說，堪稱是項重大突破[35]。不過，有許多國家對於與中國大陸合作持保留態度，其中，美國、印度的反應最為激烈。

以美國為首的一些西方國家稱「一帶一路」倡議將造就基礎設施形象工程，「一帶一路」建設項目將帶來腐敗，缺乏透明，對環境造成衝擊。美國前國務卿蒂勒森（Rex W. Tillerson）批評大陸「一帶一路」倡議是「債務陷阱外交」和「掠奪經濟學」；川普也指出，該項目干擾全球貿易，令人感到受到冒犯。川普政府高層官員，包括副總統彭斯（Michael R. Pence）和現任國務卿蓬佩奧（Michael R. Pompeo）都對該倡議提出公開的批評；美國鷹派人士甚至直指中國大陸為正在透過掠奪性貸款攻城掠地的新興帝國。

據報導，美國已經提出「印太戰略」（Indo-Pacific Strategy）抗衡大陸的「一帶一路」，設置 11,300 萬美元基金用於支持印太地區基礎設施發展項目，同時積極遊說其他盟友抵制「一帶一路」計畫[36]。美國憂慮的是中國大陸在全球的影響力上升，威脅美國霸權地位；而印度做為南亞的大國，則是擔心中國大陸進入南亞，會影響印度的國家利益。

---

[34] 楊少強，「習近平自救大計，一帶一路 15% 拉警報」，《商業周刊》1609 期，2018 年 9 月 12 日，https://www.businessweekly.com.tw/Archive/Article/Index?StrId=67904，2019 年 4 月 30 日檢索。

[35] 黎蝸藤，「G7 國家第一個挺『一帶一路』，義大利成歐美圍堵中國漏洞」，2019 年 3 月 29 日，《新新聞》，https://www.new7.com.tw/SNewsView.aspx?Key=%25&i=TXT20190328104234Y8F&p=117，2019 年 5 月 13 日檢索。

[36] 曹宇帆，「財政差經濟走軟，中國一帶一路倡議恐無疾而終」，2019 年 2 月 19 日，中央社，https://www.cna.com.tw/news/aopl/201902180304.aspx，2019 年 5 月 13 日檢索。

　　再以東協 10 國為例，就區域組織的立場而言，強調「東協中心性」（ASEAN Centrality）與中立性，態度顯得較謹慎 [37]。不過，在「東協加一」的平臺上，東協基於經濟利益以及鄰近中國大陸的地緣關係，早已利用東協─中國高峰會的時機表態支持「一帶一路」。東協各國也在「一帶一路」架構下，分別與大陸簽署諒解備忘錄或是相關合作協議，並都已加入亞投行，成為創始會員國。

　　不過，前述「債務陷阱」說在東南亞引起不少迴響。斯里蘭卡漢班托塔港（Hambantota Port）事件引起國際輿論譁然，也使得東協國家對於「一帶一路」相關建設項目，是否帶來債務陷阱與過度依賴中國大陸的問題，更加小心；其中最受矚目的，莫過於 2018 年馬哈迪上任後，立即擱置與大陸合作的三項計畫，儘管經過重新談判，針對東部海岸鐵路計畫前二階段造價調降三分之一左右後，重新啟建，但後續建設能否順利進行，仍有待觀察。

　　其他「一帶一路」合作項目遇到阻礙，還有進度嚴重落後的印尼雅加達和萬隆之間的高鐵建設，泰國境內的中泰鐵路建設，緬甸基於主權受到侵蝕理由，表示要永久擱置陸資的密松大壩。越南官方對於「一帶一路」倡議，表面上表示歡迎，但在骨子裡態度卻極為謹慎；面對中國大陸擴張主義野心，越南一直抱持警戒態度，擔憂加入「一帶一路」後，更難擺脫中國大陸的政經影響力，對越南經濟主權帶來威脅。事實上，包括斯里蘭卡、巴基斯坦、馬爾地夫等國家，已意識到毫無條件的接受大陸「一帶一路」合作項目之投資，可能會導致主權喪失，因而出現了反彈聲浪，大規模抗爭行動，時有所聞。

　　大陸的「一帶一路」倡議之所以招致相關國家的嚴屬批評，姿態過高、政治上太高調是主要原因。任何大國從事對外特別是大型工商業擴張計畫，地主國基於安全和戰略上的考量，或因內部政治權力爭奪而出現猜忌和抵制的行動，不足為奇，大陸官方這幾年對這個問題不夠重視，事前未做好完善的評估，執行時又我行我素，是造成「一帶一路」合作項目出現爭議的關鍵。

　　其次，「一帶一路」合作項目，大都由大陸的國營企業操控，一條鞭式的營運模式對當地就業、經濟外溢效應有限，透明度不夠、合規程度不夠等問題層出不窮。譬如：寮國與大陸合作建造的泛亞鐵路中段「中老鐵路」，由大陸國有銀行融資、支付

---

[37] 荊柏鈞，「東南亞國家在美中競爭態勢下的經濟戰略」，2019 年 4 月 30 日，《SAEAN PLUS 南洋誌》，https://aseanplusjournal.com/2019/04/30/asean-commentary_asean-amid-us-china-tensions/，2019 年 5 月 10 日檢索。

給大陸建商和大陸工人；又如，大陸在緬甸的投資，過去與當地軍政府合作，弊病貪腐叢生，同時並未達到促進當地工作機會，契合當地發展的期望[38]。

有鑑於近年來大陸經濟成長持續減緩，與美國的貿易戰綿延不斷，又面臨來自取得大陸融資的「一帶一路」沿線國家之反彈，大陸政府面臨的資金供應和國內輿情壓力的確在增加。面對來自國內外有增無減的壓力，大陸在推動「一帶一路」的戰術上已做了微調，姿態上低調了許多，不過，由於「一帶一路」是大陸推進自己地緣政治野心的工具，推測未來在戰略上，不太可能做出重大改變。

今後「一帶一路」計畫會如何發展，仍將持續受到國際社會的矚目。儘管債務陷阱、主權侵蝕等議題引起部分國家的反彈，大陸與沿線國家之間在有些「一帶一路」合作項目上出現齟齬，但雙方透過重新談判，最終大都能獲得陸方減免債務的支持，因此，一般認為，大陸為了達成地緣戰略的意圖，這些紛擾還不至於影響雙邊合作計畫之進行。

不過，從中長期來看，中國大陸與相關國家共建「一帶一路」仍將面臨如何處理與大國關係的難題。大陸提出「一帶一路」戰略，隱含過去的「韜光養晦」外交方針，已全面轉向「有所作為」。習近平曾公開表示[39]，亞洲的安全架構應摒棄「冷戰思維」，探究「新安全理念」，「一帶一路」戰略試圖連結亞太經濟圈和歐洲經濟圈，建立橫跨歐亞的大陸聯盟，是否會對既有的國際區域安全秩序造成衝擊，各國確有疑慮。

譬如：美國是當前國際秩序的領導者，與中國大陸處於競爭關係，不可能附和大陸倡導的「一帶一路」。俄羅斯源於歷史與地緣政治因素，對「一帶一路」的觀感必也五味雜陳，雙方如何協調，確實有其敏感性。歐洲大國、印度等與中國大陸在共建「一帶一路」上或有較多的合作空間與意願，不過，在地緣政治與具體合作方式方面，仍可能存在一些立場差異，有待磨合。大陸若無法與美國、俄羅斯、印度等主要大國管控分歧和摩擦，達成戰略諒解與合作，大國競爭很有可能與沿線國家的內部風險結合，形成一些消極的連鎖反應[40]。

---

[38] 紹沖，「中國『一帶一路』接連受挫，臺灣應把握新南向契機」，2018 年 9 月 12 日，**思想論壇**，https://www.thinkingtaiwan.com/content/7173，2019 年 5 月 13 日檢索。

[39] 2015 年 5 月 21 日，習近平在上海舉行的「亞信峰會」之公開談話，參閱 news.xinhuanet.com/world/2014-05/.../c_126528981.htm，2016 年 5 月 12 日檢索。

[40] 鄒磊（2015），同前引註，頁 286。

參考文獻

Atkinson（2017），「惠譽提出警告：『一帶一路』難獲利，且恐影響中國財政」，Money DJ，2017年1月30日。

王維舟（2015），「美國《外交》：『一帶一路』理想美好，現實嚴峻」，**華爾街見聞**，2015年9月29日。

王義桅（2015），《「一帶一路」：機遇與挑戰》，北京：人民出版社。

石洪濤（2014），「能源安全遭遇麻六甲困局」，**人民網**，2014年6月13日。

申兵（2017），「一帶一路建設進展及重點方向」，**新浪財經頭條**，2017年3月28日，

李珊珊（2017），「『一帶一路』倡『五通』開拓國際合作新模式」，**央視網**，2017年5月4日。

何茂春、張冀兵（2013），「新絲綢之路經濟帶的國家戰略分析：中國的歷史機遇、潛在挑戰與應對策略」，**人民論壇**，2013年12月31日。

林遠（2016），「『一帶一路』是人民幣國際化最重要地區」，《經濟參考報》，2016年4月18日。

金融四十人專欄（2016），「不同國家對中國『一帶一路』究竟怎麼看」，**華爾街見聞**，2016年2月22日。

周建閩（2015），「『一帶一路』：21世紀中國發展戰略」，**中評網**，2015年9月20日。

胡鞍鋼、馬偉、鄢一龍（2014），「『絲綢之路經濟帶』：戰略內涵、定位和實現路徑」，《新疆師範大學學報》（哲學社會科學版）2014年第2期，頁1—10。

徐希燕（2016），《「一帶一路」與未來中國》，北京：中國社會科學出版社。

荊柏鈞（2019），「東南亞國家在美中競爭態勢下的經濟戰略」，《SAEAN PLUS 南洋誌》，2019年4月30日。

陳竫詒（2019），「中國的『一帶一路』會不會默默死掉？」，《天下雜誌》667期，2019年2月25日。

紹沖（2018），「中國『一帶一路』接連受挫，臺灣應把握新南向契機」，**思想論壇**，2018年9月12日。

曹忠祥、公丕萍、趙斌（2020），「走向2020的一帶一路建設：新進展、新形勢和新舉措」，中國對外承包工程學會，2020年2月19日。

梅新育（2013），「新絲綢之路的深意」，**人民論壇網**，2013年12月2日。

梅新育（2015），「絲綢之路謹防深陷『伊斯蘭陷阱』」，**四月網**，2015年1月30日。

推進「一帶一路」建設工作領導小組辦公室，「共建『一帶一路』倡議：進展、貢獻與展望」，**新華網**，2019年4月22日。

楊少強（2018），「習近平自救大計，一帶一路15%拉警報」，《商業週刊》1609期，2018年9月12日。

鄂志寰（2015），「『一帶一路』的經濟金融效應」，收錄於財新傳媒編輯部編，《「一帶一路」引領

中國：國家頂層戰略設計與行動布局》，北京：中國文史出版社。

鄒磊（2015），《中國「一帶一路」戰略的政治經濟學》，上海：人民出版社。

賴怡忠（2015），「『一帶一路』，亞投行，以及臺灣的機會與挑戰」，**想想論壇**，2015 年 4 月 6 日。

黎蝸藤（2019），「G7 國家第一個挺『一帶一路』，義大利成歐美圍堵中國漏洞」，《新新聞》，2019 年 3 月 29 日。

第二篇

兩岸經貿關係

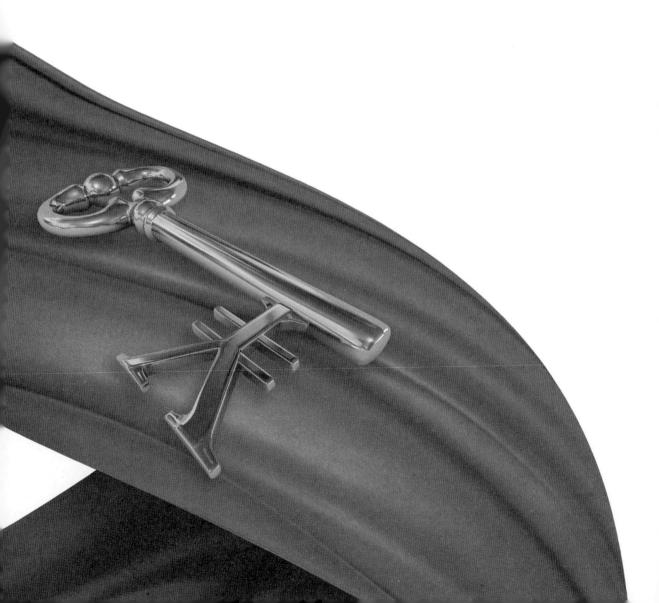

第九章　大陸對臺經貿政策與措施

1979 年以前，兩岸基本上處於軍事對抗的狀態，中國大陸強調要以「武力解放臺灣」、「和平解放臺灣」，而臺灣則以「反共復國」的軍事或準軍事計畫相抗衡，因此，在該期間，兩岸關係可說是敵視對立且完全隔絕的。這種形勢到了 1979 年間，中國大陸決定實行經濟改革與對外開放政策，積極進行四個現代化建設之後，才開始出現轉折。

1978 年 10 月，中共「十一屆三中」全會決議實行改革開放政策，其對臺政策也相應做了調整。1979 年元旦，中國大陸全國人大常委會發表《告臺灣同胞書》，宣示停止炮擊金門、馬祖等島嶼，並提出「實現中國的統一，是人心所向，大勢所趨」，對臺政策隨即由過去的「以武力解放臺灣」調整為「和平方式實現祖國統一」；同時也呼籲臺海兩岸之間，儘快實現通航、通郵與旅遊參觀，進行學術、文化、體育交流。

1981 年 9 月 30 日，中國大陸全國人大委員長葉劍英進一步提出「關於臺灣回歸祖國實現和平統一的方針政策」（一般稱之為「葉九條」）。翌年元月，鄧小平公開提出「一國兩制」的對臺政策思維，宣示「承認臺灣地方政府在對內政策上，可以搞自己的一套」，「臺灣的黨政軍系統，都由臺灣自己管」。從此，「和平統一」和「一國兩制」即成為大陸對臺政策的基本方針。

第一節　大陸對臺政策演變

一、從「武裝解放臺灣」到「和平統一、一國兩制」

「葉九條」的論點，主要包括：(一) 強調和平統一的大政方針；(二) 國共兩黨對等談判，第三次合作，共同完成「祖國統一」大業；(三) 建議雙方共同為通郵、通航、通商、探親、旅遊，以及開展學術、文化、體育交流提供方便，達成有關協議；(四) 統一後，臺灣可做為特別行政區，享有高度自治權，可保留軍隊；(五) 歡迎臺灣工商界人士到大陸投資，興辦各種經濟事業；(六) 希望國民黨當局堅持「一個中國」，反對「兩個中國」之立場，以民族大業為重。一言以蔽之，「葉九條」的思維

主軸在強調兩岸應共同追求「和平統一」，不再提「解放臺灣」（表 9-1）。

表 9-1　中國大陸加入 WTO 前對臺政策主要事件彙整表

公布時間	大事記或官方文件名稱	主要內容
1979/01/01	人大常委會發表《告臺灣同胞書》	提出「和平方式實現祖國統一」構想；鼓吹兩岸「三通」、「四流」
1981/09/30	人大委員長葉劍英發表「進一步闡明關於臺灣回歸祖國實現和平統一的方針政策」（一般稱爲「葉九條」）	提出國、共兩黨談判與第三次合作主張
1984/02/22	鄧小平會見美國喬治城大學戰略與國際問題研究中心代表團	正式提出「一個中國，兩種制度」論點
1993/04/27	第一次辜汪會談於新加坡舉行三天。會後雙方共同簽署四項協議書	兩岸簽署《兩岸公證書使用查證協議》、《兩岸掛號函件查詢、補償事宜協議》、《兩岸聯繫會議制度協議》、《辜汪會談共同協議》等
1993/08/31	國務院臺辦發表《臺灣問題與中國統一》白皮書	強調「爲結束敵對狀態，實現和平統一，兩岸應儘早接觸談判，在一個中國前提下，什麼問題都可以談」
1995/01/30	江澤民發表「爲促進祖國統一大業的完成而繼續奮鬥」講話（一般稱「江八點」）	堅持在「一個中國」、「一國兩制」框架下，發展兩岸關係
2000/02/21	國務院臺辦發表《一個中國的原則與臺灣問題》白皮書	提出「三個如果」的主張，被各界解讀爲大陸對臺用武的三條件

資料來源：作者根據相關資料，自行整理而得。

　　鄧小平的「一國兩制」的對臺政策論述，則特別強調臺灣在兩岸統一後，可享有相當程度的自主行政權力，兩岸的統一「不是我吃掉你，也不是你吃掉我」。

　　「一國兩制」的具體論點主要有 [1]：(一)「三個不變」：包括臺灣的現代社會經濟制度不變、生活方式不變、與外國的經濟文化關係不變；(二)「六個保護」：包括臺灣的私人財產、房屋、土地、企業所有權、合法繼承權、外國人投資等，均受法律保護；(三) 臺灣享有行政管理權、立法權、獨立司法權和終審權；(四) 臺灣可以與外國簽訂商務、文化協定，享有一定的外事權；(五) 臺灣的黨、政、軍、經、財等事宜

---

[1]　參閱《文化報》，1988 年 6 月 15 日，1 版。

自行管理；(六) 臺灣有自己的軍隊，大陸方面不派軍隊，也不派行政人員駐臺；(七) 臺灣特別行政區政府和各界代表人士，可以出任國家行政機構的領導職務，參與全國事務管理。

　　值得一提的是，此一時期對臺政策的決策機制，已逐漸由原來由上而下的「一言堂」，轉變爲有參與、有討論的決策模式。大陸的對臺決策機制，中共中央對臺工作領導小組的位階最高，主要透過黨小組的運作以統一領導事權，發揮最高決策與協調功能。隨著對臺政策之調整，大陸陸續在廈門大學（1981 年）和中國社會科學院（1984 年）設立「臺灣研究所」，加強對臺灣相關問題之研究，並賦予智庫的角色。同時，在 1988 年間，大陸國務院設立「臺灣事務辦公室」，嗣後又在中央一級的各部、委、辦、局及各省、市、區，以及地方的縣、市、州級的政府成立「臺辦」的單位，從此，大陸的對臺工作已從原先的軍事情報、對敵宣傳、統戰鬥爭等工作性質，調整爲日常行政和公開操作的方式，人員參與更是大幅增加。

二、「一個中國原則」與「江八點」

　　江澤民在 1989 年 6 月天安門事件後，接任總書記，並自 1993 年 10 月起，取代楊尙昆成爲中共對臺工作領導小組組長。江澤民掌權後，於 1991 年 12 月 16 日正式成立「海峽兩岸關係協會」，隨後在 1992 年 10 月與臺灣的「海峽交流基金會」在香港進行事務性協商，復於次年 4 月 27 日，在新加坡進行第一次正式協商（一般稱爲「辜汪會談」），並簽署四項協議，開啓兩岸制度化協商的歷史新頁。

　　1993 年 8 月 31 日，中國大陸國務院臺灣事務辦公室發表《臺灣問題與中國統一》白皮書，指出[2]：「和平統一、一國兩制是建設有中國特色社會主義理論和實踐的重要組成部分，是中國政府一項長期不變的基本國策。」其中還特別強調：「爲結束敵對狀態，實現和平統一，兩岸應儘早接觸談判，在一個中國的前提下，什麼問題都可以談。」

　　在 1995 年 1 月 30 日的農曆除夕茶話會上，江澤民發表「爲促進祖國統一大業的完成而繼續奮鬥」講話，就當時發展兩岸關係及推進兩岸和平統一之進程，提出八

[2]　共黨問題研究叢書編輯委員會編，《中共對臺工作研析與文建彙編》（臺北：法務部調查局，民國83年），頁106-125。

項看法和主張（一般簡稱為「江八點」）。「江八點」是鄧小平提出「一國兩制」後，對臺政策最為重要的政策宣示，其中內容可視為中國大陸第三代領導集體接班後的對臺政策綱領性文件[3]。

歸納「江八點」的內容，可以發現「江體制」對臺政策的底線為堅持一中原則，反臺獨、反分裂，並強調不承諾放棄使用武力；首度提出分階段進行兩岸談判的主張，第一步雙方可在一中原則下，正式結束兩岸敵對狀態談判並達成協議。中國大陸為了掌握對臺和平統戰的主動性和積極性，刻意不提「一國兩制」的終極安排，顯示第三代領導人的對臺政策，較以往更具穩健和務實。

兩岸關係和諧之氛圍，隨後因中國大陸不滿李登輝總統訪問美國之言行，展開一連串「文攻武嚇」動作而陷入谷底，原先海基會和海協會已進行多次的事務性協商宣告中斷。1998 年 10 月，海基會董事長辜振甫先生率團訪問大陸，曾為兩岸關係之改善帶來一線曙光，然而，該道曙光隨即於次年因李登輝總統公開表示兩岸關係是「國家與國家，至少是特殊國與國的關係」（一般簡稱為「兩國論」）而消失[4]。

面對「兩國論」之提出，中國大陸高層甚至做出決定表示：要充分準備，一旦臺灣獨立付諸行動，將別無選擇，以武力手段提前解決臺灣問題。為此，中國大陸特別成立了直屬於江澤民領導，包括各軍種、各大軍區司令員在內的軍事委員會，研擬攻臺和嚇臺方案，包括「打、封、登」及各種軍事演習，加大對臺的軍事威嚇。此階段大陸對臺政策的強硬態度，進一步具體的表現在 2002 年 2 月 21 日國務院臺灣事務辦公室所發表的《一個中國的原則與臺灣問題》白皮書中。

2000 年，民進黨贏得總統大選，兩岸關係出現新的局勢，中國大陸重申這樣的結果「改變不了臺灣是中國領土的一部分之事實」，「絕不允許任何形式臺獨，絕不在一個中國原則和主權問題上妥協讓步」，「一個中國原則是和平解決臺灣問題的基礎和前提」，「將與一切贊成一個中國原則、反對臺獨、主張發展兩岸關係的臺灣各界、各黨派加強接觸，為發展兩岸關係，推進統一進程奮鬥」。

對臺工作小組副組長錢其琛更將對臺工作任務簡化為「對臺灣新領導人聽其言，觀其行」。在具體的政策上，中國大陸把「三通」提到戰略高度，表示儘可能彈性處

---

[3] 中共中央臺灣工作辦公室編，《中國臺灣問題》（北京：九州圖書出版社，1998 年），頁 90-94。

[4] 「兩國論」是李登輝總統於 1999 年 7 月 9 日接受德國一家電臺「德國之聲」專訪時提出的，詳情可參閱行政院大陸委員會編，《李總統登輝特殊國與國關係，中華民國政策說明文件》（臺北：行政院大陸委員會，民國 88 年），頁 1-9。

理；並加強與臺灣執政黨之外的政、商、學、媒體等各界人士的溝通，採取較為寬鬆的統戰政策。不過，另一方面，大陸也在沿海地區布置導彈，並舉行大規模軍事演習，加強對臺武備及提升軍人在對臺政策上的決策角色。

不過，江澤民也同時施展兩手策略，在 2002 年 11 月，中共「十六大」的政治報告中，提出在一個中國原則下，什麼都可以談的主張，所謂的「三個可以談」，一是「可以談正式結束兩岸敵對狀態問題」；二是「可以談臺灣地區在國際上與其身分相適應的經濟文化活動空間問題」；三是「也可以談臺灣當局的政治地位問題」**5**。

三、「反分裂國家法」與「胡六點」

中共「十六大」之後，胡錦濤接任總書記，世代交替後的對臺政策，基本上仍承襲「和平統一，一國兩制」與「江八點」的基調，「軟硬兩手，內外有別」交替使用的策略也未有太大變化，在軟的方面是以經濟力量促使兩岸整合，硬的方面是以政治及軍事力量加大對臺灣施壓。

胡錦濤於 2003 年 3 月在全國人大會議上發表對臺工作四點意見（表 9-2），重點是：「要始終堅持『一個中國』原則、要大力促進兩岸的經濟文化交流、要深入貫徹『寄希望於臺灣人民』的方針、要團結兩岸同胞，共同推進中華民族的復興」。大陸領導人還不斷地公開表示，只要是對臺灣同胞有利的事情，只要是對促進兩岸交流有利的事情，只要是維護臺海地區和平有利的事情，只要是對和平統一有利的事情，都會盡最大努力去做。

胡、溫體制強調「一個中國原則」是發展兩岸關係、和平統一的基石，態度強硬，因而對陳水扁總統的「催生臺灣新憲法」、「新憲公投」、「廢除國統會、國統綱領」等言論大肆抨擊。不過，對於政治以外的議題，特別是經貿方面，大陸政府則展現了友善、靈活的政策態度，譬如：開放原產臺灣的水果進口免關稅、臺灣居民來往大陸簡化手續、臺灣學生在大陸實行同等收費標準、放寬臺灣人士在大陸就業的條件等，這是北京高層所展現的「軟的一手」，目的在積極爭取臺灣民心。

針對陳水扁總統競選連任成功，中共臺辦和國務院臺辦，在陳水扁總統就職前

5　維基百科，https://zh.wikipedia.org/wiki/。

表 9-2　中國大陸加入 WTO 後對臺政策主要事件彙整表

公布時間	大事記或官方文件名稱	主要內容
2003/03/11	胡錦濤在全國人大發表對臺工作四項意見（簡稱「胡四條」）	堅持「一個中國」原則，促進兩岸之經濟文化交流，重申寄希望於臺灣人民，另外重申「江八條」對臺政策之看法
2004/05/17	中共臺辦和國務院臺辦發表聲明（一般稱爲「五一七聲明」）	表示堅決制止臺獨活動，強調「臺獨沒有和平，分裂沒有穩定」
2005/03/04	胡錦濤發表「新形勢下，發展兩岸關係的四點意見」（簡稱爲「胡四點」）	只要承認「一個中國」，承認「九二共識」，對任何有利於發展兩岸關係，促進和平統一的意見和建議，都可以談
2005/03/16	全國人大通過《反分裂國家法》	透過立法，抗衡臺灣「法理臺獨」傾向，宣示遏制臺獨的決心
2007/10/15	中共「十七大」政治報告	提出「在一個中國原則的基礎上，協商正式結束兩岸敵對狀態，達成和平協議，建構兩岸和平發展框架」
2008/12/31	胡錦濤在紀念「告臺灣同胞書」發表三十週年座談會	發表「胡六點」，提及雙方可就過渡時期的「政治關係」展開務實探討
2011/07	中共建黨九十週年胡錦濤公開談話	要牢牢把握兩岸關係和平發展主題，全面深化兩岸交流合作，擴大兩岸各界往來，共同反對和遏制臺獨分裂活動
2015/03	全國政協十二屆三次會議，習近平參加民革、臺盟、臺聯委員聯組會時公開談話	強調「四個堅定不移」的對臺政策論述
2017/10	中共「十九大」政治報告	強調對臺工作的根本目標是「解決臺灣問題、實現祖國完全統一」，主要任務是「推動兩岸關係和平發展，推進祖國和平統一進程」
2019/01/02	習近平出席《告臺灣同胞書》四十週年紀念會	發表《爲實現民族偉大復興、推進祖國和平統一而共同奮鬥》，提出 5 項政策主張（一般稱爲「習五點」），強調兩岸「融合發展」

資料來源：作者根據相關資料，自行整理而得。

夕發表聲明（一般稱爲「五一七聲明」），表示「當前兩岸關係情勢雖嚴峻，但堅決制止旨在分裂中國的臺灣獨立活動，維護臺海和平穩定是兩岸同胞當前最緊迫的任務」，同時強調「臺獨沒有和平，分裂沒有穩定」；並在福建沿海，部署導彈瞄準臺灣，舉行大規模軍事演習等。

　　2004 年 9 月，胡錦濤在中共「十六屆四中」全會接任軍委主席，首度集黨政軍大權於一身，也全面主導對臺政策；在反獨重於促統的對臺政策思維下，制訂了《反分裂國家法》對付民進黨政府的「法理臺獨」行動。《反分裂國家法》之制訂，展現「胡體制」對臺政策堅決反對臺獨的強硬面；不過，胡錦濤也有軟的一手，譬如：開放臺灣農產品銷往大陸、推動春節包機等。

　　2005 年 3 月初，胡錦濤發表新形勢下的發展兩岸關係「四點意見」（一般稱為「胡四點」），指出「堅持一個中國原則絕不動搖，爭取和平統一的努力絕不放棄，貫徹寄希望於臺灣人民的方針絕不改變，反對臺獨分裂活動絕不妥協」；該四點意見是繼「葉九條」、「江八點」之後，中共對臺政策的重要宣示，強調「臺灣任何人、任何政黨朝著承認一個中國原則，承認『九二共識』，不管是什麼人、什麼政黨，也不管他們過去說過什麼、做過什麼，我們都願意和他們談發展兩岸關係、促進和平統一的問題」。

　　「胡四點」與《反分裂國家法》完成立法，乃胡錦濤政權從戰略和法理的高度為兩岸關係發展定下基調。

　　2008 年歲末，胡錦濤在紀念《告臺灣同胞書》發表三十週年座談會上，發表題為《攜手推動兩岸關係和平發展、同心實施中華民族偉大復興》的「六點意見」（簡稱為「胡六點」），其中內容承襲了鄧小平、江澤民對臺政策，包括重申「和平統一、一國兩制」、一個中國原則、結束敵對狀態以及達成和平協議等，有其政策一貫性。與過去略有不同的是，闡明了進一步發展兩岸關係的方向和有效途徑，表達「兩岸可以簽訂綜合性經濟合作協議，建立具有兩岸特色的經濟合作機制」，實現兩岸經濟關係正常化，正面回應了馬總統的兩岸政策。其次，對於兩岸和平協議、建立軍事安全互信機制、臺灣參與國際空間等議題，「胡六點」也做出了積極的表態，顯示中國大陸對臺政策呈現新的思維。

　　胡錦濤在 2011 年的元旦茶話會、7 月中共建黨九十週年及 10 月辛亥百年紀念活動上，曾多次強調要牢牢把握兩岸關係和平發展主題，全面深化兩岸交流合作，擴大兩岸各界往來，共同反對和遏制臺獨分裂活動等概念，顯示和平發展、擴大交流和遏制臺獨是當時大陸對臺政策的主軸。

四、「習五點」從「和平發展」到「融合發展」

　　習近平在 2012 年中共「十八大」後接任總書記，揭開了習近平時代的序幕。從他多年來的公開談話及相關的政府工作報告中，可以歸納其對臺政策的思維，除了一手加強反對與遏制「臺獨」之外，另一手則是積極推進兩岸社會經濟融合的「促融」，以及主張透過民主協商的「促統」；不斷提到「兩岸一家親、血脈相連」的概念。

　　關於「反獨」的政策論述，習近平在 2016 年 11 月，紀念孫中山誕辰一百五十週年紀念會上曾提出反對與遏制分裂行為的「六個任何」，也就是「絕不允許任何人、任何組織、任何政黨、在任何時候、以任何形式、把任何一塊中國領土從中國分裂出去」；翌年中共召開「十九大」，政治報告再次強調「六個任何」，展現了中國大陸在反對和遏制臺獨的意志更加堅定，且更具有自信的態度。

　　2018 年 3 月人大、政協兩會期間，習近平繼續公開強調，指出「一切分裂祖國的行徑和伎倆都是註定要失敗的，都會受到人民的譴責和歷史的懲罰！中國人民有堅定的意志、充分的信心、足夠的能力挫敗一切分裂國家的活動」，「祖國的每一寸領土，都絕對不能也絕對不可能從中國分割出去」，再次對「臺獨」發出嚴正警告。

　　中共「十九大」政治報告，比過去更多有關「促統」的論述，譬如：報告強調對臺工作根本目標是「解決臺灣問題，實現祖國完全統一」，明確指出對臺工作的主要任務是「推動兩岸關係和平發展，推進祖國和平統一進程」，「實現祖國完全統一，是實現中華民族偉大復興的必然要求」。明確指出「承認九二共識的歷史事實、認同兩岸同屬一個中國，兩岸就能展開對話」；「秉持兩岸一家親理念，尊重臺灣現有的社會制度和臺灣同胞生活方式，願意率先同臺灣同胞分享大陸發展機遇」，「絕不允許任何人、任何組織、任何政黨、在任何時候、以任何形式、把任何一塊中國領土從中國分出去」。這些論述已成為今後中國大陸對臺工作最重要的指導方針。

　　現階段習李體制推進國家統一的主要作為，乃更積極地透過可操之在我的「單邊立法」與「單方決定」，將兩岸事務形塑成「一國內部事務」。譬如：2018 年 2 月 28 日，國務院臺辦、發改委聯合相關部委等 29 個部門，發布「關於促進兩岸經濟文化交流合作的關措施」，也就是所謂的「惠臺 31 條」，無疑是單邊作為的最典型案例。該項惠臺新措施，試圖進一步擴大兩岸經濟文化交流合作，加速兩岸經濟社會融

合發展。

　　此外，自 2016 年以來，中國大陸對臺推動卡式臺胞證、給予臺灣青年在大陸地區求學、就業、創業、臺胞居民待遇，納入「五險一金」保障[6]、宣布對臺 31 項措施等，都是單方面宣布政策，不願與臺灣官方溝通協商，顯示中國大陸對臺政策逐漸走向單方面決定，不理會臺灣官方的反應。

　　2019 年 1 月 2 日，習近平在《告臺灣同胞書》四十週年紀念會上，發表題為「為實現民族偉大復興，推進祖國和平統一而共同奮鬥」的演講[7]，提出五大對臺政策主張，一般稱之為「習五點」（或稱為「習五條」），具體內容包括：一是攜手推動民族復興，實現和平統一目標；二是探索兩制臺灣方案，豐富和平統一實踐；三是堅持一個中國原則，維護和平統一前景；四是深化兩岸融合發展，夯實和平統一基礎；五是實現同胞心靈契合，增進和平統一認同。

　　值得注意的是，「習五點」重申兩岸同屬「一個中國」，談到「九二共識」時，稱「將秉持求同存異精神，推動兩岸雙方在『一個中國』原則基礎上，共同努力謀求國家統一的『九二共識』」，並延伸鄧小平在 1983 年提出的「鄧六條」[8]，提出「探索『兩制』臺灣方案」，更進一步公開批評「制度不同，不是統一的障礙，更不是分裂的藉口」，試圖畫下其對臺政策的底線，以及為未來兩岸重啟制度化協商，先行定調。

　　「習五點」使用的詞彙，較之過去「江八點」、「胡六點」以及習近平自己過去講話中的用語並無特殊之處，最大的特色在於，一是表達統一的強烈願望，並與實現「中國夢」的目標連結，二是直接面向臺灣論述胡錦濤執政時期所未特別強調的「一國兩制」，呼籲民主協商，三是強調中華民族認同和兩岸融合發展。

---

[6]　「五險一金」是指五種保險，包括養老、醫療、失業、工傷、生育等保險，這五險是《勞動法》規定的，前三種險由企業和個人共同繳納保費，後兩種險完全由企業承擔；一金指的是住房公積金，不是法定的。

[7]　習近平，「為實現民族偉大復興 推進祖國和平統一而共同奮鬥─在《告臺灣同胞書》發表四十週年紀念會上的講話」，2019 年 1 月 2 日，**新華網**，http://www.xinhuanet.com/politics/2019-01/02/c_1123937757.htm，2019 年 11 月 22 日檢索。

[8]　1983 年 6 月 26 日，鄧小平在會見美國西東大學教授楊力宇時，曾提出解決臺灣問題的六條方針，一般稱為「鄧六條」，包括：臺灣問題的核心是祖國統一；制度可以不同，但在國際上代表中國的，只能是中華人民共和國；臺灣不能「完全自治」，自治不能沒有限度；臺灣可以實行不同於大陸的制度，黨、政、軍等系統都由臺灣自己來管；和平統一不是大陸（／臺灣）把臺灣（／大陸）吃掉；舉行兩黨平等會談，實行國共第三次合作，實現和平統一。相關談話內容收入《鄧小平文選》第三卷，題為《中國大陸和臺灣和平統一的設想》。**維基百科**，https://zh.wikipedia.org/wiki/ 鄧六條。

第二節　加入WTO之前，對臺經貿政策與措施

在「一國兩制、和平統一」戰略方針下，中國大陸特別重視促進兩岸經貿交流，認為加強兩岸經貿交流，不只可利用臺灣地區的資金、技術、現代化管理經驗，促進大陸地區經濟發展，增強經濟實力，更可以促使臺灣經濟對大陸經濟的依賴程度不斷提高，最後造成臺灣地區之經濟難以獨立於大陸之外自力成長，最終有利於兩岸「和平統一」早日實現。顯然，大陸對臺經貿政策本身所期望達到的目標，其實不只涉及經濟層面，其政治目的甚至還要高於經濟上的目的。

一、對臺貿易政策措施

就促進兩岸雙邊貿易的作為來看，自 1980 年代初開始，大陸當局即陸續頒布《購買臺灣產品的補充規定》、《關於對臺貿易管理試行辦法》、《關於促進大陸和臺灣通商貿易進一步發展的四點建議》等，提供各種優惠措施，鼓勵廠商進行兩岸直接貿易（表 9-3）。1986 年 1 月，大陸外貿部公布《對臺貿易三原則》，表示凡能直接洽談、直接運貨及能提出臺灣產地證明者，可免稅進口。臺灣貨品如不合乎上述條件者，仍可享受優惠關稅。

表 9-3　加入 WTO 前大陸促進對臺貿易主要政策與措施

公布時間	相關文件或宣示	主要內容
1979/05	外貿部頒《關於開展臺灣地區貿易的暫行規定》	1. 對臺灣貿易是臺灣回歸祖國過渡期間的一種特殊形式的貿易，為祖國統一創造條件 2. 鼓勵大陸各地外貿機構與臺灣公民營企業進行貿易
1980/03	商務部頒《購買臺灣產品的補充規定》	1. 規定凡持有臺灣產地證明之貨品者，其進口視同國內貿易，免徵關稅 2. 凡須進口的日用品而臺灣有能力製造的，原則上要向臺灣購買 3. 凡臺灣商人購買大陸貨品，不但優先供應，並有八折以下優惠價格
1980/08	外貿部頒《關於對臺貿易管理試行辦法》	1. 凡持有臺灣產地證明之貨品，經向外貿部申請許可，免徵關稅 2. 在北京、天津、上海、廣州等地，公開陳列出售標明「臺灣製」的產品

（續下表）

1981/05	國務院宣布	1. 取消對臺灣產品的優惠關稅 2. 取消大陸輸往臺灣產品之優惠價格；規定一定要在臺灣具有身份之人士親赴大陸，才能便宜百分之二十 3. 廢除臺貨免稅規定，改課「調節稅」
1981/10	外貿部頒《關於促進大陸和臺灣通商貿易進一步發展的四點建議》	1. 歡迎臺灣工商界人士來大陸參觀考察，洽談生意 2. 本著互通有無，調劑餘缺的精神進行物資交流 3. 對直接由臺灣輸入大陸的商品在辦理手續上給予方便 4. 歡迎兩岸經貿官員進行會晤
1983	中共中央臺辦、福建省臺辦宣布	1. 開放福建省福州、泉州、廈門為對臺貿易口岸 2. 設立「永宇」、「高平」兩個對臺工作站 3. 在福建成立「新興貿易公司」，負責福建地區對臺貿易工作
1985/06	國務院宣布	1. 禁止購買臺灣之消費品 2. 臺貨集中管理，指定由福建、海南兩地負責對臺貿易，其他各省市不得進行
1985/10	中共統戰部宣布	放寬進口臺灣產品，以家電和紡織品為主，並規定進口臺貨時，如能符合直接貿易形式之某些條件者，可完全免征關稅、調節稅，並優先給匯
1986/01	外經貿部宣布	對臺貿易三原則：凡能直接洽談、直接運貨及能提出產地證明者可免稅進口；臺貨如不符合上述條件者，仍可享受優惠關稅，稅率為百分之四十五
1987/07	國務院頒《關於集中管理對臺灣省貿易的暫行辦法》	1. 對臺灣地區進出口商品實行許可證管理制度，並須報外經貿部審批 2. 對臺貿易統一由外經貿部集中管理 3. 各類貿易公司不得透過外國、外國人及其公司，居間進行對臺貿易 4. 不與設在港澳地區以外的企業，從事大陸對臺之貿易
1988/12	外經貿部宣布	1. 設立「對臺經貿關係司」 2. 自 1989 年 1 月 1 日起，減少自臺灣輸入消費品，對臺灣居民到大陸探親所攜帶物品之免稅規定，將原來的「三大五小」減為「一大五小」
1990/02	國務院頒《關於加強對臺經貿工作之通知》	1. 積極擴大對臺貿易，對臺進出口貿易，必須依循相關法規歸口管理，並加強規範與整頓東南沿海小額貿易 2. 加強對臺經貿管理與協調
1991/07	外經貿部宣布	1. 促進兩岸經貿交流的五項原則：直接雙向、互利互惠、形式多樣、長期穩定、重義守約 2. 核准 89 家公司有權經營對臺進口業務

（續下表）

1993/10	外經貿部與海關總署聯合發布《對臺灣地區小額貿易的管理辦法》	1.對臺小額貿易僅能由指定之對臺小額貿易公司與口岸進行 2.限使用一百萬噸以下臺灣船隻，每航次進出口限額各爲 10 萬美元，應以易貨形式爲主
2000/12	對外經貿合作部頒《對臺灣地區貿易管理辦法》	宣示外經貿部是對臺貿易的主管機關；對臺貿易的貨物由海關依法徵收關稅及進口環節稅

資料來源：作者依相關資料，自行整理。

　　爲加速推動兩岸雙邊貿易往來，並突顯兩岸直接貿易的事實，大陸當局自 1980 年開始，即在大陸東南沿海的福建、廣東、浙江、江蘇四省和上海市，成立許多小額貿易公司，積極拓展與臺灣的漁民和商人進行「沿海小額貿易」或「海上直接貿易」；並陸續開放福建沿海 20 多個口岸作爲對臺小額貿易窗口，設立對臺工作站、對臺貿易小商品市場、對臺貿易商場、臺貨交易市場等。同時，實行若干配套措施，例如：在當地海關核發落地簽證、自臺灣進口金額在 5 萬美元以下者，免徵進口稅、從大陸直接出口臺灣者，一律免徵出口稅，鼓勵直接貿易。

　　值得一提的是，1980 年代大陸對臺貿易政策措施變化非常快，且有逐漸加強規範和管理之勢。較重要的措施包括：自 1985 年 6 月開始，大陸當局對臺灣貨品實施集中管理，指定由福建、海南兩地負責對臺貿易，其他各省市不得進行。嗣於 1987 年 7 月間，國務院公布實施《關於集中管理對臺灣省貿易的暫行辦法》，開始對臺灣地區進出口貨品實行許可證管理制度，且規定全面由國務院外經貿部負責審批，黨政軍機關、各群眾團體、個人（包括臺屬），一律不得設立對臺貿易機構。各類外貿公司不得透過外國、外國人及其公司，居間進行對臺貿易。

　　「小額貿易」一向受到大陸當局的重視與鼓勵，不過，大陸在 1990 年 2 月間，頒布《關於加強對臺經貿工作的通知》之後，開始對東南沿海地區「小額貿易」據點進行整頓，把小額貿易納入省、直轄市指定的貿易點進行，由海關進行監管。1993 年 10 月間，大陸外經貿部和海關總署共同發布修訂之《對臺灣地區小額貿易的管理辦法》，規定對臺小額貿易，只能由臺灣地區居民同大陸的「對臺小額貿公司」進行，而這類公司是由外經貿部授權的沿海省市對外經貿主管機關批准，且限定在指定的口岸（包括福建、廣東、浙江、江蘇、山東、上海）進行交易；從事小額貿易的臺

灣船隻限制在 100 噸以下，且每航次進出口限額各為 10 萬美元 [9]。除另有規定外，對臺小額貿易進出口貨物，均按海關有關徵稅規定進行管理。

　　1990 年 7 月間，大陸外經貿部提出促進兩岸經濟交流的五項原則：直接雙向、互利互惠、形式多樣、長期穩定、重義守約。1994 年，大陸國務院確定了「積極主動、發揮優勢、互補互利、共同發展」的兩岸經貿關係發展總方針。

　　2000 年 12 月 29 日，大陸外經貿部頒布實施《對臺灣地區貿易管理辦法》。按大陸官方說法，該項管理辦法是為了進一步推動兩岸直接三通而制訂的，共十五條。該項辦法強調「一國兩制」的基本原則，首度明確定位兩岸經貿交流是「在一個主權國家內部」，在「一個中國」前提下，「祖國大陸」同臺灣地區之間的經貿交流，刻意彰顯大陸對臺主權的政治意涵（第六條、第十二條），顯示大陸當局對臺政策過去所採用的政、經分離兩手策略已做微調，「一個中國」政策的基本原則，已有加大力度推向經貿、投資領域的趨向。具體而言，新的辦法第六條明文規定：「對臺貿易合同及貨物上不得出現違反『一個中國』原則的字樣及標記，不得出現有礙『祖國統一』的內容。」此一作為隱含高度的政治味，或將對企業的實務操作，造成困擾。

二、吸引台商投資的政策措施

　　為爭取台商前往大陸投資，大陸採取許多措施加以鼓勵與引導（如表 9-4 所示），主要可歸納從提供各項優惠措施、改善投資環境、提供法律保障、開放內需市場，以及提供其他各種行政上的協助與方便等方面來觀察。

(一) 提供優惠待遇

　　大陸提供臺灣投資者的優惠待遇，其優惠之程度甚至超過一般外商所能享受的。舉例而言，在改革開放初期，大陸規定日、美和西歐各國商人投資的設備需屬現代化的先進設備，而台商卻可以使用過的舊機械設備前往投資。臺資企業在建設期間和開始生產後一定期限內，可免徵土地使用費，產品可以內銷 30%，並可享受稅捐減免。又如，關於合資企業所得稅，一般外商合資企業只能享受「二免三減」（即前

---

[9] 《人民日報》海外版，1993 年 10 月 13 日，第五版；轉引自姜殿銘主編，《臺灣一九九三》（北京：中國友誼出版社，1994 年），頁 425。

表 9-4　加入 WTO 前大陸吸引台商投資主要政策與措施

公布時間	相關文件或宣示	主要內容
1981/09	「葉九條」	歡迎臺灣工商界人士到大陸投資，興辦各種經濟事業，保證其合法權益和利潤
1983/04	國務院頒《關於臺灣同胞到經濟特區投資的特別優惠辦法》	稅捐減免、提供百分之三十產品內銷，以及臺資企業在建設期間和投產一定期限內，免徵土地使用費
1988/07	國務院頒《關於鼓勵臺灣同胞投資的規定》	提供台商較一般外商更多優惠之條件，如經營期間不受限制、審批手續更加簡化、投資方式更加靈活、對台商投資者和其他資產不實行國有化等
1989/05	國務院宣布	正式批覆福建省關於設置「台商投資區」的報告，設置地點在：廈門的杏林、海滄、閩江口琅岐島等
1990/02	國務院頒《關於加強對臺經貿工作的通知》	1. 認真做好吸引臺資工作，按國家產業政策引導，爭取大型臺資項目 2. 努力改善投資環境，並積極解決台商投資所面臨的難題
1992/05	外經貿部宣布	1. 開放內銷市場與第三產業，並給予台商特殊優惠 2. 福建漳州新闢臺灣農經技術開發區
1994/03	全國人大常委會通過《臺灣同胞投資保護法》	宣示授予臺資企業充分的經營自主權；依法保護臺灣同胞投資者的投資、投資收益和其他合法權益
1994/04	人民銀行發布《臺資在大陸辦銀行與監管問題的通知》	同意准予試辦臺資銀行
1999/12	國務院頒《臺灣同胞投資保護法實施細則》	規範台商投資範圍；宣示臺資企業權益受國家法律保護，並享受國民待遇；合法收益可依法匯出境外或匯回臺灣

資料來源：作者依相關資料，自行整理。

兩年免稅，後三年減半徵收）的優惠，臺資企業卻可享受「四免五減」等更多的優惠[10]。

　　此外，依據《鼓勵臺灣同胞投資之規定》，大陸對台商仍有若干比外商更為優惠的待遇，例如：投資領域不限，對於企業的技術水準和設備是否屬先進，不予限制；不規定投資期限；臺胞可擔任合資及合作經營企業的董事長；在企業工作的臺胞個人可免稅進口自用的生活用品和交通工具；台商投資的審批時間最長不超過四十五天；

[10]　陳東壁，《大陸涉臺經貿法律問題之研究》（臺北：海峽交流基金會，民國 81 年），頁 5。

台商可以購買大陸企業的股票、債券、固定資產和房地產，也可在某些特定地區從事土地開發經營；臺灣投資者個人及其企業從境外聘請的技術和管理人員，可申請辦理多次入出境的證件等[11]。

1990 年 7 月間，大陸吸引台商投資的優惠政策曾做了部分調整，譬如：對高汙染工業及大陸已過剩之產業加以限制、督促臺資企業確保勞工權益及重視環保問題等，顯示大陸對臺灣廠商赴大陸從事商務活動之管理，有逐漸嚴格的趨向。此外，該次調整還對大陸各地區對台商所提出的優惠條件予以統一；鼓勵中小企業投資，加強吸引「大台商」與重大投資項目，尤其是資本，技術密集與高科技產業，並鼓勵台商轉赴大陸內地投資設廠[12]。

(二) 改善投資環境

大陸當局為吸引臺灣工商界人士到大陸投資並利於控制管理，在四個經濟特區及福建沿海加緊基礎建設，改善用電、用水、通訊以及交通運輸條件等投資環境。另外，又在福建、廣東、海南沿海特定地區相繼闢建多處「台商投資區」、「臺灣工業區」、「臺灣加工區」，提供各種特殊優惠措施，以吸引台商前往投資。

1990 年代之後，隨著開放地區不斷擴大，台商到大陸投資有逐漸向北移動的傾向。大陸為鼓勵及吸引台商赴內陸及北方地區投資，設置「台商投資區」，築巢引鳥的作法快速擴展至大陸各地；並積極改善台商投資區基礎設施不足和行政效率不佳等問題。

另外，針對某些地方攤派及收費浮濫，影響台商企業正常經營的現象，大陸當局明令禁止；同時也加強對臺資企業生活領域的服務，臺胞在購買住房、住宿、醫療、辦理機動車牌證及臺胞子女上學等方面，均可享有優惠。

(三) 提供法律保障

為消除臺灣投資者的不安全感，大陸各地皆曾發布鼓勵台商投資的法規，但以在

---

[11] 不過，必須補充說明的是，大陸給予臺灣投資者的這些優惠待遇，隨後也適用於海外華僑和港、澳同胞。同時，大陸對於其他外商投資的限制也逐步放寬，台商投資所能享受的優惠待遇，若干年後，已逐漸被拉平。

[12] 經濟部，「中共對臺經貿策略與動向」，《中共對外經貿研究》第 390 期，民國 81 年，頁 7。

1988 年 7 月間，國務院公布的《關於鼓勵臺灣同胞投資之規定》較爲具體。嗣因《關於鼓勵臺灣同胞投資的規定》係由國務院制訂發布，在法律位階上，屬行政法規。1994 年 3 月間，大陸全國人大會議另通過公布《臺灣同胞投資保護法》，提升對台商投資保障的法律位階，以彰顯其對台商投資權益保護的關切，其重要內容，整理如表 9-5。

　　大陸國務院嗣於 1999 年 12 月間，公布實施《臺灣同胞投資保護法實施細則》。細則的內容，主要包括台商可投資領域、審批及管理制度、稅負及其他優惠、應受保障之權益、商務糾紛之解決及仲裁方式等。歸納其中重點，首先是確定了台商的外商地位。該實施細則明訂，臺灣同胞投資適用「投資保護法」及本細則，「投資保護法」及本細則未規定的，「比照適用國家有關涉外經濟法律、行政法規」。由此可知，直接投資的台商在法律上準照外商（第五條），間接投資的台商爲法律事實上外商，則可以比照適用本實施細則（第三十條）。

　　其次是增列國民待遇條款（第十九、二十三條）。例如：第二十三條規定：「國家機關對臺灣同胞投資企業收費的項目和標準，應當與大陸其他同類企業相同。」

　　第三是對台商權益與人身自由之保護（第二十至二十五條）。特別強調對臺灣同胞投資者之投資，不實行國有化和徵收，但在特殊情況下，根據社會公共利益的需要，可以依照法律程序實行徵收，並給予相應的補償；臺灣同胞投資的財產和依法獲得的投資利益，得依法轉讓和繼承，其他合法收入得依法匯出。

　　第四是投資爭議之處理，有明確規定（第二十三、二十七、二十八、二十九條）。其中關於仲裁條款，《臺灣同胞投資保護法》第十四條規定，並未限制或暗示仲裁機構的範圍，實施細則第二十九條規定了仲裁機構爲「中國的仲裁機構」，其地點模稜兩可，無法確定。就字面上了解，似乎只能選擇「中國的」仲裁機構。臺灣同胞投資者究竟是否享有外國投資者的法律地位？若是，則台商在大陸與大陸企業、其他經濟組織或者個人所簽訂的合同，屬於對外合同，可以選擇世界各地任何仲裁機構；否則，只能選擇「中國的仲裁機構」。

表 9-5　1994 年版《臺灣同胞投資保護法》主要內容

適用對象	臺灣地區的公司、企業、其他經濟組織或個人
投資形式	1. 可以舉辦獨資、合資、合營企業 2. 可以採用法律、行政法規規定的其他投資形式 3. 舉辦企業，應當符合國家的產業政策，有利於國民經濟的發展
投資項目	適用其他法律、行政法規對臺胞投資的規定。
出資型式	1. 可自由兌換之貨幣 2. 機器設備或者其他實物 3. 工業產權 4. 非專利技術 5. 可用投資獲得利益再投資
投資之保護	1. 國家依法保護投資者的投資、投資收益和其他合法權益 2. 投資必須遵守國家的法律、法規 3. 投資不實行國有化和徵收；在特殊情況，根據社會公益的需要，可以依照法律程序實行徵收，並給予相應的補償 4. 投資的財產、工業產權、投資收益和其他合法權益，可以依法轉讓和繼承 5. 投資者依法獲得的投資收益、其他合法收入和清算後的資金，可以依法匯回臺灣或者匯往境外
經營期限	適用其他法律、行政法規對臺胞投資之規定
自主權之保障	依照法律、行政法規和經審批機關批准的合同、章程進行經營管理活動，其經營管理自主權不受干涉
審批方面	1. 應當向國務院規定的部門或者國務院規定的地方政府提出申請 2. 審批機關應當自接到全部申請文件之日起四十五日內，決定批准或者不批准 3. 收到批准證書之日起三十日內，依法向企業登記機關登記註冊，領取營業執照
稅收優惠	依照國務院關於鼓勵臺灣同胞投資的有關規定，享受優惠待遇
非稅收優惠	1. 可以委託親友，做為其投資的代理人 2. 投資集中的地區，可以依法成立臺灣同胞投資企業協會，其合法權益受法律保護
爭議之解決	1. 發生與投資有關的爭議，當事人可以透過協商或調解解決 2. 當事人不願協商、調解的，或者經協商、調解不成的，可以依據合同中的仲裁條款或者事後達成的書面仲裁協議，提交仲裁機構仲裁；當事人未在合同中訂立仲裁條款，事後又未達成書面仲裁協議的，可以向人民法院訴訟

資料來源：《國人赴大陸投資的契機與風險》，一版（臺北：法務部調查局出版，民國 83 年 6 月），頁 74。

(四) 開放內需市場

　　大陸外經貿部於 1992 年 5 月公開表示，要開放大陸內需市場和第三產業，並給予臺資企業特殊優惠，以吸引台商赴大陸投資。臺灣同胞投資保護法》頒布實施之後，福建省、廈門市、北京市、撫順市、四川省、南京市、江蘇省等七個省市先後頒訂名稱不一的臺胞投資保護法，給予臺資企業某一比例的內銷權，部分省市甚至給予百分百內銷權。

　　隨著臺灣逐漸放寬廠商赴大陸投資的限制，大陸乃積極爭取臺灣大企業、大財團投資，尤其是臺灣高科技產業，如電子資訊和半導體產業頗具規模，在國際上也具有相當大的競爭力，成為大陸各級政府積極拉攏的對象，不只給予土地、租稅的優惠，更提供低利融資的協助。江蘇、廣東、上海等省市憑藉優越的區位，以及積極招商的行動，成為臺灣高科技產業偏好選擇的投資地點，並逐漸形成產業聚落。

五、其他各種行政上的協助與方便

　　首先是縮短審批時間，例如：大陸當局在《鼓勵臺灣同胞投資的規定》第十九條中規定，各級政府對外經貿部門或指定機關在受理臺灣投資者申請投資之案件時，應在收到全部申請文件之日起四十五天內，完成審批手續。這項規定顯然較一般外商所適用的三個月限期之規定[13]，審批作業更具效率。其次，大陸為吸引台商投資，先後在北京、上海、天津、大連等大城市成立「臺胞經貿服務中心」，提供各種投資諮詢服務，包括對臺經貿政策和法律服務、承辦兩岸經貿項目洽談業務、提供各項經貿信息及諮詢服務、協助解決經營困難與糾紛仲裁等。又如，為擴大兩岸經貿交流，強化對漁民之服務與接待，除修建福建、江蘇和浙江等省分沿海漁港港埠設施外，更設立「臺灣同胞接待站」，提供各種必要之服務。

---

[13] 大陸國務院公布《關於鼓勵外商投資的規定》第十七條規定，1986 年 10 月 11 日公布實施。

第三節　胡溫體制下，對臺經貿政策與措施

一、民進黨執政時期（2000年5月～2008年5月）

　　兩岸先後於 2001 年底、2002 年初，分別加入 WTO，在貿易自由化的規範下，大陸商務部一再表達臺灣應擴大開放大陸產品進口；在另一方面，大陸中央也要求各省市持續舉辦各種展覽會、貿洽會及商品交易會，以促進兩岸貿易往來。

　　2005 年間，國民黨、親民黨與新黨等泛藍陣營人士，先後組團訪問大陸，就推動兩岸經貿關係、促進兩岸關係改善和發展交換意見，並達成許多共識。大陸當局為展現誠意，陸續採取了多項經貿推動措施，包括實現台商春節包機；擴大臺灣水果准入品種（由 12 種增加至 18 種），並對其中 15 種水果實行進口零關稅措施；批准福州、漳州「海峽兩岸農業合作實驗區」功能擴大到福建全省範圍；在福建、山東、黑龍江等地設立或籌設臺灣農民創業園；舉行兩岸論壇共同研商制訂資訊產業技術標準；由國家開發銀行提供台商企業 300 億元人民幣額度的開發性專業貸款等。

　　2006 年 4 月間，首次召開的「國共兩岸經貿論壇」曾達成 7 項「共同建議」及 15 項對臺優惠措施（表 9-6），包括提供 11 種臺灣蔬果零關稅登陸、擴大臺灣捕撈和養殖水產品在大陸銷售。2006 年 10 月，第二次國共經貿論壇結束後，大陸再次公布 20 項擴大和深化兩岸農業合作措施，並給予臺灣農產品進口優惠，提供臺灣農產品在大陸運輸服務和通行保障等措施。全球金融海嘯爆發以來，兩岸貿易往來嚴重受創，大陸經貿高層鼓勵各省市組織採購團，加強對臺灣採購。

　　大陸宣布的十五項開放措施，幾乎「無所不包」。就實質內容看，大陸政府似有計畫地加強對臺農漁民工作；譬如：自 2001 年終止向臺灣輸出漁工的政策，2006 年 5 月中旬，公開宣布再次開放大陸漁工輸臺，雙方民間行業組織並簽署《關於合作開展漁工勞務業務的協議》。

　　2006 年 10 月中旬，「國共兩岸農業合作論壇」結束後，大陸再次公布 20 項擴大和深化兩岸農業合作措施，並給予臺灣農產品進口優惠，提供臺灣農產品在大陸運輸服務和通行保障等措施。其中內容涉及四大方面，第一是關於進一步完善海峽兩岸農業合作試驗區和臺灣農民創業園建設；第二是關於鼓勵和支持兩岸農業合作與技術推廣、擴大合作領域方面；第三是關於優化服務、便利兩岸農產品貿易和大陸臺資農

表 9-6　胡溫體制下對臺主要政策與措施

公布時間	相關文件或宣示	主　要　內　容
2003/03	發布《臺灣同胞投資企業協會管理暫行辦法》	加強對臺資企業協會的管理
2006/04	首屆國共兩岸經貿論壇	達成 7 項「共同建議」及 15 項對臺優惠措施
2006/10	第二屆國共兩岸農業合作論壇會後宣示	公布 20 項擴大和深化兩岸農業合作措施，並給予臺灣農產品進口優惠
2007/01	國臺辦推動成立「台商權益保障工作聯席會議」	由 33 個中央級機關單位組成
2008/12	王毅在第四屆兩岸經貿文化論壇閉幕談話	宣布 10 項對臺經貿優惠措施
2009/05	國務院公布《關於支援福建省加快建設海峽兩岸經濟區的若干意見》	1.定位「海西區」定位為深化兩岸經濟合作的實驗場 2.在平潭島規劃設立「兩岸合作試驗區」
2011/04	國家發改委公布《海峽西岸經濟區發展規劃》	強調「要將海峽西岸建設成為科學發展之區、改革開放之區」，定位「海西區」為福建與臺灣產業分工合作之平臺

資料來源：作者依相關資料，自行整理。

業企業產品銷售方面；第四是關於保護臺灣農產品智財權，維護臺灣農民正當權益方面，主要包括：加強市場監督管理、取締假冒臺灣水果名義在大陸市場銷售；歡迎臺灣農產品在大陸註冊商標，取得《商標法》的保護。

二、國民黨再度執政時期（2008年5月以後）

　　2008 年 3 月 22 日，國民黨贏得總統大選，兩岸關係隨即逐漸升溫，互動愈趨頻繁。馬、蕭政府所揭示的兩岸政策，在經貿方面，強調「兩岸經貿往來全面正常化」，減少管制、擴大開放、促進經濟合作，基本上是受到北京當局歡迎的。中共中央臺辦主任王毅在 2008 年 12 月間國共「兩岸經貿文化論壇」閉幕式上提出十項政策措施，是當年大陸政府對臺經貿政策較具體的陳述，主要內容為：支持大陸的臺資企業發展；加強臺資企業融資服務；支持和幫助大陸臺資企業轉型升級；鼓勵和扶持臺資企業自主創新；推動兩岸雙向投資，頒布實施《關於大陸企業赴臺灣地區投資項目管理有關規定的通知》；加強兩岸產業合作，特別針對開發利用新能源、促進傳統中

藥現代化、電子信息產業等領域；拓展兩岸農業合作平臺；擴大臺灣鮮活農產品在大陸銷售；允許符合條件的臺灣居民在大陸從事律師職業。

　　2009 年 5 月，大陸國務院發布《關於支援福建省加快建設海峽兩岸經濟區的若干意見》後，將「海西區」定位為深化兩岸經濟合作的實驗場，尤其在平潭島規劃設立「兩岸合作試驗區」，對臺灣的部分商品進行減讓關稅、推動金融合作等政策。同時間，大陸首度在廈門舉辦「海峽論壇」，王毅在論壇大會上指出，大陸願意以積極和開放態度，與臺灣商談簽署符合兩岸經濟發展需要，具有兩岸特色的「經濟合作框架協議」，另宣布推動陸資企業赴臺投資、擴大對臺產品採購、促進大陸居民赴臺旅遊、進一步向臺灣居民開放專業技術人員資格考試項目等，8 項惠臺措施。

　　2011 年 4 月，大陸國家發展和改革委員會發布《海峽西岸經濟區發展規劃》，強調「要將海峽西岸建設成為科學發展之區、改革開放之區」，定位為福建與臺灣產業分工合作之平臺，藉由優惠措施，吸引更多臺資企業前往投資。

　　值得一提的是，馬總統執政後，重啟了中斷將近十年的兩岸制度化協商機制，並自 2008 年 6 月開始，先後舉辦 11 次正式協商，簽署了 23 項協議，以及共同聲明、共識和共同意見各一項，從而大陸對臺經貿政策大幅開放，兩岸經貿交流全面占開。詳細內容將在本書另一章討論。

第四節　習李體制下，對臺經貿政策與措施

　　中國大陸爭取台商的策略與時俱進。早期爭取台商的策略，目的在「招商引資」，進入二十一世紀，大陸爭取台商的策略提升至 2.0 版，特別強調「讓利」，尤其在馬政府執政期間（2008～2016 年），兩岸雙向交流愈趨頻繁，大陸無論是組團登臺參訪、採購，還是兩岸簽署各項協議，爭取台商的策略，基本上都具有明顯的「讓利」色彩，主要的目的為落實兩岸和平發展，創造更多的兩岸和平紅利。

　　近年來，中國大陸爭取台商的策略進一步調整，將焦點轉移至「普惠融合」，目標在增進兩岸共同利益，福澤外溢於所有臺灣民眾，尤其注重中小企業、中低收入、中南部地區，以及青年族群，所謂「三中一青」，以及「一代一線」，直接惠及全臺灣的「這一代青年」與「第一線基層」。在普惠融合的政策下，吸引的不再只是臺灣的企業、資金，而是臺灣的人才、智慧和創意；此外，也較過去更注重精神與思想層面的兩岸融合，不再侷限於經濟面的利誘。

太陽花學運之後，大陸對臺工作重點轉向「三中一青」，臺灣青年成為大陸政府亟欲拉攏的對象（表9-7）。2015年，大陸提出「雙創」政策，發布《關於發展眾創空間推進大眾創新創業的指導意見》，之後各地爭先恐後設置創客空間，針對臺灣青年的就業創業基地和示範點，提供百萬的創業基金扶持、工商註冊便利服務等優惠。迄2018年底，已在20個省市設置了76個就業創業基地和示範點，主要集中在北京、上海，還有台商群聚的福建、廣東、浙江、江蘇等省市；據報導，創業臺青的業態相當多元，主要有互聯網、生技、文創、設計、文化、教育等。

表9-7　習李體制下對臺主要政策與措施

公布時間	相關文件或宣示	主要內容
2014/04	國臺辦主任張志軍在博鰲亞洲論壇公開談話	對臺政策的重點工作從過去的「三中」(即中小企業、中低階層、中南部民眾)，調整為「三中一青」（指臺灣青年）
2015/10	中共「十八屆五中」全會會議公報	提到「以互利共贏方式深化兩岸經濟合作，讓更多臺灣普通民眾、青少年和中小企業受益」
2017/03	俞正聲在全國政協會議開幕致詞	將「加強與臺灣『基層一線和青年一代』（簡稱「一線一代」）交往交流，厚植兩岸關係和平發展民意基礎」
2017/10	中共「十九大」政治報告	提出要「擴大兩岸經濟文化交流合作，持續深化兩岸經濟社會融合發展，實現互利互惠」，逐步為臺灣同胞提供與大陸同胞同等的待遇
2018/02	公布《關於促進兩岸經濟文化交流合作的若干措施》（一般稱「惠臺31條」）	1. 其中12條涉及給予臺資企業與大陸企業同等待遇 2. 另19條則涉及臺灣民眾在大陸學習、創業、就業、生活的同等待遇
2019/11	公布《關於進一步促進兩岸經濟文化交流合作的若干措施》（簡稱「26條措施」）	1. 涉及為臺資企業提供同等待遇的措施，共計13條 2. 涉及為臺灣同胞提供同等待遇的措施，有13條

資料來源：作者依相關資料，自行整理。

總而言之，大陸近年來在爭取台商策略上所做的調整，是習近平治國理政的重要部分。2017年10月間，中共召開「十九大」，習近平在發表的政治報告中表示[14]，

---

[14] 莊吟茜，「十九大報告涉臺論述：變與不變」，2017年10月19日，**中國評論網**，http://hk.crntt.com/doc/1048/4/9/4/104849403.html?coluid=93&kindid=10095&docid=104849403，2018年12月20日檢索。

「兩岸同胞是命運與共的骨肉兄弟，……願意率先同臺灣同胞分享大陸發展的機遇」，並具體提出要「擴大兩岸經濟文化交流合作，持續深化兩岸經濟社會融合發展，實現互利互惠，逐步爲臺灣同胞在大陸學習、創業、就業、生活，提供與大陸同胞同等的待遇，增進臺灣同胞福祉；推動兩岸同胞共同弘揚中華文化，促進心靈契合」，這是第一次中共最高領導人提到「國民待遇」的惠臺措施。

自中共「十九大」之後，大陸對臺政策係以「兩岸社會經濟融合發展」爲主軸。習近平提出的兩岸融合發展觀，不只涵蓋「認親融合」、「照顧融合」，還包括更深的「融入融合」境界；「融合發展」所展現的企圖心，已從原來社會、文化層面，到經濟、政治層面，事實上已是綜合性戰略思考。從習近平的思想體系來看，兩岸融合發展根本就是實現「中國夢」、「中華民族偉大復興」的重要組成部分。

現階段中國大陸推進兩岸「和平統一」的主要措施，是進一步擴大兩岸經濟文化交流合作，促進兩岸經濟社會融合發展。

2018 年 2 月 28 日，國務院臺辦公布《關於促進兩岸經濟文化交流合作的若干措施》，即一般所謂的「惠臺 31 條」政策措施，各省、市地方政府依據該項政策，陸續公布地方的惠臺政策措施，以及給予臺灣人民在中國大陸工作應聘、就業、生活、就學、住房公積金……等優惠待遇，給予在地化居民相同權益的「同等待遇」。開放力度之大、範圍之廣、涉及部門之多，大大超出各界的預期。該項新惠臺政策，堪稱開啓了中共對臺「經貿促統、融合發展」的新時代[15]。

「惠臺 31 條」政策措施中，12 條涉及給予臺資企業與大陸企業同等待遇，另 19 條則涉及臺灣民眾在大陸學習、創業、就業、生活的同等待遇，包括開放報考 134 項國家職業資格、提供醫生與金融從業人員等專業人員取得大陸從業資格，更便利及放寬臺灣影視、圖書等進入大陸市場限制等。

與過去著重來臺採購、投資、交流，該 31 條惠臺新政策措施，策略作爲上是從「讓利給臺灣」向「磁吸臺灣資源到大陸」轉變，也就是轉向吸引臺灣人才、企業、資金、技術到大陸；儘管仍然強調「優惠分享、協同成長」，但近期更重視對臺「經貿促統、融合發展」，與過去比較，本質上已大不相同。

「惠臺 31 條」是否眞的在各方面都給予臺資企業和臺灣民眾「同等待遇」？或甚

---

[15] 郭正亮，「中國磁吸效應，新惠臺政策發力—多面向開放，磁吸臺灣人才、行業、資金，2018 年 6 月 27 日，**智勝文化**，https://www.bestwise.com.tw/cross/post.aspx?ipost=2604，2019 年 11 月 22 日檢索。

至超越外資企業、外國投資者、外國人的優惠待遇？就前 12 條關於提供臺資企業同等待遇的規定，與中國大陸現有涉及外資企業相關領域的政策逐一比較[16]，可以發現（參閱表 9-8）其中 6 項是外資企業也享有的待遇，有 3 條措施是外資必須附加更嚴苛的前提條件才能享受的[17]；另外的 3 條，是外資企業根本不能享受的。

以企業用地為例，「惠臺 31 條」中第 7 條明確指出：臺資企業與大陸企業同等適用用地政策，規範外商投資企業的《外商獨資企業法》、《中外合資經營企業法》、《中外合作經營企業法》等，所謂的「外資三法」，雖然都有涉及三資企業用地事項，但是都沒有與大陸企業「同等待遇」，要求較嚴格，顯示依據 31 條惠臺措施，臺資企業在大陸可以享受比外資企業更優惠的待遇。

值得一提的是，「惠臺 31 條」措施並非都是全新構想，同時，未來這些政策措施能否貫徹實施，仍有待觀察。關於投資和經濟合作領域的 12 條措施，只有 3 條是全新的創意，而另外 9 條與外資同等待遇或略有優惠的待遇，其實都是既有政策的重新包裝。也就是說，該 9 條措施過去就適用於臺資企業，只因為中國大陸長期以來，在相關領域中，把臺資比照外資對待。

關於提供臺灣民眾在大陸學習、創業、就業、生活的同等待遇方面，涉及服務貿易領域的內容。根據 WTO 現行規定，服務貿易市場准入採正面表列；中國大陸在服務貿易領域以及一些涉及移民和居民問題等，在加入 WTO 的談判中，本來就沒有做太多的開放承諾，因此，外國人在大陸的學習、創業、就業和生活等方面，顯然不會有太深的參與機會。至於港澳同胞，以香港為例，借助於《大陸與香港更緊密經貿關係安排》（CEPA），或可獲得大陸的一些特殊待遇。外國人、港澳人士獲得的待遇，與「惠臺 31 條」相比，有哪些異同之處？

根據表 9-9 資料分析比較，可以發現「惠臺 31 條」的確在若干方面提供臺灣民

---

[16] 中國大陸自建立上海自貿試驗區以來，自貿區外資准入的負面清單已從 2013 年的 190 項，減少到 2015 年的 122 項；2017 年版（包括 11 個自貿區）外資准入負面清單進一步減至 95 項，投資領域的開放程度逐年擴大，並已在全大陸逐步複製推廣外資准入的准入前國民待遇和負面清單。此外，中共國務院及各部委也陸續頒布實施若干促進對外開放的文件，例如：2017 年《國務院關於擴大對外開放積極利用外資若干措施的通知》（國發 2017 第 5 號文件）、2017 年《國家重點研發計畫管理暫行辦法》、2018 年 3 月的《中國人民銀行公告〔2018〕第 7 號》等。參閱王俊，「『惠臺 31 條』：研讀與思考」，《中國評論》第 251 期，2018 年 11 月號，http://hk.crntt.com/doc/1052/3/3/5/105233546.html?coluid=7&kindid=0&docid=105233546&mdate=1123111927，2020 年 1 月 2 日檢索。

[17] 例如：參與國家重點研發計畫項目，受聘於大陸境內的外籍科學家領銜申報，須具備兩個條件，即符合中國大陸科技部「關於發布國家重點研發計畫重點專項年度項目申報指南的通知」的「需要」和「要求」的。

表 9-8　「惠臺 31 條」措施下臺資企業可享同等「國民待遇」優勢

政策	臺資	外資	備註
參與中國製造 2025	Y	Y	
享受稅收優惠政策	Y	以 2009 年爲界，就研發費用、研發人數和設備費用設置了不同的門檻	外資待遇略低於臺資
參與國家重點研發計畫項目	Y	外籍科學家領銜申報需具備兩個條件：即「指南」需要和符合「指南」要求	外資待遇略低於臺資
基礎設施建設	Y	Y	
政府採購	Y	Y	
國有企業混合所有制改革	Y	有序吸收外資參與國有企業混合所有制改革	外資待遇略低於臺資
企業用地	Y	N	外資待遇低於臺資
向中西部和東北地區轉移	Y	N	外資待遇低於臺資
農業企業享受政策	Y	N	外資待遇低於臺資
小額支付	Y	Y	
徵信服務	Y	Y	
銀團貸款	Y	Y	

說　　明：1. 表中 Y 代表「惠臺 31 條」中提出的相關措施；N 代表沒有相關政策。

　　　　　2. 表中的「指南」，是指中共科技部「關於發布國家重點研發計畫重點專項年度項目申報指南的通知」而言。

資料來源：王俊，「『惠臺 31 條』：研讀與思考」，《中國評論》第 251 期，2018 年 11 月號，表 1。

眾較優惠的待遇，顯示中國大陸爲臺灣青年學子、專業證照與從業者、大學教師等提供就業、創業的管道，統戰手段推陳出新，磁吸臺灣人才可謂用盡了心力。

　　此外，值得注意的是，爲吸引臺灣民眾赴大陸就業、就學，大陸各地方政府莫不卯足全力推出各項政策，例如：上海市 55 條、福建省 66 條、廈門市 60 條、寧波市 80 條、浙江省 76 條等。根據統計，截止 2019 年 8 月底，大陸各地配合 31 條惠臺政策措施而公布實施的地方惠臺措施，總數接近 3,200 條。

　　近期大陸對臺政策從戰略層面看，可以概括爲兩句話，一是推動兩岸關係和平發展，反對臺獨，二是推動和平統一的進程，也就是「反對臺獨、促進統一」，該基調自 1990 年代以來，基本上沒有改變過。預料未來一段期間內，也不會調整。

　　習近平在 2019 年初出席《告臺灣同胞書》四十週年紀念會上，發表題爲《爲實

表 9-9　「惠臺 31 條」措施下臺籍人士可享同等「國民待遇」優勢

政策	臺籍人	港人	外國人
國家職業資格考試	134 項	43 項	N
千人計畫、萬人計畫	Y	Y	Y
申報國家項目	Y	國家社科基金只可參與	國家社科基金只可參與
參與中華優秀傳統文化傳承發展工程	Y	N	N
評獎項目	Y	Y	Y
影視、圖書	Y	比臺胞嚴、比外國人寬鬆	入世議定書，限制較多
加入專業性社團組織、行業協會	Y	N	N
研究成果交流	Y	N	N
參與大陸基層工作	Y	N	N
醫師執照	Y	比臺胞優惠	N
證券執業	Y	Y	N
教師執業	Y	香港成果不納入評價體系	國內成果不納入評價體系
臺胞證註冊登記求職	Y	N	N

說　　明：表中 Y 代表「惠臺 31 條」中提出的相關措施；N 代表沒有相關政策。
資料來源：王俊，「『惠臺 31 條』：研讀與思考」，《中國評論》第 251 期，2018 年 11 月號，表 2。

現民族偉大復興與推進祖國和平統一而共同奮鬥》的談話，提出五項重大政策，主張（以下簡稱「習五點」），其一是攜手推動民族復興，實現和平統一目標；二是探索「一國兩制」臺灣方案，豐富和平統一實踐；三是堅持一個中國原則，維護和平統一前景；四是深化兩岸融合發展，夯實和平統一基礎；五是實現同胞心靈契合，增進和平統一認同。

　　該五大政策主張顯示，過去一段時間，中國大陸強調的「兩岸關係和平發展」，已過渡到「和平統一」；不論是民族復興的願景、「一國兩制」臺灣方案的模式、「一個中國」原則的堅持，以及兩岸融合發展與兩岸同胞實現心靈契合等等，其實都在彰顯兩岸統一是未來唯一的方案、和平統一是具體的路徑。無疑地，「習五點」是現階段配合「中國特色社會主義現代化」強國頂層設計下，中國大陸對臺政策最高指導方針。

　　近期以來，大陸對臺政策的實際操作似有從被動轉向主動的跡象，2019 年 8 月 1 日起，以「鑑於當前兩岸關係」為由，暫停 47 個城市大陸居民赴臺個人遊試點，主動推出新政策對臺施壓，乃最典型的例子。這是首次主動改變原有的政策，遂行施壓的目的，未來是否會擴散到其他領域，後續發展值得關注。

　　回顧過去，大陸提出的對臺經貿政策多屬惠臺性質，採取的是討好的方式，試圖透過多買臺灣的產品、擴大開放赴臺灣旅遊消費，加強兩岸交流，促進雙方民心契合。不過，目前主動取消大陸居民赴臺自由行，毫不避諱臺灣正在舉行大選的敏感時刻，顯示中國大陸正在經濟層面改變一味地惠臺政策，討好臺灣的作法，從惠臺到窮臺，經濟制裁也成為大陸當局對臺政策的選項。

　　值得一提的是，大陸對臺釋放強硬的訊號，叫停自由行並非唯一。幾乎在同一時段，在距離澎湖西嶼 150 公里的福建東山島附近海域，解放軍正在進行大規模軍演，且部分演習區域顯然已越過臺海中線，挑釁意味濃厚。在近期發布的國防白皮書中，大陸用「六個任何」（即絕不允許任何人、任何組織、任何政黨、在任何時候、以任何形式、把任何一塊中國領土從中國分裂出去）宣示反分裂的決心[18]。政治和軍事的強硬手段，還包括派遣軍艦和各型軍機，大陣仗繞行臺灣。

　　2019 年 11 月初，中國大陸為促進兩岸交流合作，深化兩岸融合發展，再公布《關於進一步促進兩岸經濟文化交流合作的若干措施》（簡稱「26 條措施」），就名稱而言，比 2018 年 2 月 28 日公布的惠臺文件（指「惠臺 31 條」措施）雖然只多了三個字「進一步」，但從內容來看，似比「惠臺 31 條」措施更具體明確。

　　以人身安全保障為例，「26 條措施」明文列出（第 14 條），臺灣人可向全球的中國大陸駐外使領館求助，不管在海外遭遇自然災害、意外事故，大陸外交人員都必須受理。該項開放領事協助與保護的條文，深具政治意涵，那就是過去惠臺政策大都聚焦在經濟、社會層面，新措施提供的同等待遇，其實已擴及政治層面。

　　「26 條措施」中，涉及為臺資企業提供同等待遇的措施共計 13 條，主要包括：臺資企業可按市場法則同等參與重大技術裝備研發、第五代移動通信（5G）相關技術研發和建設、標準制訂、循環經濟項目；可投資航空客貨運輸、通用航空服務；可投資主題公園，以特許經營方式，參與旅遊基礎設施與配套服務建設；支持臺灣金融

---

[18]「六個任何」的表述，主要展現中共反對和遏制臺獨的意志。參閱張岩、葉琪，「叫停臺灣個人遊，大陸對臺政策的軟硬兩手」，2019 年 8 月 1 日，**香港 01**，https://www.hk01.com/，2019 年 11 月 22 日檢索。

機構在大陸建立小額貸款公司；與中資企業同等享受融資、貿易救濟、出口信用保險、進出口便利、產品測試與網路建設等政策，支持兩岸青年就業創業基地示範點建設等。

另外，涉及為臺灣同胞提供同等待遇的措施，總共也有 13 條，主要包括臺灣同胞可以向大陸駐外使領館尋求保護與協助，申請旅行證件；臺灣人可成為農民專業合作社成員，參與農業合作項目；提供新業態交通出行產品；通信資費優惠；持居住證的臺灣民眾在大陸購房時，與大陸居民享同等待遇；臺灣運動員可以參加大陸全國性運動比賽；能以「內援」身分參加大陸足球、籃球等體育職業聯賽；可以報考大陸體育院校等；職稱評審；台商子女獲得高中或中等職業學校畢業證書，可以參加相關高職院校分類招考；另外，擴大獎學金的範圍、在大陸的臺灣籍教師和學生，可以申請公派留學，提供更多便利和支持。

大陸國臺辦特別強調，「26 條措施」的宗旨，與先前的「惠臺 31 條」措施一脈相承；該項「26 條措施」被視為去年「惠臺 31 條」措施的擴大與延伸。國臺辦交流局長黃文濤公開表示[19]，「26 條措施」整體特點和政策意涵，可概括為：「圍繞一條主線、突出一個要義、體現四個堅持」四句話。

所謂「一條主線」，是指「貫徹落實中共『十九大』精神和習近平關於對臺工作的重要論述和指示精神」；「一個要義」是指「為臺胞臺企提供同等待遇，為其在大陸發展創造更多機會和提供更好條件」。換句話說，是指在對臺工作中，貫徹以人民為中心的發展思想，對臺灣同胞一視同仁；特別標榜「提供與中國民眾同等待遇」。

四個堅持分別是：堅持一國兩制、和平統一；堅持擴大兩岸交流合作、深化兩岸融合發展；堅持對臺工作中，貫徹以人民為中心的發展思想；堅持中共「十九屆四中」全會所提不斷完善「促進兩岸交流合作、深化兩岸融合發展、保障臺灣同胞福祉」的制度安排和政策措施。

國臺辦經濟局副局長郭大志也將「26 條措施」歸納幾個特點[20]，包括：緊扣經濟社會發展熱點、回應臺企的重點關切、體現先行先試精神等。關於當前經濟社會較關注的議題，譬如：5G 產業和航空領域，將開放台商參與建設；除此之外，針對中美

---

[19] 「國臺辦官員：26 條貫徹習論述，堅持一國兩制」，2019 年 11 月 5 日，中央社，https://www.cna.com.tw/news/acn/201911050117.aspx，2019 年 11 月 24 日檢索。

[20] 「國臺辦官員：26 條貫徹習論述，堅持一國兩制」，2019 年 11 月 5 日，中央社。

經貿摩擦衝擊，授予臺企可以和當前陸企一樣，申請貿易救濟和保護措施。郭大志特別強調，「26 條措施」「把對臺灣同胞權益的保護，從境內延伸到境外，從生產延伸到生活，從就業創業延伸到事業發展」。

　　對中國大陸而言，「26 條措施」的意義或許不僅僅是「使臺灣人融入」這麼單純。在 2018 年 2 月「惠臺 31 條」頒布之後，這一年多來，大陸國臺辦陸續找了一些台商朋友舉辦座談會，以了解台商圈的輿情和需求，因此，「26 條措施」之頒布，或可視為「惠臺 31 條」的進階版，台商們應不感到意外。

　　作為進階版，「26 條措施」比「惠臺 31 條」精準且具體。譬如：「惠臺 31 條」中有「臺資企業可以特許經營方式參與能源、交通、水利、環保、市政公用工程等基礎設施建設」的條文；「26 條措施」進一步提出，「臺資企業可按市場化原則參與大陸第五代移動通信（5G）技術研發、標準制訂、產品測試和網路建設」，「臺資企業可同等參與大陸城市建築垃圾資源化利用、園林廢棄物資源化利用」等，涵蓋的領域更廣。

　　就臺灣同胞個人部分，「26 條措施」中，比較特別的是：臺灣人可在中國大陸駐外使領館尋求領事保護與協助、申請旅行證件，以及臺灣運動員可以以「內援」身分，不以「外援」身分赴大陸職業球隊打球，不會受到名額的限制。

參考文獻

中共中央臺灣工作辦公室編（1998），《中國臺灣問題》，北京：九洲圖書出版社。

王俊（2018），「『惠臺31條』：研讀與思考」，**《中國評論》**第 251 期，2018 年 11 月號。

行政院大陸委員會編（1999），《李總統登輝特殊國與國關係：中華民國政策說明文件》，臺北：行政院大陸委員會。

共黨問題研究叢書編輯委員彙編（1994），《中共對臺工作研析與文件彙編》，一版，臺北：法務部調查局。

習近平（2019），「為實現民族偉大復興，推進祖國和平統一而共同奮鬥—在《告臺灣同胞書》發表四十週年紀念會上的講話」，**新華網**，2019 年 1 月 2 日。

陳東壁（1992），《大陸涉臺經貿法律問題之研究》，臺北：海峽交流基金會。

莊吟茜（2017），「十九大報告涉臺論述：變與不變」，**中國評論網**，2017 年 10 月 19 日。

郭正亮（2018），「中國磁吸效應，新惠臺政策發力—多面向開放，磁吸臺灣人才、行業、資金」，**智勝文化**，2018 年 6 日 27 日。

張岩、葉琪（2019），「叫停臺灣個人遊，大陸對臺政策的軟硬兩手」，**香港** 01，2019 年 8 月 1 日。

經濟部，「中共對臺經貿策略與動向」，《中共對外經貿研究》，第 390 期，民國 81 年。

第十章　臺灣對大陸經貿政策

　　由於海峽兩岸長期處於政治對峙狀態，雙邊經貿交流一直受到執政者行政干預。例如：大陸政府為了遂行兩岸「和平統一」的政治目標，一方面積極採取各種手段促進兩岸經貿關係，試圖造成臺灣對大陸經濟的高度依賴；另一方面，則經常利用其國際政治的影響力，孤立臺灣在國際間之活動，阻礙臺灣與世界各國發展經貿關係。對於大陸對臺政策的「兩手」操作，臺灣政府認為是不友善的，因而主張採取有管理的政策，以避免兩岸經貿交流無限制的擴張，傷害到臺灣的經濟自主性和安全。

　　不過，值得注意的是，從整個發展歷程觀察，由於臺灣與大陸在經濟上具互補性，合則兩利，因此，兩岸執政者各自採取了「非對抗性的經貿政策」。對臺灣而言，其大陸經貿政策具有較濃厚的防衛色彩，以維持臺灣經濟競爭優勢為前提，採取選擇性、循序漸進式的開放原則，大致上歷經 1980 年代初期的「禁重於導」，到嗣後的「禁導並用」，再到 1990 年代的「導多於禁」的過程，臺灣對大陸經貿政策呈現只放不收的趨勢。進入二十一世紀，臺灣與大陸先後加入 WTO，兩岸經貿交流規模進一步擴大，經貿關係更加緊密。

第一節　戒嚴時期（1987年以前）

　　1979 年以前，兩岸處於軍事對抗狀態，國民政府力圖「反攻大陸」，而中共政權則積極備戰意圖「解放臺灣」，雙方高度的軍事對立，兩岸經濟往來，全面中斷。

　　1979 年元旦，大陸發表《告臺灣同胞書》，對臺政策的主軸隨即由過去的「解放臺灣」改為「和平統一」，並強調鼓勵兩岸經貿交流。面對中國大陸積極的統戰作為，臺灣政府以「不妥協、不接觸、不談判」的「三不」政策回應。

　　時任總統的蔣經國先生公開聲明指出：中華民國不論在任何情況下，絕對不與中共政權交涉，並且絕對不放棄光復大陸、解救同胞的神聖任務，這個立場絕不會變更。同時，政府也發布各種命令禁止兩岸交流，包括禁止外籍商船直接往返於大陸及臺灣各港口、臺灣廠商不得與大陸直接貿易、禁止廠商直接或間接將產品銷往大陸或進口大陸產品，以及禁止旅客私自攜帶大陸藥品返臺等。違反規定者，可能揹上「資匪通敵」罪嫌。

　　嗣後，隨著國內外環境變化，臺灣的大陸經貿政策曾做微調（表 10-1）。1984年間，經濟部宣布放寬自港澳轉口輸入大陸貨品之限制，允許民間經由轉口途徑與大陸地區進行貿易。1985 年 7 月間，政府進一步宣布「對港澳地區轉口貿易三項基本原則」，重申禁止與大陸直接通商，廠商不得與大陸設在海外的機構或人員接觸，不過，對轉口貿易不予干涉。同時，政府又宣布，臺灣人民在接觸國際學術、科技、體育及文化等方面的交流，可以和大陸人員接觸，並同意以「中華臺北」名稱重返國際奧會，參與國際體育賽事。

表 10-1　2000 年之前，臺灣對大陸重要經貿政策措施

時間	重要措施	說　明
1979/04	「三不」政策	不妥協、不接觸、不談判
1984/	放寬自港澳轉口輸入大陸產品之限制	允許民間經由第三地以轉口方式與大陸地區進行貿易
1985/07	公布「對港澳地區轉口貿易三項基本原則」	重申禁止與大陸直接通商，廠商不得與大陸機構或人員接觸，對轉口貿易不予干涉
1987/08	開放 27 項大陸農工原料間接進口	建立大陸地區農工原料進口的合法地位
1987/11	開放一般民眾赴大陸地區探親	除現役軍人及現任公職人員外，凡在大陸地區有三親等內之親屬者，均可赴大陸地區探親，每年一次為限，每次停留不得逾三個月
1988/08	訂定《大陸產品間接輸入處理原則》	大陸地區產製之農工原料符合以下三項原則得間接輸入，一是不危害國家安全，二是對國內相關產業無不良影響，三是有助於我產品外銷競爭力之提升
1989/06	頒布《大陸地區物品管理辦法》	正式開放大陸地區物品間接輸入，公告准許輸入之大陸地區物品項目，並可標明在大陸地區生產製造
1990/08	發布《對大陸地區間接輸出貨品管理辦法》	開放得以間接方式對大陸地區輸出物品，除部分高科技產品應依有關出口規定辦理外，其餘不加以限制
1990/10	發布《對大陸地區從事間接投資或技術合作管理辦法》	開放廠商得經主管機關許可後，經由第三地區對大陸地區間接投資，採正面表列
1991/01	成立行政院大陸委員會；行政院通過《國家統一綱領》	對大陸工作法制化
1991/08	訂定《現階段金融機構辦理對大陸地區間接匯款作業要點》	開放臺灣地區外匯指定銀行及郵政儲金匯業局經由第三地區銀行辦理對大陸地區間接電匯、信匯及票匯業務

（續下表）

1991/11	訂定《指定銀行對臺灣地區廠商辦理大陸出口臺灣押匯作業要點》	央行開放國內外匯指定銀行辦理「大陸出口臺灣押匯」業務，以因應國內廠商出口押匯需求
1992/09	頒布實施《臺灣地區與大陸地區人民關係條例》	第35條規定，經主管機關許可，可在大陸地區人民、法人、團體或其他機構從事貿易或其他商業行為
1993/03	頒布實施《在大陸地區從事投資或技術合作許可辦法》	依據「臺灣地區與大陸地區人民關係條例」第35條規定訂定
1993/04	1. 頒布實施《臺灣地區與大陸地區貿易許可辦法》 2. 頒布實施《臺灣地區與大陸地區金融業務往來許可辦法》	依據「臺灣地區與大陸地區人民關係條例」第35條規定訂定
1993/05	頒布實施《大陸地區產業技術引進許可辦法》	依據「臺灣地區與大陸地區人民關係條例」第35條規定訂定
1994/01	頒布實施《在大陸地區從事商業行為許可辦法》	依據「臺灣地區與大陸地區人民關係條例」第35條規定訂定
1994/07	陸委會發布《臺海兩岸關係說明書》	宣示在和平統一前，中華民國主張以理性、和平、對等、互惠四項原則處理兩岸關係；中華民國政府將繼續以互補互利為原則，擴展兩岸經貿關係，促使兩岸互動良性發展
1995/04	李登輝總統提出「六點主張」	第3點提出增進兩岸往來，發展互利互補關係
1995/05	頒布《境外航運中心設置作業辦法》	定位境外航運中心與大陸地區港口間之航線為特別航線，並限定以外國船舶或權宜輪行駛兩岸之間
1996/09	宣示「戒急用忍、行穩致遠」政策	李登輝總統在「第三屆全國經營者大會」致詞時，提出對大陸採取「戒急用忍、行穩致遠」的政策
1999/07	提出特殊國與國關係	李登輝總統宣稱兩岸關係為「國家與國家，至少是特殊國與國關係」

資料來源：作者根據相關資料整理。

　　1987 年 7 月，政府宣布解除戒嚴，同年 11 月，開放公職人員及現役軍人之外，在大陸有三親等內親屬的一般民眾，可經由第三地赴大陸探親。解嚴有助於兩岸良性及正常化的交流與互動，政府的大陸政策漸由過去的消極且被動的態度，轉趨務實且逐漸放寬限制。

　　此一時期，臺灣的大陸經貿政策已逐漸放寬，「對港澳地區轉口貿易三項基本原則」公布後，等於是默許了兩岸之間的轉口貿易。1987 年 7 月，經濟部首度公開宣

布，開放農業用種子、馬毛、非食用牛油、鰻苗等 27 項大陸農工原料的間接進口。政府以行政命令及政策宣示方式，開放臺灣地區未生產之中藥材及部分農工原料轉口輸入；另對轉口輸出採不干預態度，使臺灣廠商經由第三地之轉口輸出合法化，可說是對大陸經貿政策務實考量之濫觴。

第二節　開放交流時期（1988～1995年）

　　隨著 1987 年 11 月實施開放探親政策，兩岸經貿交流逐漸加溫。面對這種情勢，臺灣的大陸經貿政策也開始務實地逐步調整。1988 年 4 月，臺灣政府宣布，兩岸間接貿易只要符合「三不原則」，即「不直接由大陸通商口岸出航、不直接與大陸進行通匯、不直接由臺灣公司進行接觸」，即屬不違法。1988 年 8 月，經濟部公告《大陸物品間接輸入處理原則》，指出大陸產製之農工原料符合以下三項原則者，得間接輸入，一是不危害國家安全，二是對國內相關產業無不良影響，三是有助臺灣產品外銷競爭力之提升。同時公告開放 50 項大陸農工產品間接進口。

　　嗣後，臺灣以正面表列方式，逐年分批選擇性擴大開放大陸農工產品間接進口項目；同時也開放台商在大陸生產的半成品，以間接方式回銷臺灣，從而使自大陸輸入貨品從農工原料擴大到包括了半成品。截至 1994 年底止，臺灣貨品輸往大陸地區，基本上與輸往一般地區或國家並無差別，皆採負面表列方式。依當時政策，除少數稀有動物、高科技產品及影響國家安全與經濟發展者外，幾乎沒有限制。

　　1990 年 8 月間，臺灣政府制訂了《對大陸地區間接輸出貨品管理辦法》，規定廠商對大陸輸出「准許出口類貨品」，應向國貿局申請許可；對於輸出「管制出口類貨品」或高科技產品，則依有關規定嚴加限制。同時設立出口預警系統，防止臺灣產品外銷過分依賴大陸市場。

　　此階段，臺灣的大陸經貿政策已由過去的「三不政策」修正為「不鼓勵、不禁止」的「兩不政策」，同時，政府也積極對兩岸之間的交流活動進行法治化建設。例如：1990 年 10 月，李登輝總統邀集朝野各界人士，於總統府成立「國家統一委員會」，並研商制訂《國家統一綱領》；1991 年元旦正式成立「行政院大陸委員會」，統籌處理大陸事務；1991 年 3 月，行政院院會通過《國家統一綱領》，成為大陸政策最高指導原則；同時，成立「財團法人海峽交流基金會」，接受政府委託處理有關

兩岸談判、對話、文書查驗證、民眾探親、商務旅行往來糾紛調處等涉及公權力的相關業務，大致完成臺灣對大陸工作體系的建置。

　　1992 年 9 月，行政院頒布實施《臺灣地區與大陸地區人民關係條例》，為兩岸人民往來及衍生問題的處理立下法源，開啟了兩岸經貿往來法治化的歷程。隨後，政府相關單位依據該項條例訂定相關規範，逐步建立兩岸經貿交流制度。例如：《在大陸地區從事投資或技術合作許可辦法》（1993 年 3 月）、《臺灣地區與大陸地區貿易許可辦法》（1993 年 4 月）、《臺灣地區與大陸地區金融業務往來許可辦法》（1993 年 4 月）、《在大陸地區從事商業行為許可辦法》等。

　　作為大陸政策最高指導方針的《國家統一綱領》，宣示兩岸關係之發展，將依循近程、中程和遠程等三個階段，並將各階段規劃推動的工作敘述如下[1]：

一、近程——交流互惠階段

　　（一）以交流促進了解，以互惠化解敵意；在交流中不危及對方的安全與安定，在互惠中不否定對方為政治實體，以建立良性互動關係。

　　（二）建立兩岸交流秩序，制訂交流規範，設立中介機構，以維護兩岸人民權益；逐步放寬各項限制，擴大兩岸民間交流，以促進雙方社會繁榮。

　　（三）在國家統一的目標下，為增進兩岸人民福祉：大陸地區應積極推動經濟改革，逐步開放輿論，實行民主法治；臺灣地區則應加速憲政改革，推動國家建設，建立均富社會。

　　（四）兩岸應摒除敵對狀態，並在一個中國的原則下，以和平方式解決一切爭端，在國際間相互尊重，互不排斥，以利進入互信合作階段。

二、中程——互信合作階段

　　（一）兩岸應建立對等的官方溝通管道。

　　（二）開放兩岸直接通郵、通航、通商，共同開發大陸東南沿海地區，並逐步向

---

[1]　大陸委員會，「國家統一綱領」，大陸政策文件資料，民國 80 年 2 月 1 日。

其他地區推展，以縮短兩岸人民生活差距。

(三) 兩岸應協力互助，參加國際組織與活動。

(四) 推動兩岸高層人士互訪，以創造協商統一的有利條件。

三、遠程——協商統一階段

成立兩岸統一協商機構，依據兩岸人民意願，秉持政治民主、經濟自由、社會公平及軍隊國家化的原則，共商統一大業，研訂憲政體制，以建立民主、自由、均富的中國。

關於兩岸雙邊貿易活動之規範，主要是依據《臺灣地區與大陸地區貿易許可辦法》，其中除明確規定兩岸貿易應以間接方式爲主，即買方或賣方應爲大陸地區以外直接貿易的第三地區業者，其貨品運輸應經由第三地區進行的原則外，該法還對大陸地區物品允許輸入臺灣種類、許可通關等問題，做了規定。

1990 年 5 月，臺灣政府正式開放臺灣廠商赴大陸進行工商考察，爲間接投資合法化邁出重要的一步。同年 10 月，公布實施《對大陸地區從事間接投資或技術合作管理辦法》，規定凡在臺灣已無法發展、不涉及國防、不是由政府財政預算資助開發的技術，以及不影響臺灣經濟發展的非高科技產業，以正面表列方式，核准可赴大陸間接投資。開放的項目範圍涵蓋化工、紡織、機械、電機、資訊等五大類，第一批開放的產品共計 2,875 項；同時也列出包括超合金、積體電路、光電半導體等 14 項禁止赴大陸投資或技術合作的產業項目[2]。嗣後，隨著國內外經濟環境之變化，對大陸投資項目的限制，逐步調整放寬。

除了貿易和投資，此段期間，臺灣還通過包括農業技術援助、智慧財產保護、大陸資源開發等 12 項對大陸經貿政策措施；同時，進一步放寬經貿人員往來，大陸經貿人士，包括企業界人士和經貿官員，可申請赴臺進行工商考察、經貿訪問或出席會議，大陸臺資企業的管理幹部和主要技術人員也可申請到臺灣參觀和接受技術培訓。

在開放兩岸金融往來方面，此一階段有若干突破性的作爲，例如：開放臺灣銀行

---

[2]　十四項禁止赴大陸投資或技術合作的產業項目包括：超合金，電腦數據控制積及高級自動化產業機械，航空器及其零組件，超級微電腦及精密電腦周邊設備，光纜及光纖通訊設備，積體電路，多層印刷電路版，光電半導體，重型電機設備，工程塑膠，遺傳工程、細胞融合、固定化酵素及組織培養等相關生物工程技術，碳纖維、電子級玻璃纖維及航空級複合材料，電子導電塗料等特用化學品，精密陶瓷用粉體等。

業辦理對大陸間接匯款業務（1991 年 8 月）、開辦「大陸出口、臺灣押匯」的商業模式（1991 年 11 月）、開放在臺灣的外商銀行和本土銀行國際金融業務分行，與大陸金融機構海外分行或外國銀行大陸分行往來（1993 年 4 月）、放寬臺灣銀行業者第三地子銀行可赴大陸設立辦事處等。

第三節　戒急用忍時期（1996～2001年）

　　大陸擁有充沛的勞動力、成本低廉的土地，又有廣大的市場腹地，吸引台商前往投資的熱潮不斷。臺灣各界對於兩岸經貿交流如此熱絡，是否會造成臺灣產業空洞化、資金外流不止、對大陸經濟依存度過高等問題？疑慮愈來愈深。1995 年，李登輝總統訪問其母校美國康乃爾大學並做公開演講，大陸當局對於臺灣多年來積極推展務實外交的不滿，藉此機會宣洩，造成了 1995～1996 年間，臺海飛彈危機[3]，原本和平、熱絡的兩岸關係急轉直下，兩岸關係的緊張局面似有隨時引爆戰爭的可能。

　　為因應兩岸關係新的局勢，1996 年 9 月，李登輝總統在「全國經營者大會」致詞時，正式提出「戒急用忍、行穩致遠」之新政策。同年 12 月，政府整合朝野各界代表，召開體制外的「國家發展會議」（簡稱為「國發會」），針對國家發展的重要議題廣泛探討，其中，「兩岸經貿關係之建構」被列為「兩岸關係」六大議題之一。最後，關於兩岸經貿關係建構之原則、方向（目標）及策略三個層次達成共識。茲分述如下[4]：

一、原則

　　（一）由於大陸政權對我仍有敵意，兩岸經貿發展應格外考量政治風險。因此，必須在維持我國家安全及兩岸和平的前提下，循序漸進地推動相關政策。

---

[3]　臺海飛彈危機發生在 1995 年到 1996 年間。由於中國大陸不滿李登輝總統積極推展務實外交，故在 1995 年 6 月訪問美國後，以武力演習威嚇，先是在 7 月 21 日至 28 日對彭佳嶼附近公海試射飛彈，接著又在 8 月 15 日至 25 日在東海進行第二次飛彈及火砲射擊練習。10 月中旬，中國大陸又在黃海舉行軍事演習。此種軍事威嚇造成臺灣人心惶惶、股市暴跌、臺幣大幅貶值。次年，臺灣舉行第一次總統直選，中國大陸又在投票前後的 3 月 8 日至 25 日，在東海沿岸和臺灣海峽舉行導彈發射訓練、海軍實彈實兵演習和三軍聯合作戰演習，直接向臺灣南北兩端的基隆與高雄外海試射 M 族飛彈，造成 1996 年的臺海危機，意圖影響選情未遂。美國調遣兩艘航空母艦戰鬥群到臺灣附近海域，美國會也通過「美國應幫助保衛臺灣」的決議案。中國大陸則抗議美國干涉中國內政，加劇臺海緊張局勢。

[4]　大陸委員會，「國家發展會議兩岸關係議題共同意見」，大陸委員會大陸資訊及研究中心，民國 85 年 12 月 28 日。

(二) 兩岸經貿關係應該順應亞太經濟整合趨勢及國際產業分工潮流，本著互利互惠之雙贏原則，穩定發展。

(三) 我國經濟發展應有多元化的全球策略，兩岸經貿關係也是臺灣整體對外經貿關係的一環。

二、方向

(一) 積極改善國內投資環境，加速自由化、國際化腳步，以提升國際整體競爭力。

(二) 兩岸三通問題，應依安全與互惠的原則，在時機成熟時，經由協商解決。在此之前，應繼續推動「境外航運中心」，以改善兩岸航運關係，並為未來進一步關係之發展奠定基礎。

(三) 面對兩岸即將加入世界貿易組織的新形勢，政府應早日規劃因應策略。

三、策略

(一) 在投資方面：第一，政府應對國內企業赴大陸投資作政策性規劃，循序漸進；對於大型企業赴大陸投資，需審慎評估，合理規範。第二，政府應運用有效的投資保障管道，提供相關資訊及諮詢服務，以加強對台商之聯繫與協助。第三，配合多元化的全球策略，政府應積極開展，包括南向政策在內的各種對外經貿關係。

(二) 在貿易方面，應兼顧持續追求兩岸貿易之穩健成長與風險分散。

(三) 現階段推動兩岸經濟交流與合作，原則上可由民間機構共同出資在第三地成立基金會進行。

在「國發會」之後，「戒急用忍」政策成為對大陸經貿政策的階段性指導方針。經濟部依據國發會朝野共識，針對廠商前往大陸投資行為設定新的規範，並自 1997 年 7 月起，開始實施，其具體的政策措施主要包括：規定廠商對大陸投資規模之上限 [5]；申請赴大陸投資個案投資金額，不得超過 5,000 萬美元的上限；對大陸投資項

---

[5] 對廠商赴大陸投資累計金額占其淨值的比重，規定不得超過40%。廠商之資本額規模超過50億元以上者，則超過50億元的部分，赴大陸投資的額度，規定不得超過淨值的30%；超過100億元部分，該項比例則不得超過20%；個人及中小企業投資累計金額，以新臺幣6,000萬元為上限。

目依產業別區分為禁止、准許及專案審查三類；公布禁止類項目；專案審查類係依產業及個案特性評分，再依評分的高低決定放行與否，放行的門檻標準由經濟部另設指標；要求投資人應檢附大陸投資計畫對國內經濟效益評估及預估投資損益；其已赴大陸投資者，應提出以往投資損益紀錄。

相對於對大陸投資實行緊縮性政策，此期間對於大陸貨品之進口卻採取較過去寬鬆的政策，例如：簡化大陸製造貨樣進口手續，完稅價格在新臺幣 1.2 萬元以下者，可免辦輸入許可證；擴大大陸貨品進口免簽範圍，凡經經貿主管相關登記的貿易商及其他進口者，自大陸進口貨值在 1 萬美元以下的大陸農產品，均可逕向海關報關進口；增加開放大陸貨品進口項目；大陸貨物進口改採進口貨品原產地認定標準。同時，臺灣政府也在此期間，擴大加工出口區進口大陸物品加工功能，加工出口區進口大陸原物料、零組件，除可加工外銷外，還可以原型或加工後，轉售給保稅工廠；此外，加工出口區內其他事業、科學工業園區事業，同時還可以委託區外廠商代為加工，惟加工後的產品，必須全部外銷。

值得一提的是，儘管此期間，兩岸關係氛圍不佳，但臺灣政府仍務實地推進兩岸通航政策，於 1995 年 5 月頒布《境外航運中心設置作業辦法》，將設置在高雄的境外航運中心與大陸地區港口間之航線定位為「特別航線」，開放外國船舶或權宜輪行駛於兩岸之間，大陸與歐美間的貨櫃貨物能夠以「不通關、不入境」的方式在高雄轉運。該項政策於翌年得到大陸政府正面回應。1997 年 4 月，兩岸之權宜輪航行於高雄和廈門、福州之間，正式開啟了兩岸直航卻未直運的新紀元。

第四節　後「戒急用忍」時期（2001～2008年）

進入二十一世紀，臺灣面臨的國內外環境已發生很大變化，例如：長期在野的民進黨贏得總統大選，取得執政大權；另一方面，臺灣與大陸在 2001 年底，先後完成必要的行政程序，正式加入 WTO 成為締約成員。為了因應此一新形勢的需要，實施多年的「戒急用忍」政策，在社會各界的期待下，進行調整。

陳水扁總統在就職演說中，針對兩岸關係提出「四不一沒有」的政策主張，強調只要中共無意對臺動武，保證在任期之內，不會宣布獨立、不會更改國號、不會推動兩國論入憲、不會推動改變現狀的統獨公投，也沒有廢除國統綱領與國統會的問題（表 10-2）。

表 10-2　臺灣對大陸重要經貿政策措施 (2000 年 5 月～2008 年 4 月)

時間	重要措施	說　明
2000/05	陳水扁總統就職演說，宣示「四不一沒有」	即「不宣布獨立、不更改國號、不推動兩國論入憲、不推動改變現狀的統獨公投，以及沒有廢除國統綱領及國統會」
2001/01	宣布實行「小三通」政策	開放金門、馬祖與對岸的廈門、福州馬尾定點直航
/06	開放國內銀行至大陸設立代表人辦事處	協助國內銀行了解客戶在大陸地區經營狀況，以及提供台商財務諮詢服務
/08	全國經濟發展會議建議採取「積極開放、有效管理」政策	對大陸經貿政策由「戒急用忍」調整為「積極開放、有效管理」，相關法規隨之配合做修正
/11	陸委會、財政部、中央銀行共同擬定「規範大陸台商資金流向機制」	主要在建立台商資金流向的管理機制
2002/08	開放國內外匯指定銀行與大陸金融機購進行直接業務往來	放寬對大陸地區匯出款之項目，增加文教商務，廣播電影出版品，兩岸通信費用及經主管機關許可之兩岸直接經貿往來項目等 4 類匯出款項目
	開放陸資到臺灣投資土地及不動產	略
	開放臺灣地區保險業赴大陸地區設立分公司、子公司	保險業因行業特性，開放赴陸投資對母公司不致產生太大風險，資金流出有限
	財政部准許近 10 家銀行國際金融業務分行（OBU）及海外分支機構開辦對大陸台商放款業務	略
2003/09	宣布實施兩岸航空貨運便捷化措施	略
2004/04	開放兩岸再保險業務直接往來，及保險經紀人、代理人赴大陸設辦事處；開放臺灣地區保險業赴大陸地區參股投資	因應兩岸先後加入 WTO 及我國保險業未來發展，放寬限制
2005/03	開放證券商赴大陸地區進行業務投資、設立子公司或分公司	略
/10	開放金門、馬祖金融機構，試辦人民幣兌換業務	符合金馬「小三通」往來大陸地區與金馬之國人及大陸地區人民，憑出入境有效文件，在金、馬地區金融機構買賣人民幣，以 2 萬元為上限
2006/01	陳水扁總統元旦文告	調整對大陸經貿政策，由「積極開放、有效管理」，改為「積極管理、有效開放」
/02	國統會終止運作，國統綱領終止適用	略
2007/03	陳水扁總統出席「臺灣人公共事務會」晚宴時宣示「四要一沒有」	宣示「臺灣要獨立、臺灣要正名、臺灣要新憲、臺灣要發展；臺灣沒有左右問題」的主張

資料來源：作者根據相關資料整理。

　　2000 年 12 月 25 日，行政院公布實施《試辦金門、馬祖與大陸地區通航實施辦法》，並決定自翌年元旦起，開辦兩岸「小三通」。該政策主要是在兩岸尚未開放直接「三通」之前，先由金門、馬祖與澎湖等離島與大陸的廈門、福州進行直接通郵、通商、通航的方案。其法源依據為《離島建設條例》第十八條，其中執行方案規劃項目主要包括航運、商品貿易、人員往來、金融往來、郵政往來、工商及農漁業發展等七大方面。

　　2001 年 5 月底，公布實施修訂後的《臺灣地區與大陸地區金融業務往來許可辦法》，進一步開放 OBU 辦理兩岸金融業務往來，以方便台商在中國大陸籌資；並允許國內金融機構赴大陸設立代表人辦事處，以利蒐集當地金融資訊。

　　2001 年 8 月，民進黨政府召開經濟發展諮詢會議（以下簡稱「經發會」），決定以「積極開放、有效管理」取代實施多年的「戒急用忍」，做為兩岸經貿政策的基本方針。政府相關部門全面檢討對廠商赴大陸投資之各種限制性的規範，其內涵與特色，大致可歸納為下列幾項[6]：

一、簡化大陸投資產業分類

　　將現行「禁止類」、「許可類」及「專案審查類」簡化為「禁止類」及「一般類」。基於國際公約、國防或國家安全需要之重大基礎建設及產業發展考量（如核心技術或關鍵零組件）的產業或產品，禁止赴大陸投資；非屬禁止類者，只要通過個案審查，皆可赴大陸投資。

二、建立專業、客觀的產業開放檢討機制

　　成立由產、官、學組成之專案小組，定期檢討放寬大陸投資產業及產品項目。
檢討之基準主要包括：
　　(一) 凡有助於提高國內產業競爭力、提升企業全球運籌管理能力者，應積極開放。

---

[6]　主要參考大陸委員會，「落實大陸投資『積極開放、有效管理』執行計畫」，大陸政策文件資料，民國 90 年 11 月 7 日。

(二) 國內已無發展空間，須赴大陸投資，方能維繫生存發展者，不予限制。

(三) 赴大陸投資可能導致少數核心技術移轉或流失者，應審慎評估。

三、建立兼顧效率與便民及標準明確的專案審查機制

(一) 調整大陸投資累計金額及比例上限。為使企業能夠根留臺灣，現行對個人及企業赴大陸投資累計金額或比例上限之規定仍予以保留，但放寬個人及中小企業赴大陸投資累計金額上限，由新臺幣 6,000 萬元調整為 8,000 萬元。至於計算基準原定不得逾其資本額或淨值（兩者取其高）之一定比例，改採僅以淨值計算。同時，為鼓勵資金回流，大陸投資事業之股本及盈餘匯回，得扣減累計金額。

(二) 取消大陸投資個案金額上限規定。取消大陸投資個案累計金額 5,000 萬美元的上限規定。投資人申請「一般類」之大陸投資案件，只需符合對個人及企業赴大陸投資累計金額或比例上限規定，不再受其他金額限制。

(三) 建立簡易審查制度。凡個案累計投資金額在 2,000 萬美元以下者（含 2,000 萬美元），將採簡易審查方式，即針對投資人進行大陸投資之基本條件，包括財務狀況、技術移轉之影響、勞工法律義務履行情況等進行審查。主管機關並得以書面方式會商各相關機關意見後，逕予准駁；惟如遇有將投資化整為零或其他規避專案審查等特殊情況，可以將案件提送經濟部投審會審議。

(四) 建立專案審查的明確標準。凡個案累計投資金額逾 2,000 萬美元者，由投審會進行專業審查，審查項目包括事業經營考量因素、財務狀況、技術移轉情況、資金取得及運用情形、勞工事項、安全及策略事項等。對於少數影響重大的案件，經參與審查機關認定需做政策決定者，則提報行政院召開跨部會首長會議審查。

四、建立動態調節機制

(一) 為兼顧企業發展需要及整體經濟的安全，由主管機關每年定期或視需要邀集相關機關審酌各項因素，以決定是否調整個別企業累計投資金額或比例上限，以及簡易審查之個案累計投資金額標準，或是否需採取其他必要的措施，以降低大陸投資對整體經濟之風險。

(二) 動態調節機制的審酌因素，主要側重於與投資相關的總體經濟指標，包括

國內超額儲蓄率、赴大陸投資占 GDP 之比重、赴大陸投資占國內投資之比重、赴大陸投資占整體對外投資之比重、赴大陸投資廠商資金回流情形、外匯存底變動情形、國內就業情形、兩岸關係之狀況，以及其他影響總體經濟之因素等。

五、加強事後管理

　　針對累計大陸投資金額達 2,000 萬美元以上的企業或投資個案，將加強對其進行大陸投資後之管理，促使其財務透明化。

六、其他相關配套作法

　　(一) 放寬上市、上櫃公司資金運用限制。具體措施包括：將上市、上櫃公司發行及募集有價證券不得逾越赴大陸投資累計投資金額 20% 之上限規定，放寬經濟部投審會之大陸投資限額標準；以及自海外資本市場籌募資金用於轉投資大陸之發行限額，由現行 20% 提高為 40%。

　　(二) 准許未經核准赴大陸投資廠商補辦登記。

　　(三) 開放直接投資。在投資審查新機制下，准許企業直接赴大陸投資，無須在第三地成立子公司。

　　(四) 強化大陸台商輔導體系，主要包括：規劃建立大陸台商產業輔導體系，整合大陸台商與政府聯繫管道，以及協助相關技術及管理服務機構赴大陸服務台商；此外，政府亦同步檢討排除大陸台商資金匯回的各種障礙，以促使兩岸資金靈活、平衡的流動。

　　此外，在促進兩岸資金靈活流動方面，也有下列新的作法：

一、加強發展OBU成為海外及大陸台商資金調度中心

　　(一) 准許國際金融業務分行（OBU）在有完備可行之糾紛處理、債權確保及風險管控計畫下，得與大陸地區金融機構及海外分支機構、大陸地區法人、團體、其他機構等進行直接金融業務往來，其範圍包括：收受存款、辦理匯兌、簽發信用狀及信用狀通知、進出口押匯相關事宜、代理收付款項等。至於台商以子公司名義存放在

OBU 資金，中央銀行亦將開放准許其挹注母公司資金，並得循環使用。

　　(二) 研議進一步擴大 OBU 之功能，如辦理貸款、籌資等業務，以鼓勵台商將海外之財務調度據點移回國內 OBU。

二、建立企業投資大陸資金匯回可循環運用機制

　　央行研議「企業大陸資金匯回可循環使用」機制，並提出具體措施，鼓勵台商資金回流。除投資人將大陸投資事業之股本或盈餘匯回可扣減投資累計金額外，在外匯管理上，根據中央銀行之規劃，在大陸或第三地區之子公司以「關係企業往來」名義，將多餘資金匯入供在臺母公司使用，及母公司於未來還本付息時，均得不計入每年 5,000 萬美元結匯額度。

三、消除資金匯回之稅負問題

　　修正兩岸人民關係條例第二十四條，允許經第三地赴大陸投資之廠商，於申報所得稅時，列報第三地投資收益者，其源自轉投資大陸之收益部分，得扣抵其在大陸地區及第三地區已繳納之所得稅。

　　行政院依據「經發會」決議，於 2002 年 1 月間核定「加入 WTO 兩岸經貿政策調整執行計畫」，規劃開放直接貿易，適度擴大開放大陸物品進口，開放陸資來臺投資服務業，准許台商直接赴大陸投資，並開放兩岸直接通航、通郵、通匯等業務，以及設立「兩岸經貿安全預警機制」。為落實「經發會」之共識意見，2002 年 4 月初，立法院修訂「兩岸人民關係條例」第六十九條，開放大陸地區人民、法人、團體或其他機構、或渠等於第三地區投資之公司，得經主管機關內政部許可後，在臺灣地區取得、設定或移轉不動產物權。

　　經發會共識意見提到，將分階段開放國內金融機構與大陸直接通匯，財政部乃於 2002 年 8 月間修訂公布「兩岸金融業務往來許可辦法」，開始受理外匯指定銀行與郵匯局申請，辦理與大陸地區銀行直接匯款及進出口外匯業務；同時也開放國內銀行之 OBU 與海外分支機構辦理大陸台商授信業務，開放臺灣地區保險業赴大陸地區設立分公司、子公司。2004 年 4 月間，進一步開放國內保險業赴大陸參股投資。

　　2003 年 8 月中旬，臺灣公布兩岸直航之影響評估報告，宣示在過渡時期積極推

動貨運便捷化措施。次月公布航空貨運便捷化的具體方案和相關作業辦法,開放由臺灣航空業者先飛的間接貨運包機。翌年 5 月,行政院大陸委員會宣布兩岸海運便捷化措施,境外航運中心的適用港口,由高雄港擴及臺中港與基隆港,並開放兩岸權宜輪及外籍輪承攬國際貨,不限兩岸轉運貨。

2006 年元旦,陳水扁總統公開談話提到兩岸經貿政策的「新思維、新作法」,以「積極管理、有效開放」取代了 2001 年 8 月「經發會」所形成的「積極開放、有效管理」之共識。「積極管理、有效開放」政策的主要目標,是爲了推動有秩序的兩岸經貿開放政策,改善經貿開放所衍生的負面影響,確保臺灣經濟的主體性,並落實經濟「深耕臺灣、布局全球」的總體發展策略,降低對大陸經濟的依賴。

爲了落實「深耕臺灣」的政策,行政院推動了多項優惠措施或方案,積極吸引台商返臺投資,其中包括將工業區土地租金優惠措施(即○○六六八八方案)適用期限延長爲二至五年的中長期計畫;建立資金回流機制,鼓勵台商匯回投資盈餘;提供租稅優惠;提供研發補助;低利融資貸款;訂定《台商回臺投資專案融資貸款要點》,落實台商企業回臺灣投資專案融資計畫。此外,臺灣亦宣示未來將從協助台商因應大陸市場經營環境變遷,與競爭壓力的角度,從旁協助及輔導;推動「台商回臺投資輔導機制」、研究規劃台商利用「自由貿易港區」與在臺設立「營運總部」的商業模式。對於晶圓製造、晶圓封裝測試、TFT-LCD 前、中段製程、輕油裂解等重要禁止類項目,要建立明確管理機制,避免造成企業全球布局與兩岸經貿活動的不確定性,以維持臺灣產業在兩岸分工格局中之優勢。

2006 年夏天,臺灣政府召開「臺灣經濟永續發展會議」,其中有關「全球布局」與兩岸經貿議題達成「兩岸經貿政策調整」的結論,其中一個重點是要強化兩岸經貿風險管理機制,強調政府應每年進行兩岸貿易與投資影響評估報告,並對外公布,評估內容應涵蓋各項兩岸及總體經濟指標;相關機關應就兩岸人員、投資、金融與技術往來等領域,建構有效的風險管理機制;政府應積極推動攸關兩岸經貿秩序之協商議題,包括台商投資權益及人身安全保障、兩岸經貿糾紛調處及共同打擊犯罪、智財權與商標保護及開放中國大陸人民來臺觀光、兩岸金融監理機制、兩岸客貨運包機等。

其次,在開放大陸人士來臺方面,優先放寬從事正常商務活動之人員往來,譬如:放寬跨國企業邀請中國大陸員工來臺召開會議及從事相關活動之人數及資格限制,適度放寬臺灣企業邀請中國大陸商務人士來臺限制;並在加強吸引外國觀光客之前提下,推動開放中國大陸旅客直接來臺觀光(第一類)。

　　第三，在兩岸投資及貿易方面，對大陸投資政策將在有效管控風險下，持續進行，譬如：重大投資案件之審查，必須充分考量在臺相對投資、全球布局、技術移轉、僱用員工變動、財務計畫及對母公司回饋，以及對相關產業與總體經濟之影響等重要因素，並應落實事後監督及考核，中國大陸物品進口之開放，將審慎推動等。

　　第四，兩岸金融往來需在建立金融監理機制並做好防火牆下循序推動。在確保國家主權及安全前提下，與大陸政府進行對等協商並簽署協議，建立兩岸金融監理制度，並就開放銀行在中國大陸辦事處升格分行相關政策事宜，綜合各方意見，研提風險評估報告；另持續推動兩岸協商簽署證監備忘錄。

　　第五，關於兩岸直航問題，兩岸直航之實施，須在確保國家主權及安全前提下，與大陸政府進行對等談判簽署協議後付諸實施，以穩健有序的步驟，持續推動。

　　總之，兩岸經貿政策之目標為「深耕臺灣、布局全球」，以及建立兩岸經濟關係正常化與交流秩序；政策的指導原則為「積極管理、有效開放」；「臺灣主體性、政策主動性」；「立場堅定、務實推進」。在政策方向上，強調要以國家安全及總體利益為優先，在有效管控風險前提下，持續調整相關政策；在加強落實推動「臺灣優先」、「全球布局」前提下，達成增加投資臺灣、創造就業機會、拉近城鄉距離、縮短貧富差距等目標，以確保臺灣總體經濟利益。

　　兩岸經貿政策在「積極管理」方面的作為，主要有：強化臺灣的兩岸經貿風險管理機制（例如：對大陸投資案件之政策審查、技術審查）、積極透過兩岸協商與協調建立兩岸經濟交流秩序（例如：開放大陸人士來臺觀光和兩岸客貨運包機之協商；智財權與商標保護、兩岸共同打擊犯罪、保障大陸台商投資權益及人身安全等協調工作等）。在「有效開放」方面的作為，主要有：春節包機、開放 4 吋或以下的小面板與低階封測赴大陸投資、四項專案包機（專案貨運包機、假日包機常態化、緊急醫療包機、專案人道包機）、放寬跨國企業邀請中國大陸員工來臺召開會議及從事相關活動之人數及資格限制、放寬大陸商務人士來臺的人數限制、開放 0.18 微米製程的晶圓技術赴大陸投資、持續進行觀光議題談判、規劃推動人民幣定點及定量試點兌換等。

第五節　開啓經貿關係正常化時期（2008年5月以後）

　　2008 年初，國民黨先後在立法委員選舉和總統大選中獲勝，重新取得全面執政

的權力。有鑑於兩岸政治對立，不利於臺海和平與臺灣經濟穩定發展，馬總統執政後乃致力於改善兩岸關係，主張擱置兩岸政治爭議，以協商代替對抗，以和解代替衝突，並積極促進兩岸經貿關係發展，因而自 2008 年下半年開始，兩岸關係逐漸改善，互動愈趨頻繁。

　　其實，早在 2005 年 4 月間，時任國民黨主席連戰曾率團前往大陸參訪，所謂的「和平之旅」，並與當時中共總書記胡錦濤進行歷史性會談，會後以新聞公報的方式共同發布「兩岸和平發展共同願景」，提出「促進儘速恢復兩岸談判，共謀兩岸人民福祉」；「促進終止敵對狀態，達成和平協議」；「促進兩岸經濟全面交流，建立兩岸經濟合作機制」；「促進協商臺灣民眾關心的參與國際活動問題」；「建立黨對黨定期溝通平臺」等五大共識。

　　該五項共同願景隨即成為國民黨的政策綱領，並成為馬蕭搭檔角逐總統大位的重要政見。贏得勝選後，馬總統在就職演說中勾勒出兩岸關係政策框架，特別強調將秉持在中華民國憲法架構下「維持現狀、謀求雙贏」，其中，「不統、不獨、不武」的「三不」表述，旨在重申維持兩岸和平、分治、交流現狀，最終是要謀求兩岸和平發展和繁榮，創造最大的共同利益。

　　就策略面觀察，馬總統呼應蕭副總統在 2008 年 4 月中旬博鰲亞洲論壇中提出的「正視現實、開創未來、擱置爭議、追求雙贏」十六字箴言，強調「兩岸走向雙贏的起點，是建構在『九二共識、一中各表』的基礎上」，他認為「臺灣要安全、要繁榮才能夠向前發展」，因此，他強調優先處理兩岸經貿關係正常化問題，再討論「臺灣國際空間」和「臺海安全」等兩大政治議題。他「呼籲兩岸不論在臺灣海峽或國際社會，都應該和解休兵，並在國際組織活動中相互協助，彼此尊重」，兩岸應儘早「就臺灣國際空間與兩岸和平協議，進行協商」[7]。

　　馬總統推動兩岸關係發展的藍圖，強調優先處理兩岸經貿關係正常化問題，在正式上任後陸續推出，以「先經後政、先易後難、先急後緩」的原則，推動兩岸和平發展。2008 年 6 月中旬，中斷十多年的海基、海協兩會制度化協商機制重新啟動，並在北京完成兩項協議之簽署工作，其涉及的兩岸週末包機直航及中國大陸觀光客入臺等兩項協議也都在 7 月 4 日付諸執行。嗣後，海基、海協兩會制度化協商不定期在大

---

[7] 中華民國總統府機要室，〈中華民國第 12 任總統馬英九先生就職演說內容全文〉，**中華民國總統府官網**，2008 年 5 月 20 日。

陸和臺北兩地輪流舉行，迄 2015 年底止，累計舉辦 11 次正式協商，歷次會議共簽署
了 23 項協議及達成 3 項共識（表 10-3），其中，除海峽兩岸服務貿易協議和海峽兩
岸避免雙重課稅及加強稅務合作協議之外，其他 21 項協議已正式生效實施。

表 10-3　海基、海協兩會制度化協商主要成果（2008～2015 年）

簽署時間與地點	簽署協議的主題
2008 年 6 月，第 1 次（北京）	1. 海峽兩岸包機會談紀要（即週末包機） 2. 海峽兩岸關於大陸居民赴臺灣旅遊協議
11 月，第 2 次（臺北）	1. 海峽兩岸空運協議 2. 海峽兩岸海運協議 3. 海峽兩岸郵政協議 4. 海峽兩岸食品安全協議
2009 年 4 月，第 3 次（南京）	1. 海峽兩岸空運補充協議 2. 海峽兩岸金融合作協議 3. 海峽兩岸共同打擊犯罪及司法互助協議 4. 發表「陸資赴臺投資」共同聲明
12 月，第 4 次（臺中）	1. 海峽兩岸農產品檢疫檢驗合作協議 2. 海峽兩岸標準計量檢驗認證合作協議 3. 海峽兩岸漁船船員勞務合作協議
2010 年 6 月，第 5 次（重慶）	1. 海峽兩岸經濟合作架構協議 2. 海峽兩岸智慧財產權保護合作協議
12 月，第 6 次（臺北）	1. 海峽兩岸醫藥衛生合作協議
2011 年 10 月，第 7 次（天津）	1. 海峽兩岸核電安全合作協議
2012 年 8 月，第 8 次（臺北）	1. 海峽兩岸投資保障和促進協議 2. 海峽兩岸海關合作協議 3. 發表投保協議「人身自由與安全保障共識」
2013 年 6 月，第 9 次（上海）	1. 海峽兩岸服務貿易協議 2. 就有關解決金門用水問題，達成共同意見
2014 年 2 月，第 10 次（臺北）	1. 海峽兩岸地震監測合作協議 2. 海峽兩岸氣象合作協議
2015 年 8 月，第 11 次（福州）	1. 海峽兩岸避免雙重課稅及加強稅務合作協議 2. 海峽兩岸民航飛航安全與適航合作協議

資料來源：大陸委員會官網。

　　除了前述 11 次正式協商簽署 23 項協議和 3 項共同聲明外，自 2008 年以來，臺

灣官署的兩岸政策還陸續提出了多項具體的鬆綁措施（表 10-4），例如：自 2008 年 6 月 30 日起，開放臺灣地區辦理人民幣兌換業務，臺灣民眾可以向已經核准的金融機構，進行 2 萬元人民幣以內的人民幣買賣。在經貿領域方面，還包括放寬兩岸證券投資、放寬大陸投資金額上限及審查便捷化、鬆綁海外企業入臺上市、適度開放陸資投資國內股市、開放大陸合格境內機構投資人（QD II）入臺投資證券期貨市場；在交通運輸領域方面，主要有擴大放寬「小三通」、「小三通正常化」；文教類方面，

表 10-4　2008 年以來政府大陸政策重要措施

類別	政策措施之內容	簽署／開始實施時間
經貿類	1. 開放臺灣地區辦理人民幣兌換業務	2008.6
	2. 放寬兩岸證券投資 (1) 調整兩岸證券投資方案—短期計畫 (2) 重新檢討放寬基金投資涉陸股之海外投資比率	2008.6 2008.7
	3. 放寬中國大陸投資比例上限及審查便捷化	2008.8
	4. 鬆綁海外企業來臺上市、適度開放陸資投資國內股市	2008.8
	5. 開放陸資來臺直接投資	2009.6
	6. 發布兩岸金融、證券期貨、保險業務往來及投資許可辦法、放寬投資限制	2010.3 2011.9
	7. 兩岸海關安全認證優質企業與高級認證企業（AEO）互認試點合作	2016.10
	8. 簡化「小三通」申請程序，增加交流便利性	2018.11
交通運輸類	1. 擴大放寬「小三通」	2008.6
	2. 金門、馬祖、澎湖「小三通」正常化	2008.9
文教類	1. 逐步放寬中國大陸記者來臺駐點採訪便利措施	2008.6〜2014.1
	2. 延長陸生來臺研修期限為一年	2008.10
	3. 放寬大學赴大陸及金、馬地區辦理推廣教育	2008.11
	4. 開放中國大陸學生來臺就讀及中國大陸學歷採認	
	5. 開放中國大陸大眾傳播人士來臺參與攝製電視劇及電影片	2009.9
其他	1. 放寬（縣）市長赴大陸地區交流	2008.7
	2. 修正兩岸條例以保障大陸配偶在臺權益	2009.6
	3. 持續完善推動兩岸人員往來交流機制	
	4. 強化公務員赴陸安全管理	2010.9、2014.10

資料來源：大陸委員會官網。

主要包括恢復新華社及人民日報入臺駐點採訪、開放大陸五家地方媒體入臺駐點、陸生入臺研修期限由四個月延長爲一年、放寬大學赴大陸及金馬地區辦理推廣教育等。其他的鬆綁措施還包括：放寬縣（市）長赴大陸地區交流、大陸專業人士入臺便捷化、核准香港貿發局入臺設立臺灣分公司、透過兩岸條例修正，保障大陸配偶在臺權益等。

2016 年總統大選，民進黨再度取得執政大權。蔡英文在公開發表總統勝選感言時表示，未來執政將以「中華民國現行憲政體制」、兩岸協商交流互動的成果，以及民主原則與普遍民意，做爲推動兩岸關係的基礎，強調將會建立具有「一致性、可預測性、可持續的兩岸關係」[8]。隨後在接受自由時報專訪時，蔡英文再度表示，新政府執政之後，將會根據「中華民國現行憲政體制」，秉持超越黨派的立場，遵循臺灣最新的民意和最大的共識，以人民利益爲依歸，致力確保海峽兩岸關係能夠維持和平穩定的現狀[9]。

由於蔡英文表示兩岸並不存在「九二共識」，有的只是 1992 年兩岸海基、海協兩會會談的歷史事實，以及雙方求同存異的共同認知，中國大陸認爲兩岸兩會協商機制的政治基礎不復存在，因而蔡英文執政後，兩岸兩會的制度化協商中斷，同時，過去兩岸已達成的 20 多項協議及共同意見和共識等的執行，因沒有制度化協商平臺共同研討策進而導致成效大打折扣，ECFA 架構下的「兩岸經濟合作委員會」及附屬的六個工作小組，基本上已停止運作。

蔡總統在第一任期的就職演說中指出[10]，新政府將打造一個以創新、就業、分配爲核心價值，追求永續發展的新經濟模式：強化臺灣經濟的活力與自主性，加強和全球及區域的連結，積極參與多邊及雙邊經濟合作及自由貿易談判，包括跨太平洋夥伴關係協定（The Trans-Pacific Partnership，縮寫 TPP）[11]、區域全面經濟夥伴關係協定

---

[8] 「總統當選人蔡英文國際記者會致詞中英譯全文」，**民主進步黨官網**，2016 年 1 月 16 日，https://www.dpp.org.tw/media/contents/7378。

[9] 「蔡英文：九二歷史事實推動兩岸關係」，**自由時報電子報**，2016 年 1 月 21 日，https://news.ltn.com.tw/news/focus/paper/951154。

[10] 「中華民國第 14 任總統蔡英文女士就職演說」，**大陸委員會官網**，中華民國 105 年 5 月 20 日，https://www.mac.gov.tw/News_Content.aspx?n=106241E966C563C0&sms=949FB8518BAC220E&s=995E17A883743E06。

[11] TPP 最初是由亞太經濟合作會議成員發起，於 2002 年開始醞釀的一組多邊關係的自由貿易協定，旨在促進亞太地區貿易自由化。嗣因美國退出，其他成員繼續協商，並更名爲跨太平洋夥伴全面進步協定（Comprehensive and Progressive Agreement for Trans-Pacific Partnership，縮寫爲 CPTPP）。

（Regional Comprehensive Economic Partnership, 縮寫 RCEP）等；推動南向政策，提升對外經濟的格局及多元性，告別以往過於依賴單一市場的現象。

蔡總統進一步指出，我們要和其他國家共享資源、人才與市場，擴大經濟規模，讓資源有效利用；我們會在科技、文化和經貿等各層面，和區域成員廣泛交流合作，尤其是增進與東協、印度的多元關係，也願意和對岸，就共同參與區域發展的相關議題，坦誠交換意見，尋求各種合作與協力的可能性。

根據陸委會公布的文件，蔡政府的兩岸經貿政策思維可歸納為以下幾個重點 [12]：

(一) 維護現有聯繫機制，持續良性溝通對話：對話和溝通是達成維持兩岸關係和平穩定最重要的關鍵方式，政府將致力維護兩岸現有對話溝通機制，秉持相互諒解、求同存異的政治思維，持續良性溝通與對話。

(二) 珍惜過去累積交流與互動成果，保障民眾權益福祉：二十多年來雙方交流、協商所累積形成的現狀與成果，是政府推動兩岸關係的既有政治基礎之一，兩岸都應該共同珍惜與維護。目前兩岸兩會已簽署生效的 21 項協議，都是與兩岸民眾生活福祉、健康權益及財產生命安全息息相關，亦將繼續有效，由各議題主管機關持續聯繫實施。蔡總統認為，協議有效落實執行，是以民為本理念的體現，希望兩岸共同努力持續推動，保障民眾最大利益。

在具體作為方面，首先是維護兩岸現有對話協商機制與平臺：包括陸委會與國臺辦、海基會與海協會對話協商機制、21 項已生效兩岸協議主管機關之間，以及「小兩會」等溝通聯繫平臺。

其次，持續落實已生效 21 項兩岸協議執行現狀：陸委會表示將會同協議主管機關進行檢視，並持續就協議執行情形與陸方溝通，掌握協議執行情形及可能衍生問題，以利風險管控，研議妥適處理措施，以確保兩岸民眾福祉權益。譬如：處理陸客來臺觀光、臺灣柑橘輸陸檢驗檢疫問題；積極提供台商協助與服務，持續推動兩岸投保協議，致力於保障台商相關權益。

---

[12] 「兩岸經貿政策思維及工作推動方向」，**大陸委員會官網**，中華民國 105 年 6 月 8 日，https://www.mac.gov.tw/News_Content.aspx?n=163B8937FBE0F186&sms=BACC4EA162B881BB&s=353BAE24127C390B

參考文獻

大陸委員會（民國 80），「國家統一綱領」，大陸政策文件資料，民國 80 年 2 月 1 日。

大陸委員會（民國 85），「國家發展會議兩岸關係議題共同意見」，大陸委員會大陸資訊及研究中心，民國 85 年 12 月 28 日。

大陸委員會（民國 90），「落實大陸投資『積極開放、有效管理』執行計畫」，大陸政策文件資料，民國 90 年 11 月 7 日。

大陸委員會（民國 105），「中華民國第 14 任總統蔡英文女士就職演說」，**大陸委員會官網**，中華民國 105 年 5 月 20 日。

大陸委員會（民國 105），「兩岸經貿政策思維及工作推動方向」，**大陸委員會官網**，中華民國 105 年 6 月 8 日。

中華民國總統府機要室（2008），〈中華民國第 12 任總統馬英九先生就職演說內容全文〉，**中華民國總統府官網**，2008 年 5 月 20 日。

行政院大陸委員會編（1994），《臺海兩岸關係說明書》，臺北：行政院大陸委員會。

行政院大陸委員會編（1999），《李總統登輝特殊國與國關係：中華民國政策說明書》，臺北：行政院大陸委員會。

行政院經濟建設委員會（2008），《臺灣經濟發展政策演進圖解之建構》，臺北：行政院經濟建設委員會。

經濟部（1996），《兩岸經貿白皮書》，臺北：經濟部。

陳明通（2005），「我國大陸政策的檢討與前瞻」，《新世紀智庫論壇》第 29 期，頁 44-77。

趙春山（2019），「當前我國大陸政策」，收錄於《兩岸關係與政府大陸政策》，修訂三版，臺北：三民書局，2019 年。

第十一章　兩岸直航對臺灣經濟之影響

　　自 1949 年開始的三十多年期間，由於兩岸處於軍事對抗狀態，兩岸之間基本上是隔絕的。不過，隨著大陸推動改革開放政策，大陸對臺政策做了調整，「和平統一」取代「武力解放」成為對臺政策的主軸。1979 年元旦，大陸全國人大常委會發表《告臺灣同胞書》，倡議兩岸間應進行經濟交流，相互發展貿易，開放兩岸通郵、通商、通航（即所謂的「三通」），從此，大陸領導人在對臺政策聲明中，都以實現「三通」做為對臺工作的重點目標。

　　對於大陸政府所鼓吹的兩岸「三通」議題，初期臺灣的回應並不積極。1981 年 4 月初，執政的中國國民黨十二全大會通過「貫徹以三民主義統一中國」，放棄反攻大陸之口號，等於是公開宣稱將以和平方式統一中國，初步回應了大陸所提兩岸「和平統一」的提議。針對兩岸「三通」議題，直到 1987 年 11 月間，臺灣決定開放在大陸有親屬的臺灣居民赴大陸探親後，才算有了突破。不過，嚴格而言，由於兩岸航權與主權不能分離，兩岸直航無法避免地涉及政治及國家安全，因此，雙方執政者各有堅持，兩岸直航問題一直是兩岸關係爭論的焦點。

第一節　大陸鼓吹兩岸通航的政策與主要措施

一、政策論述

　　大陸政府早自 1979 年提出「和平統一」的對臺政策後，即一再主張儘早實現兩岸「三通」。1979 年元旦發表的《告臺灣同胞書》指出：「臺灣與祖國大陸在經濟上本來是一個整體」，「我們相互之間完全應當發展貿易，互通有無，進行交流。這是相互的需要，對任何一方都有利而無害」。1981 年 9 月 30 日，大陸人大委員長葉劍英發表談話，進一步闡明「關於臺灣回歸祖國，實現和平統一的方針政策」（即俗稱的「葉九條」），其中第二條提到：「我們建議雙方共同的通郵、通商、通航……提供方便達成有關協議。」（表 11-1）。

表 11-1 歷年大陸對兩岸直航政策主張

提出時間	主要文件	主要內容
1979/01	全國人大常委會發表《告臺灣同胞書》	主張雙方儘快實現通郵、通商、通航以利兩岸同胞直接接觸、互通訊息,及進行經濟交流
1981/09	葉劍英提出九點建議(俗稱「葉九條」)	建議雙方共同為通郵、通商、通航、探親、旅遊及開展學術、文化、體育交流提供方便,達成有關協議
1990/12	「全國對臺工作會議」文件	宣示兩岸通航原則為「一個中國、雙向直航、互利互惠」,屬「國內運輸的特殊慣例方式」,不同意第三國籍船舶介入兩岸通航
1995/01	江澤民發表「為促進祖國統一大業的完成而繼續奮鬥」八點主張(俗稱「江八點」)	指出兩岸直接通郵、通商、通航,是兩岸經濟發展和各方面交流的客觀需要,也是兩岸同胞利益之所在,應加速實現直接「三通」
1996/08	外經貿部公布《臺灣海峽兩岸間航運管理辦法》	開放廈門、福州兩個港區為兩岸間船舶直航的試點口岸;強調此航線為「特殊管理的國內運輸」
1996/08	外經貿部發布《臺灣海峽兩岸間貨物運輸代理業管理辦法》	同意臺灣與大陸海運承攬業間之商業行為
2002/11	交通部公布《關於加強臺灣海峽兩岸不定期船舶運輸管理的通知》	兩岸通航定位為「兩岸航線」架構,宣示只有在大陸、臺灣、香港和澳門四地註冊登記的船公司,可申請從事海峽兩岸不定期船舶運輸業務,除非特別需要,不允許使用外國船公司的船舶。外國船公司不得從事兩岸不定期船舶運輸業務
2008/06	制度化協商兩岸週末包機事宜	兩岸簽署《海峽兩岸包機會談紀要》,正式開啟兩岸週末包機航班
2008/11	制度化協商兩岸全面直航事宜	兩岸簽署《海峽兩岸空運協議》和《海峽兩岸海運協議》,正式啟動兩岸全面直航

資料來源:作者根據相關文獻,自行整理而得。

　　1990 年 12 月,大陸在「全國對臺工作會議」中宣示,兩岸通航原則為「一個中國、雙向直航、互惠互利」,屬「國內運輸之特殊慣例方式」,非單純為國內航線,不同意第三國籍船舶介入兩岸通航,並要求臺灣授權團體或個人針對兩岸通航之技術性問題進行協商談判。次年元月,大陸民航總局依「全國對臺工作會議」決議的精神,要求北京、天津、上海、福州、廈門、廣州及海口等機場進行兩岸通航之準備,另選定「華東民航管理局」及所屬中國東方航空公司負責推動臺灣通航的工作。

　　1995 年元旦,江澤民發表「為促進祖國統一大業的完成而繼續奮鬥」八點主張

（俗稱「江八點」），指出兩岸直接通郵、通商、通航，是兩岸經濟發展和各方面交流的客觀需要，也是兩岸同胞利益之所在，應加速實現直接「三通」。

翌年 8 月，外經貿部先後公布《臺灣海峽兩岸間航運管理辦法》和《臺灣海峽兩岸間貨物運輸代理業管理辦法》，開放廈門、福州兩個港區，做為兩岸間船舶直航的試點口岸；強調此航線為「特殊管理的國內運輸」，僅大陸或臺灣地區獨資航運公司，以及大陸和臺灣的合資航運公司始得從事兩岸航運業務。同年 10 月，大陸政府再發布《關於實施〈臺灣海峽兩岸間航運管理辦法〉有關問題的通知》，同意兩岸權宜籍船舶通航大陸試點口岸與臺灣境外航運中心港口。

2002 年 11 月，大陸交通部公布《關於加強臺灣海峽兩岸不定期船舶運輸管理的通知》，將兩岸通航定位為「兩岸航線」架構，宣示只有在大陸、臺灣、香港和澳門四地註冊登記的船公司，可申請從事海峽兩岸不定期船舶運輸業務，除非特別需要，不允許使用外國船公司的船舶。外國船公司不得從事兩岸不定期船舶運輸業務。

馬總統執政後，兩岸展開制度化協商，自 2008 年 6 月開始，先簽署《海峽兩岸包機會談紀要》，正式開啟兩岸週末包機航班；在陸續簽署《海峽兩岸空運協議》和《海峽兩岸海運協議》，正式啟動兩岸全面直航。

二、主要措施

配合中央鼓吹兩岸直接「三通」政策，大陸交通部先後於 1979 年 6 月，解除中國大陸商船禁止航行臺灣海峽之限制；1981 年 10 月，宣布「臺灣船舶可彎靠大陸港口」之政策，開放通信與海難救助機構對臺灣遇險船舶救助等措施。

1990 年 3 月，大陸民航總局頒布《中國大陸與臺灣間民用航空運輸不定期飛行的申請和批准程序的暫行規定》，並自 4 月起施行。大陸利用接待臺灣民航事業考察團訪問中國大陸各大機場之際，雙方簽訂合同，大陸同意給予包機飛航大陸沿海城市之「航線許可證」。同年 7 月 1 日，大陸民航總局發布《單方經營中國大陸與臺灣間民用航空運輸補償費辦法》，准許臺灣地區航空業者單向經營兩岸航線兩年，試圖以此利誘臺灣民航業者（表 11-2）。

表 11-2　歷年大陸開放兩岸直航的主要措施

提出時間	主要文件	主要內容
1981/10	交通部公開說明	宣布臺灣船舶可彎靠大陸港口
1990/03	民航總局頒布《中國大陸與臺灣間民用航空運輸不定期飛行的申請和批准程序之暫行規定》	同意給予包機飛航大陸沿海城市之航線許可證
/07	民航總局頒布《單方經營中國大陸與臺灣間民用航空運輸補償費辦法》	准許臺灣航空業者單向經營兩岸航線兩年
1996/08	外經貿部公布《臺灣海峽兩岸間航運管理辦法》	開放廈門、福州兩個港區，做為兩岸間船舶直航的試點口岸。嗣於 10 月間，再同意兩岸權宜籍船舶通航大陸試點口岸與臺灣境外航運中心港口
2001/05		大陸批准臺灣的陽明、萬海、建恒、長榮、立榮及正利航業等六家海運公司，可從事進出大陸港口的國際班輪運輸業務
/11		大陸同意臺灣航空業者可以飛越「三亞飛航責任區」
2002/02		大陸同意對臺北飛航情報區提供國際機場飛航資訊公告；並允許大陸和臺灣的航空公司辦理聯營，及臺灣的航空公司經營第三地子公司可在大陸設立辦事處
2003/01		同意臺灣之遠東、中華、華信、長榮、立榮及復興等六家民航業者，在春節期間間接包機，提供上海與臺北、高雄之間客運服務
2005/01		在「共同參與、多點開放」原則下，再度開放兩岸春節包機客運服務
/09		大陸批准臺灣航空公司飛越大陸領空（第一航權）的申請
2008/11	兩岸簽署《海峽兩岸空運協議》	大陸開放 16 個航點平日包機，每週七天不超過 108 個往返班次；另開放貨運包機，雙方每月共飛 60 個往返班次。
	兩岸簽署《海峽兩岸海運協議》	同意兩岸資本並在兩岸登記的船舶經許可，權宜輪經特別許可，得從事兩岸間客貨直接運輸；開放 63 個港口；雙方航運公司可在對方設立辦事機構及營業性機構。

資料來源：作者根據相關文獻自行整理而得。

　　1995 年 10 月，臺灣與香港、澳門民航業在雙方政府授權下，進行航約談判並達成協議，兩岸空運通航終獲突破。在該協議下，香港方面以各兩家航空公司指定方式

經營，航權跨越 1997 年至 2001 年 6 月，並約定雙方航機均不能出現代表國家的旗幟或徽章，臺灣方面並同意含有大陸資本達 66% 的港龍航空公司飛航臺港航線。臺澳方面，臺灣地區允許大陸資本占 50% 的澳門航空飛行臺灣，並允許澳門航空以「原班機換編號」、「一機到底」方式飛航大陸地區，而大陸方面則允許臺灣的航空器飛越廣州飛航情報區，並接受深圳進場飛航管制指揮服務。

2001 年 11 月 1 日，大陸民航總局空中交通管理局自國際民航組織（ICAO）接管「三亞飛航責任區」，同意臺灣航空業者依國際慣例及航路運行規則，由臺灣至東南亞航路可以飛越該責任區。次年 2 月，大陸民航總局華東空中交通管理局依國際公約規定，對臺北飛航情報區提供國際機場飛航資訊公告；此外，並允許大陸的航空公司與臺灣的航空公司辦理聯營，以及臺灣的航空公司經營第三地子公司可在北京設立辦事處。值得注意的是，兩岸通航尚未落實，兩岸業者的合作卻已展開。2001 年 3 月，臺灣之臺灣航勤、中華航空、長榮航空及遠東航空等公司獲大陸批准，共同持股 49% 投資興建及經營廈門空運貨站公司；同年 7 月，中華航空公司獲准加入中國貨運航空公司，持股 25%，成為海峽兩岸航空公司首次合資經營之貨運航空企業。

2000 年 11 月，臺灣與澳門民航關係在五年期航約屆滿後，雙方再簽訂《臺澳航權機密了解備忘錄》，增加客貨班次；而臺灣與香港民航關係在五年期航約期滿後，則歷經一年談判，於 2002 年 6 月底由香港業者與臺灣代表團簽訂《有關臺港之間空運安排》，臺灣各三家航空業者參與及增加客貨班次，提供民航服務。2002 年 10 月，同意澳門航空辦理深圳、澳門至臺北直達貨運班機。

2003 年元月初，配合臺灣之「大陸臺灣春節返鄉專案」間接包機，同意臺灣之遠東、中華、華信、長榮、立榮及復興等六家民航業者申請於當年春節期間提供上海與臺北、高雄之間，經由香港及澳門中繼往返八航次之包機服務，這項單向（我方）、單點（只有上海）、中停港澳的兩岸通航模式為兩岸中斷五十三年的民航，創下歷史性的新頁。2005 年 1 月，兩岸春節包機在中斷一年後，再度成行，在「共同參與、多點開放」的原則下，除了臺灣民航、大陸有中國國際航空、南方航空參與；開放互飛的航點，包括桃園中正、高雄小港、北京、上海、廣州等五個，航線繞經香港飛航管制區。

2008 年 6 月和 11 月，兩岸透過制度化協商先後簽署《海峽兩岸包機會談紀要》和《海峽兩岸空運協議》，開啟週末包機和平日包機，實現兩岸全面直航；嗣後再簽署空運補充協議，除擴大平日包機為定期航班，航點和航班數也持續增加。

　　關於海上通航的措施，大陸交通部於 1996 年 8 月間，曾先後開放廈門、福州兩個港區，做為兩岸間船舶直航的試點口岸。翌年 5 月，大陸政府公布《關於加強臺灣海峽兩岸間接集裝箱班輪運輸管理的通知》，同意臺灣、香港、大陸地區權宜籍船舶及外國籍船舶，可經由第三地經營航行於兩岸定期航線業務。2000 年 1 月底，大陸政府另公布《外商獨資船務公司審批暫行辦法》，同意臺灣業者可在大陸設立獨資船務公司。

　　2002 年 1 月 1 日，大陸實施《國際海運條例》，隨後分別於 4 月 8 日及 5 月 20 日公布批准經營「國際班輪運輸業」名單，包括臺灣的陽明海運、萬海航運、建恒海運、長榮海運、立榮海運及正利航業等六家，可從事進出大陸港口的國際班輪運輸業務。

第二節　臺灣開放兩岸直航的政策論辯

　　面對大陸政府積極倡議開放兩岸「三通」直航，臺灣官方起初的態度是完全排斥。的確，從經濟面考量，開放兩岸直航對臺灣並非萬無一失，反對開放的人士認為，兩岸直航降低了雙邊交通的成本，有助於兩岸交流規模更加擴大，臺灣的經濟、社會結構將面臨巨大的調整壓力。

　　經常被提出的論點，至少包括以下幾個構面，首先，大陸物品進口增加及大陸台商產品回銷，可能衝擊臺灣境內的產業，並造成兩岸雙邊貿易順差縮小及臺灣通貨緊縮問題；其次，臺灣居民將擴大赴大陸觀光旅遊、從事商務活動、消費乃至購買房地產，可能造成臺灣內需萎縮及房地產景氣低迷；第三，台商赴大陸投資將擴大，可能進一步造成資金、人才、技術流向大陸，從而排擠在臺灣投資；第四，臺灣經濟結構將大幅改變，可能使結構性失業問題增加，而中高級人力、技術人才等隨企業投資赴大陸工作，則可能造成臺灣面臨人才短缺的問題。

　　在經濟面的考量之外，「國家安全」長久以來一直是反對開放兩岸直航人士的基本訴求。兩岸直航對安全的影響，首在對國家安全之衝擊，其次為對經濟及社會安全之衝擊。直航對國防安全之衝擊與影響，主要包括安全防衛以及國防戰略與部署兩方面，前者可能出現立即的威脅，因為開放直航，尤其空運直航將使臺灣的空防縱深大幅縮減；就後者來看，為因應直航後兩岸關係新的形勢，兵力及各種軍事部署勢需作

調整，各種有形或無形的負擔將大為增加。

　　由於兩岸錯綜複雜的關係，使得政治、社會、經濟等安全層面問題不易有清楚的界線，因而增加安全管理上的複雜度與困難度。就政治面來看，由於中共將直航視為「一個國家內部的事務」，並主張「一個中國」原則及「一國兩制」，反對者認為，屈從於中共預設的這些前提而開放兩岸直航，勢必對國家主權造成嚴重傷害，其成本難以估計。直航對社會安全的影響，主要包括社會治安、疫病防治負荷增加等方面。其實，開放兩岸交流已對國內治安構成負面影響，包括偷渡、非法打工、逾期居留、走私、組織犯罪等，直航可能加劇上述治安問題。另外，兩岸人民的通婚與大陸人士依親來臺的案例不斷增加，可能形成另類的社會問題。

　　臺灣經濟安全受到衝擊，主要是因直航可能加速兩岸經濟結合的深度及廣度，造成臺灣產業發展及經濟結構的根本變化，衍生的經濟安全問題主要包括：臺灣經濟對大陸市場的依賴度大幅提高、產業空洞化及失業問題的衝擊、金融風險升高、核心技術可能流失、乃至經濟可能走向邊緣化等。

　　贊成開放兩岸直航的論者認為，儘管國家安全顧慮的重要性不容被忽視，但「直航」是否為影響國家安全的必然因素，其實仍有討論的空間。一般而言，影響國家安全之因素很多，舉凡國內政治情勢及國際情勢之變化，均會影響國家安全。若因「三通」會威脅國家安全，而將一些經濟活動加以限制，是否有因噎廢食、矯枉過正之嫌，值得進一步探討。

　　支持者進一步指出，不開放兩岸直航並不代表臺灣的國防安全即可獲得保障；蓋臺灣海峽之天然屏障對國防安全之保障原本即相當有限。另外，不開放三通直航是因為兩岸仍處於政治敵對狀態的說法，那麼開放「三通」是否有助於兩岸降低敵對狀態，甚至於促進和平的氛圍，值得深思。兩岸「三通」遲未開放，臺灣在經濟利益上遭受的損失似乎逐漸明顯，表現最為具體的是臺灣國際港埠（尤其是高雄港）營運業務成長幾乎陷於停滯，發展臺灣成為跨國公司進軍大陸市場之跳板，以及發展臺灣成為全球運籌中心的計畫進展有限，因而造成臺灣經濟成長能量減低。

　　其次，開放直航是否對臺灣社會安全更加不利，也非絕對。臺灣是一個開放的社會，國際交流頻繁，在交流的過程中出現一些衝擊臺灣社會安全的問題在所難免，關鍵在於是否能夠建立一套完善的管理機制，做好事前的防範和事後的處置，以降低社會成本。支持開放的論者認為，就現實面來看，兩岸交流如果沒有辦法禁止，則應回

歸正常化及有效管理的層面作思考。過去一段期間，兩岸交流帶給臺灣社會治安的負面影響，有一些是因管理不善所產生，譬如：假結婚事件；有一些則是因嚴格管制的副作用，譬如：走私、偷渡等。推動兩岸正常化交流並落實有效管理，因開放直航而使兩岸交流規模擴大，不必然會增加臺灣社會安全成本。

第三，開放直航對臺灣的經濟安全威脅將增加，主要是因兩岸經貿交流規模擴大，加深經濟融合，臺灣經濟容易受到大陸經濟波動的影響，或遭到大陸當局之經濟制裁和貿易報復。不過，支持開放者指出，經濟波動有其徵兆和一定的規律，可依經濟法則加以預測並早做預防。另外，大陸應不會肆無忌憚地對臺灣採取全面性的經濟制裁和貿易報復行動，理由之一是兩岸都已加入世界貿易組織（WTO），在 WTO 的國際規範下，單獨對臺灣採取經濟制裁，不符合國際規範，理由之二是經濟上的相互依賴程度提高，會使得大陸對臺灣採取各種經濟對抗行動中，因為自己也必須付出昂貴的經濟代價，而在決策態度上，傾向較謹慎。

就產業外移衍生的資金外流問題來看，的確，過去多年來，臺灣企業在國內面臨成本高漲的壓力，以及中國大陸積極進行招商引資的誘引下，前往中國大陸投資者絡繹於途。不過，這種現象毋寧是產業結構調整的正常現象。企業依市場法則在全球各地投資布局，是不可阻擋的潮流，試圖透過行政干預加以阻止，將難以奏效。換個角度說，在正常情況下，失去生存條件的企業外移，資源得以重新配置，較高生產力的新企業進入並促進產業轉型升級，對臺灣經濟持續發展有利。高長（2006）的實證研究結果顯示，過去多年來，台商對大陸投資與兩岸雙邊貿易持續發展，已使得兩岸產業分工更趨緊密，過程中，儘管對臺灣社會曾造成一些負面的影響，例如：產業結構調整帶來部分人失業的問題，但是企業投資大陸對臺灣產業轉型和發展基本上有一定程度的貢獻，對臺灣經濟整體而言，利大於弊[1]。

兩岸經濟比較優勢具有明顯的互補性，過去多年來，雙邊經貿交流，對臺灣和大陸經濟發展，基本上創造了互利雙贏的結果，可說是皆大歡喜。儘管有論者稱兩岸經濟融合程度加深，兩岸政治對立氛圍並未因而改善，臺灣經濟安全受到的威脅愈來愈

---

[1] 相關的實證研究發現，縱使臺灣廠商對大陸投資導致國內生產線之調整，但這種產業結構調整並不必然帶來產業空洞化的後果；相反的，卻有助於產業技術升級及增強個別企業在國際市場競爭優勢。參閱 Tian-jy Chen and Ing-hua Ku, Foreign Direct Investment and Industrial Restructuring: The case of Taiwan's Textile Industry, paper presented at East Asian Economic Seminar, Osaka, Japan, 1998.；高長，「製造業赴大陸投資經營當地化及其對臺灣經濟之影響」，《經濟情勢暨評論季刊》7(1)，2001 年，頁 138-173。

嚴峻。事實上，壯大臺灣經濟實力是保障臺灣經濟安全的有效途徑，而在全球化潮流下，臺灣經濟持續發展，能否善用大陸的資源和市場腹地扮演重要角色。開放兩岸直航，促進兩岸經濟整合，有利於壯大臺灣經濟實力；而爲了避免兩岸經濟融合程度加深，不利於臺灣的經濟安全，朝野應致力於避免激化兩岸的政治對立氛圍，力促兩岸經貿關係正常化發展，可能才是正確的途徑。

　　兩岸互信基礎不足，政治對立不減，對於臺灣建構國家經濟安全極爲不利。首先兩岸政治對立升高，臺灣的投資環境面臨嚴重的不確定性，將影響廠商的投資意願，尤其不利於吸引外國直接投資，提升臺灣經濟國際化；其次，兩岸政治對立升高，容易陷入情緒性反應，大陸當局非理性的對臺灣採取經濟制裁，或甚至發動戰爭的可能性增加。果眞如此，臺灣淺蝶式經濟特性，受創必定更爲嚴重。政治關係和諧、兩岸和平將有助於臺灣經濟穩定發展，而經濟實力持續壯大，是臺灣國家安全最大的保證，因政治面考慮而採取自我設限的政策，對提升臺灣的國際競爭力和整體經濟實力毫無助益，國力衰退，如何談國家安全呢？

　　由於兩岸之間存在爭奪國家主權和領土的紛爭，大陸當局又不諱言要透過經貿交流遂行其併吞臺灣的政治意圖，因此，兩岸經濟融合對臺灣將衍生政治風險，任何政策的鬆綁不能不謹愼。然而，不可否認的是，基於大陸經濟崛起並在國際分工格局中占有重要地位，同時也基於臺灣島嶼型經濟，在全球化潮流下，必須積極參與國際分工，與大陸經濟進一步交流與合作無可避免，因政治考慮而不開放直航，限制兩岸經濟交流與合作，在市場力量作用下，勢必難以奏效，反而是過於保守的鎖國政策，對臺灣經濟發展不利，付出的代價可能更高。

　　綜合上述分析，開放兩岸直航對臺灣經濟長期發展的利弊互見，關鍵在於能否擴大其正面的影響，並減少其負面的衝擊，而其中又以臺灣能否全面改善投資環境及生活品質，增強經濟吸引力，吸引包括中國大陸在內的國際資金及高級人才進入臺灣，確保臺灣經濟的領先優勢，最爲重要。

第三節　臺灣兩岸通航政策演進與主要措施

一、政策演進

　　面對中國大陸鼓吹兩岸三通直航，臺灣官方正面回絕，時任中華民國總統兼任中國國民黨主席蔣經國，在 1979 年 4 月初召開的國民黨中常會上公開宣示，採取三不政策，也就是「不接觸、不談判、不妥協」的政策回應。該項「三不」政策一直到 1991 年 3 月間，通過《國家統一綱領》，明訂兩岸關係發展至中程階段「互信合作」時將開放兩岸直接三通，才正式調整（表 11-3）。

表 11-3　歷年臺灣開放兩岸直航政策之演進

提出時間	重要文件或談話	主要內容
1979/04	蔣經國在國民黨中常會上宣示	採取「三不」政策：「不接觸、不談判、不妥協」回應大陸鼓吹三通的政策
1991/03	公布實施《國家統一綱領》	明訂兩岸交流至中程階段「互信合作」時，將開放兩岸直接三通
1992/09	頒布實施《臺灣地區與大陸地區人民關係條例》	規定兩岸通航、通商等重大決策，應經立法院決議始得實施，且中、外航商違反兩岸禁航規定者，依本條例處分
1994/05	公布《臺灣地區與大陸地區民用航空運輸業間接聯運許可辦法》	開放臺灣民用航空運輸業—國際航空運輸協會多邊運輸協定（MITA）或雙邊聯運協定（BITA），以間接方式承辦兩岸民用航空運輸業在大陸地區的旅客、貨物、郵件聯運業務
1995/05	發布《境外航運中心設置作業辦法》	將境外航運中心與大陸的港口間之航線定位為「特殊航線」，適用於懸掛第三國旗幟之船舶，承運貨物在臺灣地區「不通關、不入境」；指定高雄港為初期營運港口
2001/01	頒布實施《試辦金門、馬祖與大陸地區通航實施辦法》	開放金門與廈門、泉州、漳州，馬祖與福州之間直接客貨通航的「小三通」
2002/01	行政院通過《加入 WTO 兩岸經貿政策調整執行計畫》	開放陸資貨運代理等運輸服務業之直接投資、貿易
2004/05	交通部公布「海運便捷化措施」	擴大境外航運中心的功能及範圍，實施港口除了高雄，另增基隆、臺中，並可與大陸各開放港口間直航

（續下表）

2005/01	兩岸民間航運協會在澳門進行春節包機協商並達成共識	開放「雙向、直接、多點」大陸台商春節返鄉包機，互飛五個航點包括桃園中正、高雄小港；北京、上海、廣州，航線繞經香港飛航管制區
2006/07	交通部公布	擴大實施兩岸四項專案包機（包括節日包機機制化、專案貨運包機、緊急醫療包機、特定人道包機）
2008/11	兩岸簽署《海峽兩岸空運協議》	開放平日包機；建立直達航路
2008/11	兩岸簽署《海峽兩岸海運協議》	開放兩岸間客貨直接運輸；雙方航運公司可在對方設立辦事機構及營業性機構。

資料來源：作者根據相關文獻，自行整理而得。

嗣於 1992 年 7 月通過《臺灣地區與大陸地區人民關係條例》，規定兩岸通航、通商等重大決策應經立法院決議始得實施，中、外航商違反兩岸禁航規定者，依法處罰。嗣於同年 10 月，訂定《航政管理機關處理臺灣地區與大陸地區人民關係條例有關兩岸海運運輸事項作業規定》，規範兩岸間接海運之航政作業。

1995 年 5 月發布《境外航運中心設置作業辦法》，指定高雄港為初期營運港口，將「境外航運中心」與大陸地區港口間航線定位為「特殊航線」，適用於懸掛第三國旗幟之船舶（包括臺灣與大陸地區航商設籍或租用營運之外籍船舶，及外國籍船舶）承運大陸地區輸往第三地或由第三地輸往大陸地區之轉口貨，在臺灣地區「不通關、不入境」轉運（參閱表 11-4）。

表 11-4　1990 年代中期兩岸政府關於「兩岸直航」政策比較

項目	臺灣方面	大陸方面
法源依據	《境外航運中心設置作業辦法》	《關於臺灣海峽兩岸間航運管理辦法》
直航定位	特別航線	特殊管理的國內航線
直航原則	「不通關、不入境」原則	「一個中國、雙向直航、互利互惠」原則
直航口岸	高雄港	福州、廈門
企業准入資格	臺灣與大陸航運公司在外國註冊的權宜輪	大陸獨資航運公司或大陸與臺灣合資和合作航運公司（嗣再開放權宜船舶准入）
許可證有效期	一年	一年
主管機關	交通部授權各港務局	交通部
發布日期	1995 年 5 月 5 日	1996 年 8 月 20 日

資料來源：根據兩岸相關辦法整理。

　　2000 年 12 月中旬通過並自次年 1 月 1 日開始實施《試辦金門、馬祖與大陸地區通航實施辦法》，開放金門與廈門、泉州、漳州、馬祖與福州之間，直接客貨通航的「小三通」。

　　2002 年 1 月間，行政院通過《加入 WTO 兩岸經貿政策調整執行計畫》，擴大開放大陸地區農工產品進口，以及陸資投資貨運代理等運輸服務業之直接投資、貿易措施；同年 9 月，行政院通過《自由貿易港區設置管理條例》草案，以國際機場、國際港口設置自由貿易港區成為兩岸全面開放雙邊貿易的試點。

　　在空運方面，由於民航通航涉及航權問題，較為複雜，協商不易，初期只有經由雙方民航業者的交流與業務合作方式，改善必須經由第三地轉機的不便。1994 年 5 月，交通部通過《臺灣地區與大陸地區民用航空運輸業間接聯運許可辦法》，並於 1996 年 8 月及 1997 年 6 月修正，同意海峽兩岸民航業者可經由雙方簽訂雙邊聯運協議聯營，以及訂位查詢、行李處理、航空結算、貨運收受、理賠和旅行服務等事宜。1997 年 3 月，財政部並同意海關受理大陸籍航空公司開立大陸內部起運，經第三地轉運臺灣地區之貨運提單。

　　2003 年 1 月 13 日，行政院同意澎湖可辦理國際包機飛航澳門轉至大陸地區；為規避美伊戰爭危及中東航路安全，交通部及大陸委員會在 2003 年 3 月間，同意中華航空、長榮航空可依「國際慣例」，由泰國曼谷經 B330、B225 航路飛越大陸領空至歐洲。

　　兩岸空運直航在 2003 年開始實施春節包機，2006 年進一步擴大專案包機，包括節日包機制度化、專案貨運包機、緊急醫療包機、特定人道包機等四項。2008 年 5 月國民黨再度執政後，積極推動兩岸空運直航，先後透過海基、海協兩會制度化協商平臺，簽署《海峽兩岸包機會談紀要》，開放週末包機；包機承運人得在對方航點設立辦事機構，並自 2008 年 7 月開始實施。

　　2008 年 11 月，海基、海協進行兩岸第二次正式協商，並簽署《海峽兩岸空運補充協議》，擴大開放平日包機；建立直達航路。另開放貨運包機。在該次正式協商會議中，兩岸另簽署了《海峽兩岸海運協議》，雙方同意兩岸資本並在兩岸登記的船舶經許可，權宜輪經特別許可，得從事兩岸間客貨直接運輸。

二、主要措施

　　1987 年 11 月，臺灣政府開放國人赴大陸探親，嗣於次年 8 月起，相繼頒布大陸貨品間接輸入、間接投資及技術合作、臺灣貨品間接輸出等措施之後，衍生對兩岸運輸業務之需求，乃同意不定期航線之外籍商船，可以經由第三地前往大陸港口載運大宗散雜貨，惟定期航線必須執行兩段式運輸，在香港換裝至大陸（或至臺灣）之貨櫃船，對外籍商船直航於兩岸之間則予嚴厲處罰及限制。

　　1996 年 4 月，允許大陸地區航商標誌之貨櫃來臺；1997 年 1 月，開放懸掛第三國旗幟之船舶繞經第三地、不須換船航行兩岸定期航線；同年 6 月，開放含大陸資本 20% 以內之外國籍航商來臺設立分公司，並解除大陸資本比例逾 50% 之外籍船舶來臺灣靠泊之限制（參閱表 11-5）。

表 11-5　歷年臺灣開放兩岸直航的主要措施

提出時間	重要文件或談話	主　要　內　容
1988/08		同意不定期航線之外籍商船可經由第三地前往大陸港口載運大宗散雜貨，惟定期航線必須執行兩段式運輸
1995/05	發布《境外航運中心設置作業辦法》	指定高雄港為境外航運中心初期營運港口
1996/04		允許大陸地區航商標誌之貨櫃來臺
1997/01		開放懸掛第三國旗幟之船舶經第三地航行兩岸定期航線
1997/06		開放含大陸資本 20% 以內之外國籍航商來臺設立分公司，並解除大陸資本比例逾 50% 之外籍船舶來臺灣靠泊之限制
	修訂公布《臺灣地區與大陸地區民用航空運輸業間接聯運許可辦法》	同意海峽兩岸民航業者可經由雙方簽訂雙邊聯運協議聯營，及訂位查詢、行李處理、航空結算、貨運收受、理賠及旅行服務等事宜
/10		解除境外航運中心之船舶應以集貨船（feeder）方式之限制，並准許航行往第三地
1998/08		准許母船航行境外航運中心航線者，可延伸其航線載運臺灣與第三地區國家間之進出口貨物
2000/06		將高雄加工出口區納入境外航運中心作業範圍
2001/07		開放境外航運中心辦理海空轉運作業，將民航空運納入境外航運之服務範圍

（續下表）

2002/09	行政院通過《自由貿易港區設置管理條例》草案	以國際機場、國際港口設置自由貿易港區成為兩岸全面開放雙邊貿易之試點
/10		同意澳門航空開辦臺北經澳門至深圳直達貨運包機
/12	行政院核定《國籍航空公司申請飛航大陸台商春節返鄉專案間接包機作業辦法》	同意中華、華信、遠東、長榮、立榮及復興航空公司申請臺北、高雄、中繼香港至上海春節包機
2005/05		境外航運中心指定港口增加基隆
2006/01		兩岸春節包機首次將搭乘乘客擴大到所有持有效證件來往兩岸的臺胞
2008/06	兩岸簽署《海峽兩岸包機會談紀要》	開放週末包機，臺灣、大陸各開放 5 個和 8 個航點，每週 36 航班；包機承運人得在對方航點設立辦事機構
2008/11	兩岸簽署《海峽兩岸空運協議》	開放 5 個航點平日包機，每週七天不超過108 個往返班次；另開放貨運包機，雙方每月共飛 60 個往返班次。
	兩岸簽署《海峽兩岸海運協議》	同意兩岸資本並在兩岸登記的船舶經許可，權宜輪經特別許可，得從事兩岸間客貨直接運輸；開放 11 個港口

資料來源：作者根據相關文獻，自行整理而得。

1997 年 10 月，進一步解除境外航運中心之船舶應以集貨船（feeder）方式之限制，並准許航行往第三地。復於 1998 年 8 月修訂，開放臺灣航運企業可以赴大陸設立代表機構，並同意母船航行境外航運中心航線者，可延伸其航線載運臺灣地區與第三地區國家間之進出口貨物。兩岸船公司經營的國際幹線貨櫃班輪可以掛靠兩岸港口，並可簽發本公司的提單、結匯。2000 年 6 月，將高雄加工出口區納入境外航運中心作業範圍；次年 7 月，開放境外航運中心准許加工範圍延伸至各類免稅區和辦理陸海空轉運作業。

2001 年 7 月，境外航運中心擴及辦理海空運轉運運轉作業，將民航空運納入境外航運之服務範圍。2002 年 1 月 16 日，行政院通過《加入 WTO 兩岸經貿政策調整執行計畫》，開放大陸地區農工產品進口，以及「陸資」投資航空器維修、空運銷售和行銷電腦訂位系統等航空服務業。

2004 年 5 月，交通部公布「海運便捷化措施」，進一步擴大「境外航運中心」的功能及範圍，實施的港口由原來只有高雄港，擴大包含了臺中港和基隆港，並可與大陸各開放港口間直航，惟只能載運國際貨。2008 年 11 月，兩岸簽署《海峽兩岸海

運協議》我方開放了 11 個港口，陸方開放了 48 個港口和 15 個河港，同時規定雙方航運公司參與兩岸船舶運輸在對方取得的運輸收入，相互免徵營業稅和所得稅，以及雙方航運公司可以在對方設立辦事機構及營業性機構。目前陸方開放的港口已增加至 70 個。

　　為使香港主權歸屬變更後，臺灣與香港間海運通航得以維繫，1997 年 4 月初公布《香港澳門關係條例》，規範臺灣與香港、澳門間運輸，定位港澳為「第三地」；同年 5 月，臺港兩地船東協會經委任授權方式協商，簽訂「臺港海運商談記要」，達成臺灣地區登記商船進入香港港口，以及在香港註冊商船進入臺灣地區開放港口，均暫不懸掛旗幟之權宜共識與務實作法。

　　2000 年 11 月，完成與澳門航空公司簽訂「臺澳（門）航權機密了解備忘錄」，又於 2002 年 6 月底，在歷經一年協商後，與香港民航業完成簽訂「有關臺港之間空運安排」。交通部民航局並自 2002 年 2 月 20 日起，同意依國際民航公約規定，將臺灣地區國際機場飛航公告傳送大陸「民航總局華東空中交通管理局航行情報中心」參考，2002 年 10 月，同意澳門航空開辦臺北經澳門至深圳直達貨運班機；同年 12 月 4 日，行政院核定「國籍航空公司申請飛航『大陸台商春節返鄉專案』間接包機作業辦法」，同意中華、華信、遠東、長榮、立榮及復興航空公司申請臺北、高雄、中繼香港至上海春節包機。

　　2008 年 6 月中旬，中斷多年的海基、海協兩會制度化協商恢復舉行，並針對兩岸週末包機、大陸地區人民入臺觀光等兩項議題協商達成共識，分別簽署協議。就「周末包機」議題部分，雙方敲定兩岸週末包機自 7 月 4 日正式啟航；包機航路暫時繞經香港飛航（行）管制區；在航點方面，大陸同意先行開放北京、上海（浦東）、廣州、廈門、南京等 5 個航點，並陸續開放成都、重慶、杭州、大連、桂林、深圳，以及其他有市場需求的航點。臺灣同意開放桃園、高雄小港、臺中清泉崗、臺北松山、澎湖馬公、花蓮、金門、臺東等 8 個航點；航班次每週各飛 18 個往返班次。「大陸觀光客入臺」議題部分，雙方敲定 7 月 4 日啟動入臺旅遊首發團；每團人數限 10 人以上，40 人以下，在臺灣停留期間不超過十天；第一年旅遊人數配額以平均每天 3,000 人次為限，第二年雙方可視情況協商作出調整。

　　2008 年 11 月初，海基、海協兩會制度化協商會議首度移師臺北舉行，會議結束時簽署了四項協議，包括《海峽兩岸空運協議》、《海峽兩岸海運協議》、《海峽兩岸郵政協議》、《海峽兩岸食品協議》等。該四項協議已在同年 12 月中旬，正式生

效並付諸執行。除擴大開放平日包機，在新的協議下，大陸同意再開放 16 個航點，每週七天不超過 108 個往返班次；另開放貨運包機，雙方每月共飛 60 個往返班次。

2009 年 4 月，兩岸進一步簽署《海峽兩岸空運補充協議》，自 2009 年 8 月開始開放定期航班，含包機班次每週共 270 班次；大陸航點再增加 6 個。另增二條新航路，兩岸航空主管部門建立聯繫機制；兩度修正兩岸空運補充協議，大陸新增航點，增加客、貨運航班和包機額度。

此外，在《海峽兩岸海運協議》下，雙方同意兩岸資本並在兩岸登記的船舶經許可，權宜輪經特別許可，得從事兩岸間客貨直接運輸；開放港口臺灣 11 個，大陸 63 個。

第四節　「小三通」政策與主要措施

有鑑於臺灣與大陸相繼成為 WTO 締約成員之後，臺灣民間要求開放兩岸「三通」的呼聲愈來愈大。2000 年 4 月 5 日，臺灣政府頒布《離島建設條例》，其中第十八條規定，賦予金門、馬祖得先試辦與大陸直接通航之法源基礎；同年 12 月 25 日，《試辦金門馬祖與大陸地區通航實施辦法》公布實施，並決定自次年元旦起，開辦兩岸「小三通」。2001 年元月 2 日，在「金門訪問團」的前導下，相隔僅幾十海浬的金門與廈門之間，過去五十年多年來，不相往來的局面首次被打破，兩岸關係也隨之邁入新的里程碑。

所謂「小三通」，係相對於兩岸「通郵、通商、通航」（即「三通」）的說法，指的是兩岸尚未開放直接「三通」之前，先由金門、馬祖、澎湖等離島與大陸的廈門、福州進行直接「三通」的方案。2000 年 3 月 21 日，立法院通過《離島建設條例》，其中第十八條規定：「為促進離島發展，在臺灣本島與大陸地區全面通航之前，得先行試辦金門、馬祖、澎湖地區與大陸地區之通航，不受臺灣地區與大陸地區人民關係條例等法令之限制」。《離島建設條例》第十八條規定，乃是金門、馬祖及澎湖等離島地區試行「小三通」的法源依據。

「小三通」政策的背景與目的之一，是為促進離島當地經濟發展。長期以來，離島地區受到地理環境、人口稀少、資源貧瘠等因素之影響，經濟建設相對落後。對於金、馬地區而言，「國軍精實案」實施之後，國軍駐防官兵人數逐漸減少，對當地經

濟發展造成另一次衝擊，政府希望透過「小三通」政策，給予離島地區直接與大陸進行經貿交流，以振興地方經濟。

其次是為執行「除罪化」措施。金、馬等離島地區居民大都從事農、漁業，由於農業經營條件惡化，以及近海漁業資源枯竭，致生計日益困難。在生活壓力下，當地居民轉向大陸漁民直接購買農、漁產品，再行轉售牟利的情形愈來愈普遍，結果造成非法走私、直航大陸沿海港口等違法情事。另一方面，大陸漁船越界進入金門、馬祖及澎湖水域捕魚，甚至炸魚、電魚，破壞漁業資源，與我方漁民發生漁事糾紛等情事層出不窮。政府希望透過「小三通」政策之實施，使離島與大陸之間的非法貿易和直航的行為除罪化，以利正常管理。

第三是社會面的考慮。離島地區尤其金門與馬祖兩地，與大陸沿海地區僅一水之隔，有濃厚的地緣、血緣關係。自政府開放大陸探親及兩岸經貿交流之後，兩地親友往來愈來愈熱絡，當地民眾與大陸人民通婚者也愈來愈多，因而衍生迫切的直接三通之需求。政府開放「小三通」的目的之一，即在於滿足離島地區對於直接三通的需求。

大陸政府為促進兩岸直接三通，曾在 1992 年 3 月間，由當時擔任福建省委書記陳光毅先生公開提出「兩門（指金門和廈門）對開、兩馬（指馬祖和馬尾）先行」的構想，試圖透過區域性、民間性的直接三通突破僵局[2]。1994 年 6 月，由金馬地區民間人士組成的「金馬愛鄉聯盟」提出《金馬與大陸「小三通」說帖》[3]，呼籲臺灣政府開放金馬地區與大陸進行直接三通，並具體建議以「單向通航」、「定點直航」、「先海後空」、「先貨後人」等方式，漸進推行兩岸直接三通。

然而，當時大陸政策的最高指導方針《國家統一綱領》明確指出，兩岸交流必須進入「中程階段」才考慮開放兩岸直接三通，「金馬愛鄉聯盟」所提出的「小三通說帖」當然無法被政府所接受。政府主管部門強調，「兩岸關係是一個整體，不是一個地方對一個地方的單獨關係」；兩岸直接三通，「不論大、小三通都涉及國家安全的問題，未來兩岸三通必須在安全、尊嚴的前提下，透過談判並簽署協議才能實現。」

2000 年 3 月，陳水扁先生當選總統後，強調「加入 WTO，兩岸三通是無法迴避

---

[2] 楊樹清，《金門社會觀察》（臺北：稻田出版社，1998 年），頁 214。

[3] 1994 年 6 月 25 日中央社報導，間接引自蔡宏明，「『小三通』對兩岸互動的影響」，《遠景季刊》第 2 卷第 2 期，2001 年，頁 139。

的問題」，另指出「今年施政的最大目標就是三通」，「希望在年底前實施金馬小三通」。同年 6 月 13 日，立法院第 23 次院會決議，政府應在三個月內完成「小三通」評估，在三個月內完成規劃後，隨即實施「小額貿易除罪化」和「可操之在我部分」等優先試辦項目。行政部門依立法院之決議著手進行評估及規劃，並由行政院大陸委員會彙整統合，於 2000 年 12 月 25 日提出《試辦金門馬祖與大陸地區通航實施辦法》，經行政院院會通過，自次年元旦開始實施。「小三通」政策優先實施項目包括「除罪化」和「可操之在我」部分，有限度的開放主要是以針對不須經兩岸協商即可運作的事項為主。

臺灣政府實施金馬「小三通」政策的主要目標有三，一是促進離島地區的建設與發展；二是增進兩岸良性互動，改善兩岸關係；三是做為兩岸全面三通的試金石。其規劃之原則主要包含下列幾項[4]：

第一、國家安全為最優先考量。亦即「小三通」必須在確保國家安全的前提下推動實施。

第二、不悖離《離島建設條例》之整體立法精神。「小三通」係根據《離島建設條例》第十八條之規定進行規劃，必須符合該條例之整體立法精神。

第三、與加入 WTO 及「三通」政策相互配合。「小三通」涉及通航及衍生之人、貨往來及相關商業行為，與我加入 WTO 及兩岸「三通」具高度關聯性，故「小三通」之規劃，需與加入 WTO 及「三通」政策整體考量，相互配合。

第四、盡最大可能維持離島地區發展與臺灣本島的連結，以防範離島經濟過度依賴大陸及政治立場之傾斜。

第五、金馬與澎湖地區作區隔考量，金門、馬祖與大陸地區之「小三通」採「邊區貿易」模式辦理；澎湖與大陸地區則採試點「通航」模式。在執行上，先行試辦金門、馬祖與大陸地區「小三通」，視實施成效，再考量澎湖與大陸地區之通航。

第六、從建立穩定、正常的兩岸關係為出發點，並考量兩岸關係在短程及中長程下之不同情況，本著「雙向往來，互利互惠」原則，以「整體規劃、階段實施」方式進行。

金馬地區與大陸試辦通航案的具體規劃項目，主要包含航運、商品貿易、人員往

---

[4] 中華經濟研究院，《兩岸關係中金門產業發展規劃研究：設置兩岸貨品交易中心、加工產業區規劃》（臺北：中華經濟研究院，2003 年），頁 21-22。

來、金融往來、郵政往來、工商及農漁業發展等七大方面。茲對初期規劃項目扼要分述如下。

一、航運方面

　　主要是指開放金馬地區與大陸福建地區的客貨運輸及漁船往來。就通商口岸而言，初期開放的港口以「一區一港」為原則；就航線而言，原則上採定期、定線方式，若有特殊需要，得向航政機關申請核准經營大陸福建地區其他港口之航線；不定期航線部分，只限金門、馬祖與大陸福建地區之港口，且須逐船逐航次專案申請許可。航行之船舶，以兩岸客、貨船通航為原則；漁船不開放，但基於除罪化之考量，漁船若改裝成客、貨船，可依船舶法與航業法規定辦理。船舶之船籍限中華民國船舶或大陸船舶，外國籍船舶應經特許；船舶入出金馬地區港口，應依指定之船道航行；船舶不得由臺灣本島或澎湖航行經金門、馬祖進入大陸地區，但基於特殊活動之需要（如宗教活動）得申請專案核准。

二、商品貿易方面

　　主要是指開放金門、馬祖與大陸地區進行直接貿易。開放之貿易商品類別以滿足金馬地區民生需求為主要重點，加工型貨品轉運貿易為輔；中轉型貿易初期暫不開放。就開放商品項目而言，採循序漸進，分階段實施的原則，在排除中轉之前提下，輸入貨品在第一階段以除罪化為主要目的，採正面表列方式，開放目前已公告准許間接進口之商品項目，第二階段以推動離島地區之開發建設，健全當地產業發展為目的，進一步擴大開放項目；輸出部分採負面表列方式，本「原則准許、例外限制」規範。

　　金門、馬祖與大陸兩地之經貿關係採邊區貿易（互市貿易）模式辦理，臺灣地區人民及業者可赴大陸福建地區開放之通商口岸（包括小額貿易口岸、大嶝對臺小額商品交易市場）進行交易，金額及數量不限，但以進出口貿易方式進行交易者，貨品進出需依進出口貿易規定辦理；經許可進入金門、馬祖之大陸人民可於當地購買物品，不限金額、數量，但出境時應依相關規定管理。在第二階段，研議規劃「兩岸貨品交易中心」，准許大陸人民及業者進入中心交易。

三、人員往來

只開放金門、馬祖與大陸地區人民雙向直接往來[5]。「金馬地區人民」須在金門設有戶籍六個月以上,向內政部警政署入出境管理局金門服務站提出申請,取得入出境證件,才得進入大陸地區。申請的事由不限,停留期間與活動範圍也不予限制。

大陸地區人民進入金馬地區之事由,限於從事商務活動、學術活動、人道事由、旅遊等。大陸地區人民持「旅行證」進入金馬地區,從事商務、學術、探親、探病、奔喪、返鄉探視等事由者,可停留七天六夜;從事旅遊活動者,可停留兩天一夜。大陸地區人民申請入出境手續,個人身分者,由金馬地區同性質之廠商、學校、親屬擔任保證人,代向內政部境管局金門服務站提出申請;團體則採「團進團出」(每團人數限十人以上,二十五人以下),由經許可在金馬地區營業之綜合或甲種旅行社代為申請。入境人數採總量管制,從事商務、學術、探親、探病、奔喪、返鄉探視等活動者,每日一百人;從事旅行活動者,每日六百人。

四、金融往來

開放金馬地區金融機構辦理兩岸通匯業務。初期依「間接通匯」原則,准許金馬地區金融機構透過臺灣地區與大陸地區以外之第三地區金融機構,從事匯款及進出口外匯業務;匯款金額每次以 10 萬美元(或等值外幣)為限,但附有貨物進出口證明文件者,不在此限。依據《試辦金門馬祖與大陸地區通航實施辦法》第二十八條規定,自 2001 年 1 月 1 日開始,已開放金門、馬祖之金融機構經財政部洽商中央銀行許可後,得與大陸地區福建之金融機構從事直接通匯業務。另財政部於 2002 年 8 月 2 日修正發布《臺灣地區與大陸地區金融業務往來許可辦法》,開放國內外匯指定銀行及郵政儲金匯業局,經主管機關許可,得與大陸地區金融機構進行金融業務之直接往來,其往來項目除原已開放指定銀行及郵匯局辦理兩岸匯款及進出口外匯業務,再開放四類匯出款項目(許可辦法第二條、第四條、第五條)。金馬地區金融機構可參酌其業務需求,依據前揭兩項規定,擇一申請兩岸直接通匯業務。

---

[5] 此一規定在《離島建設條例》第 18 條修正後,已不限金門、馬祖地區人民。

關於貨幣管理，現階段人民幣不得在金門地區流通。大陸地區人民入出金門、馬祖攜帶外幣超過等值 5,000 美元者，應向海關申報；結售外幣每筆金額不得逾 10 萬美元，結購外幣限原先結售為新臺幣未用完部分兌回外幣。

五、郵政往來

即開放金門、馬祖與大陸地區郵件直接往來。首先是開放金馬地區與大陸地區互發郵件，包括優先開辦水陸路平常與掛號郵件；經協商後可擴大開辦快捷郵件、包裹、小包；惟臺灣本島與大陸地區郵件不得經金、馬中轉。其次是評估以何種方式達成與大陸指定互換郵局，達成郵件雙向往來的目的。

六、工商發展

循序漸進建設金門、馬祖成為商務活動、觀光購物及休閒遊憩中心。首先，發展加工製造業，引進大陸農漁產品及農工原料，進行簡易加工，輸銷臺灣及國外或回銷大陸。其次，發展觀光相關行業，配合「小三通」開放大陸地區人士來金門、馬祖觀光旅遊，發展金門、馬祖觀光遊憩等相關產業。其三，建設金門、馬祖成為商務及觀光遊憩中心。在中長期，因應「小三通」規模之逐步擴大，配合「免稅購物」及「兩岸貨品交易中心」設置，建設金門、馬祖成為商務活動、觀光購物及休閒遊憩中心。規劃設置的「兩岸貨品交易中心」，依「互市貿易」之精神，准許大陸地區人民進入從事貿易，同時也參考「購物中心」之精神，准許臺灣地區及金門、馬祖地區民眾進入中心採購物品。研議自大陸福建引水之可行方案。

七、農漁業發展

發展精緻農業、休閒農業及娛樂漁業。首先，輔導金馬地區農業因應調整，發展精緻農業及休閒農業；其次，輔導金馬地區漁業轉營，發展娛樂漁業。其三，規劃設置「漁獲交易中心」，並發展觀光漁市。

依試辦通航辦法最初的規定，「小三通」試辦期間為一年。嗣於試辦期滿後，報經行政院核定，分別於 2001 年底和 2002 年底各展延一年。2003 年 12 月間，配合兩

岸人民關係條例修正，在該條例中明確增訂「小三通」相關規範（增訂條款列入該條例的第九十五條之一），為日後「小三通」常態化運作奠定法源基礎；另修訂試辦通航辦法不須逐年辦理展延。

隨著「小三通」政策持續執行，地方政府、民間企業及媒體等各界議論紛紛，期待中央決策更加開放的聲音紛至沓來。中央決策單位在民意及輿論壓力下，從善如流逐漸檢討並放寬相關政策，相關政策措施請參閱表 11-6。

表 11-6 臺灣「小三通」政策之沿革

時間	政策或立場宣示主要內容
2000.03.21	立法院三讀通過《離島建設條例》，決定試辦金門、馬祖、澎湖對大陸直接通郵、通商、通航的「小三通」，為期一年。
2001.01.01	依據《試辦金門馬祖與大陸地區通航實施辦法》，即日起開始試辦金馬「小三通」。
03.01	臺灣銀行金門分行自即日起，辦理各項海外匯款業務。
12.25	行政院金馬小三通指導委員會決定，金馬小三通試辦期間展延一年。
2002.06.19	行政院大幅修正金馬小三通政策開放範圍。
07	澎湖居民首次以宗教理由組團直航福建的泉州港。
07.31	行政院通過《試辦金門馬祖與大陸地區通航實施辦法》部分條件修正案，決定在維持安全及有效管理前提下，適度擴大實施「小三通」。
2004.01.30	陳水扁總統出席「大陸台商協會負責人春節聯誼晚宴」時，公開表示擴大「小三通」適用範圍的意見。
03.01	行政院公布擴大「小三通」十項措施。
03.03	行政院核定「三二〇大選金馬小三通」專案，同意比照春節返鄉專案模式，於總統大選期間專案辦理大陸台商經由「小三通」返臺投票。
2006.01.17	內政部警政署公布，配合 2006 年春節擴大「小三通」專案，在春節期間，金馬旅臺鄉親無須組團，可以經由「小三通」自由入出大陸。
04.25	陸委會宣布增闢金門與泉州航線。
05.01	內政部依修正的《試辦金門馬祖與大陸地區通航人員入出境作業規定》，宣布自即日起，金馬旅臺鄉親不必組團，得往返「小三通」自由行。
2008.06.19	全面放寬臺灣地區人民經「小三通」中轉大陸；開放外籍人士及港澳居民經「小三通」入出大陸地區；配合開放大陸居民來臺觀光。
09.30	開放大陸旅客赴金馬澎「小三通」旅遊增加便捷式入境申請；臺灣地區物品全面免附台商自用切結書，經「小三通」中轉輸銷大陸；增加馬祖白沙港為「小三通」第 5 個離島兩岸通航港口。

（續下表）

2008.10.15	澎湖「小三通」常態化辦理。
2009.08.19	開放准許輸入臺灣地區之大陸物品得經「小三通」中轉臺灣地區。
2010.07.15	全面提供大陸人民經「小三通」中轉便利性，以及放寬探親、探病、奔喪親等範圍與停留期間；刪除大陸地區人民經「小三通」進入金、馬每日許可數額之限制；放寬大陸人民經「小三通」之許可有效及停留期間；金、馬、澎防檢疫事務回歸制度化。
2011.07.29	開放福建居民赴離島旅遊自由行。

資料來源：作者根據相關資料，整理而得。

第五節　兩岸直航對臺灣經濟的影響

一、開放兩岸直航的經濟效益

　　開放兩岸直航可創造的經濟效益是十分明顯的[6]。首先，兩岸直航若能實現，則兩岸之間的交通運輸不需繞經第三地，可以節省運輸成本，包括貨幣成本（即指運輸費用）和時間成本。陳麗瑛等人（2002）針對相關企業調查結果顯示，兩岸直航將使貨物運輸（海運）費用節省 14.56%，使人員往返兩岸的貨幣成本節省 27.12%。就貨物空運來看，以臺北、上海和臺北、廈門航線為例，直航運送的時間約僅需目前非直航時間的四分之一；若再考慮臺北、北京和臺北、廣州等兩個航線，以 2002 年該四個航線兩岸進出口空運貨物量估計，直航一年可以節省三分之一以上的運費。

　　另外，根據行政院於 2003 年提出的「兩岸直航之影響評估重要結果摘要」報告[7]，針對直航對運輸成本的影響，指出海運直航可以節省相關運輸成本每年估計約新臺幣 8.2 億元（據不同估計從 8 億元至 12 億元）；運輸時間則約可減少一半（以不經石垣島估計每航次可節省 16 至 27 小時）。空運方面，直航可節省旅客旅行成本估計每年約新臺幣 132 億元（以多航點直航估計），旅行時間節省 860 萬小時；貨物運輸成本每年約可節省新臺幣 8.1 億元，運輸時間則可節省 26 萬噸小時（空運直航

---

[6] 學術界早在開放兩岸直航前即曾利用 GTAP（Global Trade Analysis Project）模型估計開放直航對兩岸經濟發展的影響。例如：翁永和、許光中、徐世勳、杜芳秋 (2001)、Chou、Chen、Wang & Kou（2002）、陳麗瑛、王思粵、郭迺鋒、楊皓彥（2002）、高長、史惠慈、楊書菲（2002）。

[7] 「行政院公布兩岸直航之影響評估重要結果報告」，大陸委員會大陸政策文件資料，民國 92 年 8 月 15 日。

因各種假設條件不同，成本估計有甚大差異）。對個別企業而言，因海、空運直航可節省的運輸成本估計約一成五至三成，且運輸時間縮短可減少產品庫存及增加生產效率，有助於降低整體營運成本。對航運業者的利益來說，以空運業者受益較大，海運業者受益較有限。

其次開放兩岸直航後，對臺灣產業結構將造成衝擊。因為直航使得運輸方便、時間成本更節約，兩岸在經濟上、區位上相對的優勢地位會因而展現出來，產業投資也會跟著改變，這對臺灣整個產業結構之調整將造成很大的影響。比較低階的產品或屬較低附加價值的產品，抑或是勞力密集、需要利用較多勞動力的製造業，可能會增加到大陸投資，這樣的調整將促進臺灣產業結構的轉型與升級。

開放兩岸直航將增進兩岸之投資及貿易關係。根據經濟部 2001 年《製造業對外投資實況調查報告》，有 23.2% 的受訪廠商表示兩岸三通後，將增加在臺灣投資，其中大型和中型企業表示將增加在臺灣投資的比率均超過三成；按四大行業別來看，資訊電子工業表示將增加在臺灣投資者所占比率最高，達 29.9%，其次依序為金屬機械工業（占 22.4%）、化學工業（占 20%）、民生工業（占 17.9%）。另外，有 62% 的受訪廠商中表示兩岸開放三通後，在臺灣之投資將維持不變；表示將減少在臺灣投資者只占 15%，其中大都屬於在臺灣競爭力已逐漸喪失的勞力密集產業。

在對大陸投資方面，陳麗瑛等人（2002）之研究發現，兩岸三通直航後，臺灣製造業對大陸投資平均將增加 6.7%，其中增加幅度較高的產業，包括基本金屬及金屬製品（22.5%）、塑膠製品（22.7%）及成衣服飾品（20%）。臺灣在全球化潮流之衝擊下，經濟結構已面臨轉型，原有不具經濟效益之產業不得不外移，在語言、地利等因素考量下，前往中國大陸可說是合理的選擇。開放兩岸直航，將有利於臺灣製造業者在兩岸投資布局，更有效利用大陸成本低廉及廣大市場腹地的優勢，建立有利於提升臺灣產業競爭力的產業分工體系。

第三，開放兩岸直航，有利於國際貿易人士的往來，更有利於吸引跨國企業來臺灣投資。直接通航便利兩岸商貿交流，加上兩岸同文、同種，以及臺灣在管理和技術方面具有優勢條件等因素，有利於外商利用臺灣做為其經營大陸市場之跳板。兩岸之間不能三通，直接影響外資來臺投資意願，在臺美僑、歐僑商會歷年提出的白皮書迭有怨言。前美國在臺協會處長包道格即曾指出，兩岸直航遲未開始，臺灣競爭力將逐漸喪失。

跨國企業對大陸市場一直抱有高度興趣，不過，對於大陸信用體系不夠健全、政

策不透明、人治色彩濃厚等因素造成投資風險偏高等多所顧慮，開放兩岸三通直航，有利於跨國企業來臺投資，以臺灣為橋頭堡前進大陸，或與台商策略聯盟，共同開發大陸市場。

第四，開放兩岸直航有助於改善兩岸關係。開放兩岸直航代表著兩岸的交流正常化，有助於降低雙方敵對狀態，藉以改善兩岸關係，這對改善臺灣投資環境（非經濟因素方面），會有明顯的正面作用。

二、對臺灣產業的影響

兩岸簽署空運、海運、郵政等三大協議，對兩岸關係發展具有重大的意義，一方面對促進兩岸經貿關係正常化具有積極的作用，另一方面對增進兩岸互信與臺海和平穩定，以及今後兩岸制度化協商發展具有深遠的影響。政府希望，臺灣的經營環境更加開放及自由化，可以吸引更多跨國企業來投資，將臺灣做為前進中國大陸及東南亞市場的營運基地；也能夠吸引海外台商返臺投資。換句話說，透過鬆綁兩岸三通，增加企業運籌和布局的靈活彈性，最終目的在於落實「深耕臺灣、連結全球」的目標。

兩岸「大三通」正式啟動，對臺灣而言，最直接的效益是，可以大幅降低兩岸間交通運輸的時間及費用，提升兩岸運輸效能及臺灣整體的競爭力，重建臺灣在亞洲乃至亞太地區的經濟戰略地位，並強化臺灣與國際市場的連結。此外，臺灣居民往返兩岸的數量，每年超過 500 萬人次。兩岸交流規模這麼龐大，長期以來都是透過第三地間接進行，對於當事人或企業造成不便及巨大的額外成本負擔。

兩岸直航後，客、貨運輸直接通行，可以實現省時、省錢、節能的直接效益。以海運業為例，在兩岸直航之後，交通部估算平均每航次可以節省 16～27 個航行小時，可節省約 15%～30% 的運輸成本。運輸時間節省，將可大幅提升兩岸物流的配送效率，對於生產事業而言，不只可以節省運費，更可以降低存貨成本，增加運籌管理的靈活度。另外，兩岸直航並可節省行經第三地的結關費用及燃料費，若以每航次節省 30 萬元新臺幣及每年以 4,000 航次估算，則每一年可以省下約 12 億元的費用。

再以空運業為例，在航道截彎取直後，航程可大幅縮短，就桃園到上海而言，飛航時間可以由原來的 5、6 小時，縮短到只需 82 分鐘；原來往返機票需要 5,000 多人民幣，現在只需 3,000 元左右。

兩岸直接通郵後，據郵政部門透露，郵寄的時間可以節省一半，總費用可以降低

60%。

　　兩岸「大三通」正式實施後，拉近了兩岸的地理距離，使得「兩岸一日生活圈」成爲現實。這嶄新的紀元，更使兩岸的政治、經濟合作氛圍發生根本的變化，對兩岸民間交流勢必造成深遠的影響。譬如：兩岸「大三通」後，人員、貨品的往來更加便捷，交通運輸成本大幅降低，許多過去考量運輸成本而外移的產業，今後可能改變布局，加重在臺灣的投資，同時也可能改變過去兩岸經貿合作的單向局面，吸引陸資與外資來臺，使臺灣在亞太地區的經貿樞紐地位更加強化。

　　根據陸委會在 2008 年 12 月下旬所做的民意調查資料顯示，兩岸直航後，有 67.9% 的受訪民眾同意將大幅節省交通時間及運輸成本，從而有助於提升臺灣競爭力（另有 30.6% 不同意）；另有 54.8% 的受訪民眾同意兩岸直航健全臺灣的投資環境，有助於台商資金回流及外國企業來臺投資（另有 43.5% 不同意）；至於對臺灣長期經濟發展的影響，有 61.7% 的受訪民眾認爲會有「好的影響」，認爲「沒有影響」或「不好的影響」的民眾，分別占有 13.6% 和 23.1%。可見大多數臺灣民眾相信，兩岸直航啓動後，將會給臺灣經濟帶來機會。

　　兩岸政策大幅鬆綁，主要目的之一在於改善臺灣經營環境，促使更自由化、國際化，以吸引外商來臺灣投資及海外台商回流。《遠見》雜誌 2008 年 8 月間針對在臺外商進行「外商投資臺灣意願大調查」[8]，結果發現，與兩年前類似的調查資料比較，外商對於臺灣的投資環境信心度明顯提升（回答「信心增加」者所占比重由 5% 上升至 42.4%，回答「信心減少」的比例則由 60.9% 減少爲 13.6%）。另有 61.9% 的外商表示，將來兩岸客、貨運均開放直航後願意增加在臺投資，比表示願意增加對大陸投資者的比例 54.2% 高出許多。

　　此外，交通大學交通運輸研究所在 2008 年 9 月間，對搭乘週末包機旅客之調查研究指出，政府開放兩岸週末包機後，有 74.8% 的臺籍企業主表示「會」或「可能會」提高返臺投資意願，而表示可能提高到大陸投資意願的比例較小，僅 56.2%。如果週末包機進一步擴大爲平日包機或定期航班，有 54.3% 的台商企業主表示將「維持現況在臺灣」或「由大陸遷返臺灣」，高於表示將「維持現況在大陸」或「由臺灣遷往大陸」的比例（26.1%）；常住地點在臺灣的台商企業主表示，未來常住地點將遷往

---

[8] 黃漢華，「2008 外商投資意願大調查史上新高！67% 外商樂觀臺灣經濟馬上好」，《遠見雜誌》，2008 年 8 月 1 日，https://www.gvm.com.tw/article/12571，2020 年 3 月 20 日檢索。

大陸者占 3.4%，而常住地點在大陸的台商企業主則有 42.6% 表示將遷回臺灣常住。該項調查研究顯示，兩岸直航有益於兩岸投資交流，對台商企業主返臺投資及常住意願的激勵作用更加明顯。

《天下》雜誌 2008 年底出版的一期（413 期）「大三通」專題指出，「大三通」政策將改變兩岸產業分工結構。譬如：兩岸海運直航可以節省運輸時間，臺泥公司董事長辜成允表示，將改變在兩岸的營運布局，靈活運用庫存和行銷策略，形成區域整合，發揮綜效。全球最大螺絲製造商晉禾公司原已規劃在武漢設新廠，兩岸「大三通」後，決定將武漢之投資案改做發貨倉庫，同時擴建高雄岡山工廠。「三通」讓該公司看到最有效率的運籌模式，下游加工在大陸，上游關鍵生產線放在臺灣。宏碁董事長王振堂也指出，兩岸開放「大三通」，不只可以提升企業運籌布局的靈活度，更有助於企業將核心競爭力留在臺灣，不必擔心臺灣競爭優勢流失。

當然，「大三通」政策對臺灣經濟的影響並非一本萬利，必需要有其他的政策配套，才能夠使經濟效益發揮到最大，或使得負面效應減到最小。如前所述，「大三通」之實施使兩岸交通更省時、省錢，兼具鼓勵企業回流和外移的效果，政府需要再提供更吸引人的誘因做為配套，包括完善的基礎設施、安定的社會環境、高素質的行政效率與執法效能等，才能減少或避免企業外流，吸引海外企業返（來）臺投資。另外，必須指出的是，「大三通」可能為臺灣創造的經濟效益，並無法立竿見影，中長期對臺灣經濟發展的貢獻則值得期待。

兩岸直航所帶來的便捷性、低成本和高效率等利多因素，為兩岸產業合作創造新的契機。譬如：長期以來台商企業單向在大陸投資製造的格局有可能改變，實務上，已經出現一些高端電子產品的半成品，在大陸製造後回銷臺灣組裝成最終產品，以較高的附加價值行銷國際市場。此一新的產業布局模式有助於提高企業的整體競爭力，更有利於強化臺灣在東亞，甚至在亞太區域的經貿樞紐地位。兩岸直航對臺灣經濟、產業發展的效益，配合兩岸簽署 ECFA 之後，預期將在共伴效應下，發揮更大的作用。

參考文獻

一、中文

中華經濟研究院（2002），《開放大陸貨品進口對臺灣經濟與產業發展之影響》，臺北：中華經濟研究院。

中華經濟研究院（2003），《兩岸關係中金門產業發展規劃研究：設置兩岸貨品交易中心、加工產業區規劃》，臺北：中華經濟研究院。

翁永和、許光中、徐世勳、杜芳秋（2001），「兩岸開放全面三通對亞太地區經貿之影響」，《臺灣經濟學會年會論文集》，臺北：臺灣經濟學會。

行政院（民國92），「兩岸直航之影響評估重要結果報告」，大陸委員會大陸政策文件資料，民國92年8月15日。

高長（2001），「製造業赴大陸投資經營當地化及其對臺灣經濟之影響」，《經濟情勢暨評論季刊》第7卷第1期，頁138-173。

高長（2006），「三通直航對兩岸經濟發展的影響－從宏觀面分析」，發表於「第一屆兩岸經貿文化論壇」，國家政策研究基金會主辦，北京。

高長（2009），「『大三通』對臺灣經濟發展的意義與影響」，《全球工商》第611期，頁11～13。

高長、史惠慈、楊書菲（2002），《放寬大陸投資限制對臺灣產業結構及就業的影響》，工業局委託研究報告，臺北：中華經濟研究院。

陳麗瑛、王思粵、郭迺鋒、楊浩彥（2002），「兩岸三通對臺灣產業之影響－總體經濟效果之評估」，發表於2002年大陸經濟發展研討會，中華經濟研究院主辦，臺北。

經濟部（2001），《製造業對外投資實況調查報告》，臺北：經濟部統計處。

楊樹清（1998），《金門社會觀察》，臺北：稻田出版社。

二、英文

Chen, Tian-jy and Ing-hua Ku (1998), Foreign Direct Investment and Industrial Restructuring: The case of Taiwan's Textile Industry, paper presented at East Asian Economic Seminar, Osaka, Japan.

Chou, Ji, Kun-ming, Chen, Shiu-tung Wang and Nai-fong Kou (2002), "Trade and Direct Investment Across the Taiwan Strait-An Empirical Analysis of Taiwan and China's Accession into the WTO", presented at 6th Annual conference on Global Economic Analysis, Taipei, Taiwan, June 2002.

第十二章　兩岸雙邊貿易與發展

　　海峽兩岸長期以來一直處於政治對峙狀態，經貿往來幾乎完全中止。自 1980 年代初期起，一方面由於大陸實行「改革開放」政策，積極引進外資及拓展對外貿易，創造很多商機；另一方面也由於臺灣經濟環境及國際政經形勢改變，逐步鬆綁對大陸的貿易和投資活動；許多傳統的勞力密集加工型產業在臺灣逐漸喪失競爭優勢，不得不到海外投資，尋找新的生產基地，開拓新市場，逐步改革開放的大陸成為台商的新選擇，從而帶動了兩岸經貿交流逐漸發展，尤其自 1980 年代後期以來，發展速度更快。

第一節　兩岸雙邊貿易總體發展趨勢

　　臺灣與大陸之間的貿易，有直接貿易和間接貿易之分。「間接貿易」是指經過第三地區或國家的轉口貿易而言，做為兩岸貿易的中介第三地主要是指香港，尤其在早期。除了香港之外，還有經過日本的石垣島、新加坡、韓國的釜山、莫普以及關島等地的轉口。臺灣與大陸地區的直接貿易，在臺灣政府的政策尚未開放之前，大陸政府為了宣傳與突顯海峽兩岸直接貿易與直接通航的現象，自 1980 年開始，陸續開放了福建、浙江、江蘇和上海等四省一市的沿海地區口岸，積極鼓勵對臺灣漁民和商人進行「小額貿易」。該類「小額貿易」在當年臺灣的政策下，基本上是不合法的，因此，被臺灣官方歸為海上走私行為。

一、香港海關轉口貿易統計

　　儘管臺灣與大陸的雙邊貿易活動自 1980 年代初開始逐漸發展，但由於兩岸之間一直存在政治對峙氛圍，雙邊貿易都是透過第三地區或國家間接進行，其中香港是最主要的中介地點，且兩岸官方一直都未有完整的統計數據可供參考，因此，早期研究兩岸雙邊貿易問題時，一般大都依據香港海關的轉口貿易統計。

　　自 1980 年代初期開始，海峽兩岸經香港轉口的貿易發展趨勢，可由表 12-1 的資料得知梗概。

表 12-1　兩岸經香港轉口雙邊貿易發展趨勢

	臺灣輸往大陸		大陸輸往臺灣		合計		輸出入貿易差額
	金額（百萬美元）	成長率（%）	金額（百萬美元）	成長率（%）	金額（百萬美元）	成長率（%）	金額（百萬美元）
1978	0.05	66.70	47	52.50	47	-52.50	-4
1980	235	949.40	76	35.40	311	300.20	159
1982	208	-46.65	89	17.90	297	-36.27	119
1984	425	152.38	127	33.04	552	109.09	298
1985	987	132.13	116	-9.30	1,103	99.30	871
1986	811	-17.91	144	24.25	955	-13.42	667
1988	2,242	82.81	478	65.68	2,720	79.54	1,764
1990	3,278	13.20	765	30.41	4,044	16.11	2,513
1992	6,288	34.39	1,119	-0.89	7,407	27.53	5,169
1995	9,883	16.00	1,574	21.80	11,457	16.80	8,309

資料來源：依據香港政府統計處資料，整理而得。

　　首先，就臺灣貨品經香港轉口輸往大陸的貿易來看，我們發現儘管早期臺灣政府還不允許一般台商從事兩岸之間的貿易活動，但臺灣貨品經由香港轉出口往大陸的金額，已由 1978 年的 5 萬美元左右，大幅增加至 1980 年的 2.35 億美元。嗣後，除個別年度外，臺灣經香港轉出口至大陸的貿易額繼續保持成長，1995 年間已增加至 98.8 億美元，平均而言，1978～1995 年，每年成長率為 45%。

　　其次，大陸貨品經香港轉口進入臺灣地區之金額，相對而言較小，但成長趨勢卻較為穩定。表 12-1 資料顯示，1978 年的貿易金額約有 0.47 億美元，至 1995 年時已增加為 15.74 億美元。1985 年 7 月間，臺灣政府宣布兩岸之間轉口貿易「三不」原則，即「不與中共人員、機構接觸，不與中共直接通商，轉口貿易不予干預」，曾使臺灣商人擔心與大陸貿易會遭到取締而陷入觀望，導致當年度臺灣自大陸經香港轉進口貨品金額呈現 9.3% 的負成長。不過，臺灣政府自 1987 年 5 月起，陸續宣布開放重要農工原料自大陸（經香港）進口，使得大陸貨經香港轉口輸入臺灣的金額，在 1987～1991 年間，呈現了較大幅度的成長，其趨勢甚至未受到大陸發生天安門事件的衝擊。不過，在 1992～1993 年間，大陸貨物經香港輸入臺灣的金額呈現負成長，

嗣後各年的漲幅也較過去小許多，主要的原因之一可能是其他的貿易管道取代了香港轉口。

1978～1995 年間，兩岸經香港轉口雙邊貿易之發展趨勢具有以下幾項特徵：

第一，兩岸的間接貿易呈現多次大幅波動的現象，譬如：1982～1983 年、1985～1986 年、1987～1990 年、1992～1994 年等期間都曾出現負成長。造成波動的重要原因之一是大陸政府多變的經濟政策，包括總體經濟政策和對臺經貿政策。例如：1982～1983 年以及 1986 年間，臺灣對大陸間接出口金額兩度出現負成長，主要是由於當時大陸政府實行緊縮性經濟政策，對進口貿易加強控制的結果。1989 年的成長率為負數，基本上也是受到大陸政府實行緊縮性經濟政策的影響。另一方面，大陸對臺灣貨品的規定，是否為「國內產品」及能不能享受免關稅優惠待遇，也是造成 1979～1983 年間，臺灣對大陸間接出口成長呈現大幅波動的主要原因。

第二，兩岸雙邊貿易成長，主要來自臺灣對大陸間接出口，臺灣自大陸間接輸入的成長速度相對較為緩慢，因此，除 1979 年外，臺灣對大陸的雙邊貿易每年都享有順差，而且順差幅度不斷擴大。

表 12-1 資料顯示，順差餘額由 1980 年的 1.59 億美元逐年增加，至 1995 年時，已達 83.1 億美元。貿易差額占兩岸雙向間接貿易總額的比重，1978～1995 年間，均維持在 27.3% 到 79% 之間，平均約為 54%；該期間，兩岸貿易差額累計超過 400 億美元，這也就是該期間，臺灣在兩岸貿易中所賺取的外匯總額。

以上是根據香港海關的轉口貿易統計資料所做分析，儘管該套資料尚稱完整，不過，隨著兩岸經貿關係逐步發展，該項轉口貿易統計數據已不能反映兩岸貿易的發展實況，存在低估的現象，因為兩岸間接貿易除透過香港進行，如前所述，也透過其他的第三地進行；此外，兩岸的貿易管道，除了轉口方式，還有轉運（transshipment）、過境貨物（transit-shipment）和直接航運（即直接進行交易，例如：大陸鼓吹的沿海「小額貿易」），甚至也有偷運（非法走私）；惟轉運、過境貨物等管道的貿易活動，未通過香港海關，因此即便藉借道香港，當地也只有數量的統計。

根據高長、宋恩榮（1995）的估計，兩岸透過香港進行的貿易額，轉口貿易以外的部分（姑且稱之為「直接」貿易），就臺灣對大陸「直接」出口而言，1983 年間約為 2.36 億美元，至 1994 年間，已增加為 82.03 億美元；臺灣自大陸「直接」進口值，1988～1993 年期間亦由 0.14 億美元增加至 18.55 億美元。這些推估結果容或不能達到百分之百準確，但其變動趨勢與香港海關公布的兩岸轉運貿易增加趨勢大致

一致，幾乎可以確定，進入 1990 年代，在兩岸雙邊貿易中，「直接」貿易甚至比香港轉口的「間接」貿易更為重要。

　　為了解決資料不足的問題，經濟部國際貿易局曾採用特定的方法進行推估，其中，臺灣自大陸進口統計，直接採用財政部海關統計；臺灣對大陸出口部分，貿易局將香港海關轉口統計視為「間接出口」，利用「貿易伙伴法」，以臺灣對香港出口「失蹤」的部分（即臺灣對香港出口值與香港海關統計自臺灣進口值的差額），來估計臺灣對大陸「直接出口」金額，最後將「間接出口」與「直接出口」併計，即構成推估的臺灣對大陸出口總額。直到 2000 年之後，臺灣官方的兩岸雙邊貿易統計數據才有較完整的統計[1]。

二、兩岸官方公布的貿易統計

　　臺灣海關公布的資料顯示，兩岸雙邊貿易總額在 1995 年僅有 34.67 億美元，但至 2000 年時，已超越百億美元。進入二十一世紀，臺灣與大陸先後加入世界貿易組織（WTO）後，兩岸雙邊貿易快速成長，儘管 2008 年下半年開始爆發的國際金融動盪，對兩岸雙邊貿易曾造成短暫衝擊，但近年來已開始回升。2010 年資料顯示，兩岸雙邊貿易總額已達到千億美元，2018 年間更高達 1,502.9 億美元，1997～2018 年間平均每年成長率將近 20%。同期間，臺灣對大陸出口值由 3.7 億美元增加至 965 億美元，臺灣自大陸進口值則由 30.9 美元增加至 537.9 億美元，1997～2018 年間，每年平均成長率分別約為 28.2% 和 13.5%（表 12-2）。臺灣對大陸貿易自 2002 年以來，一直保持順差，而且順差金額逐年擴大，2018 年順差金額已高達 427 億美元。

　　表 12-2 同時列出反映大陸官方資料之 GTA 數據，對照之下，兩岸官方的統計數據差異懸殊。陸方數據顯示，兩岸雙邊貿易總值由 1997 年的 198.4 億美元，增加至 2018 年的 2,262.4 億美元，每年平均成長率約 9%。其中，同期間，大陸對臺出口值由 33.97 億美元，增加至 486.5 億美元；而自臺灣進口值則由 164.4 億美元，激增至 1,776 億美元，每年平均成長率分別為 12.8% 和 11.3%。近年來，兩岸之間雖然已經實現直接通商、通航，但兩岸透過第三地的轉口貿易仍然存在，導致官方的貿易統計

---

[1]　貿易局推估的數據，只做到 2011 年初，隨後不再公布。

表 12-2　臺灣與大陸雙邊貿易發展趨勢

單位：百萬美元

	臺灣官方資料				大陸官方資料			
	進出口貿易總值	對陸出口	自陸進口	貿易差額	進出口貿易總值	對臺出口	自臺進口	貿易差額
1997	3,467	376	3,091	-2,714	19,838	3,397	16,442	-13,045
2000	10,621	4,392	6,229	-1,837	30,429	4,995	25,497	-20,502
2005	64,218	44,056	20,162	23,894	91,234	16,550	74,684	-58,134
2008	99,051	67,481	31,570	35,911	129,216	25,878	103,338	-77,460
2010	114,142	77,887	36,255	41,632	145,371	29,677	115,194	-85,517
2012	124,024	82,592	41,431	41,161	168,963	36,779	132,184	-95,405
2014	133,963	84,709	49,254	35,455	198,314	46,285	152,029	-105,744
2015	118,535	73,270	45,265	28,005	188,206	44,899	143,307	-98,408
2016	117,723	73,732	43,991	29741	179,591	40,374	139,217	-98,843
2017	138,783	88,745	50,037	38,708	199,375	43,990	155,386	-111,396
2018	150,288	96,498	53,790	42,708	226,244	48,647	177,598	-128,951
2019 (1-11)	135,437	83,417	52,020	31,397	207,045	49,801	157,244	-107,443

資料來源：行政院大陸委員會，《兩岸經貿統計月報》。

或有偏低之嫌。

　　臺灣與大陸的雙邊貿易高速成長，與大陸經濟崛起密切相關。大陸積極吸引外商直接投資、參與國際分工，憑藉著充沛的要素資源和廣大的市場腹地等經濟優勢，已成為跨國企業最為依賴的生產基地。跨國企業到大陸投資，促進大陸對外貿易擴張，提供了臺灣等東亞國家對大陸出口的機會，從而也導致國際分工格局發生了重大變化。大陸經濟崛起不只發揮了區域內貿易引擎的角色，事實上已逐漸奠定了「世界工廠」的地位。

第二節　兩岸雙邊貿易商品結構特徵

一、臺灣對大陸出口商品結構

　　臺灣與大陸的雙邊貿易，除貿易金額成長快速，其貿易商品結構亦呈現變化。

　　高長（1997）曾以 SITC 二位碼分類商品觀察，發現貿易金額最大的前十項主要商品在 1980 年代的變化較不明顯，尤其編號 65（紗、布、紡織製成品等）、58（人造樹脂及塑膠材料）、77（未列名電力機械、儀器與器具及其零件）、72（特殊工業之專用機械）、76（電訊、錄音及複製之器具及設備）等五類產品，自 1979 年至 1990 年代初期，一直都在臺灣對大陸間接出口十大重要產品榜單內。而編號 72、61（未列名皮革及其製品）、89（未列名雜項製品）、64（紙、紙板及紙漿或其製品）、78（道路機動車輛）、74（未列名一班工業用機械設備及其零件）等類產品則有愈來愈重要的跡象。此外，臺灣對大陸間接出口的商品結構正朝向多樣化發展，SITC 二位碼分類商品對大陸間接出口金額最大的前十項，其合計出口值占同年度對大陸總出口值之比重，已由 1979 年的 97.6% 下降爲 1991 年的 79%。

　　高長、宋恩榮（1998）的研究結果大致相似。不過，隨著外商直接投資促進大陸進口替代相關產業發展，加工製造業自大陸當地採購比重增加，導致臺灣對大陸出口成長減緩，SITC 編號 65（紗、布、紡織製成品等）、58（人造樹脂及塑膠材料）、61（皮革、皮革製造；著裝的毛皮）等類產品，1990 年代初期對大陸間接出口所占比重逐年減少的現象，就是反映了這個事實。

　　臺灣對大陸出口的 HS 兩位碼貨品方面（表 12-3），自 1990 年至 2000 年，電機設備及其零件（HS85）、塑膠及其製品（HS39）等兩類貨品都保持在前三名，1990 年臺灣對大陸出口前十大主要貨品中，2000 年間已有鞋靴（HS64）、針織或鉤針織品（HS60）、紙、紙漿及紙製品（HS48）等三大類貨品被鋼鐵（HS72）、光學、照相儀器及器具（HS90）、生皮及皮革（HS41）等所取代；到 2019 年，人造纖維絲（HS54）、浸漬、被覆或黏合之紡織物（HS59）、人造纖維棉（HS55）等已被排除在前十名之外。HS90、有機化學產品（HS29）、玻璃及玻璃器（HS70）、雜項化學產品（HS38）、HS72、礦物燃料（HS27）等類貨品對大陸出口規模在 1990 年間都不大，但在 2019 年間，前兩類貨品都擠進了前五大，由此可見，過去二十多年來，

臺灣對大陸出口主要貨品結構已發生很大變化。

此外，2019 年前十大貨品對大陸出口值合計占當年對大陸出口總值比重超過 90%，較 1990 年的 74.4% 高出許多，顯示對大陸出口貨品有愈來愈集中的跡象。

表 12-3 臺灣對大陸出口主要貨品各年比較（HS 二位碼）

單位：%

	2019(1-11)			2000			1990		
	貨品名稱	A	B	貨品名稱	A	B	貨品名稱	A	B
1	電機與設備及其零件（85）	53.0	59.1	電機與設備及其零件（85）	24.4	29.7	電機與設備及其零件（85）	12.0	16.5
2	機器及機械用具（84）	25.2	8.1	機器及機械用具（84）	14.3	15.9	塑膠及其製品（39）	23.0	10.6
3	光學、照相儀器及器具（90）	67.2	8.1	塑膠及其製品（39）	48.7	10.9	人造纖維絲（54）	43.4	10.1
4	塑膠及其製品（39）	41.1	6.2	鋼鐵（72）	47.1	5.6	機器及機械用具（84）	6.8	9.0
5	有機化學產品（29）	54.1	3.7	人造纖維絲（54）	42.6	4.6	鞋靴（64）	20.7	8.6
6	銅及其製品（74）	64.8	2.1	浸漬、被覆或黏合之紡織物（59）	60.4	3.3	浸漬、被覆或黏合之紡織物（59）	66.5	6.0
7	礦物燃料（27）	9.5	1.0	光學、照相儀器及器具（90）	23.1	2.4	人造纖維棉（55）	29.1	5.5
8	鋼鐵（72）	13.0	0.9	人造纖維棉（55）	42.6	2.3	針織或鉤針織品（60）	34.1	4.2
9	雜項化學產品（38）	32.3	0.8	銅及其製品（74）	50.0	2.0	紙、紙漿及紙製品（48）	32.6	2.3
10	玻璃及玻璃器（70）	62.1	0.7	生皮及皮革（41）	72.5	1.8	銅及其製品（74）	20.0	1.7
	小計	na	90.7	-	na	78.4	-	na	74.4

說　明：1. 括弧數字為 HS 二位碼貨品代號。

　　　　2. A 係指臺灣對大陸出口額占同期各該項貨品對全球出口總額的百分比。

　　　　3. B 係指臺灣對大陸出口額占同年度對大陸出口總額的百分比。

資料來源：1990 年、2000 年根據經濟部國際貿易局「兩岸貿易情勢分析表」整理；2019 年根據財政部出進口貿易統計資料整理。

　　大致而言，臺灣對大陸出口貨品主要為工業原材料、半成品和機器設備及其零配件等，貨品結構特徵與趨勢變化和台商在大陸的投資有關。台商赴大陸投資後，一般會利用既有的產業網絡，從臺灣採購所需的機器設備、原材料和零組件等貨品，因而投資活動會促進臺灣相關產品對大陸的出口擴張，例如：電機設備及其零件（HS85）、光學、照相儀器及器具（HS90）、機器及機械用具（HS84）、塑膠及其製品（HS39）、鋼鐵（HS72）等。不過，隨著上、中游關聯產業也前往大陸投資，在當地形成新的產業聚落，或是大陸本身的產業鏈漸趨完整後，當地化採購增加，減少自臺灣的採購，臺灣對大陸出口成長速度因而趨緩，如鞋靴（HS64）、人造纖維絲（HS54）、人造纖維棉（HS55）、浸漬、被覆或黏合之紡織物（HS59）、針織或鉤針織品（HS60）、紙、紙漿及紙製品（HS48）等貨品，近年來對大陸出口份額逐年減少的現象，都是典型的例證。

　　進入二十一世紀以來，臺灣對大陸出口主要貨品，以 HS 四位碼分類產品出口金額最大的 20 項觀察（表 12-4），2001 年資料顯示，主要集中在電機設備及其零件（HS85）、機器及機械用具（HS84）和塑膠及其製品（HS39）等三大類，分別占了5 項、4 項、4 項，有機化學產品（HS29）也占了 2 項。到了 2008 年，這四大類仍然是臺灣對大陸出口的主要產品，但機器及機械用具（HS84）擠進前二十大的產品項目減少了 2 項，而光學、照相儀器及器具（HS90）的產品增加 1 項，尤其液晶裝置（HS9013）出口金額大幅增加。

表 12-4　臺灣對大陸出口主要貨品（HS 四位碼分類）

單位：%

年度	2001			2008			2019		
序位	HS 碼	A	B	HS 碼	A	B	HS 碼	A	B
1	8542 積體電路	2.4	7.0	9013 液晶裝置	86.3	22.2	8542 積體電路	32.4	35.4
2	8540 離子管等	40.4	6.1	8542 積體電路	22.0	13.3	9013 液晶裝置	78.1	5.6
3	2917 過氧酸等	69.0	4.8	2710 石油製品	14.9	4.0	8523 儲存裝置	36.0	3.0
4	3904 氯乙烯等	66.0	4.0	8541 二極體等	30.3	3.1	8473 資料處理機及零件	24.2	2.8

（續下表）

		A	B		A	B		A	B
5	8471 光讀機等	1.5	3.7	8531 電音響等	25.5	2.9	8534 印刷電路	47.2	2.7
6	3903 苯乙烯	14.3	3.3	8534 印刷電路	32.2	2.5	8529 傳輸零件	40.7	2.4
7	8473 資料處理機及零件	1.4	3.2	2917 鹵化物等	73.5	2.5	8541 二極體等	44.3	2.3
8	3901 乙烯	42.2	3.0	2905 非環醇	86.5	2.3	3903 苯乙烯	49.2	1.6
9	2905 非環醇	61.5	2.7	2902 環烴	78.6	2.0	3907 環氧樹脂	36.6	1.6
10	7209 冷軋鋼鐵	24.2	2.7	8473 資料處理機及零件	16.9	2.0	7410 銅箔	66.4	1.5
11	3907 聚縮醛	13.9	2.4	3903 苯乙烯	40.2	1.9	8486 晶圓機具	41.5	1.5
12	4002 合成橡膠	27.3	1.9	3907 聚縮醛	28.8	1.3	2902 環烴	81.0	1.4
13	8541 二極體等	5.5	1.7	8532 電容器	50.0	1.2	9002 光學透鏡	52.6	1.3
14	8531 電音響等	11.0	1.5	9001 光纖	67.6	1.1	9001 光纖	60.1	1.2
15	8479 特殊機械	12.1	1.4	7410 銅箔	54.2	1.1	2905 非環醇	72.4	1.1
16	8477 加工機	10.4	1.4	3908 聚醯胺	77.6	1.0	8517 電話機	12.9	1.1
17	9013 液晶裝置	5.3	1.4	8479 特殊機械	43.7	0.9	8532 電容器	55.3	1.0
18	5503 合成纖維	12.9	1.3	3920 塑膠板等	39.4	0.9	3901 乙烯	63.6	0.9
19	8708 機車零件	4.0	1.3	3901 乙烯	44.4	0.8	2603 銅礦石及其砂	95.6	0.8
20	8534 印刷電路	2.3	1.3	2901 非環烴	53.0	0.8	3920 塑膠板等	43.0	0.8
合計		56.0		-	67.8		-		69.9

說　　明：1. 本表 HS 四位碼貨品名稱皆為簡稱，詳細名稱請查詢「中華民國輸出入貨品分類表」。
　　　　　2. A 為該項產品臺灣對中國大陸貿易出口額占同期該項貨品對全球出口總額之百分比。
　　　　　3. B 為該項產品臺灣對中國大陸貿易出口額占臺灣對中國大陸出口總額之百分比。
資料來源：財政部海關磁帶。

　　值得注意的是，以 HS 四位碼分類產品觀察臺灣對大陸出口金額最大的前 20 項商品，合計金額占同年度對大陸出口總額的比重已從 2001 年的 56% 增加到 2008 年的 67.8%，顯示出口商品集中化的現象，其中前三大項產品占的比重由不到二成驟增至將近四成；2019 年該項特徵繼續存在，特別是電機設備及其零件（HS85）商品有 6 項、塑膠及其製品（HS39）有 4 項、光學、照相儀器及器具（HS90）有 3 項，有機化學產品（HS29）、機器及機械用具（HS84）等各有 2 項擠進對大陸出口金額最大的前二十大榜單內。這些產品基本上都屬原材料、半成品、零配件等。

　　再以 HS 兩位碼之 22 大類產業別觀察臺灣對大陸出口貨品結構，列如表 12-5 所示，可以發現在 1995～2017 年間，臺灣對大陸出口的貨品結構已有很大的變化，大致可以歸納出以下幾項特色：

（一）1995 年臺灣對大陸出口貨品結構相對較為分散，其中占比最大的是電子及機器設備，比重達 33.8%，其次是紡織製品，占 21.1%，再次是塑橡膠製品的 15.8%、基本金屬製品的 8.7%。而 2017 年資料顯示，臺灣對大陸出口貨品結構相對較為集中，其中，電子電機設備產品對大陸出口的占比仍然是最高，但比重高達 69.9%，其次為精密儀器製品的 9.7%、塑橡膠製品的 6.2%，以及化學產品的 5.7%，紡織製品的占比已大幅下滑至 1.6%。

表 12-5　臺灣對大陸出口商品結構

金額：百萬美元

		1995	2000	2005	2010	2017
活動物；動物產品	金額	13.5	38.0	51.8	43.7	190.8
	占比（%）	0.09	0.15	0.07	0.04	0.12
植物產品	金額	30.5	23.0	21.8	43.9	149.9
	占比（%）	0.21	0.09	0.03	0.04	0.10
動植物油脂	金額	3.4	2.9	9.6	15.8	7.0
	占比（%）	0.02	0.01	0.01	0.01	0.00
調製食品；飲料和菸酒	金額	22.6	20.9	35.4	130.8	425.1
	占比（%）	0.15	0.08	0.05	0.11	0.27
礦產品	金額	43.1	146.6	685.2	889.4	801.9
	占比（%）	0.29	0.57	0.92	0.77	0.52

（續下表）

化學品	金額	781.7	1,681.6	5,537.4	10,593.3	8,872.6
	占比（%）	5.29	6.60	7.42	9.16	5.72
塑膠、橡膠及其製品	金額	2,341.4	3,846.7	6,789.6	10,812.1	9,611.2
	占比（%）	15.84	15.09	9.09	9.35	6.19
毛皮及其製品	金額	592.9	521.7	554.2	434.5	147.3
	占比（%）	4.01	2.05	0.74	0.38	0.09
木及木製品	金額	55.5	44.4	40.0	21.2	46.2
	占比（%）	0.38	0.17	0.05	0.02	0.03
紙漿；紙及其製品；印刷品	金額	462.2	435.1	526.2	524.6	488.0
	占比（%）	3.13	1.71	0.70	0.45	0.31
紡織品	金額	3,121.6	3,317.8	3,388.1	3,110.9	2,440.6
	占比（%）	21.12	13.01	4.54	2.69	1.57
鞋、帽及其他飾品	金額	231.0	83.6	71.7	41.5	32.5
	占比（%）	1.56	0.33	0.10	0.04	0.02
非金屬礦物製品	金額	136.2	275.3	655.4	1,236.7	1,537.5
	占比（%）	0.92	1.08	0.88	1.07	0.99
珠寶、貴金屬製品	金額	18.1	10.4	26.4	191.7	128.1
	占比（%）	0.12	0.04	0.04	0.17	0.08
基本金屬及其製品	金額	1,290.6	3,504.8	7,444.3	6,615.6	5,487.5
	占比（%）	8.73	13.75	9.97	5.72	3.54
機械及電機設備	金額	5,001.7	10,646.8	36,145.4	59,703.9	108,508.8
	占比（%）	33.83	41.76	48.42	51.63	69.91
運輸工具	金額	176.2	225.6	360.5	304.1	548.6
	占比（%）	1.19	0.88	0.48	0.26	0.35
光學及精密儀器；鐘錶；樂器	金額	278.0	521.0	12,046.4	20,293.1	15,114.5
	占比（%）	1.88	2.04	16.14	17.55	9.74
其他製品	金額	183.9	153.3	267.5	638.6	673.1
	占比（%）	1.24	0.59	0.35	0.55	0.43
臺灣對大陸出口總值		14,783.9	25,497.1	74,655.1	115,645.2	155,211.4

資料來源：本研究根據 GTA 資料整理。

(二) 勞力密集型產業對大陸出口成長速度，與資本技術密集型產業比較，相對較慢，因此，如皮製品、木製品及紙製品、鞋帽、雜項製品等傳統勞力密集產業，過去二十多年來，在臺灣對大陸出口中所占的比重已明顯降低；而化學產品、電子電機設備和精密儀器設備等資本與技術層次較高的產業占比則明顯的上升。這種現象與台商赴大陸投資產業結構改變、大陸產業鏈興起與產業轉型有成密切相關。

二、臺灣自大陸進口商品結構

就臺灣自大陸進口的貨品結構而言，高長（1997）的研究發現，在 1979 年至 1991 年期間似乎沒有太大的變化，SITC 編號 29（未列名動植物原料）、65（紡織紗線、織物）、03（魚類、甲殼類、軟體類及其製品）、05（蔬菜果實）等四大類產品始終是貿易額較大的產品。不過，就結構而言，各類商品的相對比重關係，已發生很大的變化，例如：SITC 29 的份額已由 1979 年的 82.5% 下降為 1991 年的 14.1%；SITC 65 的份額同期間則由 0.6% 增加到 12%；SITC 編號 84（成衣服飾品）、77（未列名電力機械儀器等）、89（未列名雜項製品）等在早期幾乎微不足道，1990 年代中期則是臺灣自大陸進口金額最大的前五大商品。

自 1990 年代中期開始，臺灣自大陸進口商品結構的變化愈來愈明顯，尤其製造業半成品所占比重有逐漸增加之勢，顯然與台商在大陸投資及臺灣政府開放大陸製半成品輸入臺灣之政策逐漸放寬有關。

表 12-6 資料顯示，1990 年間，臺灣自大陸進口 HS 二位碼貨品的前十大項目中，工業用或藥用植物（HS12）、礦物燃料（HS27）、土及石料、石灰及水泥（HS25）、棉花（HS52）、非針織或鉤針織品之衣著及服飾附屬品（HS62）、針織或鉤針織品之衣著及服飾附屬品（HS61）、貴金屬、被覆貴金屬之金屬及其製品（HS71），近年來已跌出前十大進口產品之外，取而代之的是光學、照相儀器及器具（HS90）、雜項化學產品（HS38）、有機化學產品（HS29）、塑膠及其製品（HS39）、汽機車及其零附件（HS87）、銅及其製品（HS74）等。

值得一提的是，電機與設備及其零件（HS85）、機器及機械用具（HS84）、鋼鐵（HS72）、HS90 等貨品，長期以來，一直為臺灣自大陸進口的主要貨品；此外，由於大陸製造能力不斷提升，也由於臺灣逐漸開放大陸製造品進口限制，製造業半成品自大陸進口所占比重逐漸增加，結果兩岸產業供應鏈關係已愈趨緊密。2019 年

表 12-6　臺灣自大陸進口主要貨品各年比較

單位：%

	2019(1-11)			2000			1990		
	貨品名稱	A	B	貨品名稱	A	B	貨品名稱	A	B
1	電機與設備及其零件（85）	35.5	48.4	電機與設備及其零件（85）	7.6	34.4	電機與設備及其零件（85）	4.6	23.3
2	機器及機械用具（84）	22.7	15.7	機器及機械用具（84）	3.2	10.5	貴金屬、及其製品（71）	14.8	11.9
3	光學、照相儀器及器具（90）	14.3	3.0	鋼鐵（72）	12.8	7.5	機器及機械用具（84）	1.9	7.8
4	塑膠及其製品（39）	21.6	2.7	貴金屬及其製品（71）	23.1	3.9	鋼鐵（72）	4.2	6.8
5	有機化學產品（29）	16.8	2.5	礦物燃料（27）	2.4	3.7	工業用或藥用植物（12）	8.9	3.5
6	關稅配額之貨品(98)	na	2.3	非針織或鉤針織品之衣著及服飾附屬品（62）	42.0	2.8	礦物燃料（27）	0.9	3.0
7	鋼鐵（72）	13.7	1.9	鋅及其製品（79）	39.1	2.0	土及石料、石灰及水泥（25）	14.3	2.9
8	汽機車及其零附件（87）	10.9	1.8	針織或鉤針織品之衣著及服飾附屬品（61）	43.4	1.9	棉花（52）	7.5	2.8
9	銅及其製品（74）	20.9	1.8	光學、照相儀器及器具（90）	1.9	1.9	非針織或鉤針織品之衣著及服飾附屬品（62）	27.7	2.4
10	雜項化學產品（38）	16.2	1.6	玩具及運動用品（95）	46.6	1.9	針織或鉤針織品之衣著及服飾附屬品（61）	36.7	2.3
	小計	na	81.8	—	na	70.7	—	na	66.8

說　明：1. 括弧數字為 HS 二位碼貨品代號。

　　　　2. A 係指臺灣自大陸進口額占同期各該項貨品自全球進口總額的百分比。

　　　　3. B 係指臺灣自大陸進口額占同年度自大陸進口總額的百分比。

資料來源：1990 年、2000 年根據經濟部國際貿易局「兩岸貿易情勢分析表」整理；2019 年根據財政部出進口貿易統計資料整理。

前十大貨品自大陸進口值合計占當年自大陸進口總值比重超過80%，較1990年的66.8%高出許多，顯示自大陸進口貨品有愈來愈集中的跡象。

進一步以 HS 四位碼分類產品觀察，表 12-7 資料顯示，主要集中在電機與設備及其零件（HS85）、機器及機械用具（HS84）等大類產品；車輪及其零件與附件（HS87）、光學、照相儀器及器具（HS90）等類產品的重要性則逐漸增加。大致上，都是屬於半成品或中間製品。

表 12-7　臺灣自大陸進口主要貨品 (HS 四位碼分類)

單位：%

年度	2001			2008			2019		
序位	HS 碼	A	B	HS 碼	A	B	HS 碼	A	B
1	2701 煤	29.3	8.0	8542 積體電路	9.1	8.0	8542 積體電路	25.6	24.0
2	8504 變壓器	50.6	7.5	8471 光讀機等	62.5	5.3	8517 電話機	78.1	7.8
3	8473 資料處理機及零件	28.1	7.1	8473 資料處理機及零件	57.4	4.1	8473 資料處理機及零件	75.6	5.2
4	8536 電路開關	26.6	5.0	2701 煤	16.4	4.0	8471 光讀機等	65.8	4.0
5	8471 光讀機等	5.0	4.6	8525 攝影機等	63.5	3.8	9899 快遞包裹	32.4	2.1
6	8542 積體電路	1.2	3.4	3818 化學物品	27.2	3.0	8541 二極體等	50.3	2.1
7	8541 二極體等	11.2	3.3	9013 液晶裝置	50.6	2.7	8504 變壓器	64.0	2.0
8	7207 鐵半製品	16.2	2.6	8541 二極體等	29.2	2.5	8534 印刷電路	50.8	1.7
9	7901 鋅	41.2	2.0	8504 變壓器	61.6	2.5	8529 傳輸零件	77.9	1.4
10	8544 電線電纜	32.5	2.0	8531 電音響等	69.9	2.2	8536 電路開關	43.0	1.1
11	8517 電話機	6.0	1.4	7202 合金鐵	24.1	1.6	7403 精煉鋼等	21.5	1.1

（續下表）

12	8522 攝影零件	60.9	1.4	8714 車輛零件	46.5	1.4	8714 車輛零件	53.4	1.1
13	8714 車輛零件	33.1	1.3	8529 傳輸零件	53.5	1.4	8523 儲存裝置	35.0	1.0
14	8518 微音器等	48.2	1.2	9001 光纖	29.8	1.4	7219 不鏽鋼	34.2	1.0
15	7202 合金鐵	15.5	1.1	8536 電路開關	38.8	1.4	8544 電線電纜	56.3	0.9
16	9503 腳踏車	75.0	1.1	7208 非合金鋼	39.5	1.4	8528 監視器等	81.4	0.9
17	3204 著色料	19.6	0.9	2709 石油原油	1.3	1.4	3818 化學物品	16.8	0.8
18	6406 鞋靴零件	83.7	0.9	8534 印刷電路	40.4	1.2	9013 液晶裝置	40.6	0.7
19	8501 發電機等	18.4	0.9	8517 電話機	33.2	0.9	8414 空氣泵等	41/0	0.7
20	8481 減壓閥等	15.7	0.8	8523 儲存裝置	39.1	0.9	8537 控電或配電用版	38.3	0.7
合計		56.7	—		51.3		—		60.2

說　明：1. 本表 HS 四位碼貨品名稱皆為簡稱，詳細名稱請查詢「中華民國輸出入貨品分類表」。

　　　　2. A 為該項產品臺灣自中國大陸進口額占同期該項貨品自全球進口總額之百分比。

　　　　3. B 為該項產品臺灣自中國大陸進口額占臺灣自中國大陸進口總額之百分比。

資料來源：財政部海關磁帶。

　　值得注意的是，自大陸進口有愈來愈集中的現象，譬如：進口金額最大的前三項商品類所占比重，2001 年間僅約二成左右，2019 年已提高至 37%；另一方面，自大陸進口金額最大的前 20 名商品中，電機與設備及其零件（HS85）相關產品，2001 年占了 9 項，金額合計約占 26%，2019 年增加至 11 項，金額合計所占份額大幅提高至 43.6%。

　　綜觀兩岸雙向貿易的貨品結構變化，可以發現，大陸出口至臺灣的商品，早期以農工原料等初級產品為主，工業半成品所占比重則逐漸提高；而臺灣出口至大陸的商品，則多為工業製成品和半成品，這種貿易型態，一方面反映兩岸資源稟賦的差異，另一方面也反映兩岸經濟發展階段和產業結構之不同。由於這些差異的存在，使得兩

岸之間有潛在的貿易利得，而且也有許多產業投資機會存在，因而市場力量主導兩岸經貿交流活動，基於非市場因素考量的人為干預很難奏效。

此外，比較臺灣對大陸出口主要貨品（表12-3），以及臺灣自大陸進口主要貨品（表12-6），可以發現2019年名列前十的主要貨品中，除了出口的HS27、HS70和進口的HS87、HS98之外，其中有8項同時出現在進口、出口主要貨品類之中。進一步比較表12-4和表12-7中臺灣對大陸出口HS四位碼分類主要產品，可以發現有諸多重疊的商品，譬如：積體電路及微組件（HS8542）、儲存裝置（HS8523）、印刷電路（HS8534）、傳輸零件（HS8529）、電話機（HS8517）、自動資料處理機及其附屬單元之零附件（HS8473）、二極體、電晶體及類似半導體裝置等（HS8541）、液晶裝置（HS9013）等，既是臺灣自大陸進口主要貨品，也是臺灣對大陸出口的主要貨品，顯示兩岸產業內貿易相當頻繁，兩岸產業融合的程度愈來愈深。

這種現象與國際貿易的國際分工理論不謀而合。理論上，國際貿易之進行係基於比較利益原則，受到資源稟賦與技術發展條件的限制，各國通常無法同時在有效率的情況下生產所有中間製品和零配件，因此，一國之對外貿易通常會發生在同一產業內某些產品同時存在出口與進口，形成所謂的產業內貿易（intra-industry trade）現象。高長（2012）的研究指出[2]，1995～2004年間，兩岸產業內貿易指數逐年提升，而該指數較高的貨品，大部分都是屬於臺灣對大陸投資金額較大的產業；過去三十多年來，大陸提供優惠條件及生產要素優勢產生的「拉力」，以及臺灣產業環境變化及生產成本提升造成產業外移的「推力」，促使相關產業在兩岸分工布局，從而存在緊密的產業內貿易現象。

第三節　兩岸貿易相互依賴變動趨勢

一、宏觀趨勢觀察

隨著兩岸雙邊貿易快速發展，兩岸之間的貿易相互依賴度也水漲船高，不過，

---

[2] 產業內貿易指數愈大，代表貿易夥伴之間的產業互補程度愈高。參閱高長，《大陸政策與兩岸經貿》（臺北：五南圖書，2012年），頁410-412。

歷年來兩岸貿易相互依賴呈現不對稱變化。以臺灣對大陸出口（或進口）值占臺灣對全世界總出口（或總進口）值的比重，表示臺灣貨品外銷（或進口）對大陸市場的依賴，表 12-8 資料顯示，1979 年間，臺灣貨品出口對大陸市場之依賴程度僅 0.13%，至 1990 年時已提高爲 4.9%；臺灣進口依賴大陸供應之程度，1979～1990 年間亦由 0.38% 增加至 1.4%；就雙邊貿易合計來看，臺灣對大陸之貿易依賴度，由 1979 年的 0.25%，在 1990 年間已突破 3%。

表 12-8　兩岸雙邊貿易占各自對外貿易總額比重

單位：%

	臺灣輸往大陸		大陸輸往臺灣		合計	
	占臺灣總出口比重	占大陸總進口比重	占臺灣總進口比重	占大陸總出口比重	占臺灣總貿易比重	占大陸總貿易比重
1980	1.2	1.2	0.4	0.4	0.8	0.9
1985	3.2	2.3	0.6	0.4	2.2	1.6
1990	4.9	6.1	1.4	1.2	3.3	3.5
1995	16.0	11.2	3.0	2.1	9.8	6.4
2000	17.6	11.3	4.4	2.0	11.2	6.4
2005	28.4	11.3	11.0	2.2	20.0	6.4
2010	28.1	8.3	14.2	1.9	21.4	4.9
2011	27.3	7.2	15.3	1.8	21.6	4.4
2013	27.1	8.0	15.6	1.8	21.7	4.7
2015	25.8	8.5	19.1	2.0	22.8	4.8
2016	26.4	8.8	19.2	1.9	23.2	4.9
2017	28.1	8.4	19.5	1.9	24.2	4.9
2018	28.9	8.3	18.9	2.0	24.3	4.8
2019(1-11)	27.8	8.4	20.1	2.2	24.2	5.0

資料來源：1. 1980、1985、1990 年資料以香港海關轉口貿易統計資料爲依據計算而得。

　　　　　2. 1995、2000、2005 年資料以經濟部國貿局資料爲依據計算而得。

　　　　　3. 其他各年資料利用行政院大陸委員會，《兩岸經貿統計月報》相關資料計算而得。

　　就大陸對臺灣之貿易依賴變動趨勢觀察，無論進口或出口貿易，1979～1990 年間也呈現逐年增加之趨勢，其中，大陸對臺灣進口貿易依賴程度由 1979 年的 0.14%

逐年增加至 1990 年的 6.14%，大陸對臺灣出口貿易依賴度也是由 1979 年的 0.4%，逐年增加至 1990 年的 1.23%。進出口貿易合計，大陸對臺灣的貿易依賴程度，1979～1990 年間，由 0.27% 增加至 3.50%。

進入 1990 年代，兩岸雙邊貿易之發展更加快速，因而貿易相互依賴程度也進一步提升。以貿易總額計算，表 12-8 資料顯示，臺灣對大陸貿易依賴程度在 1995 年間已提高至 9.8%，2005 年間更突破 20%，近年來大都維持在 24% 左右；而大陸對臺灣的貿易依賴度在 1995～2005 年間，大致維持在 6.3%～6.5% 之間，嗣後則呈現逐年遞減趨勢，至 2018 年間已降至 4.8%。兩岸雙邊貿易相互依賴程度呈現不對稱的變化，顯示大陸做為臺灣的貿易夥伴地位愈來愈重要，而臺灣做為大陸的貿易夥伴地位卻愈來愈減弱。

進一步針對出口和進口貿易分別觀察，臺灣對大陸之出口貿易依賴度已由 1995 年的 16% 逐年增加為 2005 年的 28.4%；2015 年間曾降至 25.8%，不過，2018 年臺灣對大陸出口的依賴度再度回升至 28.9%。臺灣對大陸進口貿易依賴度，1995～2005 年間則由 3.0% 逐年增加至 11.0%，嗣後持續維持逐年上升趨勢，到 2018 年間，臺灣對大陸進口依賴度已增加至接近 20%。目前大陸已成為臺灣第一大外銷市場和第一大進口來源。

反觀大陸對臺灣出口之依賴，1990 年代初約在 1% 左右，自 1995 年以來則似乎沒有太大變化，大致保持在 1.8%～2.2% 之間，而同期間，大陸對臺灣之進口依賴程度略有起伏，自 1990 年代初期開始，迄二十一世紀初期，基本上呈現逐年上升趨勢，2002 年間，大陸對臺灣進口依賴曾一度攀升至 12.9%，不過嗣後各年再度呈現逐年遞減的趨勢，近年來已降至 8.3% 左右。大陸對臺灣的進口依賴也表示臺灣貨品在大陸的市場占有率，目前，臺灣貨品在大陸的市占率已較競爭對手韓國低。

二、主要商品貿易的相互依賴度

以上是利用貿易總額數據從宏觀面討論兩岸貿易相互依賴，高長（1993）曾以 SITC 二位數分類商品為例，進一步探討臺灣貨品出口對大陸市場的依賴度，結果發現在 1985 年以前，對大陸市場的依賴度大部分產品都未超過 1%。不過，自 1986 年起，各項產品外銷對大陸市場的依賴度均已逐漸提升，就某些個別產品類而言，例如：其他食品及製品（SITC 09）、人造樹脂及塑膠材料，及纖維素酯與醚（SITC

58）、飲料（SITC 11）、生橡膠（SITC 23）、紗、布、紡織製品（SITC 65）、家畜飼料（SITC 08）等，1991 年每一類產品外銷對大陸市場的依賴度甚至都超過 20% 以上。其中，SITC58、65、08，紙、紙板及紙漿及或其製品（SITC 64）及未列名皮革及其製品（SITC 61）等五類產品，在臺灣間接出口大陸貿易額中所占比重，於 1987 年後均居各類商品的前十名內。

關於臺灣各類進口商品依賴大陸供應的情形，高長（1993）的研究亦發現，在 1985 年以前，大部分產品依賴自大陸進口之比率都相當低，最高的兩類產品分別是魚類、甲殼類、軟體類及其製品（SITC 03）與未列名動植物原料（SITC 29），其依賴度均低於 3.5%。1986 年後，各類商品進口依賴大陸供應之程度逐漸提高，SITC 03 和 SITC 29 兩類產品的依賴度甚至都超過 20%。對大陸依賴度超過 5% 以上的產品，1987 年間有 5 類，1989 年間增加為 8 類，1991 年間再增加至 12 類，其中，成衣、服飾品（SITC 84）、菸葉及醃製品（SITC 12）、未列名動植物原料（SITC 29）及手提袋、旅行用品（SITC 83）等四類商品，依賴大陸供應的程度已快速攀升，突破了 20%。

另外，以 HS 二位碼商品類觀察，可以發現兩岸雙邊貿易主要貨品，無論出口貨品或是進口貨品，臺灣對大陸的貿易依賴程度大都呈現逐年上升的現象（表 12-3A 欄及表 12-6A 欄）。以臺灣對大陸出口為例，電機與設備及其零件（HS85）的依賴程度由 1990 年的 12%，2019 年已增長至 53%；同期間，機器及機械用具（HS84）的依賴度從 6.8% 增加至 25.2%、塑膠及其製品（HS39）從 23% 增加至 41.1%、銅及其製品（HS74）從 20% 增加至 64.8%。又以 2019 年資料顯示，二位碼分類主要貨品臺灣對大陸出口貿易依賴度超過 50% 的有光學、照相儀器及器具（HS90）、HS74、玻璃及玻璃器（HS70）、有機化學產品（HS29）、HS85 等。而臺灣自大陸進口部分，前十大貨品依賴度也大都呈上升趨勢，但相對出口而言，依賴程度低了許多，根據 2019 年資料顯示，HS85 最高，為 35.5%，依賴度超過 20% 的貨品，包括 HS84（22.7%）、HS39（21.6%）、HS74（20.9%）。

再依 22 大類商品分類，觀察大陸對臺灣貨品進口之依賴度，該項數據同時也反映臺灣對大陸出口在大陸進口市場所占比重，也就是臺灣製品在大陸進口市場的占有率，表 12-9 資料顯示，歷年來臺灣各項產品在大陸的市占率大致都呈現逐年下滑趨勢。以 1995 年資料為例，大陸自臺灣進口各類商品占同類產品進口總值比重普遍偏高，尤其是鞋帽製品（51.2%）、塑橡膠製品（26.0%）、皮革製品（23.8%）、紡織

製品（19.7%）、紙製品（13.8%），資本密集度相對較高商品對臺依賴程度亦相當高。

表 12-9 大陸對臺灣貨品進口的依賴度

單位：%

	1995	2000	2005	2010	2015	2016	2017
動物產品	1.56	1.67	0.66	0.21	0.17	0.13	0.22
植物產品	0.74	0.53	0.15	0.05	0.04	0.04	0.04
動植物油脂	0.13	0.28	0.09	0.05	0.08	0.16	0.12
調製食品、飲料等	1.18	1.15	0.57	0.28	0.15	0.18	0.16
礦產品	0.60	0.60	0.22	0.08	0.12	0.25	0.18
化學產品	7.51	9.29	3.89	2.76	2.91	4.12	4.17
塑膠、橡膠及其製品	26.02	23.51	10.06	5.45	6.14	8.14	7.71
皮及皮革製品	23.84	16.39	9.11	7.80	5.59	6.72	5.82
木及木製品	3.52	1.19	0.56	0.28	0.19	0.17	0.17
紙漿及紙製品	13.83	6.25	4.13	2.68	2.29	2.50	1.89
紡織製品	19.73	20.03	13.14	11.38	10.68	12.45	10.92
鞋、帽、傘等製品	51.24	20.43	11.56	4.25	1.92	2.24	1.81
非金屬礦物製品	14.36	15.45	8.06	5.11	4.87	6.39	6.60
珠寶、貴金屬製品	1.76	1.02	0.27	0.09	0.10	0.13	0.18
基本金屬製品	10.61	17.00	6.63	4.73	6.59	8.24	7.80
電子及機器設備	10.64	12.50	4.34	3.71	4.05	5.52	5.77
運輸設備	3.28	3.54	0.98	0.30	0.44	0.48	0.33
精密儀器製品	6.17	6.36	1.77	2.82	5.10	9.93	11.87
雜項製品	17.61	16.28	6.40	3.16	2.62	2.78	3.15
其他製品	0.20	0.13	0.12	0.01	0.25	0.01	0.01
工業製品	11.19	11.33	4.14	2.73	3.08	4.25	4.17

資料來源：本研究根據 GTA 資料整理。

不過，隨著美日歐韓等跨國企業都積極布局大陸市場，各國貨品對大陸出口逐漸增加，競爭加劇；加上，大陸本土企業興起，尤其是勞力密集型產業製造能力提升，在地製品逐漸替代進口，從而降低了大陸自臺灣之進口依賴。2017 年資料顯示，大

陸對臺灣製品進口之依賴，除精密儀器製品（11.9%）和紡織製品（10.9%），大都降至 10% 以下。這種現象與大陸製造能力提升，供應鏈逐漸成形、茁壯，逐步取代進口有關，可見紅色供應鏈崛起，對臺灣貨品外銷大陸已造成衝擊。

以 HS 四位碼商品類觀察，臺灣貨品出口對大陸市場的依賴度，表 12-4A 欄資料顯示，貿易金額最大的前 20 項產品，2001 年間依賴度超過 40% 只有 5 項，其中依賴度超過 60% 的商品，包括編號 2917（過氧酸等）、3904（氯乙烯等）、2905（非環醇），另外 2 項是編號 3901（乙烯）、8540（離子管等），其他產品對大陸出口的依賴度絕大多數都低於 20%。不過，嗣後，對大陸出口主要產品對大陸出口的依賴度普遍明顯增加，2008 年資料為例，依賴度超過 40% 的商品有 12 項，超過 60% 的商品有 5 項，編號 9013（液晶裝置）、2905（非環醇）2 項甚至超過 80%；2017 年資料亦顯示，依賴度超過 40% 的商品有 15 項，超過 60% 的商品有 6 項。

值得注意的是，就不同類別商品比較，HS29（有機化學產品）、HS39（塑膠及其製品）兩大類出口對大陸市場依賴度偏高，前者如 2901（非環烴）、2902（環烴）、2905（非環醇）；後者如 3901（乙烯）、3903（苯乙烯）等。HS90、HS84 等兩類商品對大陸出口，近年來不只擴張快速，且對大陸市場的依賴度也明顯上升，尤其編號 9013（液晶裝置）、9001（光纖）、8483（傳動軸等）、8486（晶圓機具）等產品。

臺灣自國外進口貨品依賴自大陸採購的比重，HS 四位碼商品資料顯示（表 12-7A 欄），2001～2017 年間，結構上已出現很大變化。對大陸進口依賴度超過 50% 的商品，2001 年間只有 4 項，2008 年有 7 項，2017 年增加至 9 項；依賴度低於 20% 的商品，2001 年間有 9 項，2008 年和 2017 年分別只有 3 項、2 項。2001 年間，對大陸進口依賴度最高的商品是 HS 編號 6406（鞋靴零件），依賴度高達 83.7%，其次依序是 9503（腳踏車）、8522（攝影零件），依賴度分別為 75% 和 60.9%。到了 2017 年，對大陸進口依賴度較高的商品，主要是 HS85 類，例如：8529（傳輸零件）、8517（電話機）、8528（監視器等）等；HS84 類商品，例如：8473（機器零件）、8471（光讀機等），還包括 7403（精煉鋼等）、3818（化學物品）等商品。

參考文獻

宋恩榮（2007），「如何準備估計兩岸貿易：兩岸三地統計方法的評價」，發表於《海峽兩岸經濟發展論壇》，香港中文大學主辦，香港。

高長（1993），「臺海兩岸貿易相互依賴對臺灣經濟的影響」，《國立政治大學學報》（臺北），第66期，頁129-156。

高長（1997），《兩岸經貿關係之探索》，臺北：天一圖書公司。

高長（2012），《大陸政策與兩岸經貿》，臺北：五南圖書出版公司。

高長、宋恩榮（1998），《兩岸雙邊貿易統計之探討》，行政院大陸委員會委託研究報告（未出版）。

高長、吳瑟致（2017），「兩岸經貿三十年的回顧與展望」，收錄於《海峽兩岸經濟關係30年回顧與展望》，曹小衡主編，北京：九州出版社，頁33-59。

第十三章　臺灣對大陸投資與發展

臺灣自 1950 年代初期以來，先後實行「進口替代」、「出口擴張」、「第二次進口替代」、「策略性工業發展」等經濟政策，順利推動工業化，經濟發展成就被譽為奇蹟，並成為世界各國爭相學習的榜樣。不過，進入 1980 年代以後，國內外經濟環境發生劇烈變化，臺灣傳統產業之發展面臨嚴厲的考驗。為了因應這新的經濟形勢，產業結構不得不做調整，競爭優勢逐漸喪失的傳統勞動力密集產業，有些努力於改善製程、降低成本及提高產品品質，尋求升級；有些則被迫移往海外尋求較低成本的生產據點，開創第二春，其中有不少廠商選擇到大陸投資設廠。

大陸自 1970 年代末期開始實行「改革開放」政策，對內漸進式的推動經濟體制改革，對外則打開門戶，逐步擴大實施「引進來、走出去」開放戰略，融入國際經濟體系。在金融、財稅等各項優惠政策配套鼓勵下，積極引進資金、人才、技術發展製造業，從出口創匯到進口替代、出口擴張，從傳統勞力密集加工到資本密集、技術密集，逐步建立了製造業的產業聚落，形成完整的產業供應鏈，在國際產業分工體系中的地位大幅提升。

大陸產業鏈的興起，與大量的外商直接投資密切相關，其中台商扮演相當重要的角色。大陸實行改革開放政策，創造了許多新的商機，吸引台商的目光，再加上自 1980 年代開始，中共對臺政策改弦易轍，積極鼓勵台商從事雙邊貿易和吸引到大陸投資，引起台商高度興趣。儘管在 1980 年代初期，臺灣政府的大陸政策主張「不接觸、不談判、不妥協」，但由於自 1980 年代中期以來，臺灣內部經濟環境也發生明顯變化，新臺幣升值、勞工意識高漲、勞動成本持續增加，加上國際市場競爭愈來愈激烈，使得許多傳統的勞力密集加工產業在臺灣逐漸喪失競爭優勢，不得不到海外投資，尋找新的生產基地，或開拓新市場。不少民間企業乃甘冒違法受罰的風險，或暗或明投入兩岸經貿活動。

第一節　台商赴大陸投資的發展趨勢

不同於兩岸雙邊貿易，台商到中國大陸投資是在 1987 年臺灣政府開放民眾赴大陸探親之後，才逐漸增多。1987 年以前，由於臺灣主管官署嚴格禁止廠商赴大陸投

資，同時也由於當時大陸投資環境仍不夠好，臺灣赴大陸投資的案件數不多，且平均規模也很小；直到 1990 年代初期開始，隨著臺灣政府的政策開放，以及大陸政府提出「社會主義市場經濟」、「四沿」戰略等大政方針之後[1]，台商前往大陸投資才大幅增加。

根據大陸官方的統計，台商赴大陸投資始於 1983 年，不過，出現大批投資的熱潮則是在 1987 年臺灣政府開放民眾赴大陸探親之後。1987 年 11 月，臺灣政府開放民眾赴大陸探親，並准許民間企業可以間接方式經營兩岸貿易，對大陸政策的主張也以「不鼓勵、不禁止」取代，從此，民間投入兩岸貿易活動合法化，兩岸經貿關係之發展逐漸加速。

大陸官方公布的數據顯示，累計至 1987 年底止，台商投資大陸協議金額約僅 1 億美元，投資項目僅 80 件[2]，究其原因，主要是臺灣政府當時仍執行戒嚴，對大陸政策堅持「不接觸、不談判、不妥協」的三不政策，嚴格禁止廠商赴大陸投資。另一方面，大陸在這個時期雖有經濟特區、開放城市等經濟建設，積極改善投資環境，並發布各種租稅優惠措施吸引外商直接投資（FDI），但是整體而言，當時的投資環境仍然不夠好，吸引外（臺）商投資的效果有限。

嗣後，隨著臺灣政府宣布開放國人赴大陸探親，企業界人士前往大陸從事商務考察活動者逐漸增加。嚴格而言，該項開放措施只限於「探親」，並未涵蓋商業活動，不過，此門一開，許多企業界人士的心隨之驛動。根據大陸官方統計，累計至 1991 年底，台商赴大陸實際投資金額 8.6 億美元，投資件數達 3,815 項，由此可見，台商投資大陸的態度逐漸趨向積極，特別是，1989 年 6 月大陸爆發天安門事件，當時外國投資者都停止對大陸投資，美、日等國甚至對大陸進行經濟制裁，唯獨台商對大陸投資的行動，似乎並未受到明顯的影響。

自 1993 年起，台商在大陸投資急速增加。這個時期，以大陸政府確立「社會主義市場經濟體制」發展政策，和臺灣政府首次以「正面表列」准許部分製造業項目到大陸投資為轉折點。根據大陸官方統計，1993 年一年，台商赴大陸投資多達 10,948 項，實際投資金額高達 31.4 億美元，較歷年來截止，1991 年累計投資項目（10,245

---

[1] 所謂「四沿」是指「沿海、沿（長）江、沿邊（境）、沿線」的經濟法展戰略。1980 年代大陸實行「沿海經濟發展戰略」，進入 1990 年代改採取「四沿」戰略。

[2] 高長，《大陸政策與兩岸經貿》（臺北：五南圖書公司，2012 年），頁 297。

項）和實際金額（19.1 億美元）高出甚多。

　　1990 年代初期，台商掀起到大陸投資的熱潮，除了臺灣政府政策漸進開放所導致之外，更重要的是受到外在環境的影響，即大陸加速改革開放，宏觀經濟政策相較於前期大幅鬆綁。不過，自 1990 年代中期開始，由於先有大陸政府爲了克服泡沫經濟問題，採取緊縮性宏觀調控政策，以及臺灣遊客發生「千島湖事件」；後有李前總統訪問美國，引起大陸不滿並採取一連串對臺文攻武嚇行動，導致臺海局勢緊張，兩岸關係陷入低潮，台商赴大陸投資受到影響，持續呈現負成長。

　　兩岸關係陷入低潮的主要原因，是大陸政府不滿李登輝總統訪問美國，關閉了海基、海協兩會協商大門，同時對臺採取一連串的文攻武嚇行動，導致臺海局勢緊張。臺灣政府爲了因應兩岸緊張對立的關係，採取「戒急用忍」政策，這些因素都是影響台商投資意願降低的重要因素。

　　1997 年中期之後，亞洲金融風暴肆虐東南亞各國，大陸經濟雖然沒有受到直接的衝擊，但因外在的大環境不佳，大陸國內經濟受到間接影響亦呈現頹勢，本土型金融危機甚至有一觸即發的跡象。由於大陸投資環境惡化，台商與外商到大陸投資的態度一樣，自 1997 年下半年開始漸趨保守，直到進入二十一世紀，受到大陸加入世界貿易組織（WTO）帶來利多因素的刺激，才開始出現轉折。

　　自 2001 年開始，台商到大陸投資開始明顯增加，與當時臺灣出現政黨輪替，兩岸政治關係陷入低潮的局勢呈現強烈對比。經濟部投資審議委員會公布的資料顯示（表 13-1），在 1991～2000 年期間，臺灣對大陸投資的金額共計 118.4 億美元，但在 2001～2005 年期間，臺灣對大陸投資快速增加至 248.6 億美元，占同期間臺灣廠商對外投資總額（包含對外投資和對大陸投資）的比重，則由 33.1% 增加至 58.6%，大陸已成爲臺灣廠商赴海外投資的主要聚集地區。

　　進入二十一世紀，台商赴大陸投資急速增加，主要原因在於兩岸加入 WTO，尤其加入 WTO 的中國大陸，承諾境內市場將更開放，吸引全球跨國企業紛紛擴大對大陸投資，台商企業不落人後，乃形成另一波投資高潮。此外，另一個重要原因是，民進黨執政後，對大陸經貿政策以「積極開放、有效管理」，取代過去的「戒急用忍」政策，大幅鬆綁廠商赴大陸投資的管制。

　　不過，自 2004 年開始，台商赴大陸投資的成長速度有減緩的跡象。主要是因民進黨繼續執政，陳水扁總統主張臺灣應「正名制憲」，兩岸政治對峙升高，臺海緊張情勢有增無減；同時，臺灣對大陸經貿政策再度調整，在「積極管理、有效開放」政

表 13-1 台商對大陸投資發展趨勢

年別	大陸商務部公布 (1)			經濟部核准投資 (2)			
	投資件數	實際投資（億美元）	份額（%）	投資件數	投資金額（億美元）	平均金額（萬美元）	占比（%）
1991-2000	47,062	261.8	3.2～7.0	6,267	118.4	188.9	33.1
2001-2005	21,741	156.0	6.7～7.4	7,814	248.6	318.1	58.6
2006-2010	15,038	102.7	5.0～6.2	3,335	457.7	1,372.4	68.5
2011	2,639	21.8	5.8	887	143.8	1,621.2	59.8
2012	2,229	28.5	5.5	636	127.9	2,011.0	47.0
2013	2,017	20.9	4.5	554	91.9	1,658.8	54.0
2014	2,318	20.2	4.3	497	102.8	2,068.4	58.0
2015	2,962	15.4	3.5	427	109.7	2,569.1	47.0
2016	3,517	19.6	2.9	323	96.7	2,993.8	44.3
2017	3,464	17.7	3.8	580	92.5	1,594.8	44.4
2018	4,911	13.9	3.7	726	85.0	1,170.8	37.3
2019	na	na	na	610	41.7	683.6	37.8
累計	107,190	678.1	4.2	43,873	1,865.1	425.1	56.7

資料來源及說明：1. 投資件數和實際投資金額採大陸商務部統計；核准投資件數和相關金額引自經濟部投資審議委員會資料。

2. 份額係是指占同期間大陸引進外資總額的百分比數；占比係指臺灣對大陸投資占同期對外投資總額（含對大陸投資）之百分比。

策下，特別強調有效管控風險的必要性，例如：對赴大陸投資的案件進行政策審查、技術審查；重大投資案件之審查，必須充分考量在臺灣相對投資、全球布局、技術移轉、雇用員工變動、財務計畫及對母公司回饋，以及對相關產業與總體經濟之影響等重要因素。

大陸地區一直是臺灣對外投資最主要的地區，自 2008 年以來，兩岸政治對峙關係緩和，台商赴大陸投資布局的態度再度轉趨積極，投資金額迭創新高。表 13-1 的資料顯示，2006～2010 年期間，臺灣廠商對大陸投資金額共計 457.7 億美元，占同期間臺灣對外投資總額的比重，進一步提高到 68.5%。

嗣後，受到國際金融動盪不斷、全球經濟成長減緩，以及大陸實行宏觀調控政策之影響，2013 年間，台商赴大陸投資金額的成長速度曾轉趨緩和，惟當國際經濟景

氣回穩，2014～2015 年間，台商赴大陸投資的熱潮再起。近年來，由於大陸經商環境每況愈下，同時也由於民進黨再度執政，兩岸政治對峙升高，台商赴大陸投資的態度已有轉趨保守的現象。

值得一提的是，關於台商在大陸投資的統計，大陸官方統計的數據與經濟部投審會所公布的數據差異極大（表 13-1）。經濟部投審會公布的資料顯示，自 2002 年開始，除美國爆發次貸危機當年，每年的投資金額迭創新高，直到近幾年才稍有減緩，不過仍維持在 90 億美元以上的水準；而大陸官方公布的統計數據則在 2002 年創下 39.7 億美元高峰後，呈現逐年下滑趨勢，2010～2014 年間，曾回升保持在 20.2～28.5 億美元，近幾年則持續下滑至 20 億美元以下。

從累計的實際投資金額觀察，大陸官方公布的資料顯示，累計至 2018 年底止，台商在大陸投資件數達 107,190 件，實際投資金額累計已達 678.1 億美元，占大陸外商實際投資總額的 3.3%，排名第七位。而經濟部投審會公布的資料顯示，截至 2019 年底止，台商赴大陸投資件數為 43,873 件，投資金額為 1,865.1 億美元，占臺灣對外投資總額的 56.7%。

兩套統計數據之所以存在差異，查其主要原因有三：第一，由於部分台商赴大陸投資循非正式管道，因投資方式或投資項目不符現行法令規定，抑或因不願投資事件曝光，而未向經濟部投審會申報。這種現象在早期比較常見。第二，兩岸統計基礎不同也是造成統計差異的主因，大陸官方公布的是實際投資金額，而經濟部投審會公布的是申請報備的投資金額。第三，由於許多台商透過第三地到大陸投資，大陸官方統計時將之歸入第三地，而非歸入臺灣。尤其台商基於節稅、分散風險或全球運籌效率之考量，在香港主權回歸之前，有不少台商選擇香港為轉進大陸投資的橋頭堡，後來，改選擇免稅天堂如維京群島、開曼群島為第三地據點者，愈來愈多。

客觀而言，兩岸官方公布的台商投資統計數據都有低估的現象，尤其經濟部投審會的統計，針對在投資後營運資金與盈利再投資的部分，基本上無法有效納入統計。至於真實的數據為何則眾說紛紜，到目前為止，仍缺乏可靠的數據。

台商企業在大陸投資的規模，平均而言有逐漸擴大的跡象。依大陸官方統計，1991～1997 年間，台商企業平均投資規模已由 22.5 萬美元增加為 109 萬美元，2012 年間進一步突破至 128 萬美元。若以經濟部投審會的數據，計算台商在大陸投資的平均規模，則歷年來逐步擴大的趨勢更為明顯。

依經濟部投資審議委員會的統計（表 13-1），1991～2000 年間，台商企業平均

投資規模 188 萬美元，2001～2005 年增加為 318 萬美元，2006～2010 年期間，平均投資規模再增加至 1,372 萬美元。台商在大陸投資規模擴大包含多層意義，其一是投資者原以中小型企業為多，後來大型企業、上市、上櫃公司前往大陸投資的情形愈來愈普遍；其二是單項投資金額超過千萬美元以上、甚至超過 1 億美元的案件愈來愈多；其三是在大陸投資設廠，因經營順利而由一個廠擴大發展成為多個廠的情形也愈來愈普遍。除新的投資項目外，擴大投資規模的資金，有部分係利用在大陸投資的營利再投資的。

與投資規模擴大有關的一個問題，是台商到大陸投資也已逐漸由早期單打獨鬥、個別辦廠的型態，發展為集體合作的型態。從實務上觀察，產業藉集體合作前往大陸投資的模式，可以有水平整合、策略聯盟，也可以有上中下游的垂直整合。譬如：由產業公會籌組相關會員廠商集體前往大陸某特定地區投資，或由核心／旗艦企業帶動相關衛星（或周邊產業）企業一起到大陸投資，也就是說，台商在大陸投資呈現集團化的發展趨勢，且在大陸逐漸形成產業聚落，最具典型的例子就是長三角（上海、蘇州、昆山為主）、珠三角（深圳、東莞、廣州為主）等兩個地區。

第二節 台商在大陸投資的產業結構與區域分布

一、產業結構特徵

台商到大陸投資行業主要為製造業。表 13-2 資料顯示，以歷年累計投資金額觀察，製造業約占四分之三，其次是服務業，約占 23%。不過，就趨勢來看，製造業所占比重歷年來呈現遞減趨勢，資料顯示，1991～2000 年期間，臺灣對大陸投資總額中，製造業的占比超過九成，投資金額第二大的服務業，只占 7%。嗣後，由於營造及水電煤氣業、服務業廠商對大陸投資相對較快，特別是服務業，隨著中國大陸加入 WTO 開放市場承諾逐步兌現，台商赴大陸投資快速增加，服務業對大陸投額占有的份額水漲船高，2011～2015 年期間已提高至 36.6%，而製造業投資金額的占比，同期間則相對縮小至 62.6%。2016～2019 年期間，製造業和服務業仍然是臺灣對大陸投資最多的行業，分別占該期間對大陸投資總額的 69.4%、29.1%。

表 13-2　台商在大陸投資的產業結構

金額：億美元

	2016-2019		2011-2015		2006-2010		2001-2005		1991-2000		歷年累計	
	金額	%	金額	%	金額	%	金額	%	金額	%	金額	%
農林漁牧業	1.0	0.33	0.2	0.03	0.6	0.11	0.8	0.29	1.3	0.75	4.0	0.21
礦業及土石採取業	0.3	0.10	0.9	0.16	0.3	0.05	1.0	0.32	0.3	0.17	2.8	0.15
製造業	219.3	69.42	360.8	62.64	409.1	81.71	269.8	89.46	156.7	91.60	1,415.5	75.89
營造及水電煤氣業	3.2	1.02	3.3	0.58	3.8	0.76	2.5	0.81	0.8	0.47	14.1	0.76
服務業	92.0	29.13	210.7	36.59	81.1	16.20	27.5	9.11	12.0	7.00	428.8	22.99
合計	315.9	100.0	576.0	100.0	500.6	100.0	301.5	100.0	171.0	100.0	1,865.1	100.0

資料來源：根據經濟部投資審議委員會統計資料計算而得。

在製造業中，以歷年累計至 2019 年底投資金額計算，電子零組件業占最大比重（約占總額 24.24%），其次依序為電腦、通信及視聽電子業（占 17.7%）、基本金屬及金屬製品業（8.9%）、化學品製造業（占 8.84%）、電力機械器材及設備業（占 8.12%）、非金屬礦物製品業（占 6.05%）、機械設備業（占 4.89%）、塑膠製品業（占 4.39%）、運輸工具業（占 3.63%）、食品飲料菸草業（占 3.06%）等（表 13-3）。

不過，若分從不同階段觀察比較，我們發現，早期的投資主要集中在傳統製造業，例如：食品飲料菸草業、紡織業等；自 1990 年代中期起，技術密集製造業逐漸增加，成為對大陸投資的主要行業，尤其在電腦、電子產品及光學製品、電子零組件、電力機械器材及設備等行業方面。

表 13-3 資料顯示，各項製造業對大陸投資金額占對大陸投資總額的比重呈現明顯的消長變化，傳統製造業的比重由 1990 年代初期平均約 46% 左右下降為 2001～2007 年間的 16.95%，近年來更進一步逐年降低至 14% 左右，其中，食品飲料菸草業、紡織業、皮革及其製品業等之比重縮減幅度最大；相反的，技術密集製造業的比重，同期間則由 26.98% 不斷增加，2008～2015 年間曾超過 60%，近年來的比重則

表 13-3　歷年來臺灣製造業對大陸投資行業結構變化

單位：%

產業類別	1991-1995	1996-2000	2001-2007	2008-2015	2016-2019	歷年累計
◎傳統製造業	45.96	27.27	16.95	15.78	13.76	17.77
食品飲料菸草業	12.43	6.02	2.07	2.95	1.96	3.06
紡織成衣服飾業	9.24	5.97	3.33	1.53	1.05	2.61
皮革、毛皮及其製品	5.98	2.38	0.97	0.90	0.09	1.10
木竹製品製造業	1.68	0.66	0.22	0.18	0.18	0.28
家具製造業	1.51	0.87	0.47	0.20	0.23	0.38
造紙及印刷業	2.59	2.26	2.26	2.36	1.28	2.16
非金屬礦物製品製造業	6.18	6.01	4.70	6.50	7.33	6.05
其他製造業	6.35	3.10	2.92	1.16	1.64	2.13
◎基礎製造業	27.06	24.59	24.23	21.41	27.68	23.66
化學品製造業	7.29	6.97	7.10	8.54	14.39	8.84
石油及煤製品製造業	0.04	0.05	0.09	0.38	0.27	0.24
橡膠製品業	3.39	1.68	1.57	0.56	2.14	1.29
塑膠製品業	7.37	6.93	5.30	3.80	2.32	4.39
基本金屬及金屬製品業	8.96	8.96	10.18	8.13	8.56	8.90
◎技術密集製造業	26.98	48.14	58.81	62.81	58.60	58.58
機械設備業	3.70	4.74	4.79	5.35	4.05	4.89
電腦通信及光學製品業	5.12	16.74	19.06	17.42	19.35	17.70
電子零組件	4.94	11.73	20.96	29.22	27.14	24.24
電力設備製造業	7.92	10.65	10.62	7.38	4.19	8.12
運輸工具業	5.31	4.28	3.39	3.44	3.87	3.63
製造業投資額合計（億美元）	100.00 (52.6)	100.00 (104.0)	100.00 (423.8)	100.00 (615.7)	100.00 (219.6)	100.00 (1,415.5)

說　　明：以投資金額爲計算依據。

資料來源：根據經濟部投資審議委員會統計資料計算。

下降至略低於 60%，其中，資訊電子相關行業擴張幅度最大；基礎製造業的比重在不同階段中大致維持在四分之一左右，沒有太大改變。近年來，受到化學品製造業投資大幅成長的影響，基礎製造業所占比重則呈現上升趨勢。

　　台商製造業選擇到大陸直接投資的動機，一般是以取得低成本的勞動力、土地等生產要素，以及拓展當地內需市場爲主；而受到大陸內需市場開放及國民所得提高的影響，廠商對拓展大陸內需市場的重視程度與企圖心與日俱增，成本節省的誘因則逐漸減弱。不過，對於某些產業而言，特別是電子資訊產業，配合跨國品牌大廠的要求，或配合產業鏈上中下游廠商登陸，就地生產供應或採購當地原物料資源等，是台商決定到大陸投資很重要的考量因素。這種現象突顯臺灣產業以代工業務爲主，在全球產業供應鏈中的地位和特質。

　　進入二十一世紀，臺灣與大陸先後加入 WTO，尤其大陸加入 WTO 承諾市場更加開放，同時也突顯進一步融入國際經濟體系，受到國際經貿體制規範，兩岸經貿往來更加快速發展，其中服務業對大陸投資大幅成長備受矚目。表 13-4 資料顯示，1991～2000 年期間，臺灣服務業對大陸投資金額累計約只有 12 億美元左右，相對於同期間臺灣製造業對大陸投資累計的金額，並不算多；不過，進入二十一世紀，尤其在 2008 年之後，臺灣服務業對大陸投資快速成長，表 13-4 資料顯示，2011～2015 年期間累計投資金額超過 210 億美元，占同期間臺灣對大陸投資總額的比重將近四成，臺灣銀行業到大陸投資設立分行是造成該期間服務業投資金額大幅成長的主要因素；惟近年來臺灣服務業到大陸投資熱潮已經緩和下來。

表 13-4　臺灣服務業在大陸投資的行業結構

金額：百萬美元

	2016-2019		2011-2015		2001-2010		1991-2000		歷年累計	
	金額	%	金額	%	金額	%	金額	%	金額	%
金融及保險業	3,263	35.46	9,328	44.24	1,270	11.75	94	7.76	13,955	33.03
批發及零售業	3,793	41.22	5,317	25.22	3,978	36.80	466	38.48	13,554	32.08
不動產業	355	3.86	2,686	12.74	1,432	13.25	18	1.49	4,491	10.63
資訊及通訊傳播業	206	2.24	855	4.05	1,363	12.61	92	7.60	2,516	5.95
專業、科學及技術服務業	503	5.47	1,087	5.16	766	7.09	55	4.54	2,411	5.71
運輸及倉儲業	415	4.51	243	1.15	483	4.47	110	9.08	1,251	2.96
其他服務業	666	7.24	1,570	7.45	1,517	14.03	376	31.05	4,075	9.64
合計	9,201	100.0	21,086	100.0	10,809	100.0	1,211	100.0	42,253	100.0

資料來源：根據經濟部投資審議委員會統計資料計算而得。

　　臺灣對大陸投資的服務業，以累計投資金額來看，主要是金融及保險業、批發及零售業，分別占臺灣服務業對大陸投資總額的 33% 和 32.1%，其次是不動產業（10.6%），再次依序是資訊及通訊傳播業（5.95%），專業、科學及技術服務業（5.71%），運輸及倉儲業（2.96%）。

　　臺灣服務業赴大陸投資，在 1990 年代，主要是批發及零售業，占同期間服務業對大陸投資總額的比重接近四成，而其他的服務業投資金額都不大。到了二十一世紀初期，除了批發及零售業的投資金額繼續保持領先，金融及保險業，不動產業，資訊及通訊傳播業，專業、科學及技術服務業等行業的投資已愈來愈多；自 2006 年開始，金融及保險業、批發及零售業等兩大行業的投資呈現爆發性的成長，2011～2015 年資料顯示，投資金額占比分別達 44.24% 和 25.22%；近年來，批發及零售業的投資占最大宗，金融及保險業退居第二位。

二、區位分布

　　區位選擇是跨國公司對外投資決策中重要元素之一。理論上，區位選擇的戰略主要包括資源導向和市場導向兩種，前者根據日本學者小島清（Kojima, 1978）提出的比較優勢理論（The theory of comparative advantage），認為企業為了克服國內資源不足問題，會考慮尋找資源充裕的國家進行投資，這類型的投資將促成國際間的垂直專業分工[3]；後者主要的考量是在於尋求新的市場或市場擴張。此外，產業鏈效應也會影響企業對外投資的區位選擇。

　　台商在大陸投資的區位分布，主要集中在沿海地區，尤其在廣東、江蘇、上海、浙江、福建等省市。根據經濟部投資審議委員會公布的資料顯示，以歷年累計投資金額觀察（表 13-5），主要集中在長江三角洲，特別是江蘇、上海一帶，占臺灣對大陸投資總額的比重高達 45%，其次是廣東珠江三角洲一帶，約占 18%，再次依序是福建（8.3%），浙江（6.6%），包含北京、天津的河北地區（4.8%），四川（3.9%），山東（2.8%），湖北（1.5%），遼寧（1.4%）。

---

[3]　K., Kojima, *Direct Foreign Investment: A Japanese Model of Multinational Business Operations*, (London: Croom Helm, 1978).

表 13-5　台商在大陸投資的區位分布

金額：億美元

	2016-2019		2011-2015		2006-2010		2001-2005		1991-2000		歷年累計	
	金額	%	金額	%	金額	%	金額	%	金額	%	金額	%
江蘇	125.0	39.6	243.0	42.2	263.1	52.6	153.3	50.8	58.9	34.4	843.2	45.2
廣東	38.3	12.1	77.3	13.4	88.0	17.6	71.0	23.6	60.6	35.4	336.0	18.0
福建	33.8	10.7	53.4	9.3	28.6	5.71	22.1	7.3	16.7	9.8	154.7	8.3
浙江	25.9	8.2	32.8	5.7	32.1	6.41	25.0	8.3	7.2	4.2	123.0	6.6
河北	15.4	4.9	37.7	6.5	22.7	4.53	10.5	3.5	9.7	5.7	90.0	4.8
四川	12.1	3.8	38.0	6.6	17.4	3.47	2.9	1.0	2.5	1.5	72.9	3.9
山東	10.2	3.2	22.7	3.9	11.1	2.21	4.5	1.5	3.8	2.2	52.2	2.8
湖北	6.4	2.0	10.4	1.8	6.2	1.23	3.0	1.0	1.8	1.0	27.7	1.5
遼寧	6.1	1.9	11.7	2.0	4.6	0.91	1.7	0.6	2.1	1.3	26.3	1.4
安徽	8.9	2.8	10.9	1.9	3.4	0.68	1.0	0.3	0.5	--	24.7	1.3
其他地區	33.8	10.7	38.1	6.6	23.4	4.67	6.5	2.2	7.2	4.2	114.4	6.1
合計	315.9	100.0	576.0	100.0	500.6	100.0	301.5	100.0	171.0	100.0	1,865.1	100.0

說　　明：江蘇包含上海市；河北包含北京、天津；四川包含重慶。
資料來源：根據經濟部投資審議委員會統計資料計算而得。

　　不過，台商在大陸投資的區位分布，過去多年來已有明顯的調整。具體而言，1991～2000 年期間，台商到大陸投資主要選擇在廣東、江蘇、福建、河北、浙江、山東等地區，其中，廣東、江蘇吸引臺資金額最多，約各占三分之一左右。到了 2001～2005 年，這六個地區仍然是吸引臺資最多的地區，不過，就投資金額所占比重來看，江蘇呈現一支獨秀之勢，約占 51%，較 1990 年代增加了 16 個百分點；而廣東、福建、河北、山東吸引台商投資金額，在同期間均呈現相對減少的現象，其他各省也呈現不同幅度的萎縮，唯獨浙江與江蘇一樣，受到台商的青睞有增無減。

　　自 2006 年起，長三角仍然是台商最偏好選擇投資的地區，投資金額之占比超過 50%；2006～2010 年的資料顯示，四川、河北、山東等地吸引臺資有相對增加的現象。除了長三角地區，以京、津、魯、冀、遼為主體的環渤海灣地區，及以重慶、成都、西安為重心的西部地區，正逐漸受到台商的青睞；選擇到廣東地區投資的台商則呈現相對減少的趨勢。

　　近年來，隨著大陸經濟發展重心轉向，積極推動內陸城鎮化建設，以及鐵公路、電信等各項基礎設施更加完善，台商到大陸投資的區位分布也愈加多元分散。2016～2019 年資料顯示，儘管長三角的江蘇、上海仍然是台商的最愛，但投資金額的占比已降至四成左右，1990 年代最受台商歡迎的廣東珠三角地區更大幅降至只有12%。該期間，選擇到福建、浙江、湖北、安徽等地區投資的台商成長較為明顯。

第三節　台商在大陸投資的布局策略

一、進入模式之選擇

　　台商在大陸直接投資的進入模式主要有合資（joint venture）、合作（contractual venture）和獨資（sole proprietorship）等三種，大陸將投資於這三種型態的企業稱為「三資企業」。

　　不同的進入模式各具有優劣點，廠商在做決策時，主要考量的是哪一種投資形式風險較小，同時最能夠使企業經營目標順利達成。一般而言，獨資企業在企業組織和經營管理方法上，可以完全按照自己的規劃執行，投資者承擔全部風險，也享有全部經營權和利潤。這種方式對原材料或半成品主要採購自國外，製成品又大都從事外銷的廠商，以及在大陸的政商關係已有不錯基礎的投資者，都非常適合。不過，對於以開發及利用大陸當地資源、拓展大陸內銷市場為主要目標的廠商而言，可能採取合資或合作形式較適合些，因為透過合營方式，較易於在當地建立人脈關係，獲得當地資源的支持。惟合營方式的缺點是，容易受到合營中方的人為干預，同時也常面臨合營雙方經營理念不同之困擾。

　　臺灣廠商為了規避不可預測的風險，早期在進入大陸的策略上，有部分廠商選擇商品貿易的模式，或透過風險相對較低的技術轉讓方式進入，嗣後，對大陸內需市場的了解逐漸累積之後，才考慮進行直接投資，包括建立合資、合作、獨資、三來一補和併購等方式，採取的是循序漸進的投資策略。

　　根據經濟部投資審議委員會調查資料顯示[4]，台商在大陸投資所採取的進入模

---

[4]　經濟部投資審議委員會，歷年《中國大陸投資事業營運狀況調查分析報告》相關資料。

式，以 2000 年資料爲例，主要爲獨資經營，其次爲合資經營，採取合作經營、三來一補等模式者較少。近年來，採獨資經營模式的台商企業大幅增加，而採取合資、合作等模式的企業所占比重則逐漸降低。這種現象顯示，一方面獨資經營模式的優點（例如：經營管理自主性高）受到歡迎，另一方面合資、合作經營模式等的缺點令人退避。大陸市場透明度增加、對大陸市場之了解增加而強化了自信、法令的限制鬆綁、技術移轉之安全性考量、當地地方政府之鼓勵等因素，也是造成採取獨資經營模式大幅增加的重要原因。

　　大陸台商獨資化的趨勢，一方面表現在初次投資者選擇獨資方式進入的偏好，另一方面也表現已在大陸投資者，隨著時空環境變化，改制爲獨資經營或控股方式的合資經營情形愈來愈普遍。這種現象可以交易成本理論（transaction cost theory）、討價還價理論（bargaining power theory）和制度因素影響論（institution theory）等學理加以詮釋。交易成本理論強調，跨國公司海外投資傾向透由增加持股比重，以克服因信息不對稱、市場失靈和機會主義行爲等造成的內部交易成本過高的問題（Williamson, 1985; Mjoen &Tallman, 1997）。討價還價理論認爲，跨國公司母公司與東道國政府的討價還價實力，決定了其海外分支機構的股權結構（Yan & Gray, 1994; Lecraw, 1984; Fagre & Wells,1982）。制度因素影響論則特別強調制度性因素，包括國家風險、東道國政府股權比率管制乃至文化差異等因素，對跨國公司海外投資股權與進入模式選擇行爲的影響（Beamish & Banks, 1987; Contractor & Lorange, 1988）。

二、產銷策略

(一) 原材料及半成品採購策略

　　受到全球化潮流的影響，跨國企業爲強化其競爭優勢，通常會考量全球布局，將價值鏈中採購、生產、研發和運籌等各項環節，根據比較優勢法則在全球範圍內進行配置和整合，並且透過範疇經濟、規模效應和知識積累以取得整合效益 [5]。台商的全

---

[5]　M. E. Porter, "Competition in global industries: a conceptual framework", in M. E. Porter (ed.), *Competition in Global Industries*, (Boston: Harvard Business School Press, 1986).

球化布局，一般是將大陸投資事業定位爲製造基地。

製造業台商在大陸投資事業所需的原材料、半成品和零組件等，採購來源的安排是台商進行全球布局的重要環節之一，也將影響兩岸產業的競合。相當多的開發中國家在制訂獎勵性外資政策的同時，會設下外資企業國內採購比率的限制，主要是希望透過外商企業的採購，促進國內相關產業之發展。大陸政府在吸引 FDI 的相關政策措施中，並沒有嚴格要求外商企業自當地採購原材料的比例，因此，在大陸投資的外（臺）商企業對於原材料和半成品的採購安排，可以說大都是基於本身的經營策略之考量。

經濟部統計處公布的資料顯示[6]，以 2005 資料爲例，大陸台商事業所需之原材料和半成品，自大陸當地採購的比重分別爲 51.8% 和 51.4%，而自臺灣採購的比重則分別只有 35.1% 和 40.9%。與往年比較，大陸台商事業原材料和半成品自大陸當地採購的比重已逐漸增加，而自臺灣採購之比重則是呈現逐漸減少趨勢；2010 年間，該項趨勢特徵持續發展，自大陸當地採購比重已增加至 62%，自臺灣採購的比重則進一步降至 27.7%。台商企業使用大陸製原材料和半成品投入的比重愈來愈大，顯示大陸的製品比進口財更具競爭優勢，大陸當地製造供應能力已大幅改善。

對大多數國家而言，利用外資的目的之一是希望藉外資促進國內工業化的發展，因此，希望引進的外資與國內市場的關聯性較高些。也就是說，地主國通常會透過外資企業的採購、生產與銷售行爲，規範其與國內市場最低限度的關聯性，俾以促進國內產業之發展。一般而言，外資企業所生產的產品國產化比率愈高者，表示使用更多的當地財貨投入，將有利於當地企業提升品質、加速產業升級。不過，對外商企業而言，若爲出口導向型投資，企業面對國際市場的競爭壓力，通常會以維持產品品質爲最高的考量，當地採購的比率高或低，在沒有政策性的強制規定前提下，主要是受到當地產業配套能力的影響。

台商企業在大陸當地的採購行爲，因投資產業之不同而有差別，大致上，如果產業投入的原材料或半成品爲大陸蘊藏較豐富的初級原料或技術層次較低的中間財，大陸的製造及供應能力無虞，台商在大陸當地採購比例自然會較高；反之，若屬於高技術、高附加價值貨品，海外採購比例即可能較高。

---

[6] 經濟部統計處，《製造業對外投資實況調查報告》歷次調查相關資料。

此外，企業在大陸投資存續期間長短，也可能影響在當地的採購行為。理論上，存續期間愈長的企業，累積當地市場的訊息愈多，當地採購的可能性也愈高。不過，對台商投資企業而言，中華經濟研究院（2003）的研究指出，採購原材料及半成品的行為策略，似與在大陸投資設廠時間長短無顯著的關係，較早進入大陸投資的台商企業，在當地採購的比例並未明顯高於稍晚進入者，顯示大陸配套產業的製造與供應能力能否滿足台商企業的需求，才是決定當地採購的最重要因素。

大陸台商企業所需的原材料和半成品，自大陸當地採購的比重逐漸增加的現象，與跨國企業海外投資的發展經驗頗為一致。不過，值得一提的是，原材料和半成品自大陸當地採購的部分，約有一半左右是來自於當地台商，對應於自臺灣採購比重降低，顯示大陸台商企業在當地似已另外建立了新的產業聚落，且聚落的張力逐漸擴大。

(二) 產品銷售策略

前一節曾提到，台商赴大陸投資的動機除在利用大陸廉價勞工之外，拓展大陸內需市場也是主要誘因之一。廠商赴大陸投資若是為追求低廉勞動力，降低生產成本，其製品的最終市場一般是面向全球，在當地市場銷售的比例會較偏低。不過，隨著大陸經濟持續發展，居民國民所得及購買力提升，市場需求擴大，台商企業的當地市場取向通常會逐漸上升。而隨著企業在當地市場銷售比例之擴大，台商企業的本土性也會逐漸加深，企業製造的產品會做策略性的調整，以更適合當地消費者的偏好。

根據經濟部的調查資料顯示[7]，大陸台商事業的製品在當地市場銷售的比例，2010 年間為 65.7%，較 1993 年的 35.4% 增加了 30 個百分點；而外銷到其他地區所占比重，則由 1993 年的 52.6% 降低到 2010 年的 16.9%。由於台商赴大陸投資很多是屬於下游廠商帶動中、上游廠商轉移生產基地的模式，該類型企業之製品內銷有部分係銷售給在當地投資的其他台商企業。大陸台商事業製品內銷比重增加，或可顯示台商擴展大陸市場之意圖，經營大陸內銷市場的努力已有些許成果。

隨著兩岸加入 WTO 後，台商對於大陸內銷市場的開拓也愈來愈積極且樂觀。大

---

[7] 經濟部投資審議委員會，《2011 年對海外投資事業營運狀況調查分析報告》，經濟部投資審議委員會，2011 年：間接引自高長，《大陸政策與兩岸經貿》（臺北：五南圖書出版公司，2012 年），頁 316-317。

陸在加入 WTO 的承諾書上表示，「加入 WTO 後外商投資企業可對內需配銷其本身在大陸製造的產品」，也就是說，外商投資企業針對在大陸製造品，可從事內銷批發服務、零售服務及特許經營權，同時大陸政府也承諾在加入 WTO 後三年內，逐步排除原來外商必須經中間商（如進口商）進行批發、零售、售後服務、維修、運輸等限制。此一政策調整，一方面將增加台商與大陸流通業者或其他獲准進入大陸批發、零售市場之跨國通路業之供貨機會，另一方面也將促使原本以製造業為主的台商（特別是已建立自有品牌的台商），積極發展自有通路，甚至於尋求投入大型量販或倉儲批發事業之經營。

值得一提的是，由於大陸市場幅員遼闊，各地所得水準差距大，市場需求偏好也呈現多樣化，台商企業經營內銷市場，除非具有「全球品牌」或「知名品牌」的形象，否則在面對大陸本土品牌或跨國企業品牌時，開疆闢土並不容易。特別是隨著歐、美、日等國大型企業或財團，挾其大規模生產優勢與龐大資金進入大陸，且與大陸當地企業合作，進而形成寡占市場，對以中小型企業為主的台商造成嚴重的排擠作用。若干在大陸自創品牌經營內銷市場成功的台商企業，如康師傅方便麵、85 度 C、旺旺仙貝、羅馬磁磚、和成衛浴、櫻花廚具、燦坤家電、自然美美容產品、永恩女用鞋等案例，已成為其他台商拓展大陸內銷市場所效法。

另外，值得注意的是，大陸台商企業製品回銷臺灣的比重，相關資料也顯示有逐漸增加的趨勢。這種現象與臺灣開放大陸製半成品進口政策有關，政策更為寬鬆，促使部分產業利用大陸勞動力資源完成勞動密集度較高製程，嗣將半成品回銷臺灣再加工製造後外銷或在臺灣銷售。針對回銷比例高低的討論，在文獻上常被視為進口國產業空洞化的指標之一，如果在大陸投資的台商產品回銷比例較高，同時也是外銷至大陸以外市場比例較高的行業，則在理論上，這些產業在臺灣似乎較會面臨產業空洞化危機，因為赴大陸投資企業直接從大陸生產出口，回銷臺灣或在國際市場上與臺灣本地企業勢必存在競爭，大陸的廉價勞工成本優勢，對臺灣本地企業的國際行銷將造成強大威脅，從而可能影響臺灣本地企業之生存與發展。

三、經營當地化趨勢

綜合上述分析，大陸台商企業生產與銷售活動當地化的趨勢非常明顯，原材料和半成品在當地採購的比重逐漸增加，尤其是向大陸當地台商採購增加的百分比較高，

顯示上游原材料供應業者隨著下游加工業者前往大陸投資並就近供應的現象。產品銷售當地化趨勢，除了表現在營業收入總額中，內銷所占比重逐漸上升外，更表現在產品的當地化、分銷通路當地化、促銷和品牌當地化等方面（高長，2001）。

　　產品當地化是指為了更有效地掌握當地市場的特點和居民消費偏好，跨國企業在地主國提供有別於供應外銷的產品，包括設計、包裝、規格或完全不同的產品。譬如：永恩集團開發專供內銷的「達芙妮」品牌女用鞋，與為跨國品牌大廠代工的產品完全不同，得到了很好的績效。就分銷通路而言，大陸地區幅員遼闊，各地市場特性複雜多樣，且商業體系較為零散，尤其城鄉二元化結構特徵，使得城市與農村市場通路存在很大差異。許多跨國公司在進入大陸市場之初，例如：惠而浦，忽視了大陸銷售通路的特殊性，結果吃盡苦頭，最後做出撤資的決定。寶潔公司在累積了一些失敗經驗之後，也不得不對早期以廣告帶動銷售的模式做出調整，將整合經銷商和強化終端市場置於特別重要的地位。台商在大陸內需市場上的通路布建，成功的案例有不少，其中，康師傅方便麵、巨大自行車、85 度 C、宏碁電腦等常被提出討論。

　　促銷和品牌策略也是影響企業行銷績效的重要因素。促銷策略是指企業運用各種方式、手段，向消費者傳遞商品與企業訊息，實現雙向溝通，使消費者對企業及產品產生興趣、好感和信任，進而做出購買的決定。促銷活動通常包括廣告、人員推銷、銷售促進、公共關係等。跨國公司在大陸的當地行銷中，憑藉其雄厚的資金、豐富的經驗、高超的謀略，在深入了解大陸消費者需求特性和中國文化特點的基礎上，創造了很多當地化的促銷手段和方法，且運用得非常成功。例如：在人員推銷上，友邦公司在大陸市場引入了壽險代理人制度，成功地拓展市場；寶潔、可口可樂等產品的廣告推銷，結合大陸當地文化及消費者的心理，受到市場的肯定；台商企業自然美積極培育美容師、定期舉辦展售活動，在人員推銷和銷售促進手段上，當地化策略可說做得相當成功。

　　除了生產和行銷活動，人才晉用和周轉資金之籌措方面，當地化的程度也有不斷提升的趨勢。理論上，人才晉用的當地化速度和程度，與跨國企業經營策略和模式息息相關。一般而言，外方母公司採取本國中心導向的經營策略時，為貫徹母公司的經營計畫與目標，譬如：戰略的一致性、技術的保密性和管理的有效性，通常海外子公司的管理幹部和技術人員會由母公司直接派任。但面對海外派遣人員難以適應派駐地的環境差異，無法克服合資公司的組織協同障礙，以及海外派遣成本過高等原因，跨國公司會改變派遣策略，實施人才當地化策略。企業聘僱當地人才有助於與當地經濟

的整合。

　　跨國公司在海外子公司初設立時，對於母公司直接派遣管理幹部和技術人才的依賴性較強，但隨著子公司逐漸熟悉當地市場環境，同時經營制度逐漸進入常軌，這種依賴性會逐漸減弱。Geng（1998）的研究將跨國公司在海外投資的發展過程劃分為四個階段，即準備期（preparation）、進入期（entry）、擴張期（expansion）和熟練期（experienced），每個時期公司的經營目標、商業模式和對應的人力資源策略各不相同。如表 13-6 資料所示，跨國公司到海外投資初期，子公司專業經理人主要還是仰賴母公司支援派遣，直到「擴張期」才開始考慮人力資源當地化，到了「熟練期」，則考慮了企業永續發展的需要，開始全面實施人才當地化策略。

表 13-6　跨國公司海外投資戰略發展階段

階段別	主要目標	經營模式	人力資源策略
準備期	市場調查研究，投資可行性評估	設立辦事處，透過中間商、代理商，未直接投資	中間商及外派經理人員之培訓、安置、支援和績效管理
進入期	建立先遣運作體制，轉移資金和管理技術	專注經營單一市場、設立辦事處並成立合資公司	經理外派，跨文化管理、技術轉移和專業管理知識之轉移
擴張期	擴大營收，新產品開發、完善產品配銷通路	開拓新市場、成立區域總部、增加當地商業伙伴	當地與外派經理人員的整合；積極培育當地人才以應需求
熟練期	穩定客戶的忠誠度，強化競爭力、協調	開拓市場的其他目標群，設立全資公司，甚至展開併購	人才資源當地化，實行長期的人力資源開發戰略

資料來源：依據 Geng（1998），頁 94 相關資料整理而得。

　　大陸台商事業在管理人才晉用的策略，與一般跨國企業極為相似。具體而言，在初到大陸投資時，為加速企業營運正常化，管理及技術人才自臺灣派駐的比率較高，隨著經營逐漸進入常軌，為了節省成本，自當地僱用的比率逐漸提高，同時減少自臺灣僱用。另外，為了解決在當地經營之管理與技術人才供應不足問題，大陸台商也非常重視自當地甄選適當的人才並予長期培訓。

　　然而，從人才晉用當地化的速度比較，日系跨國企業母公司大都採取本國中心導向的經營策略，海外子公司的管理幹部當地化速度較緩慢。歐美系的跨國企業大都採取東道國導向的經營策略，海外子公司的管理幹部當地化速度相對較快，大陸台商企業的人才晉用當地化策略似乎與歐美系的跨國企業所採模式較接近。大陸台商企業人

才晉用當地化進展速度較慢，可能與企業經營規模相對較小有關。不過，近年來，隨著客觀經營環境的改變，台商在大陸的管理人才晉用當地化速度有更加快的趨勢[8]。

　　在營運資金的籌措方面，跨國公司通常會儘可能運用東道國資源就地融資，以規避政治風險。具有國際背景運作的跨國公司可以獲得更多的融資資源，以降低投資成本。由於跨國公司可以擁有不同貨幣，在融資策略上可以運用不同幣種的債務組合降低風險多樣性。不過，Hooper（2002）的研究結果指出，跨國公司融資策略較傾向於適應東道國的環境，儘可能在東道國資本市場和金融機構借債；同時經常透過合資策略進行靈活的融資，更能減少跨國公司所面對的各種經營風險。

　　企業經營需要流動資金，一般係仰賴金融機構的支持。大陸政府爲招睞外商，曾實行了一系列鼓勵政策和優惠措施，並明文規定優先提供外商企業貸款。但在早期，大陸當地銀行或由於觀念保守，抑或由於受限資金不足，這些優先提供融資的規定大都未能落實；也就是說，依過去的經驗，在大陸投資的台商企業要獲得當地銀行之貸款支持，事實上相當困難，對於採取獨資形式投資的台商而言，更是幾乎不可能自當地銀行獲得貸款。採合資形式投資的台商，利用合資中方的人脈關係，相對而言較有可能獲得大陸本地銀行之貸款。因此，較早到大陸投資的台商企業，周轉資金的融資大都仰賴臺灣母公司支援，或向臺灣地區親朋好友、民間、甚至是地下金融管道告貸。

　　不過，進入二十一世紀以來，大陸的融資環境已發生很大變化，一方面，《銀行法》公布實施後，大陸本地銀行企業化經營的腳步加快；另一方面，大陸外匯存底逐年遞增，基礎貨幣供應增加，資金市場寬鬆，一般企業自銀行體系取得融資的可能性大增。因此，中華經濟研究院（2003）的研究發現，大陸台商投資事業營運資金自當地籌措取得的比率也有提高的跡象。經濟部投資審議委員會的調查資料顯示，大陸台商投資事業營運資金自大陸當地金融機構融資的比率逐年提高，相對的，由臺灣母公司提供營運資金所占的比重，同期間則顯示略爲下降，這種現象與一般跨國公司海外投資的融資策略模式相似。然而，對中小型臺資企業而言，在大陸當地遭遇「融資難、融資貴」的問題，仍然相當普遍。

---

[8]　104 人力銀行至大陸實地調查結果顯示，臺資企業大陸管理幹部的甄選上，當地化趨勢有加速的跡象，尤其中級管理幹部漸爲當地人才所取代，對臺籍人才需求的迫切性已降低。參閱《民生報》，民國 90 年 1 月 30 日。《數位周刊》（民國 91 年 3 月 9 日出版）針對高科技廠商所做的調查研究，也得到類似的結果。

第四節 赴大陸投資對臺灣經濟的影響

台商赴大陸投資對臺灣經濟可能產生的影響，大致上可以從資本形成、產業結構、貿易收支和就業機會之創造等幾個層面來觀察。理論上，海外投資對宗主國的影響有正面的亦有負面的，最終的淨效果爲何，則因對外投資的動機不同而有差別，需由實證才能確定。

對臺灣資本形成的影響，主要是觀察到大陸投資替代在臺灣投資的程度。理論上，如果一國對外投資，是在將國內已不具比較利益的產業移到海外去生產，或爲利用海外廉價生產要素、原料或其他生產資源，或是爲了規避貿易障礙、接近消費市場，則對外投資與國內投資兩者具有競替關係，也就是說，對外投資增加是以減少國內投資或資本存量方式爲之。這種種現象最容易發生在產品生命週期已屆成熟、大量生產、價格競爭較劇烈的一些行業，生產成本成爲市場競爭力的關鍵因素；國內資本形成減緩，當然不利於創造新的就業機會，同時隨著生產活動移往海外，宗主國的出口實績也會受到影響。

不過，如果一國對外投資的目的主要是在蒐集商情、取得稀有資源、建立產銷作業的垂直整合體系，或者在海外投資是爲了開發新產品，並非只是單存的將國內產能移往國外，則對外投資並不一定會減少國內資本形成，從而對就業機會之衝擊也不會有太大負面影響。反而是，由於海外投資會增加對國內原料、中間財及機器設備的需求，對於國內就業水準具有正面作用。

至於對國內產業結構的影響，可以分從兩個角度探討，一是海外投資是否將增加或減少產業內競爭。依相關學理，對外投資主要建立在市場不完全性上面，例如：產品差異化、特定技術之掌握、原材料或天然資源之控制等；而海外投資的結果，有擴大廠商市場獨占力量、減少產業內競爭的傾向。另一則是對外投資之增加，是否會造成國內反工業化（deindustrialization）結局，也就是說，造成製造業在國內經濟中的重要性逐漸降低、產業空洞化，進而對外競爭力逐漸減弱。

針對貿易收支而言，對外投資對宗主國經濟的影響，主要表現在下列幾個方面，一是隨著對外投資增加，海外事業不斷向國內採購所需原材料、半成品及機器設備，或將帶動出口擴張；二是對外投資就地生產供應當地市場，或將取代了國內的出口；三是爲維持出口競爭力而將生產基地轉移至國外者，對外投資將導致出口訂單轉

移；四是若對外投資是爲了開發和就近利用當地資源，則對貿易收支兼具正負面影響；五是海外投資生產的半成品或最終產品回銷宗主國。

製造業台商選擇到大陸直接投資的戰略考量，主要是資源導向，是爲了利用當地充沛且低廉的勞動力和土地資源；其次爲市場導向，也就是爲了拓展當地市場；另外，配合國內中、下游廠商登陸、利用當地原物料資源、配合國外客戶要求等，也是台商選擇到大陸投資較重要的考量因素。

對臺灣產業發展的影響，可能因經營導向，即內銷導向或外銷導向不同而不同。內銷導向的投資目的在靠近並攻占大陸當地市場，理論上或不會替代在臺灣的投資，如果會的話可能也是微不足道，因此對臺灣經濟不會造成顯著的負面影響，甚至於對特定產業產能之擴充及國際化經營是有利的。外銷導向的投資目的在降低生產成本，維持或提升出口競爭力，將造成生產基地外移，出口實績轉移，較可能替代在臺灣投資，對臺灣經濟的負面影響即可能較大。

然而，必須指出的是，這些外銷導向型的產業若不准予到大陸投資，留在臺灣是否會因爲競爭優勢逐漸喪失而萎縮。因此，赴大陸投資對臺灣國內產出之不利影響，長期而言或將不如想像中那麼嚴重，甚至也有可能有助於臺灣產業之轉型和升級。Chen and Ku（1998）的研究發現，臺灣廠商對外投資與國內生產線的調整有密切關係，對外投資造成的產業結構調整並不必然帶來產業空洞化的後果。

由於資訊不足，我們無法確認台商在大陸投資，到底有多大程度替代在臺灣投資。不過，在田野調查研究中，我們發現在臺灣地區尚有發展空間的產業，到大陸投資行動較爲謹愼，因此，這類產業在大陸（或海外）投資替代在臺灣地區投資的比率可能較低。

高長（2001a）曾根據臺灣地區總體經濟表現，以及台商在大陸與臺灣兩地生產分工的格局，探討製造業台商在大陸投資，替代在臺灣地區投資的可能程度。研究結果發現，台商赴大陸投資後，臺灣母公司仍繼續維持生產者，無論是資本額、營業額和獲利情形，平均而言都比赴大陸投資之前，有所成長。

臺灣企業對大陸地區投資的情形愈來愈多，是否顯示臺灣地區同類型產業的發展優勢已逐漸喪失，並進而導致萎縮？高長（2001a）針對臺灣製造業發展趨勢的研究發現，自 1987 年開始，皮革毛皮製造、木竹製品、成衣服飾品、雜項製品、家具及裝飾品、塑膠製品、飲料菸草業等傳統勞力密集加工型產業呈萎縮的現象。這些產業大都也是在大陸投資金額較大的產業，顯然在臺灣的生產萎縮與到大陸投資兩者密

切相關。不過，在比較分析中卻也發現，電力及電子機械業、化學材料業、化學製品業、金屬基本工業等多項產業赴大陸投資金額雖然相當大，但在臺灣的產值並未萎縮。

總之，台商赴大陸投資，確實造成臺灣某些傳統勞力密集加工製造業之生產萎縮，不過，由於新興產業代之而起，同時台商在大陸與臺灣生產的產品有明顯區隔，兩岸企業又逐漸形成「功能性分工」體系，臺灣製造業整體而言仍能保持成長。由此可見，台商對大陸投資促進臺灣產業結構之調整，對臺灣經濟發展具正面意義。

臺灣廠商在海外／大陸投資經歷的時間，與跨國大企業比較並不算長，但是，在全球化潮流下，台商投資行為模式不斷調整，尤其重視利用大陸的資源與市場腹地，並利用特有的產業網絡進行國際分工布局，提升整體的產業競爭力，電子資訊產業的台商即是此一發展模式的典型範例[9]。回顧過去多年來，受惠於技術更新頻繁、標準化介面環境、全球市場需求擴張，以及跨國品牌大廠的策略轉變，電子資訊業台商充分利用大陸在製造方面的優勢條件，提升加工製造能力，不僅透過從單純製造代工到提升加值設計與製造服務，實現了企業的高度成長，更因為在設計製造上已成為國際大廠的重要策略夥伴，同時國際布局逐漸擴展，臺灣廠商在全球產業價值鏈中已有實質影響力[10]。

對外投資是否會造成臺灣失業問題惡化？有若干研究指出，該兩者的關係並非必然（瞿宛文，2001；顧瑩華，2001；高長、楊書菲，2004）。

顧瑩華（2001）的研究發現，臺灣雖在 1980 年代中期以後，便開始進行大量的對外投資，但一直到 1990 年代結束前，臺灣並無嚴重的失業問題，反而是長期困擾著臺灣經濟的低技術勞力不足問題，因產業外移而獲得紓解。該研究利用經濟部《工廠校正資料》計算，結果發現有對外投資的廠商，平均僱用人數保持二位數成長，而無對外投資的廠商，同期間，勞動力僱用人數則呈現負成長的現象，顯示對外投資並

---

[9] 電子資訊業到大陸投資，初期主要集中在華南地區，生產活動以印刷電路板、電源供應器、連接器、被動元件、鍵盤、滑鼠、監視器、電腦機殼等電子零組件，以及桌上型電腦、光碟機、數位相機等下游產品為主，這類產品大都屬勞力密集、技術層次較低產品。華東地區是臺灣電子資訊業廠商在大陸投資最集中的地區。以上海為起點，向西延伸經過昆山到蘇州所形成的科技走廊中，聚集了該產業上中下游廠商，形成完整的產業鏈體系；生產的品項大都為技術層次較高的產品。

[10] 以 2004 年全球市場占有率為例，下游產品如主機板，接近八成；筆記型電腦、監視器亦分別接近七成。該三項產品和影像掃描器、光碟機併列，產量都高居世界第一。零組件方面，如 CD-R、CD-RW 和 PC 用 SPS 等產量，全球排名也都居第一位。

沒有減少對國內勞動力之僱用，反而有利於國內就業水準之維持與擴大，也就是說，廠商在國內及海外從事的經濟活動常具有相輔相成的關係，對外投資未必對國內總就業水準有負面影響。

顧瑩華（2001）進一步觀察在海外不同地區投資廠商國內勞動力僱用量變動情形。研究結果指出，在僅赴大陸投資的廠商方面，在 1993～1999 年間的平均僱用人數成長 1.7%；相對而言，若廠商只投資其他地區（不含大陸）或除了投資大陸地區外尚有其他的海外投資案件，則其平均僱用人數分別呈現 25.5% 和 21.2% 的高成長。研究結果並無明顯證據說明，台商赴大陸投資將造成國內失業的增加，但相對於到其他海外地區投資的廠商而言，投資中國大陸對臺灣就業水準之提升較無幫助。

高長、楊書菲（2004）延續顧瑩華（2001）的研究，結果發現，對外投資對臺灣就業機會之創造並無不利的影響，不過，相較之下，只投資大陸以外地區比只投資大陸地區的廠商對於臺灣就業之貢獻似乎較大。進一步的實證研究發現，在有對外投資的廠商中，只赴大陸投資的廠商，因擴充產能所增加的就業比例較投資大陸以外地區或同時投資大陸及其他地區者低很多；另一方面，因縮減產能而減少的就業幅度卻較其他兩者為高，顯示只赴大陸投資的廠商其經營績效較只投資其他地區或多國企業差，對國內就業貢獻程度較小。至於對外投資對新進廠商就業新增率及退出廠商就業汰減率的影響，只投資大陸以外其他地區的就業新增及汰減比例均居三者之冠；而同時投資大陸及其他地區的廠商，因廠商倒閉而減少僱用的比例最低。

整體而言，廠商赴大陸投資對國內就業市場並無不利的影響，同時也無明顯的證據顯示廠商赴大陸投資直接造成國內失業人數增加，但相較於投資其他地區或投資多個地區的廠商，赴大陸投資廠商對國內新增就業之助益似較不顯著。造成這種現象的背景原因，推斷一方面是因為大陸台商多半規模不大，資源有限，因此一旦在大陸投資之後，該企業主必須全心投入，便有逐漸將生產重心移往大陸的趨勢；另一方面則可能是因為臺灣與大陸多成水平分工狀態，彼此間的替代性高於互補性，因此對於國內生產及就業的帶動效果較為薄弱。

參考文獻

一、中文

中華經濟研究院（2003），《製造業廠商赴大陸投資行為轉變及政府因應政策之研究－以電子資訊業 為例》，臺北：中華經濟研究院。

高長（2001），「製造業赴大陸投資經營當地化及其對臺灣經濟之影響」，《經濟情勢暨評論季 刊》，7(1)，頁 138～173。

高長（2001a），「兩岸加入 WTO 後產業可能的互動與競爭力變化」，《經濟情勢暨評論季刊》（臺 北），7(3)，頁 1～20。

高長（2012），《大陸政策與兩岸經貿》，臺北：五南圖書出版。

高長、楊書菲（2004），「臺灣製造業就業水準與對外投資關係」，《兩岸與國際事務季刊》， 1(2)，頁 1-31。

經濟部投資審議委員會（歷年），《中國大陸投資事業營運狀況調查分析報告》，臺北：經濟部投資 審議委員會。

瞿宛文（1999），「失業率攀升的真相」，《天下雜誌》，1999 年 7 月，頁 132。

顧瑩華（2001），《企業國際化與國內工業發展之研究》，臺北：中華經濟研究院。

二、英文

Beamish, P. W. and J. C. Banks (1987), "Equity joint ventures and the theory of multinational enterprises", *Journal of International Business Studies* 18, 1-16.

Chen, T. J. and Y. H. Ku (1998), "Foreign Direct Investment and Industrial Restructuring: the Case of Taiwan's Textile Industry", Paper presented for East Asian Economic Seminar Osaka, Japan.

Contractor, F. and P. Lorange (1988), *Cooperative Strategies in International Business*, Lexington, M. A.: D. C. Health and Company.

Fagre, N. and L. T. Wells (1982), "Bargaining power of multinationals and host governments", *Journal of International Business Studies* 13(3), 9-23.

Geng, Cui (1998), "The evolutionary process of global market expansion: experiences of MNCs in China", *Journal of World Business* 33(1), 87-110.

Hooper, V. (2002), "Multinational financing strategies in high political risk countries", School of Banking working paper, University of New South Wales.

Kojima, K. (1978), *Direct Foreign Investment: A Japanese Model of Multinational Business Operations*, London: Croom Helm.

Lecraw, D. J. (1984), "Bargaining power, ownership, and profitability of subsidiaries of transnational corporations in developing countries", *Journal of International Business Studies* 15(1), 27-43.

Mjoen, H. and S. Tallman (1997), "Control and performance in international joint ventures", *Organ Science* 8, 257-274.

Porter, M. E. (1986) "Competition in global industries: a conceptual framework", in M. E. Porter (ed.), *Competition in Global Industries*, Boston: Harvard Business School Press.

Williamson, O. E. (1985), *The Economic Institutions of Capitalism*, New York: The Free Press.

Yan, A. and B. Gray (1994), "Bargaining power, management control, and performance in United States-Chinese joint venture : a comparative case study", *Academy Management Journal* 37(6), 1478-1517.

第十四章　兩岸產業分工與臺灣經濟發展

　　臺灣廠商赴大陸投資的動機，一般是以取得低成本的勞動力和拓展當地內銷市場為主，而受到大陸內需市場開放及國民所得提高的影響，廠商對拓展大陸內銷市場的重視程度與企圖心與日俱增，成本節省的誘因則逐漸減弱。但是，不同產業到大陸投資的動機不盡相同，譬如：對電子資訊業而言，配合跨國品牌大廠代工訂單的要求，或配合上、下游業者已到大陸投資的事實，是赴大陸投資決策中很重要的考量因素[1]，這種現象突顯臺灣產業以代工業務為主，在全球科技產業供應鏈中的地位和特質。

　　在經濟全球化的潮流下，由於網際網路的普及，加上數位傳輸技術和通訊產業快速發展，不僅國家市場藩籬界線漸失，製造生產能力及技術創新也開始跨國分散化，國際分工格局已由線性架構下的水平分工與垂直分工概念，轉向網絡化發展，此一趨勢具體反映在跨國企業的資源布局多元化，以及以製造活動為基礎的廠商，經由專業價值與價值鏈整合能力，創造有力競爭優勢的演變。

　　在全球布局的思維邏輯下，專業分工的目的在於整合全球各地資源之比較利益，讓各項活動能夠充分運用各地的優勢資源，建構最具優勢的競爭基礎。本質上，生產製造、研究發展、行銷服務等主要之企業機能，所需的資源不同，依賴的最適環境條件也不同，因而，廠商全球分工布局之策略作法，是將研發、生產、行銷等主要活動，依據地區資源特性而進行全球布局。由多國籍企業之海外子公司的角色扮演，愈來愈強調創意、海外創業精神之策略作法，可以推論多國籍企業之經營已呈現「無國界」狀態；而多國籍企業的全球布局，可能為了全球市場或全球資源運用之策略觀點而展開，對特定地區之產業發展造成影響。基本上，地區產業的發展會受到該特定地區資源特性的影響，而地區資源特質又會成為吸引多國籍廠商展開全球分工布局策略的行動，在兩者互動效應之下，全球各地區朝向不同的特定產業群聚現象，已經成為不可避免的趨勢。

　　在全球分工趨勢下，形成不同地區發展不同產業的現象，例如：技術研發活動，

---

[1]　中華經濟研究院，《製造業赴大陸投資行為轉變及政府因應政策之研究：以電子資訊業為例》（臺北：中華經濟研究院，2003年），頁48-50；數位週刊，「高科技台商赴大陸投資總調查」，《數位週刊》，2001年第25期，頁35-41。

必須集中在研發資源充裕的地區，並形成以研發爲主軸的產業結構；勞力供應充沛地區，適合從事生產製造組裝活動，並帶動相關零組件、原材料與製造服務業之發展，而形成以製造組裝爲基礎的產業結構。大陸擁有充沛的勞動力和土地等生產要素資源，實施改革開放政策適時地趕上這一波全球化潮流，因而吸引了大量的外商（包括台商）直接投資，在國際分工格局中占有一席之地。

第一節　台商投資大陸與兩岸貿易關係

考察兩岸雙邊經濟交流的發展趨勢，可以發現兩岸雙邊貿易活動早自 1980 年代初期即已開始，並自 1980 年代後期起迅速發展，而台商赴大陸投資則遲至 1987 年以後才開始。1980 年代初期，由於生產要素無法在兩岸之間流動，兩岸的資源稟賦差異只能藉由商品貿易來實現分工的利益。嗣至 1990 年代初期，由於生產要素移動的限制已逐漸放寬，特別是臺灣的資本流向大陸方面，同時也由於兩岸商品貿易仍然存在一些障礙，例如：關稅、運輸成本等，因此，兩岸之間生產要素移動與交易，也有部分取代了兩岸商品貿易活動。例如：上、中游供應商隨著中、下游廠商到大陸投資，就地生產供應，導致臺灣對大陸之出口減少。這種現象似乎與 Mundell（1957）所闡述的商品貿易（trade in goods）和生產因素貿易（trade in factors）兩者間具有替代關係的理論一致[2]。

不過，必須指出的是，兩岸之間的生產要素交易替代商品貿易的作用，一直受到抑制，因爲兩岸執政當局對於生產要素的移轉與交易並不鼓勵甚至曾嚴格管制。不過，另一方面，在兩岸經貿交流快速發展趨勢中，臺灣廠商攜帶資金前往大陸投資，與兩岸商品貿易之發展，兩者之間其實也具有相當高的互補性質。實證研究中，的確發現，早期由於大陸地區經濟相對較落後，配套產業不足，或由於母子公司整體經營策略考量，在大陸投資的廠商向臺灣地採購所需的機器設備和原材料、半成品、零組件等相當普遍，因而隨著台商赴大陸投資增多，大陸台商事業自臺灣採購乃促進臺灣對大陸出口擴張；另一方面，大陸台商製造的零組件、半成品或甚至製成品，也有部

---

[2]　Mundell 利用 Heckscher-Ohlin 的理論架構進行實證研究，結果發現，當一國允許生產要素自由移動時，商品貿易的量會因爲生產要素移動增加而呈現減少之現象。因此，他認爲要素的交易與商品的交易會相互替代。

分會回銷臺灣，因而促進了臺灣自大陸進口[3]。

　　進入 1980 年代，對於跨國投資與國際貿易之間關係的研究愈來愈多，這些研究大致支持，為逃避東道國的貿易保護或為了搶占當地市場而進行跨國直接投資，即所謂市場導向型投資，往往與對外貿易存在替代關係；不過，如果對外直接投資的動機是在於降低生產成本，或為了配合本身的出口貿易活動，則投資計畫有可能促進母國和東道國之間的貿易。Lipsey and Weiss（1981）、Hufbauer、Lakdawalla and Malani（1994）等人的研究，也都證實了對外直接投資與對外貿易兩者之間存在相輔相成的關係。

　　傳統的 Heckscher-Ohlin-Samuelson 貿易理論強調，生產要素稟賦決定了各國的比較利益型態，從而決定了國際貿易商品結構，這種貿易型態是屬於產業間的貿易（inter-industry trade），或稱為互補型貿易。不過，當兩國的經濟發展程度和技術水準差距顯著存在時，基於外部性規模經濟效益和產品差異化等現實因素之考慮，兩國之間必然也存在產業內貿易。就兩岸之間的雙邊貿易商品結構型態來看，由於兩岸既存在自然資源和生產要素稟賦差異，又存在明顯的技術和經濟發展水準差距，因而根據上述理論，兩岸間的商品貿易可能同時具有產業間貿易和產業內貿易之特質。

　　理論上，國際貿易夥伴之間的經濟整合並不會帶來更多的產業間專業化（inter-industry specialization）現象，反而會增加更多的產業內貿易，即一國同一類商品出口與進口同時存在的貿易型態。林昱君（1994）和高長（2012）曾先後利用 Grubel-Lloyd（1975）的方法，HS 二位數分類產品資料，計算臺灣與大陸的產業內貿易指數[4]，高長（2012）的研究發現，兩岸雙邊貿易同時存在產業間和產業內貿易，但產業內貿易的重要性已逐漸增加。在 20 類產業中，包括動植物油脂製品、貴金屬製品、運輸設備和雜項製品等之產業內貿易指數相對較高，電子及電機設備製品的產業內貿易水準也相當高理論上，兩國產業內貿易之變化與兩國經濟發展、市場化規模和貿易障礙相關，產品差異、規模經濟、寡占行為和生產技術等因素也會造成影響。臺

---

[3]　高長，《大陸政策與兩岸經貿》(臺北：五南圖書出版，2012 年)，頁 409-410。

[4]　產業內貿易指數 B_{ij} 的計算公式為：$B_{ij} = \left[1 - \dfrac{\left| X_{ij} - M_{ij} \right|}{\left(X_{ij} + M_{ij} \right)} \right] \times 100$

　　其中，B_{ij} 的值介於 0 和 100 之間，X_{ij} 和 M_{ij} 分別代表 i 國對 j 國的出口和 i 國自 j 國之進口。B_{ij} 值愈趨近 100，表示 X 和 M 值愈接近，也就是說，產業內貿易指數愈大，兩國之間的產業互補程度愈高。

灣與大陸產業內貿易不斷增加，主要可歸因於生產技術水準和產品差異。

　　兩岸產業內貿易指數較高的製品，大部分都是屬於臺灣對大陸投資金額較大的產業，這種現象顯示，台商對大陸投資確曾促進兩岸經濟整合。典型的型態是，投資資金自臺灣外移至大陸，隨即帶動臺灣的資本財和原材料出口至大陸，最後導致半成品或製成品回銷臺灣或銷往第三國。因此，臺灣對大陸投資，基本上是臺灣母公司業務之擴充，從而投資必然會加速兩岸產業內貿易之成長。

第二節　兩岸產業分工之探討

　　跨國企業對外直接投資行動，是爲了追求更有效率的資源配置，以及最大化利益。壟斷優勢理論支持者認爲（Hymer, 1960），壟斷與優勢結合是跨國公司從事對外直接投資的主要動機，市場的不完全競爭性使得少數大公司享有產品差異、規模經濟、行銷能力、管理技巧、商標信譽、獲得資本的能力等獨占性優勢，跨越國界直接投資可以發揮這些優勢。Caves（1971）的研究指出，爲了與國內公司競爭，跨國公司必須通過垂直化將其公司特定優勢進行內部化，俾能在不承擔與正常交易相關的額外成本條件下，最大化其公司特定能力。

　　內部化理論者（Buckley and Casson, 1976）將交易成本理論引入對跨國公司海外直接投資的研究，強調外部市場不完全性或壟斷因素存在，企業試圖透過內部化市場以降低交易成本，從而創造特定的優勢。該理論的支持者認爲，對外直接投資的實質不在於資本的移轉，而是基於所有權之上的企業管理與控制權的擴張，其結果是企業管理機制替代市場機制來協調企業內各項活動和進行資源重配置。該理論可以說明跨國公司對外直接投資進行垂直整合的動因，如原材料採購、銷售整合等，對研究跨國公司內部整合，具有一定的理論意涵。

　　Dunning（1980、1993）綜合了內部化理論、壟斷優勢理論、要素稟賦論和區位理論，提出跨國直接投資的折衷理論（eclectic theory），強調所有權優勢、區位優勢和內部化優勢等是企業對外投資的基本要素。所有權優勢是企業對外直接投資的必要條件，它包括企業特定的資源要素稟賦、規模、範疇經濟、產品知識和技術、品牌等無形資產優勢。區位優勢是指對外直接投資的外部條件，包括東道國的政治、經濟、自然資源、相關的基礎設施、外資政策等宏觀因素，以及當地的生產運輸成本、人力

資源成本、市場規模、生產專業化和集中度等微觀因素。內部化優勢是指在外部市場不完全情況下，充分利用內部特定所有權優勢，使跨國經營活動內部化，以降低交易成本和減少風險，發揮垂直整合及橫向多樣化的經濟效益。

經濟全球化模糊化了國家市場藩籬，同時促進了國際分工更趨細緻而複雜，臺灣廠商與跨國企業一樣，為充分利用全球各地資源優勢，以降低成本及提高國際競爭力，乃將製造、研發和銷售活動等分散布局。由於中國大陸實行改革開放政策，積極引進外資，當地的勞動、土地等要素資源供應充沛，製造成本低廉，吸引台商投資，將中國大陸定位為全球布局中的製造基地。[5]

台商到大陸投資，絕大多數都維持母公司在臺灣繼續營運，並在兩岸均設有製造部門，大陸投資事業可以說是全球布局的一環。中華經濟研究院（2003）針對電子資訊產業的研究指出，臺灣廠商依據本身所擁有的所有權和內部化優勢[6]，以及考量臺灣和大陸的相對區位優勢之後，決定在兩岸的經營分工型態為：臺灣母公司特別著重運籌管理的功能，包括企業集團經營策略之擬訂、財務調度、研發和行銷等活動之主導；而大陸事業在台商全球布局中主要扮演製造的角色，尤其對於大量生產，附加值相對較低、勞力密集度較高的產品，或大陸具有製造優勢、特定符合大陸內需市場需要、應客戶要求在大陸製造的產品，安排在大陸生產。臺灣母公司的製造活動，基本上只保留少量、多樣、高價和高階產品的製造，以及新產品試量產和臺灣具生產優勢的產品。

製造業台商在大陸投資主要為外向型，普遍採三角貿易經營型態，也就是所謂的「臺灣接單，中國生產，製成品銷往歐美」的交易模式。根據經濟部統計處調查資料，臺灣外銷接單海外生產的比例，按受訪廠商海外生產金額計算，在 1999 年間僅有 8.8%，嗣後，隨著國內生產條件轉變，企業加速全球化布局，該比率逐年上升，到 2015 年間達到最高峰的 55.1%，近年來仍都一直保持在 50% 以上（表 14-1）。在各產業中，資訊通信產品外銷訂單海外生產比率最高，近年來都維持在 90% 以上，其次是電機產品、電子產品、光學器材。

---

[5] 不過，隨著大陸經濟持續成長，國民所得水準提高，一般人民的購買力上升，內需市場之占有也逐漸成為台商對大陸投資另一項重要的策略目標。

[6] 所有權優勢是指企業在部分領域次系統商品化能力、國際市場通路經驗、國際品牌、核心技術等方面的經營優勢；內部化優勢是指企業管理整合能力、產品規劃能力、市場接取優勢、完善的跨國資訊通訊網絡，與國際大廠網絡關係，及語言、文化優勢等。

表 14-1　臺灣廠商外銷訂單海外生產概況

單位：%

	2010		2013		2018	
	臺灣生產	大陸生產	臺灣生產	大陸生產	臺灣生產	大陸生產
總計	49.6	43.8	48.5	47.1	47.9	46.7
化學品	79.8	10.8	80.4	12.0	85.2	6.6
塑、橡膠及其製品	81.4	14.7	85.0	12.5	91.6	5.9
紡織品	na	na	75.7	9.5	67.2	4.8
基本金屬及其製品	85.6	13.0	84.5	14.3	91.2	6.9
電子產品	50.5	37.8	49.3	39.8	55.4	33.0
機械	78.1	17.4	83.5	14.6	86.0	10.3
電機產品	41.4	56.2	31.0	66.3	25.7	72.0
資訊通信產品	15.2	76.5	12.7	82.8	6.1	89.7
精密儀器／光學器材	43.4	50.8	47.1	51.3	56.9	40.1
運輸工具及其設備	na	na	96.0	3.5	94.6	4.3

說　　明：按受訪廠商家數計算。
資料來源：經濟部，外銷訂單海外生產實況調查，各年。

　　值得注意的是，臺灣廠商的外銷訂單，按受訪廠商家數計算，有將近一半選擇在大陸生產[7]，與選擇在臺灣生產的比率大致相當（表 14-1）：不同於 2011～2017 年間，選擇在大陸生產的比率呈現增加趨勢，2018 年選擇在臺灣生產的廠商占47.9%，比選擇在大陸生產的廠商多出 1.2 個百分點，出現這樣的變化，顯然與美中貿易戰因素有關。

　　就不同產品別觀察，外銷訂單選擇在大陸生產的占比，以 2017 年資料為例，資訊通信產品最高，將近九成，其次是電機產品，約占七成左右；外銷訂單金額排名第二的電子類產品，也有三分之一選擇在大陸生產。

　　不過，相較於 2011 年，各類產品中，除了電機產品、資訊通信產品在大陸生產的占比明顯增加之外，其餘各類產品外銷訂單在大陸生產的比率都呈現下降趨勢，顯

---

[7]　根據經濟部統計處《製造業對外投資實況調查報告》的資料顯示，臺灣外銷接單由大陸台商事業出貨所占比重，在 1998 年間僅三成左右。

示中國大陸經營環境改變，台商的生產布局也相應做了調整，其中，光學器材、塑膠橡膠及其製品、基本金屬及其製品、電子產品、機械等產品，主要是增加在國內生產；另有部分產能移往東協地區，其中尤以紡織品最為明顯。

2018 年中爆發美中貿易戰，使得中國大陸原已不利於加工製造業的經商環境增添變數，尤其不利於傳統產品，選擇在國內生產的比率占 47.9%，較上年提高 1.1 個百分點，各類產品中，海外生產線移回國內生產相對較明顯的，主要有化學品、光學器材；而紡織品繼續增加在東協地區的生產布局，與眾不同。

臺灣廠商國內接單海外生產的原因，經濟部統計處公布的《外銷訂單海外生產實況調查》資料顯示，主要是在海外的生產成本較低，其次，依重要性排列，依序為配合客戶要求、當地原材物料供應方便、開拓當地市場、全球運籌管理、上游生產線外移等。其中，配合客戶要求、全球運籌管理、上游生產線外移等因素已愈來愈重要。

廠商特有的產業網絡對兩岸產業分工格局有顯著的影響，一方面在赴大陸投資初期，仍運用原有的產業網絡進行採購或行銷，使得兩岸垂直分工關係相當緊密；另一方面，原材料或半成品的供應廠商，也會因為產業網絡的關係，主動或被動地隨著下游加工製造業者前往大陸投資，就地生產供應，結果使得兩岸產業在製造方面的分工縮減。換言之，台商赴大陸投資後，改變了企業與臺灣原有供應鏈的連動關係，在群聚效應影響下，投資者在大陸建立了新的產業供應鏈。這種現象在雜項製品、塑橡膠製品、家用電器、木材製品等產業最為明顯（高長，2001）。

蔡宏明（2006）的研究指出，傳統產業在兩岸投資布局大都採取垂直分工，例如石化產業，係以臺灣做為中、上游原材料的供應基地，大陸則是以中、下游生產製造為重心；又如紡織業及成衣服飾業等，大都由臺灣主導研發和市場開發，以大陸為生產製造中心，進行上、下游整合性投資布局。

就高科技產業而言，高長（2006）的研究發現，臺灣廠商赴大陸投資之後，基本上仍與臺灣地區的產業維持緊密的分工關係。在生產活動方面，有採取水平分工的模式，例如：少量、多樣、高階、高價產品在臺灣製造，大量、低價和低階的產品則移往大陸生產；也有採取垂直分工的模式，例如：將產品製程切割成好幾段，依臺灣和大陸的製造優勢條件分工生產，最後由臺灣母公司進行整合，軟體設計、IC 產業等在兩岸的分工布局，基本上都是採這種模式。另外，從企業管理的角度來看，臺灣母公司在研發、行銷、採購和財務調度等方面仍然保有經營主導權，在大陸投資子公

司主要負責製造。

在全球化的潮流下，台商赴大陸投資行為模式不斷調整，尤其重視利用大陸的資源與市場腹地，並利用特有的產業網絡進行跨境分工布局，不只提升了整體的產業競爭力，也促使產能擴大。電子資訊產業的台商即是此一發展模式的最典型範例。該產業積極到大陸投資，在大陸華南與華東地區形成產業聚落，伴隨其產能擴張，生產活動在兩岸的布局呈現明顯的消長現象。

值得一提的是，製造業海外生產的比重不斷增加的結果，已造成部分廠商在臺灣沒有製造部門，而且經濟部統計處的調查資料顯示，到大陸投資後，結束在臺灣的製造部門，所占比重似有增加的跡象。另外，在兩岸都保有生產活動的廠商，認為兩岸生產相同產品臺灣產品較高級所占比重，也呈現逐年下降的現象，各項製造業中，臺灣生產的產品較大陸高級的比率降幅最明顯的是電子電機業，其次是塑膠製品、化學製品、傢俱裝設品、食品飲料、紡織品等行業。顯然，台商在兩岸生產布局，在臺灣地區製造的產品與在大陸製造的差異性已逐漸縮小。

前曾提及，台商在兩岸投資布局，基本上是將大陸定位為主要的製造重心或生產基地，而行銷（外銷接單）、財務調度、研發等運籌管理業務，則主要仍由臺灣母公司負責。在研發活動方面，以電子資訊業為例，兩岸之分工，從產品面來看，臺灣母公司的研發活動大都比較偏向於周邊、針對國際市場、屬於開發階段的產品；而大陸投資事業的研發活動則大都比較偏向系統性、針對大陸內需市場、成熟階段的產品。

就研發或技術屬性而言，臺灣母公司的研發活動較偏重硬體、產品開發和製程開發；在大陸投資事業的研發活動則傾向於軟體開發、基礎研究、製程調整，以及製程認證與工程支援等方面（中華經濟研究院，2003）。這樣的研發分工布局在某種程度上反映出臺灣與大陸在研發方面各擁有其優劣勢。目前的研發分工格局顯示，台商在大陸投資企業的新產品開發和新技術取得等研發業務之決策權，基本上仍掌握在臺灣母公司手上，不過，隨著大陸子公司營收規模逐漸擴大，在整個事業體中的地位提升，其研發的角色和地位也隨之水漲船高。

第三節　兩岸產業競合關係變化

一、兩岸產業合作與分工

客觀而言，兩岸經貿交流對雙邊的經濟成長都有很大的貢獻。對大陸而言，台商投資帶入資金、新技術、現代企業經營管理經驗與知識，促進大陸資本形成，為當地創造數以萬計的工作機會，同時也為大陸貢獻龐大的財政稅收，布建國際行銷通路、擴大出口、賺取外匯。此外，臺資企業帶入的技術，擴散後對大陸製造能力和國際分工地位之提升貢獻卓著。

對臺灣而言，大陸市場提供不適宜在臺灣發展的行業有「第二春」機會。以資通訊產業為例，低階產品在臺灣生產已不具競爭優勢，到大陸投資並形成新的產業聚落，繼續在國際市場上占重要地位；而低階生產活動外移後所釋放出來的產能，則轉移至附加價值較高的領域，結果兩岸的臺資企業聯手，在國際資通訊產業鏈中的地位更加舉足輕重。

其次，對許多傳統勞力密集加工產業而言，將生產基地移至大陸後，生產成本降低，價格競爭力增強，從而得以繼續與跨國品牌大廠合作。不過，生產活動重心逐漸轉移到大陸的結果，對臺灣的負面衝擊也不小，主要是因在臺灣的投資遭到排擠，資本形成減緩、產值萎縮、創造的就業機會減少、出口實績轉移，也就是一般所謂的產業空洞化現象。

在探討兩岸經貿交流議題中，「產業空洞化」問題一直是各界關切的焦點之一。大家憂慮的是，兩岸人文、歷史、語言的同質性高，台商赴大陸投資的進入障礙相對較低，在長期將無法排除產業持續外移的可能性，大量外移的結果，可能造成臺灣產業空洞化危機。不過，持不同看法者認為，臺灣經濟經過幾十年的發展，正面臨結構轉型，部分在臺灣已不具備市場競爭優勢的產業，移往大陸或其他海外地區繼續發展，不但不必然導致臺灣產業失血，反而會因為部分生產線在海外獲得發展空間，有助於臺灣的產業結構轉型和升級。臺灣產業沒有空洞化的危機，有的只是產業升級和轉型的問題。

高長（2001a）的研究結果發現，台商赴大陸投資後，臺灣母公司仍繼續維持生產者，無論是資本額、營業額和獲利情形，平均而言，都比赴大陸投資之前有所成

長。這些廠商在兩地之間的生產活動,較少採取垂直分工方式;採取水平分工形式雖較普遍,但留在臺灣生產之商品大部分附加價值較高;台商在兩地生產的產品有明顯的區隔,彼此未造成直接競爭。另外,若就企業經營活動觀察,大陸子公司大都只有生產作業,其他的活動如商情蒐集與研判、新產品研究、產品設計與測試,以及技術研發、產品行銷等,則絕大多數由臺灣母公司負責。這種現象顯示台商到大陸投資,促進了兩岸產業之分工合作,相輔相成。

就兩岸雙邊貿易而言,擴大自大陸進口,難免對臺灣本土相關產業造成競爭威脅,不過,最終消費品對於增進民生福祉,半成品、零配件等對臺灣製造業出口競爭力之提升;自大陸進口農工原料,不但可以彌補臺灣自己不足,有助於穩定國內市場供需的平衡,更可以透過產業關聯的作用,促進相關產業的發展,對臺灣產業發展的貢獻不可抹煞。對大陸出口擴張,很大的比例是台商投資大陸帶動的,出口擴張經由向前連鎖即向後連鎖作用,直接或間接地影響臺灣地區產業的繁榮和經濟成長,不只增加臺灣外匯收入,同時也促進相關產業結構調整與升級、發揮更大的規模經濟效果、提升國際競爭力。臺灣是一個小型開放經濟體,出口一向是帶動臺灣經濟成長的主要動力,兩岸貿易對臺灣經濟成長的貢獻,有實證研究指出,至少占30%(于宗先、林昱君、張榮豐,1995)。

兩岸各自根據比較利益原則進行生產後再進行貿易,專業分工將有利於提高彼此之資源利用效率,創造更大的貿易利得,因此,兩岸經貿交流對臺灣經濟造成的影響,大致上是利大於弊。儘管如此,但由於兩岸經濟總量差距懸殊,加上政治面存在主權爭議,國內民眾反對兩岸經濟交流正常化的聲音不絕於耳,尤其隨著兩岸經濟融合程度愈深,臺灣對大陸的經濟依賴度持續上升,反對者對國家安全的疑慮也不斷增加,因此,對於進一步鬆綁或擴大與大陸經濟合作的政策,反對者抗爭的力度有增無減。

馬總統執政後期,受到全球經濟不景氣的影響,臺灣經濟成長減緩,民眾對政府的不信任感增加,政府推出有關對大陸的經濟政策更遭到嚴厲挑戰,2014年3月爆發的太陽花學運、占領國會事件,就是典型的案例。

的確,隨著兩岸經濟整合之進展,臺灣對大陸的經濟依賴程度不斷提高,以出口貿易為例,大陸市場已占臺灣總出口的40%(含香港),較三十年前只占不到8%整整增加了近四倍;而同期間,大陸對臺灣的進口依賴大致維持在8~9%之間,幾乎沒有改變。若以進出口貿易合計,同期間,臺灣對大陸市場之依賴程度從不到4%增

加到 31%，而大陸對臺灣的依賴則從 2% 左右增加到 4.9%，相互依賴呈現極不對稱的現象。

在另一方面，兩岸資源流動也呈現極不對稱，尤其投資行為帶動資金、人才、技術的流動，在 2009 年開放陸資入臺之前，幾乎是單向的。相對於大陸經濟崛起，在全球政經舞臺的影響力日增，而臺灣的經濟實力卻停滯不前，競爭優勢逐漸消減，反對者把兩岸經濟實力消長歸因於政府的兩岸經濟政策過於開放，因此，馬政府時代力推透過協商建構兩岸經濟制度性整合，反對者基於經濟自主性、國家安全的理由持續強力杯葛。

隨著兩岸經濟實力之消長，雙方的競合關係也發生極大變化。臺灣擁有的競爭優勢，譬如：說商品化能力、資金、技術及管理人才素質、對國際行銷通路之掌握等等，隨著大陸經濟崛起、國際連結增強而出現消長，也就是說，大陸原來落後臺灣的差距已逐漸縮小，甚至在很多領域已超越臺灣，譬如：跨境電商、第三方支付金融、部分行業製造能力等，兩岸產業的競爭關係升高，臺灣企業在國際市場上的競爭處境愈來愈困難。

早自 1990 年代初期起，中國大陸政府即開始運用財政補貼，政策性融資等手段，有計畫的發展進口替代產業，要求外資（包含台商）企業在地化、逐步提升當地採購比例，逐步降低對國外進口的依賴，並鼓勵自主創新，建立自有品牌。在龐大的內需市場支撐下，大陸政府利用國內各區域經濟發展程度差異，引導組裝、代工產業移至勞動力與土地成本相對低廉的內陸地區，沿海地區則投入高附加價值的製程，有效地延伸產業價值鏈。紅色供應鏈（red supply chains）逐漸形成，進口替代效應不斷擴大，同時也擴大了出口能量，對臺灣進出口貿易造成的競爭威脅與日俱增。

除此之外，大陸又以雄厚的國家資本，積極進行海外併購，直接獲取專利商標與先進的生產技術。其中，較受國際關注的海外併購案例，在電子行業，有紫光收購美國展訊、銳迪科（通訊晶片）及威騰（硬碟）；聯想併購 Motorola（手機）；江蘇長電併購新加坡星科金朋（全球第二大封測廠）；武岳峰資本收購美商矽成（記憶體IC 設計）等。而非電子產業則有海爾收購美國通用電氣旗下家電事業；美的收購德國 KUKA（工業機器人）；中國化工併購義大利倍耐力（輪胎）等。迄 2018 年，海外併購範圍主要包括電子業、家電、機械與汽車等產業；併購標的則大都是全球各領域的知名企業，遍及美國、歐洲、新加坡等先進國家，由此可見，大陸的企圖心和能耐，在國際經濟體系中的影響力，未來只會更大。

　　大陸本土產業供應鏈逐漸完善，產業競爭力愈來愈強勢，對臺灣的主要影響，一是進口替代，大陸以本國產品取代外國產品，或將減少自臺灣進口，造成臺灣對大陸出口成長減緩甚至衰退；二是外貿擴張，一方面對臺灣出口會增加，另一方面在國際市場上可能帶給臺灣製品更大的競爭威脅。實證研究發現，兩岸產業內貿易越密切的產業，如半導體、資訊電子、機械設備、電機設備、金屬製品、鋼鐵、汽機車及其零組件等，臺灣對大陸輸出貨品被大陸本地製品取代之情況最爲明顯，可能是近年臺灣對大陸出口依賴度降低的主要原因。

　　值得注意的是，近年來，大陸推動第二階段進口替代政策，積極發展新興產業，面板業是其中之一。在政策大力扶持下，大陸本土面板產業逐漸崛起，技術自主能力提升，產能不斷擴增，目前在大陸國內市場占有率已超過七成，大陸官方預估2019年大陸將成爲全球最大的面板生產國。大陸本土面板業迅速崛起，對臺灣面板業造成巨大的競爭壓力，友達、華映、宸鴻等業者首當其衝。

　　半導體產業是近年大陸政府積極扶持發展的戰略性新興產業之一。政策從資金、人才與技術等方面著手，從 IC 設計、晶圓代工生產至封裝測試，全面扶植大陸本土半導體產業的發展，目標爲打造一條龍式的 IC 電子產業鏈。大陸憑藉著雄厚的資金與龐大的內需市場，複製面板業發展經驗，積極發展半導體產業，並以自主供應爲最終發展目標，未來臺灣半導體產業極可能會面臨與面板產業相同的困境。

二、兩岸產業之競爭

　　關於兩岸在國際貿易領域的競合，除了前述隨著大陸產業發展，供應鏈漸趨完整，臺（外）資企業增加當地採購，取代了臺灣對大陸出口，同時，大陸製造的半成品或製成品回銷臺灣的情形也愈來愈普遍之外，兩岸貨品在主要國際市場的占有率出現消長，一方面是因台商爲維持外銷競爭力將生產基地轉移至大陸，促使出口實績轉移；另一方面則是因臺（外）直接投資促進大陸產業發展，大陸製品國際競爭力大幅提升對臺灣製品外銷所形成的排擠作用。

　　製造業台商在大陸事業所需的原材料、半成品和零組件等，採購來源的安排是台商進行全球布局的重要環節之一，投資初期大都自臺灣採購，從而帶動臺灣對大陸出口擴張，經濟部工業局發布的資料顯示，大陸台商帶動臺灣對大陸出口金額，在

2000 年間約爲 96 億美元，約占當年臺灣對大陸出口金額的 37.7%[8]。

不過，隨著大陸進口替代產業快速發展，大陸企業自臺灣進口的成長逐漸減緩，自大陸當地採購比重則逐漸增加。經濟部統計處《製造業對外投資實況調查報告》資料顯示[9]，以 2005 年資料爲例，大陸台商事業所需之原材料，自臺灣採購的比重爲 35.1%，較 1999 年的 49.8% 和 1993 年的 54.7% 低了許多，2010 年間進一步降低至 27.7%；零組件和半成品自臺灣採購的比重同期間也呈現逐年降低趨勢，由 1993 的 60.8% 降至 2005 年的 40.9%。這種現象與跨國企業海外投資的發展經驗頗爲一致，顯示大陸當地製造供應能力已逐漸改善。

值得一提的是，大陸臺資企業所需原材料和中間製品自大陸當地採購的部分，約有一半左右是來自於當地台商，對應於自臺灣採購比重降低，顯示大陸臺資企業在大陸當地已另外建立了新的產業聚落，且聚落的張力逐漸擴大；該新的產業聚落不是從臺灣移出，而是分殖（spin off），對大陸整體產業發展之貢獻更是顯著。

台商在大陸投資帶動臺灣自大陸進口，可以從大陸台商企業製品回銷臺灣的情形得知梗概。1990 年代初期，由於臺灣對大陸製品進口嚴格管制，大陸台商製品回銷臺灣的金額應不會太多。不過，自 1990 年代中期起，隨著臺灣逐漸擴大開放大陸製半成品進口，大陸台商產品回銷的比重逐漸增加，根據經濟部統計處的調查資料顯示，已由 1993 年的 11.97%，逐年增加爲 2010 年的 17.5%。

回銷比例高低在文獻上的討論，常被視爲進口國產業空洞化的指標之一，如果在大陸投資的台商產品回銷比例較高，同時也是外銷至大陸以外市場比例較高的行業，則在理論上，這些產業在臺灣似乎較會面臨產業空洞化危機，因爲赴大陸投資企業直接從大陸生產出口，回銷臺灣或在國際市場上與臺灣本地企業勢必構成競爭，大陸的廉價勞工成本優勢，對臺灣本地企業的國際行銷將造成強大威脅，從而可能影響臺灣本地企業之生存與發展。

台商赴大陸投資對臺灣貿易收支的另一個影響，是臺灣出口實績的轉移。台商到大陸投資，一方面由於大陸政府政策的鼓勵，另一方面也由於在投資動機上，主要在利用大陸低廉生產要素，降低生產成本，維持出口競爭力，生產的產品大部分供

---

[8]　經濟部工業局，《臺灣製造業發展升級策略長期研究計畫》，2001 年 6 月。

[9]　經濟部統計處，《臺灣地區製造業對外投資實況調查報告》，歷年。

出口，因此，投資行動造成了臺灣的出口實績轉移。譬如：製鞋、製傘、製帽、腳踏車、燈飾、玩具等傳統勞動力密集加工產業，過去臺灣製品在國際市場上的占有率都很高，隨著台商將生產基地轉移至大陸，臺灣的出口衰退，原占有的市場逐漸被大陸製品（臺灣廠商貢獻了一大部分）所取代。許多台商在臺灣接單，但由大陸的工廠出貨，更促進了大陸的出口實績擴增。

　　台商對大陸投資牽動了臺灣對外貿易結構。資料顯示，在臺灣的對外貿易伙伴中，大陸的地位已愈來愈重要；相對地，美國和日本等國在臺灣對外貿易夥伴中的地位則下滑，呈現了明顯消長的現象。具體而言，美國和日本原本都是臺灣最主要的進口來源國，以 1981 的資料為例（表 14-2），在臺灣總進口值中，從美國和日本進口的比重分別高達 22.5% 和 28.0%。不過，嗣後，臺灣自美國進口值占總進口的比重逐

表 14-2　歷年來臺灣主要貿易夥伴結構之消長

單位：%

	進口貿易					出口貿易				
	中國大陸	美國	日本	東協	歐洲	中國大陸	美國	日本	東協	歐洲
1981	1.5	22.5	28.0	6.4	9.4	8.4	36.1	11.0	7.5	12.8
1985	1.6	23.6	27.6	7.1	12.2	8.3	48.1	11.3	8.0	9.8
1990	2.6	23.0	29.2	7.3	17.5	12.7	32.4	12.4	10.1	18.2
1995	4.8	20.1	29.2	9.9	18.1	23.7	23.7	11.8	12.9	14.1
2000	6.1	18.0	27.5	14.1	13.6	24.4	23.5	11.2	11.0	15.7
2005	13.2	11.6	25.2	11.2	12.0	22.0	14.7	7.6	11.6	11.9
2010	14.3	10.1	20.7	10.9 (11.5)	10.4	28.0	11.5	6.6	12.3 (15.2)	10.7
2015	19.1	12.3	16.4	12.2	12.0	25.7	12.1	6.9	18.1	9.1
2016	19.1	12.4	17.6	11.8	12.5	26.4	12.0	7.0	18.3	9.4
2017	19.3	11.6	16.2	12.0	12.1	28.0	11.7	6.5	18.5	9.2
2018	18.8	12.1	15.4	12.1	12.1	28.8	11.8	6.9	17.4	9.4
2019	20.1	12.2	15.4	12.3	12.8	27.9	14.0	7.1	16.4	9.0

說　　明：1. 中國大陸 1980～2005 年資料係包含香港數據。

　　　　　2. 東協 2010 年 (含) 之前的資料只包含新加坡、馬來西亞、泰國、菲律賓、印尼等五個國家；2010 年 (含) 之後另計入汶萊、越南、柬埔寨、緬甸、寮國，共 10 國。

資料來源：根據國家發展委員會編印的《重要統計資料手冊》資料計算而得。

年下降，至 2010 年時已降至 10.1%，近年來略有回升，但僅維持在 11～12% 左右；日本雖然一直是臺灣第一大進口來源，唯其占臺灣總進口的比重自 1990 年中期達到 30% 高峰以後，最近幾年來亦呈現逐年下降的趨勢，2019 年時已降至 15.4%。自歐洲和東協的進口在 1990 年代曾呈現微幅增加之勢，但進入二十一世紀，東協的相對份額持穩，而歐洲則回跌並大致穩定在 12% 左右。

相反地，自中國大陸進口占臺灣總進口的比重卻不斷上升，從 1981 年間的微不足道，2010 年間已提高至 14.3%，2019 年間再創新高，增加至 20%。

再從臺灣的出口貿易來看，1981～1990 年代期間，美國一直是臺灣最重要的出口市場，1985 年資料顯示，臺灣對美國出口值占同年度臺灣出口總值的比重曾高達 48.1%，嗣後，則呈現逐年下降趨勢，到 2010 年時已下降至 11.5%；近年來維持在 12% 左右，2018 年爆發美中貿易戰，造成部分台商將美國訂單轉移回臺，2019 年對美國出口占比增加至 14%。日本和歐洲在 1980～1990 年代一直是臺灣第主要出口市場，不過，進入二十一世紀，日本和歐洲在臺灣出口貿易夥伴中的地位雙雙呈現下降趨勢，而大陸和東協在臺灣出口貿易中所占比重則都呈現逐年上升趨勢；近年來，東協的占比在 2017 達到 18.5% 高峰之後逐年下跌，而大陸則從 2010 年間達到 28% 高峰後回跌，2018 年再度回升至 28.8%。

臺灣與大陸與的雙邊貿易發展愈來愈密切，是否與貿易理論所述一致，兩岸都在資源、技術和規模的比較利益優勢之下，展開專業化生產，然後進行貿易？以下擬以貿易互補性指數（Trade Complementarity Index, TCI）分析臺灣與中國大陸間商品貿易的互補狀況。

世界銀行的世界貿易整合解決方案（World Integrated Trade Solution, WITS）資料庫中，定義 TCI 指數如下式：

$$TC_{ij} = 100 \times (1 - \sum (|m_{ik} - x_{ij}| \div 2))$$

其中，x_{ij} 為 j 國 i 商品之出口占其總出口的比重，而 m_{ik} 為 k 國 i 商品的進口占其總進口之比重。當 $TC = 0$ 時，表示 j 國與 k 國間並未進行 i 商品的進出口，而 $TC = 100$ 時，表示 j 國與 k 國的進口與出口商品結構呈互補狀況。當 j 國的主要出口產品類別與 k 國的主要進口產品類別相吻合時，代表 j 國的出口正是 k 國進口所需產品，因之兩國間呈互補關係。TC 愈接近 100，表示雙方的互補性愈高；相反地，TC 愈接近 0 時，

雙方的互補性愈低，在海外市場上的競爭性會偏高。

　　爲分析臺灣與中國大陸在貿易結構的競合關係演變狀況，將觀察 HS 六位碼臺灣出口至中國大陸的分布狀況，同時觀察大陸市場上 HS 六位碼的進口狀況，以之檢視在大陸市場上的臺灣產品與大陸產品的互補性。又，爲避免單一年度資料易受景氣因素影響，以三年移動平均觀察，樣本期間則爲 1998 年～2017 年間。

　　圖 14-1 顯示臺灣對大陸出口之貿易互補性指數變化趨勢。1998 年間，臺灣對大陸之出口互補度爲 37.1%，之後隨著兩岸經貿往來愈來愈緊密，臺灣提供大陸生產所需的中間財比重不斷上升，雙方的互補性愈來愈高，2006 年間，該指數更達高峰的49.96%。不過，隨著大陸加強對加工貿易業者的管理，以及大陸本土產業鏈逐漸發展，臺灣對大陸出口的貿易互補性逐漸縮減，2015 年降至 40.7%。2016 年與 2017 年略有回升，但亦僅回升至 41.23% 和 41.98%，說明臺灣產品與大陸市場的互補優勢逐漸下滑中。展望未來，大陸本土產業供應鏈更臻完整之後，自臺灣進口需求必然將逐漸被本土產品所取代，兩岸商品貿易的互補性很可能進一步降低，也就是說，兩岸商品競爭關係或將更加深化。

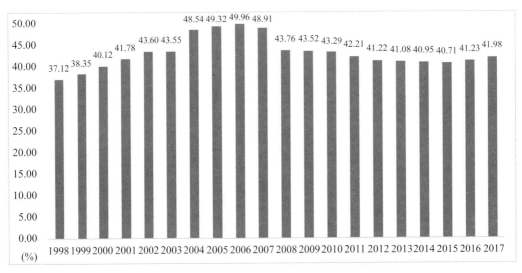

資料來源：根據 GTA 資料繪製；間接引自高長，《紅色供應鏈之發展及其對臺灣影響》，委託研究報告（未出版），
　　　　2018 年。

圖 14-1　兩岸工業製品在大陸市場之互補關係

三、國際市場占有率消長

隨著中國大陸產業崛起，兩岸貨品在國際市場上的競爭白熱化，市占率出現明顯的消長。以美國市場為例，在 1990 年間，中國大陸是美國的第八大進口來源國，而臺灣排名第五大，在美國進口市場的占有率分別為 3.1% 和 4.6%；但隨著中國大陸出口擴張，在美國進口市場上的排名不斷上升，自 2007 年開始，大陸已成為美國最大的進口來源國，並持續至今；反觀臺灣在美國進口的重要性卻逐漸下滑，至 2017 年間已滑落至第十三位；2017 年，臺灣貨品占美國進口市場的份額僅約 1.8%，而大陸占有的份額高達 21.6%（表 14-3）。

表 14-3　美國與歐盟進口市場之兩岸排名比較

	中國大陸		臺灣	
	美國	歐盟	美國	歐盟
1990	8 (3.1%)	na	5 (4.6%)	na
2000	4 (8.2%)	3 (7.5%)	7 (3.3%)	8 (2.8%)
2005	2 (14.5%)	1 (13.5%)	8 (2.1%)	10 (2.0%)
2007	1 (16.4%)	1 (18.5%)	9 (2.0%)	13 (1.6%)
2010	1 (19.1%)	1 (20.2%)	9 (1.9%)	14 (1.5%)
2015	1 (21.5%)	1 (20.0%)	11 (1.8%)	14 (1.5%)
2017	1 (21.6%)	1 (20.1%)	13 (1.8%)	14 (1.6%)

說　　明：括弧中的數據代表在當地國總進口中所占份額。
資料來源：GTA。

就歐盟的主要進口來源而言，2000 年間，臺灣與中國大陸的排名分別為第八位和第三位，市場占有率分別達 2.8% 和 7.5%。不過，自 2004 年開始，中國大陸已取代美國成為歐盟最大的進口來源國，且在歐盟進口市場所占比重逐年持續增加，2017 年間已達 20.1%。相反的，歐盟自臺灣的進口無論排名或占比都呈逐年下滑趨勢，2017 年間臺灣在歐盟主要進口來源之排名已滑落至第十四，市場占有率已降至 1.58%，對比中國大陸占有的份額更加懸殊。

從商品結構觀察，1990 年代初期，臺灣對美國出口的最大宗財貨為電子電機製品，其次依序為雜項製品、紡織製品、鞋帽傘製品等；在美國進口市場之占有

率，以雜項產品的 19.4% 居首，其次依序為鞋帽傘等製品（16.0%）、塑橡膠製品（10.7%）、皮革製品（10%）及紡織製品（9.1%）；大致上勞力密集型產品在美國進口市場的占有率較高，基本金屬製品、電子電機設備及精密儀器等資本與技術密集產品的占有率則均偏低（表 14-4）。

表 14-4　兩岸貨品在美國進口市場占有率

單位：%

	1990		2000		2010		2017	
	臺灣	大陸	臺灣	大陸	臺灣	大陸	臺灣	大陸
動物產品	1.64	5.35	1.38	4.94	0.68	10.70	0.65	7.85
植物產品	0.78	1.47	0.25	2.01	0.24	3.78	0.22	3.42
動植物油脂	0.20	0.18	0.31	0.52	0.31	1.14	0.21	0.77
調製食品、飲料等	1.24	0.63	0.62	1.77	0.36	5.29	0.43	4.74
礦產品	0.00	1.12	0.01	0.76	0.11	0.24	0.08	0.56
化學產品	0.59	1.55	0.42	2.78	0.43	6.05	0.63	7.67
塑橡膠及其製品	10.67	3.33	4.66	11.56	3.39	22.68	3.55	25.12
皮及皮革製品	10.00	16.98	1.91	45.26	0.54	69.80	0.48	53.26
木及木製品	5.61	2.82	0.77	6.07	0.34	25.49	0.22	20.54
紙漿及紙製品	0.70	0.52	0.37	4.47	0.59	17.11	0.94	23.62
紡織製品	9.08	12.91	3.71	10.73	1.06	38.79	0.75	35.48
鞋、帽、傘等製品	16.03	17.30	1.52	61.02	0.52	76.45	0.45	58.32
非金屬礦物製品	7.93	3.51	1.49	15.99	1.66	30.87	1.31	33.79
珠寶、貴金屬製品	1.11	0.96	0.15	2.51	0.17	5.36	0.08	4.94
基本金屬製品	6.58	2.00	6.08	8.28	4.00	18.43	4.37	19.79
電子及機器設備	6.55	1.92	6.95	8.98	4.10	34.16	3.21	37.02
運輸設備	1.29	0.11	0.82	1.11	0.98	3.75	0.88	4.88
精密儀器製品	4.01	1.94	2.19	9.07	1.51	12.93	1.51	14.55
雜項製品	19.37	15.33	5.07	44.25	2.28	65.88	2.26	60.42
其他製品	1.40	0.79	2.01	2.41	2.34	6.73	1.60	6.37
工業製品平均	4.58	3.07	3.33	8.22	1.87	19.07	1.81	21.58

資料來源：GTA。

　　隨著臺灣業者將勞力密集型產業外移至海外生產，尤其中國大陸更成爲台商最重要的海外生產基地，更透過三角貿易方式轉進美國市場，因而臺灣貨品在美國進口市場的占有率逐年下滑，近年來，無論是紡織、雜項製品等勞力密集型產品，或是基本金屬製品、電子電機設備及精密儀器等資本與技術密集產品在美國進口市場的份額都低於 5%。

　　反觀中國大陸對美國出口，拜大量的臺（外）商直接投資，發展外向型勞力密集加工製造業，大陸製品國際競爭力節節攀升，對美出口快速擴張，占美國進口市場的比重明顯上升，尤其是皮革製品、塑橡膠製品、鞋帽傘製品、雜項製品等技術層次較低的產品（表 14-4）。2000 年以後，中國大陸已成爲世界工廠，最主要的外銷市場爲美國；大陸製品在美國進口市場的占有率也水漲船高。2017 年資料顯示，美國自大陸進口占其總進口的比重，各類產品中以雜項製品的占比最高，達 60.4%，其次依序爲鞋帽傘等製品（58.3%）、皮革製品（53.3%），而市場份額超過 30% 的貨品，還包括電子及機器設備、非金屬礦物製品、紡織製品等，可見美國對中國大陸進口的依賴度相當深。

　　從歐盟自臺灣進口商品結構觀察（表 14-5），1999 年間，電子電機設備是最大宗財貨，其次是基本金屬，占歐盟該項產品進口總值的比重分別爲 6.3% 和 4.13%；其他如紡織製品、塑橡膠製品、雜項製品等勞力密集產品，臺灣對歐出口金額都不大，占歐盟同類產品進口比重亦相當有限。

　　2010 年以後，臺灣對歐盟出口商品結構已稍有變化，基本金屬製品、運輸設備、精密儀器製品及石化產品等資本與技術密集產品，逐漸取代傳統的紡織製品、木製品、皮革製品等低階技術製品，成爲對歐盟出口的主要產品；不過，不管哪一類產品，在歐盟進口市場的占有率都較 1999 年降低。2017 年資料顯示，市占率超過 3% 的貨品，只有電子和機器設備、基本金屬製品兩類。

　　反觀大陸製品在歐盟進口市場的占有率，早在 1999 年間，皮革製品、鞋帽傘等製品及雜項製品等勞力密集型產品都超過 30%，非金屬礦物製品、紡織製品和塑膠橡膠製品等的市占率也都在兩位數以上。近幾年來，大陸製品在歐盟進口市場的占有率，無倫哪一類商品，都呈現逐年持續上升趨勢，2017 年資料顯示，雜項製品的市占率已逼近七成；皮革製品、鞋帽傘等製品的市占率則突破四成。值得注意的是，大陸電子電機設備在歐盟進口市場占有率，從 1999 年的 7.5%，到 2017 年間，已大幅提高至 41.2%；同期間，市占率提升幅度超過 10 個百分點的商品，還有非金屬礦物

表 14-5　兩岸貨品在歐盟進口市場占有率

單位：%

	1999		2010		2017	
	臺灣	大陸	臺灣	大陸	臺灣	大陸
動物產品	0.37	5.35	0.10	10.04	0.09	8.91
植物產品	0.06	2.50	0.07	4.52	0.06	4.07
動植物油脂	0.04	0.63	0.02	0.50	0.26	1.02
調製食品、飲料等	0.12	2.16	0.11	4.00	0.20	4.23
礦產品	0.00	0.64	0.10	0.25	0.00	0.24
化學產品	0.33	4.27	0.46	8.20	0.55	9.52
塑膠、橡膠及其製品	3.37	10.38	2.38	18.63	2.28	23.01
皮及皮革製品	1.52	38.35	0.54	50.86	0.38	43.68
木及木製品	0.48	6.62	0.29	23.44	0.16	20.61
紙漿及紙製品	0.43	3.57	0.43	15.29	0.41	19.35
紡織製品	2.22	16.12	0.60	41.56	0.46	33.18
鞋、帽、傘等製品	3.86	31.25	0.42	53.48	0.37	46.11
非金屬礦物製品	3.41	16.55	1.19	44.50	1.26	37.17
珠寶、貴金屬製品	0.15	2.15	0.27	3.57	0.16	2.49
基本金屬製品	4.13	7.72	2.82	17.88	3.51	20.71
電子及機器設備	6.26	7.53	4.34	39.31	3.77	41.15
運輸設備	1.91	1.10	2.11	11.77	1.96	7.19
精密儀器製品	1.63	7.51	1.21	12.95	1.38	16.74
雜項製品	5.93	39.75	2.17	69.90	1.73	69.35
其他製品	0.28	0.47	0.50	4.51	0.43	2.65
工業製品平均	2.80	7.04	1.58	18.48	1.58	20.10

資料來源：GTA。

製品、紡織製品、紙漿及紙製品、鞋帽傘等製品、基本金屬製品、募集木製品等。

　　歐盟市場進口中國大陸產品的結構趨於多樣化，且商品結構亦逐漸朝資本與技術密集產品發展，尤其自 2007 年以來，兩岸對歐盟市場的出口貿易貨品的相似度愈來愈高，顯示兩岸產品的相互競爭性愈來愈明顯，說明在歐盟市場上，大陸產品對臺灣

製品出口的競爭威脅有增無減。

　　再就東協國家的市場觀察，目前中國大陸為東協最大的貿易夥伴，而臺灣為東協的第六大貿易夥伴。根據東協祕書處資料，2005 年東協自臺灣進口值為 233.79 億美元，而至 2016 年已成長至 607.75 億美元，從進口商品結構觀察，電子電機設備為最大宗財貨，依序為礦產品、基本金屬製品、塑橡膠製品等，而至 2016 年電子電機設備依然是最大宗財貨，依次為基本金屬製品、化學產品、紡織製品等，結構稍有變化。

　　進一步觀察臺灣各類產品在東協進口市場的占有率，表 14-6 資料顯示，以 2005 年為例，普遍小於 5%，2005 年占比最高的電子電機設備產品僅約占 6.6%，其次依序是紡織製品（5.7）%、基本金屬製品（3.2%）、紙漿及紙製品（3.2%）、塑橡膠製品（3.1%）、雜項製品（3.1%）等。近幾年來，臺灣製品在東協進口市場的占有率略有斬獲，2017 年資料顯示，電子電機設備產品的占比提升至 9.8%，紡織製品的占比也上升至 8.7%，而塑膠橡膠製品亦提高至 5.9%，基本金屬製品和化學製品則分別提升到 4.9% 和 4.6%。這種現象顯示，臺灣近年來出口商品普遍朝高值化之中間財發展，在東協市場的競爭力表現不差。

　　至於中國大陸製品在東協國家進口市場的占有率，在 2005 年間以鞋帽傘等製品占其相關產品的進口比重最高，達 43.9%，其次依序為雜項製品（29.6%）、紡織製品（26.2%）、非金屬礦物製品（21.5%）、皮及皮革製品（19.6%），大都屬低階技術製品。然而，2010 年東協—中國 FTA 全面生效實施之後，幾乎所有大陸製品在東協國家的進口占比都明顯上升，包括基本金屬製品、雜項製品、非金屬礦物製品等，2005～2016 年間市占率增加的幅度都超過 20 個百分點，而紡織製品、木及木製品市占率增加幅度，同期間也超過 15 個百分點。2016 年資料顯示，紡織製品、鞋帽傘等製品、非金屬製品、雜項製品等的市占率都超過 40%，基本金屬製品、電子電機設備、運輸設備及精密儀器設備等技術層次較高的產品，在東協進口的占比亦有明顯的提升。

　　東協市場長期是臺灣中間財的重要出口市場，但隨著大陸產業崛起，並以低價行銷東協市場，自 2000 年以來，兩岸產品在東協市場的貿易結構相似度愈來愈高，反映在東協市場上兩岸產品的競爭性愈來愈強。

表 14-6　兩岸貨品在東協進口市場占有率

單位：%

	2005		2010		2016	
	臺灣	大陸	臺灣	大陸	臺灣	大陸
動物產品	1.75	4.11	3/80	4.94	2.70	6.40
植物產品	0.29	14.58	0.24	14.30	0.23	14.08
動植物油脂	0.31	2.18	0.30	1.33	0.47	1.52
調製食品、飲料等	0.55	6.68	0.71	6.85	0.84	8.81
礦產品	2.03	4.22	3.03	4.12	2.06	5.95
化學產品	2.40	9.61	4.64	13.42	4.64	18.56
塑膠、橡膠及其製品	3.11	6.87	5.83	9.66	5.87	17.45
皮及皮革製品	1.86	19.60	6.66	18.85	3.27	24.30
木及木製品	0.65	9.51	0.84	16.52	0.44	24.02
紙漿及紙製品	3.18	5.35	4.64	9.13	4.09	17.48
紡織製品	5.67	26.20	11.32	31.71	8.70	43.69
鞋、帽、傘等製品	1.38	43.92	2.84	51.41	1.53	49.35
非金屬礦物製品	1.44	21.47	1.83	28.60	1.76	43.26
珠寶、貴金屬製品	0.08	8.86	0.61	2.36	0.18	2.28
基本金屬製品	3.20	13.72	5.66	14.80	4.90	33.71
電子及機器設備	6.61	13.40	7.18	18.33	9.76	26.15
運輸設備	0.78	3.89	0.80	6.54	0.76	10.27
精密儀器製品	1.38	8.68	1.58	10.98	2.87	15.02
雜項製品	3.09	29.60	3.92	37.00	3.33	48.04
其他製品	0.95	2.74	6.41	4.01	1.25	9.24
工業製品平均	4.05	10.59	4.96	12.91	5.60	20.68

資料來源：東協祕書處。

參考文獻

一、中文

于宗先、林昱君、張榮豐（1995），《中國大陸經改影響下之兩岸經濟關係暨我政府對產業策略之規劃》，臺北：中華經濟研究院。

中華經濟研究院（2003），《製造業廠商赴大陸投資行為轉變及政府因應政策之研究－以電子資訊業為例》，臺北：中華經濟研究院。

林昱君（1994），《臺灣對外與對大陸的產業內貿易比較研究》，臺北：中華經濟研究院。

高長（2001），「製造業赴大陸投資經營當地化及其對臺灣經濟之影響」，《經濟情勢暨評論季刊》7(1)，頁 138-173。

高長（2001a），「兩岸加入 WTO 後，產業可能的互動與競爭力變化」，《經濟情勢暨評論季刊》7(3)，頁 1-20。

高長（2006），「1986 年以來，兩岸高科技產業的合作與發展」，收錄於《兩岸經驗二十年：1986 年以來兩岸經濟合作與發展》，高希均、李誠、林祖嘉主編，臺北：天下。

高長（2012），《大陸政策與兩岸經貿》，臺北：五南圖書出版。

高長（2017），「兩岸經貿交流 30 週年之回顧與前瞻」，《展望與探索》15(11)，頁 8-15。

經濟部投資審議委員會（2000，2005），《中國大陸投資事業營運狀況調查分析報告》，臺北：經濟部投資審議委員會。

蔡宏明（2006），「1986 年以來兩岸傳統產業的合作與發展」，收錄於《兩岸經驗二十年：1986 年以來兩岸經濟合作與發展》，高希均、李誠、林祖嘉主編，臺北：天下。

二、英文

Buckley, P. and M. Casson (1976), *The Future of the Multinational Enterprise*, London: Macmillan.

Caves, R. E. (1971). "International Corporations and The Industrial Economics of Foreign Investment", *Economica* 38, 1-27.

Dunning, J. (1980), "Toward an Eclectic Theory of International Production: Some Empirical Tests", *Journal of International Business Studies* 11, 9-31.

Dunning, J. (1993), *Multinational Enterprises and Global Economy*, MA: Addison-Wesley.

Grubel, H. G. and P. J. Lloyd (1975), *Intra-industry Trade*, London: The Macmillan Press Ltd..

Hufbauer G., D. Lakdawalla and A. Malani (1994), "Determinants of Foreign Direct Investment and Its Connection to Trade", *UNCTAD Review*, 39-41.

Hymer, S. (1960), *The International Operations of National Firms: A Study of Direct Forign Investment*, Cambridge, Masschuestts: MIT Press.

Lipsey R. E. and M.Y. Weiss (1981), "Foreign Production and Exports in Manufacturing Industries", *Review of Economics and Statistics* (2), 304-335.

Mundell, R.A. (1957), "International Trade and Factor Mobility", *American Economic Review* 47, 321-335.

第十五章　美中貿易博弈與兩岸經貿關係

自川普走馬上任之後，美國與中國大陸的經貿關係摩擦與對立不斷，影響所及，不只針鋒相對的中美兩國，在地球村上的各個國家，尤其在全球價值鏈中占有重要地位的新興國家，受到的衝擊甚至更嚴重。

早在川普競選美國總統期間，即一再表示要將大陸列爲匯率操縱國，並威脅徵收 45% 的高關稅。2017 年 3 月 1 日，川普政府發布《2017 年度國別貿易壁壘評估報告》，列舉大陸對美國存在的破壞公平貿易會、違反 WTO 規則的主要貿易壁壘，涉及智慧財產權、產業政策、服務貿易、數位貿易、農業、政策透明度、法律框架等 7 大類 46 小類。

同年 4 月 1 日，川普政府發布《特別 301 報告》，繼續將大陸列入優先觀察名單；報告指出大陸存在大量侵犯智慧財產權行爲，並認爲大陸在市場准入、強制要求美國在大陸的企業研發本土化等存在不正當手段。經過四個月，也就是大約在 8 月中旬，川普授權美國貿易代表辦公室，依據《1974 年貿易法》第 301 條對大陸啓動所謂的「301 調查」，以確定大陸在技術轉讓、智慧財產權保護和創新等領域的作爲、政策和作法，是否不合理或具歧視性，以及對美國商業造成負擔或限制。

2018 年 3 月 22 日，川普簽署就「301 調查」結果採取行動的備忘錄，嗣於 4 月 4 日公布加徵 25% 關稅產品清單，總金額 500 億美元；大陸商務部隨後做出反制措施，針對 14 類 106 項原產於美國的大豆、汽車、化工品、飛機等產品加徵 25% 的關稅，實施日期將與美國政府對大陸商品加徵關稅同步，將另行公布。同時，大陸在世界貿易組織（WTO）爭端解決機制下，提起磋商請求，正式啓動 WTO 爭端解決程序。

中美雙方曾一度於 2018 年 5 月達成暫停貿易戰的共識，並發表聯合聲明表示，雙方同意「將採取有效措施，實質性減少美國對大陸貨物貿易逆差」，「有意義地增加美國農產品和能源出口」，「鼓勵雙向投資，將努力創造公平競爭營商環境」等。但美國貿易代表署仍於 6 月 16 日公布對大陸加徵關稅清單，清單第一部分包括 818 項品，進口值大約 340 億美元，徵稅從 7 月 6 日開始實行；第二部分經過徵求各界意見後定案，包含 279 項產品，進口價值大約 160 億美元，生效實施日期爲 8 月 23 日。

大陸幾乎在同一時間提出反制措施，對原產於美國的 659 項約 500 億美元進口商品加徵 25% 的關稅，其中對農產品、汽車、水產品等 545 項約 340 億美元商品，自

7月6日起實施加徵關稅；對其餘的160億商品，包括多種化學和能源產品、塑料及其製品、某些橡膠和某些醫療設備等，加徵關稅之生效實施日期隨後公布為8月23日。

美中貿易戰正式開打，且持續不斷、高潮迭起，不只對中美兩國經濟已造成明顯的衝擊，兩敗俱傷，進一步拖累了全球經濟；由於中美兩國都是臺灣的重要貿易夥伴，臺灣也難免遭受池魚之殃。

本章旨在探討中美貿易戰情勢不斷升高，對臺灣經貿可能造成的衝擊，以及其未來的展望。全文除前言與結論之外，首先分析中美爆發貿易戰的背景原因和貿易爭端的主要內涵，其次探討中美相互貿易制裁對雙邊、全球及臺灣經濟造成的影響，第三則聚焦分析中美貿易爭端的未來展望。

第一節　美中爆發貿易戰的緣由

美國與中國大陸的貿易摩擦不斷升級，究其原因，有經濟上考量，也有出自政治謀略。表面上是因兩國之雙邊貿易失衡問題，川普要求中國大陸降低美國的貿易赤字，要求中國大陸進一步對美開放市場，而更深層的目的則在於試圖遏制中國大陸經濟崛起。

美國總統川普不滿長久以來與中國大陸的貿易逆差不斷擴大。根據統計，自2000年起，中國大陸取代日本成為美國貿易逆差最大的來源國，2018年貨物貿易逆差高達4,190億美元（圖15-1），占美國貨物貿易逆差總額的47%，較2007年的32%增加許多。川普認為，這種現象突顯的是不公平競爭，而追根究底，主要是因為中國大陸不信守加入WTO之承諾，未充分履行市場法則，採取國家主導、重商主義政策，對經濟造成扭曲的必然。

美國指責中國大陸，加入WTO這麼多年來仍未充分履行當初許下的承諾，主要表現在智慧財產權保護不力；政府補貼國企；「中國製造2025」產業政策等造成的不公平競爭；強制技術轉讓；在金融、通訊、能源、農業、交通等領域，市場對外開放不足等。近幾年發展非常快速的互聯網產業，中國大陸又以「網路安全」為由，把外國的互聯網產業大型企業，例如：Google、Facebook等，都擋在中國大陸的防火牆之外。

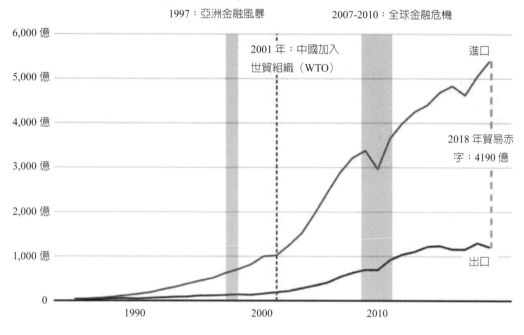

美中貿易額（單位：美元）
美國對華貿易赤字從 1985 年開始飆升

資料來源：「中美貿易談判：關稅上調在即，特朗普收到習近平『美麗信件』」（2019 年 5 月 10 日），2019 年 6 月
6 日，BBC 中文網，https://www.bbc.com/zhongwen/trad/world-48222287

圖 15-1　歷年來美中雙邊貿易發展趨勢

　　中國大陸在加入 WTO 之初，被認定為「發展中國家」，享受巨大的優惠，如今
已發展成為全球第二大經濟體，在貿易上繼續利用發展中國家身分享受各種優惠，顯
然不公平、不合時宜，這是美國等西方國家要求改變的主要理由。

　　此外，智財權爭端一直是美中經貿關係中長期存在爭議的焦點，川普更是耿耿於
懷，對中國大陸發起「301 調查」，依據的就是其偷竊智慧財產權、強制美國企業技
術轉讓等不正當交易行為。美國官方調查，大陸企業仿冒商品、盜版軟體和盜竊商業
機密，造成美國公司蒙受的智慧財產損失，每年高達 2,500 億美元到 6,000 億美元；[1]

[1]　吳英，「貿易戰十大聚焦及未來展望（上）」，2018 年 12 月 23 日，**大紀元**，http://www.epochtimes.com/b5/18/12/18/
n10918329.htm 2019 年 1 月 27 日檢索。

在另一方面，大陸強迫在當地投資的美國企業，將技術轉讓給中方合作的夥伴，粗估美國每年損失的智慧財產金額至少 500 億美元。

產業政策是美中貿易爭端的另一個重點，川普政府特別關切大陸的「中國製造2025」計畫。美國認為，中國大陸政府實行國家資本主義戰略，為本國企業提供政策傾斜，尤其對目標產業提供大量補貼，並且以公權力指導和促成中資企業系統性地投資及收購美國公司和資產，以獲得尖端技術和智慧財產權，甚至透過網路等不正當手段盜竊關鍵技術，造成不公平競爭問題。而大陸卻高調推出「中國製造2025」計畫，遂引起了美國的警惕，激化了兩國的矛盾。

其實，美國對中國大陸挑起貿易爭端，主要是因中方綜合國力快速提升，已對美國的霸權地位造成威脅。美國指控中方的種種「不公平」、「不對等」行為，在過去中美兩國經濟實力差距很大的時候，美國大多是睜一隻眼、閉一隻眼；如今中國大陸經濟崛起，美國已感受到國家利益遭到威脅，無法再像過去一樣視而不見。

中美兩國經濟實力對比的消長，以 GDP 指標來看（表 15-1），1980 年代，美國的 GDP 平均約相當於中國大陸的 13.2 倍；進入二十一世紀，中美兩國 GDP 的規模差距大幅縮小，2011～2017 年平均，美國只超過中國大陸 70% 左右。

表 15-1　近四十年來中美兩國 GDP 規模相對地位變化

	美國（兆美元）	大陸（兆美元）	美／中（倍）
1981-1990 平均	4.49	0.34	13.2
1991-2000 平均	8.03	0.80	10.0
2001-2010 平均	13.09	3.09	4.2
2011-2017 平均	17.42	10.10	1.7
2023 年預測	24.53	21.57	1.1

資料來源：作者根據相關資料整理。

2017 年，大陸 GDP 高達 12 萬億美元，約相當於美國的 63%；未來美國和大陸經濟成長率若每年分別以 6%、2.3% 的速度持續成長，則大約在 2027 年左右，大陸有可能超越美國，成為全球第一大經濟體。中美兩國綜合國力之消長，引起美國的憂慮，川普政府試圖複製 1980 年代美日貿易戰的經驗，牽制大陸發展，維護自身在全球的政治、經濟領導地位。

　　爭奪行業科技話語權和國際競爭力是美中兩國貿易爭端的核心議題。大陸高新產業快速發展，技術崛起觸動了美國「國家安全」的敏感神經，美國感受到的威脅和挑戰日增，是讓川普一再祭出「301調查」殺手鐧的重要原因。近幾年，除了百度（BAT）等這類的軟體和服務供應商之外，華為、中興等通訊基礎設施供應商，甚至像小米這樣的硬體製造商，都逐漸在國際市場上嶄露頭角，占有一席之地。

　　美國認為，中國大陸正在以國家戰略培育新一代通信 5G、人工智慧（AI）和自動駕駛等，直接攸關到軍事技術的高科技領域。美國存在高度的不信任感，這些領域的大陸企業之所以能夠快速發展，是大陸當局的「市場換技術」政策，強迫外國企業轉讓所擁有的專利和技術；而大陸政府已行政資源強力介入後，這些行業的產能激增，也導致國際市場供需失衡。

　　至於半導體、精密儀器、航空航太等技術層級更高的行業，儘管目前的發展水準不高，但大陸已提出七大戰略性新興產業、「中國製造 2025」等戰略規劃，幾乎傾全國之力投入資金和人才，未來持續發展的結果，勢將衝擊國際市場的生態，對其他國家造成更大競爭威脅。因此，白宮貿易顧問納瓦羅（Peter Navarro）不避諱地指出，美國的這一輪貿易制裁行動，針對的是大陸近幾年推出的「中國製造 2025」計畫。

　　從美國本身來看，川普挑起對中國大陸的貿易爭端，除了有經濟利益考量，更有政治利益的訴求，一方面希望透過貿易制裁，逼使包括美國企業在內的外資企業撤離大陸地區，並配合「再工業化」政策，吸引跨國美資製造業回流，強化產業技術方面的領先優勢與價值鏈上的主導地位，另一方面，試圖藉此事件激起國內民粹主義和貿易保護主義的風潮，兌現「美國優先」的競選承諾，爭取更多政治籌碼。

第二節　貿易戰開打且持續加溫

　　川普政府在 2017 年 12 月提出的新版國家安全戰略，將中國大陸列為戰略競爭對手，並指責中國大陸對美國「經濟侵略」。此外，也公開拒絕承認中國大陸的市場經濟地位，又對中國大陸揮起「301調查」大棒，並以安全為由，否決中資企業在美國的併購投資、對中國大陸的太陽能電池板和洗衣機徵收高額懲罰性關稅、對進口自中國大陸的鋼鐵和鋁製品展開安全調查，這些動作顯示川普政府已將中美經貿關係現存的矛盾問題，提升至政策優先議題。

　　美國自 2017 年 8 月開始，針對大陸智慧財產權、技術轉讓和創新領域展開「301 調查」，依據該項調查報告，在 4 月 4 日凌晨正式公布了 1,333 個關稅項目，自大陸進口 500 億美元等值商品加徵 25% 關稅建議清單，涉及航空航天、資訊和通訊技術、生物醫藥、工業機器人、新能源汽車和機械等行業。嗣經兩個月蒐集各方意見再評估後，於 6 月 15 日，正式公布加徵關稅的商品清單，共計 1,102 項，貿易值約 500 億美元。

　　美國對大陸的貿易戰爭於 7 月 6 日正式開打，第一波公布的關稅制裁清單包括 818 項產品，進口值合計約 340 億美元（表 15-2），大部分歸類在 HS 制度第 84、85、87、88 和 90 章中，例如：引擎和馬達；建築、鑽井和農業機械；礦物、玻璃、橡膠或塑料加工機械；鐵路機車和鐵路車輛；汽車和摩托車；直升機和飛機；以及測試、計量和診斷儀器和設備等。

表 15-2　美國對中國大陸貿易制裁清單

	正式公告	生效日期	HS 八位碼分類項數	貿易額（億美元）	加徵稅率（%）
清單一	06.15.2018	07.06.2018	818 項	340	25%
清單二	08.07.2018	08.23.2018	279 項	160	25%
清單三	09.17.2018	09.24.2018	5,745 項	2,000	10% （05.10.2019 起加徵 25%）
清單四	05.15.2019	09.01.2019	3,805 項	3,000	10%
註：1. 全部貨品的附加關稅，2019 年 8 月 28 日宣布加碼 5 個百分點，自 9 月 1 日起實施。 　　2. 清單四分兩階段實施，生效日期分別為 9 月 1 日和 12 月 15 日。					

資料來源：作者根據相關資料整理。

　　另一份清單包括 284 個項目，進口值合計約 160 億美元（表 15-2）。其中有一部分產品歸類 HS 第 84、85、97 和 90 章，例如：半導體芯片、電子產品、製造乳製品的設備，以及光纖等，美國稱這些產品受益於「中國製造 2025」等產業政策；另一些則包含了 HS 第 27、34、38、39、70、73、76 和 89 章的不同產品，包括塑料和塑料製品；工業機械；石材、陶瓷、混凝土、木材，硬橡膠或塑料和玻璃加工機械；貨櫃；拖拉機等。最後確定實施關稅制裁的項目涉及 279 項稅目，自 8 月 23 日開始生效實施。

　　9 月 18 日，美國加碼公布對自大陸進口的 2,000 億美元貨品加徵高額關稅；自 9 月 24 日開始生效，初期加徵 10% 關稅，從 2019 年 1 月 1 日起，加徵的稅率將提高到 25%。同時警告稱，若中國大陸對美國農民或其他產業採取報復行動，美方將立即進行第三階段，對其餘的大陸輸美商品（約 2,670 億美元）課徵額外關稅。

　　美方公布的最新一輪關稅清單（清單三）總計 5,745 項，主要包括電視零件、冰箱等消費品及其他高科技產品，諸如玻璃及其製品、印刷電路及通信相關、LCD 與 LED 相關等，備受關注的智慧型手機並不在其中。還包括其他消費性商品，例如：汽車輪胎、家具、家用電器、木製品、手提包、寵物食品、棒球手套、玩具等。

　　當美國制裁中國大陸一波接一波，北京不甘示弱，幾乎與美國同步發布以同樣的方式，一次接一次的進行反制（表 15-3）。首批清單涵蓋的產品包括 545 個項目，合計約 340 億美元，主要為農產品、汽車、水產品、醫療產品、煤炭、石油等，從 7 月 6 日起加徵 25% 進口關稅；第二批產品包含 114 個項目，合計約 160 億美元，主要為化學和能源產品、塑料及其製品、某些橡膠和某些醫療設備等，具體實施時間對應美國的 8 月 23 日。

表 15-3　中國大陸反制美國貿易制裁清單

	正式公告	生效日期	HS 八位碼分類項數	貿易額（億美元）	加徵稅率（%）
清單一	06.16.2018	07.06.2018	545 項	340	25%
清單二	08.08.2018	08.23.2018	333 項	160	25%
清單三	09.18.2018	09.24.2018	5,207 項	600	5%～10%
清單三修正	05.15.2019	06.01.2019	5,207 項	600	5%～25%
最新版	08.23.2019	09.01.2019 12.15.2019	na	750	5%、10%

資料來源：作者根據相關資料整理。

　　針對美方公布第三波制裁商品清單，大陸商務部也在第一時間公布反制方案，對原產於美國的 5,207 項、約 600 億美元商品，加徵 5%、10% 不等的關稅，自 9 月 24 日開始實施。涵蓋的商品主要包括中小型飛機、電子產品、紡織品、化學品、炊具和紙類、肉品、小麥、葡萄酒、液化天然氣等。

　　中美貿易戰對立情勢不斷升高，儘管在 2018 年 12 月初，G20 阿根廷高峰會期間，兩國領導人達成暫時休兵的共識，但 90 天緩衝期過後，貿易戰火並未見緩和。

美國對中國大陸製品加徵進口關稅的行動，針對 2,000 億美元的清單，自 2019 年 5 月 10 日將稅率提高至 25%；中國大陸提出的反制措施則是，針對已提出的 600 億美元制裁清單，加徵關稅的稅率由原來的 5% 或 10%，調升為 5% 到 25%。

2019 年 8 月初，川普政府另宣布將針對額外的 3,000 億美元中國大陸商品加徵 10% 進口關稅，自 9 月 1 日生效實施。嗣經過兩個星期不到的時間，川普再度加碼，前三波制裁清單總計 2,500 億美元商品的附加關稅提高為 30%，10 月 1 日生效實施；後期的 3,000 億美元加徵的關稅也提高至 15%，分兩批實施（9 月 1 日和 12 月 15 日）。兩國的貿易戰火高潮迭起。

第三節　體制與科技霸權之爭

川普對中國大陸發動貿易戰的訴求，表面上是為了改善雙邊貿易失衡，試圖藉加徵關稅迫使中國進一步對美開放市場，其實更深層的目的在於遏制中國大陸高科技產業發展，爭奪高科技領域的主導權。因此，在關稅制裁之外，川普也採取一些非關稅措施制裁中國大陸，譬如：指示行政部門運用新的法規或所有現行法律，阻止中資企業掠奪性投資；加強審查擁有智慧財產權的美國科技公司，在國內外的合資計畫，以及加強出口管制，或要求美國企業或機構不得採購中國大陸特定產品等，不讓中方輕易取得美國高科技與人才，以全面防堵中方竊取美國的智慧財產及營業祕密。

美國對中國大陸特定的高科技公司展開一系列制裁行動，如表 15-4 資料顯示，舉其要者，2018 年 4 月中旬，美國商務部宣布制裁中方電信設備商中興通訊，禁止美國公司對其出售高科技零組件及服務七年，所持理由是該公司違反美國對伊朗和北韓等國的出口禁令。中興公司做為大陸新一代 5G 無線通訊技術的領先企業，在全球 5G 技術水準位居前列，美國對中興的打壓，就是對「中國製造 2025」規劃支持產業的打壓；除經濟效益考量，中美兩國目前在 5G 技術發展中，主導地位之爭奪，更是美國打壓中興的關鍵。

2018 年 8 月 1 日，美國正式開啟對中國大陸的技術封鎖。美國商務部將 44 家中國大陸實體列入出口管制的實體清單，規定這些實體購買政策管制商品時，必須先取得特定許可證。這 44 家實體大多屬於中國航天及軍工領域相關企業或機構，主要波及微波射頻行業，中國電子科技集團公司及其下屬單位，更是此波受到美國封鎖的重

表 15-4　美國制裁中國大陸高科技企業代表性案例

項目	公告日期	制裁對象	制裁內容
1	04.16.2018	中興通訊	禁止中國大陸電信設備商中興通訊從美國市場上購買零部件產品，期限為七年
2	08.01.2018	44 家實體	將 44 家中國大陸實體（包括 8 個實體以及 36 個下屬機構）列入出口管制的實體清單，這些實體購買政策管制商品時，必須先取得特定許可證。
2	08.15.2018	華為、中興通訊	依據 2019 年版「國防授權法案」，禁止華為、中興通訊、海能達通信、杭州海康威視和浙江大華科技等科技公司參與美國政府採購。
3	10.12.2018		美國能源部宣布，嚴格限制民用核技術輸出中國大陸。
4	10.29.2018	福建晉華集成電路	限制對福建晉華集成電路出口軟件和技術產品。
5	12.01.2018	華為（孟晚舟事件）	在溫哥華轉機時，被加拿大警方應美國政府司法互助要求逮捕。
6	05.16.2019	華為	禁止美國國內通信運營商採購外國企業的通信設備；同日美國商務部將華為及其附屬公司（約 70 家），列為出口管制「實體名單」。
7	06.21.2019	中科曙光等 5 家	中科曙光、天津海光、成都海光集成電路、成都海光微電子技術、無錫江南計算技術研究所等 5 家新技術企業列入「實體清單」，禁止購買美國的關鍵設備和零組件。
8	08.14.2019	中廣核集團等 4 家	中廣核集團、中廣核有限公司、中廣核研究院、蘇州熱工研究院等 4 家實體列入實體清單，美國企業向這幾家公司出口零組件和技術時，需先獲得美國商務部的許可。

資料來源：作者根據相關資料整理。

災區。

8 月中旬，美國通過 2019 年度「國防授權法案」，其中「禁止某些電信和影像監控服務或設備」的條款，規定美國「政府機構不得採購華為與中興（或此類實體的任何子公司或附屬公司）的電信設備」。生產影像監控和電信設備的海能達（Hytera）通信、杭州海康威視（Hangzhou Hikvision）和浙江大華科技（Zhejiang Dahua）等公司也列名其中。

2019 年 5 月中旬，川普簽署了一份行政命令，禁止美國企業採購被認為有國安風險外國公司所製造的通信設備；同日美國商務部將華為及其附屬事業（約 70 家），

列入出口管制「實體名單」，禁止華為在未經許可下，向美國企業採購相關零組件和技術；美國甚至也呼籲其他跨國企業停止與華為之開展業務，以達到圍堵華為進入未來 5G 網路的效果。

川普政府對華為的制裁舉動，顯示美國的意圖不僅是要從經濟上與中國大陸脫鉤，更要透過阻止中國大陸獲得美國技術，達到遏制中國大陸科技產業發展的目的。有專家分析，[2] 如此作為，不只會使華為陷入癱瘓，更將拖累中國大陸的 5G 無線網絡發展。這些招數顯然已將美中貿易戰導向科技冷戰。

繼華為之後，6 月下旬，美國商務部又對超級計算技術領域下手，宣布把中國大陸 4 家企業和 1 家研究機構列入「實體名單」中，包括中科曙光、天津海光、成都海光集成電路、成都海光微電子技術，以及無錫江南計算技術研究所，規定在沒有取得美國政府核准之前，美國企業不能販售相關產品給這些實體；理由是：「構成了參與違反美國國家安全和外交政策利益活動的重大風險」。

8 月中旬，美國再次項中國大陸核電領域出重拳，將中廣核集團及其關聯公司 4 家實體加入「實體清單」，分別是中廣核集團、中國廣核集團有限公司、中廣核研究院、蘇州熱工研究院等。這 4 家實體之所以被盯上，是因為這些實體從事或試圖取得先進的美國技術和材料，以移轉給軍方做為軍事用途。因此，要求美國企業向這幾家公司出口零組件和技術時，需先獲得美國商務部的許可。

中美兩國的競爭表面上雖然是貿易戰爭，其實是在高科技的較量。川普執政後的美國，對中國大陸的定位已經從「戰略夥伴」轉變為「戰略競爭對手」，做為決定一個國家未來安全、綜合實力和競爭力的關鍵因素，科技競爭逐漸被上升到了地緣戰略的高度。這場競爭的重點是「技術民族主義」[3]，從華為到 5G，從人工智能到航天工程，從無人駕駛汽車到清潔能源，每個領域都可能是這場爭的焦點。

---

[2] 「『新科技冷戰』才是中美主力戰場，貿易戰只是美中衝突的一小部分」，2019 年 5 月 23 日，**報橘**，https://buzzorange.com/2019/05/23/the-real-us-and-china-are-fighting-for/，2019 年 6 月 6 日檢索。

[3] 「新技術民族主義」是指一個國家將經濟和科技領域定義為與國家安全有關的行為，基於國家競爭力方面的考量，該國希望在該技術領域戰統治地位。參閱王凡，「中美貿易戰：兩國之間高科技較量激戰正酣」，2018 年 12 月 26 日，BBC 中文網，https://www.bbc.com/zhongwen/trad/chinese-news-46681914 2019 年 1 月 27 日檢索。

第四節　對全球經濟造成的衝擊

美中貿易戰不斷升級，對兩國經濟造成的負面影響已愈來愈明顯，可說是兩敗俱傷。就中國大陸來看，直接的衝擊主要表現在出口成長受挫，經濟成長動能減弱，外資企業撤離大陸、繼續在大陸擴大投資的意願降低等。

中國大陸官方公布的資料顯示[4]，貿易戰已導致中國大陸總出口及對美出口增速大幅下滑，2019 年全年增速，總出口微增 0.5%，對美出口則大幅衰退 12.5%[5]，與去年全年的出口表現比較，分別下降了 9.4 和 23.8 個百分點，這樣的變化已導致美國退居為中國大陸第二大出口市場、第三大貿易夥伴。

附加關稅將增添企業的成本，可能使得已面臨經營成本不斷上漲的外資企業雪上加霜，因此，貿易戰或將加速外資企業將部分業務，甚至全部撤離中國大陸。華南美國商會的調查研究發現，有超過 70% 的受訪美商表示暫停在中國大陸做後續投資，有 64% 的受訪美商表示，將考慮轉移生產線到其他國家[6]。

對美出口萎縮，加上外資企業撤離，中國大陸的經濟成長動能正逐漸衰弱。美國知名投資銀行摩根史坦利的研究報告指出，美國對中國 500 億美元等值的產品課徵 25% 的懲罰性關稅，將導致中國的 GDP 下降約 0.1 個百分點；如果川普繼續對價值 2,000 億美元的中國大陸製品加徵 10% 的進口關稅，則對中國大陸 GDP 成長的直接影響將增加到 0.3 個百分點；而在貿易全球化的擴散效應下，間接影響將進一步使得中國大陸 GDP 成長減緩 0.2～0.3 個百分點[7]。摩根史坦利經濟學家同時指出，如果美國政府在貿易制裁之外，決定另外對高科技領域加強對中國出口管制，譬如：禁止芯片、軟體等商品，由於目前中國大陸對美國存在高度依賴，則可能對中國大陸造成更大傷害。

美中貿易戰對美國經濟同樣會造成傷害，首當其衝的是雙邊貿易流量，一方面

---

[4] 任澤平、羅志恒、華炎雪、賀晨，「客觀評估中美貿易摩擦對雙方的影響」，2019 年 7 月 18 日，**搜狐網**，http://www.sohu.com/a/327802257_467568，2019 年 9 月 6 日檢索。

[5] 「陸海關總署：2019 年中國進出口總值創新高」，2020 年 1 月 14 日，**工商時報**。

[6] 「美中貿易戰效應，台商回流美商轉移」，2018 年 10 月 30 日，**BBC 中文網**，https://www.bbc.com/zhongwen/trad/46032549，2019 年 4 月 4 日檢索。

[7] 環球時報，「摩根斯坦利報告：貿易戰對中國 GDP 的影響有多大」，2018 年 7 月 14 日，**新浪網**，http://finance.sina.com/bg/economy/economy_global/huanqiu/2018-07-14/doc-ivvpyfti7023143.shtml，2019 年 7 月 15 日檢索。

中國大陸減少自美國採購，譬如：黃豆、玉米等農產品，直接受到影響的是農民和貿易商；另一方面，在全球價值鏈架構下，受到美國制裁的中國大陸製品，其製程中所需的中間原材料、零組件，有部分採購自美國，因此，美國對中國大陸製品加徵進口關稅可能造成的負面影響，也將反饋傷及美國，也就是所謂的「殺敵一千，自損八百」。

加徵關稅將直接增加相關商品的成本，有可能轉嫁給進口商，最後傳導至消費者。國際貨幣基金（IMF）2019 年 5 月下旬的一項研究發現，關稅加徵前，從中國大陸進口的跨境價格幾乎沒有變化；關稅加徵後進口價格急遽上漲，漲幅幾乎與關稅一致，由此推論因關稅上漲造成的全部成本，一部分已轉嫁給了美國消費者[8]。

華盛頓諮詢公司貿易夥伴（The Trade Partnership）估算，對 2,000 億美元中國大陸商品加徵 25% 進口關稅，加上之前已對 500 億美元中國大陸商品加徵的關稅，關稅轉嫁的結果，將使美國每個四口之家，每年平均多支出 767 美元；這些附加關稅，還會使美國喪失 93.4 萬個就業機會。如果美國把加徵關稅的範圍擴大到全部中國大陸輸美商品，則美國每個四口之家，每年平均支出將多出 2,294 美元，同時全國將損失 210 萬個就業機會[9]。

貿易戰火延燒，對美國經濟成長也將造成傷害。德意志銀行（Deutsche Bank）的研究報告指出，自貿易戰開打以來，已造成美國股市偏離正軌，股市報酬因而少賺 5 兆美元；儘管有諸多因素同時發揮作用，貿易戰無疑是阻止全球經濟復甦，以及導致美股區間震盪的關鍵因素[10]。

全球最大的兩個經濟體之間的貿易爭端愈演愈烈，相互制裁不斷加碼，堪稱是 WTO 成立以來前所未有的，對整個國際貿易體系造成的負面影響不可小覷，衍生的商品和金融市場動盪，將引發經濟走下坡；同時，公司採取應對的作為，也會對全球經濟成長構成壓力，聯合國貿易和發展會議（UNCTAD）的研究指出，小國和貧窮

---

[8]　另一項類似研究得到的結論是，大陸出口廠商最終將負擔 25% 附加關稅中的 20.5%，而美國消費者僅負擔其中的 4.5%。參閱陸丁，「中美貿易戰，美方經濟損益知多少」，2019 年 6 月 5 日，FT 中文網，http://www.ftchinese.com/story/001083036?adchannelID=&full=y，2019 年 6 月 6 日檢索。

[9]　林楓，「美中貿易戰升級，將給兩國經濟帶來負面影響」，2019 年 5 月 11 日，美國之音，https://www.voacantonese.com/a/the-impact-of-us-china-trade-war-escalation-20190511/4913236.html，2019 年 8 月 12 日檢索。

[10]　「貿易戰 17 個月，美股少賺 5 兆美元」，2019 年 6 月 3 日，工商時報，https://ctee.com.tw/news/global/100843.html，2019 年 8 月 25 日檢索。

國家，恐難以應付這類外部衝擊[11]。

　　前引摩根史坦利的研究報告同時估計了，美國若對中國大陸 2,000 億美元產品進行關稅制裁，則將導致全球價值 4,610 億美元的貨物貿易受到衝擊，並將影響全球 2.5% 的貿易往來，以及 0.5% 的全球 GDP 成長。

　　聯合國貿易和發展會議（UNCTAD）的研究報告也指出，美中貿易爭端對世界經濟成長率將構成最多 0.7% 左右的下行因素。美中貿易戰爭導致成本攀升，將造成企業從現有東亞供應鏈轉向，不過，美國和中國大陸企業都不是關稅措施的主要受惠者。受到關稅影響的 2,500 億美元大陸商品中，美國企業只能拿下 6%，而中國大陸儘管面臨貿易成本上升，境內企業仍可保住 12%，其餘的 82% 將由其他國家接收；同受關稅影響的價值 850 億美國出口，其他國家則可拿下 85%。美中雙邊關稅措施改變了全球競爭力格局，受惠最大的，將是在未受關稅直接衝擊國家營運的企業，尤其歐盟將是最大的贏家[12]。

　　在全球價值鏈體系下，美國對大陸發動貿易戰的行動，兩國的主要貿易夥伴均將受到衝擊，因為各國的產業早已緊密地連結在一起，形成產業鏈。以蘋果手機為例，在中國大陸組裝的成品，是在美國設計，其中有來自韓國的芯片、美國的螢幕，以及日本的關鍵零組件、臺灣供應部分零配件，美國若針對這類型大陸製品加徵進口關稅，在中國大陸出口產業鏈上的各國企業都將受到傷害，誠如《經濟學人》智庫專家表示，出口流量的削減，供應鏈上的任何一方，都難以排除受到影響。

　　尤其亞洲多數國家與美國的經貿關係非常密切，不只有直接貿易往來，也透過亞洲區域內供應鏈體系對美國間接貿易；美國已是亞洲各國商品外銷的主要市場，在雙邊貿易中，美國一直存在巨額的貿易逆差，如果美中貿易戰沒有轉圜甚至轉趨惡化，那麼亞洲經濟和資產市場可能受到嚴重衝擊。

　　理論上，美中貿易戰爭造成的衝擊可能不只美、中兩個當事國，在全球價值鏈上的相關國家，都難免遭受魚池之殃。星展銀行表示，南韓、馬來西亞、臺灣、新加坡等國家的貿易體系較開放，出口占 GDP 比重，以及出口中轉運的比重，都相對較高，且在國際供應鏈中占重要地位，受到傷害的風險勢必較大。

---

[11]「聯合國報告：美中貿易戰，歐盟恐成最大贏家」，2019 年 2 月 5 日，**聯合新聞網**，https://money.udn.com/money/story/5599/3631686，2019 年 1 月 27 日檢索。

[12]「聯合國報告：美中貿易戰，歐盟恐成最大贏家」，同前引註。

以 IT 產品為例，亞洲經濟體中，IT 出口占各國總出口的比重，最高的是臺灣和菲律賓，超過 40%；中國大陸和越南也占了約 23%；新加坡、馬來西亞、泰國和韓國的比重較低（低於 15%）。亞洲各國 IT 產業供應鏈縱橫交織，最終產品很大一部分是在大陸組裝生產，然後再出口至包括美國在內的第三方市場，因此，如果貿易戰升高，導致美中雙邊貿易因而衰退的話，則包括臺灣在內的產品出口，必然會受到影響。尤其臺灣與南韓為大陸對美國出口提供了很多中間產品、零組件，同時也處在美國對大陸出口貨品的產業鏈中，美中兩國打貿易戰，臺灣和南韓受到的衝擊是雙向的，在美中貿易戰爭中，更顯脆弱。

在美中貿易博弈過程中，中國大陸台商身處暴風圈內，受到衝擊在所難免，對從事涉及制裁清單產品貿易的企業影響更大。產品出口美國，或自美國採購商品的製造業者，首當其衝。資料顯示[13]，中國大陸對美國出口前十大企業，其中 8 家是臺資企業；中國大陸對美國出口的百大企業中，臺資占近四成，這些以美國市場為主的台商首當其衝。隨著美中貿易戰持續擴大，中國大陸台商的生產和出口，特別是對美國的出口，勢將遭受空前的衝擊。

有鑑於高度參與全球價值鏈，兩岸經貿關係又非常密切，美中貿易戰火將直接衝擊在中國大陸有生產基地、以美國為主要出口市場的臺灣企業，其中資通訊產業（ICT）採「臺灣接單、大陸生產」的比重高達九成、電機產業也有七成，首當其衝。另外，在臺灣製造零組件或半成品，銷往中國大陸組裝成最終產品出口美國的相關業者也將受到牽連。

第五節　臺灣經濟的挑戰和機會

美中貿易戰造成的衝擊，在全球化架構下，已逐漸擴散至其他國家。對臺灣而言，由於中美兩國都是臺灣重要貿易夥伴，尤其中國大陸是臺灣第一大貿易夥伴，台商在海外投資最聚集的地區，兩岸經濟早已形成複雜且緊密的產業網絡，臺灣根本難已置身度外。

根據經濟部廠商外銷訂單海外生產實況調查資料，可以發現台商深陷美中貿易戰

---

[13] 默雁，「貿易戰煙硝裡的台商大迷航」，2018 年 7 月 8 日，**多維新聞網**，http://blog.dwnews.com/post-1037694.html，2018 年 7 月 11 日檢索。

爭漩渦中。中華經濟研究院在 2018 年 11 月間的問卷調查發現[14]，有八成的製造業廠商受訪時表示，美中貿易爭端對公司訂單、產能或營運已造成影響；受訪廠商認為影響最大的前三大因素，依序是原物料價格攀升，有 48.3% 的受訪廠商勾選，訂單或客戶流失（44.8%）與匯率波動或損失（42.2%）。表示「訂單與客戶流失」的廠商占全部受訪廠商的比重，較半年前調查時發現的 28.5% 高出許多，顯示中美貿易戰對臺灣製造業廠商的負面效應，愈來愈明顯。

商業周刊 2019 年中針對美中貿易戰進行危機感調查[15]，發現有高達 46% 的受訪企業認為，貿易戰造成的衝擊，跟 2008 年爆發的金融海嘯一樣嚴重或更嚴重，有 43% 的受訪企業表示訂單已遭縮減；訂單遭縮減的企業中，有 39% 表示減少的規模約一成到三成，有 5% 表示訂單遭砍五成以上，其中大多是中小企業。只有 7% 左右的受訪企業表示，因美中貿易戰而獲益。

此外，經濟部外銷訂單調查資料顯示（圖 15-2），自 2018 年 7 月美中貿易戰正式開打以來，臺灣外銷訂單金額，無論整體，或是自中國大陸（含香港）、自美國訂單金額，初期都還勉強維持成長，推測應與搶單效應有關。不過，自當年 11 月開始，臺灣外銷訂單基本上都呈現負成長，尤其來自中國大陸（含香港）訂單金額衰退情況最為嚴重。

中美貿易戰對臺灣或臺資企業造成衝擊，主要來自三角貿易經營型態。在台商的全球布局版圖中，中國大陸生產基地為定位，採取「臺灣接單、大陸生產、外銷歐美」的經營模式[16]，因而，美中貿易戰之暴風直接壟罩在中國大陸的臺資企業，池魚之殃在所難免。

以通訊、資訊電腦相關產品為例，美國主要進口商為美商蘋果（Apple）、美商惠普（HPI）和戴爾電腦（Dell）；供應商主要是在中國投資的臺資企業。這些以美

---

[14] 「美中貿易戰，僅 12% 台商匯回流臺灣」，2018 年 12 月 19 日，Money DJ 新聞，https://blog.moneydj.com/news/2018/12/19/ 貿易戰台商回流？中經院：僅 12% 台商評估回臺，2019 年 1 月 25 日檢索。

[15] 商業周刊以網路問卷、記者電話訪問完成 117 份調查，調查對象所屬行業包括電子業上游及下游廠商、傳統製造業及服務業；其中 50 家為各所屬產業營收規模前 5 名內的上市櫃公司，資本額規模在 100 億以上的企業有 24 家。參閱「美中貿易戰調查：43% 企業被砍單，46% 感受衝擊不輸金融海嘯」，2019 年 6 月 12 日，經濟日報，https://money.udn.com/money/story/10511/3866674，2019 年 10 月 6 日檢索。

[16] 經濟部統計處，108 年外銷訂單海外生產實況調查。2001 年外銷訂單海外生產比重不到 20%，2006 年間驟升逾 40%，此後逐年上升，到 2015 年間達到 55.1% 高峰，2018 年略回落至 52.13%。而在海外生產的台商中，將近九成選擇在大陸生產；在海外生產的產品，約有四分之三左右轉銷至第三國。

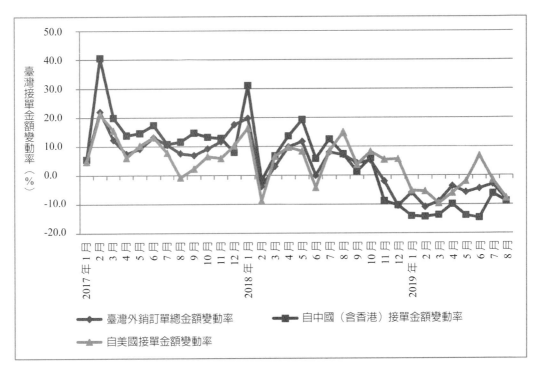

資料來源：整理自經濟部統計處「外銷訂單調查」。

圖 15-2　臺灣外銷接單金額變動率

國市場為主的台商，即便可以承受美國對中國貿易制裁第一波或第二波的衝擊，當美國擴大對中國貿易制裁的規模，毛利偏低的臺資企業恐無法承受，最終可能被迫退場。

　　不過，對某些原本與中國大陸廠商在美國市場相互競爭的臺灣廠商而言，卻可能拜美中貿易戰之賜而受益。根據財政部統計處的資料顯示 [17]，以 2018 年的資料為例，涵蓋在美國對中國大陸制裁清單的商品對美國出口成長 10.7%，而其他未涵蓋在制裁清單的商品，同期間臺灣對美國出口呈現負成長（-1.0%），該兩類商品臺灣對中國大陸出口實績表現之落差，自當年第四季開始明顯擴大。2019 年 1～7 月的資料顯示，臺灣對美國出口，清單項目年增率 24%，較非清單項目的 1.3% 多出 22.7 個百分點，轉單效應非常明顯。

---

[17] 財政部統計處，「近期美國對中國大陸貨品加徵關稅之相關影響分析」，108 年 8 月 21 日，未發表研究報告。

就不同行業比較，資通與視訊產品的轉單效應最爲顯著，該類商品對美出口實績，2018 年第四季資料顯示，清單項目成長 36.3%，而非清單項目則呈現負成長（-25.3%）；2019 年前七個月，清單項目年增率 102.7%，遠超過非清單項目的 -7.3%，尤其是無線電廣播或電視傳輸器具、電腦及其附屬單元（主要爲伺服器）、其他通訊器具等產品，其間的落差特別大。基本金屬及其製品、光學器材、紡織品等，都呈現類似的態樣，不同程度受惠於轉單效應。

台商究竟如何因應這樣的變局呢？前引中華經濟研究院在 2018 年 11 月之調查研究 [18]，發現有 54% 受訪的製造業者表示已經或計畫採取相關對策，其中高達 95.8% 受訪企業選擇「調整營運或採購供應政策」，有 68.3% 選擇「透過既有產線分散出口地移轉訂單」，有 43% 選擇「改變投資、遷廠和服務據點策略」。不過，也有 26.6% 的受訪廠商仍未採取任何因應措施，主要是因在供應鏈中處於被動地位。

轉移生產基地是一個可行的策略選擇，有能力的大廠早已進行全球布局，在歐洲、拉美或東南亞等地投資設廠，貿易戰因素則使得海外投資計畫加速進行。不過，一般而言，由於遷廠是個大工程，涉及資金籌措、配套的供應鏈體系、尋找合適的地點、所在地法規制度之掌握等，非一蹴可幾，因應美中貿易戰可能緩不濟急 [19]。

另外，也不是每個企業都做得到。譬如：面對貿易戰，終極的解決方案是移到美國，所謂短鏈的經營模式，鴻海在美國投資設廠就是基於這樣的考慮，這種模式對中小型企業而言，由於可掌握的資源有限、跨國經營經驗較欠缺，很難複製。

供應鏈的完整性則是另一個考量的重點。許多科技大廠在大陸紮根已超過 20 年，在大陸當地已建立完整的產業供應鏈，不太可能說移就移；退一步說，即便把工廠撤離大陸，比如到東南亞地區，要在三、五年內新建立完整的供應鏈，並不容易，還是得利用原來的供應鏈，自中國大陸採購中間製品。

《商業周刊》調查台商相關的產業供應鏈，發現各大廠跨國調配產能已如火如荼的在進行 [20]；有不少台商是因爲美國客戶的要求，才考慮離開大陸，到第三地投資設廠。例如：越南，當地的台商聚落已頗具規模，又是 CPTPP、RCEP 的締約成員，與

---

[18] 「美中貿易戰，僅 12% 台商匯回流臺灣」，2018 年 12 月 19 日，Money DJ 新聞。

[19] 以機械業的經驗來看，爲因應美中貿易戰風險，臺灣廠商開始轉移生產線到東南亞國家，至少需要 6 個月時間才能就緒，正常情況下需要 1 到 2 年。鍾榮峰，「貿易戰仍存不確定性，機械業陰霾中見曙光」，2019 年 4 月 5 日，中央社，https://www.cna.com.tw/news/afe/201904050030.aspx，2019 年 6 月 15 日檢索。

[20] 馬自明、林洧楨、黃靖萱，「台商撤逃中國，倒數 90 天」，2018 年 12 月 12 日，商業周刊，第 1622 期。

　　歐盟也簽署了自由貿易協定，將於 2019 年生效實施，成為台商分散生產的首選。

　　越南之外，東南亞的柬埔寨、緬甸，南亞的印度，還有北美洲的墨西哥等，也成為近年受到大陸台商青睞的海外投資地點。這種現象顯示，過去大規模、集中在中國大陸製造的營運模式，似乎正在悄悄地朝向跨國分散的生產聚落發展。

　　相關業者在忙著盤點全球生產據點應變彈性的同時，也考慮轉單回臺灣，甚至慎重評估重返臺灣擴廠可行性，因為從母公司原有的產線進行擴產，是最快、且較節省成本的方式。

　　不過，前引中華經濟研究院的調查研究發現，因美中貿易戰衝擊而考慮將生產基地轉移出大陸地區的台商，只有 12.3% 的受訪企業表示正在評估回臺灣投資設廠，還不到考慮遷廠東協國家的業者所占比重的一半。[21] 多數台商不願優先考慮回臺灣投資，或許是因為其產品的製程偏勞動密集性，不適合回臺灣紮根，但也有不少台商抱怨臺灣的經商環境不佳，尤其是土地、水、電力、人才和勞工等「五缺」問題一直沒有獲得有效解決。

　　有鑑於美國對中國大陸掀起貿易戰，終極目的在於遏制中國大陸科技進步和經濟崛起；未來兩國在科技主導權，甚至是在地緣政治地位的爭奪或將成為新常態，兩國的貿易摩擦問題看起來並不單純。因此，一般認為，目前兩國的貿易紛爭即使可以達成協議，兩國科技主導權之爭也不太可能在短期內結束，主要是因為美國要求中國大陸有效保護知識產權、消除強制性技術轉讓、取消政府補貼、停止網路攻擊等，涉及結構性的經濟政策改變和制度改革，相當複雜，除非中國大陸願意徹底放棄目前的經濟模式，否則不管怎麼回應，幾乎可以預期難以滿足美方的要求。

　　隨著中國大陸提出的「中國製造 2025」計畫逐步推展，中美兩國的技術發展衝突或將愈來愈激烈；中興通訊和華為事件接踵而來，數十家中國大陸企業被美國列入「實體清單」，進行技術圍堵和制裁，這些經驗勢將讓中方更堅定的發展高階晶片和關鍵技術，美中科技冷戰於焉產生。未來中國大陸彎道超車一旦有成，全球恐出現兩套國際產業標準。

　　未來美國對於技術移轉給中國大陸的管制將愈趨嚴格，對於臺灣企業在大陸之正常經營勢將造成影響，一方面由於臺資企業與大陸本土企業之產業關聯已愈趨緊密，

---

[21] 「美中貿易戰　僅 12% 台商匯回流臺灣」，2018 年 12 月 19 日，**蘋果日報新聞**。

美國管制技術轉移，不利於中國大陸相關科技產業之發展，在同一產業鏈上的臺資企業，當然會受到影響。

另一方面，當中國大陸無法從美國取得關鍵技術或關鍵零組件時，可能會找尋其他途徑，包括加強與臺灣廠商技術合作，臺灣企業或將因此獲得轉單的利益。不過，這對個別台商或臺灣相關產業究竟是禍或是福，仍有待觀察。

美國打壓中國大陸高科技發展，大陸勢必加緊研發自主科技，建立自己的產業生態系，制定自己的技術標準。龐大國內市場和完整的產業鏈，是大陸要自力發展技術標準的優勢之一，華為、中興等本土企業，在國家政策強力扶持下，逐漸嶄露頭角，在手機、5G 和互聯網等領域，已吸引了許多臺灣企業加入，包括台積電、大立光、嘉聯益、聯詠、欣興、晶技、華通、昇達科等廠商 [22]。

未來臺灣企業除了繼續跟隨歐美產業生態系和技術標準，也不能忽視加入中國大陸產業生態體系。近年來有意參與中國大陸 5G 和物聯網建設的網通、手機和工業電腦廠，如中磊、宏達電、研華等，都積極呼應中國大陸規格；工業電腦大廠研華，最新推出的智慧工廠、物聯網、電動車充電管理解決方案，都是從中國大陸出發。

最後，值得一提的是，今後中國大陸的產業技術創新動能更加依賴本身的自主研發，對科技人才之需求勢將更加殷切，兩岸對人才之爭奪或將更為激烈。對臺資企業而言，恐面臨人才被挖角之困擾；同時，由於美國遏制大陸高科技產業發展的政策如火如荼在進行，未來「兩岸產業合作」不能忽視其中潛在的選邊風險。

---

[22] 鍾張涵、辜樹仁，「台商在貿易戰下，布局『中國標準 2035』」，2018 年 10 月 30 日，天下雜誌，http://www.uzbcn.com/guping/20181030/50639.html，2019 年 1 月 25 日檢索。

參考文獻

2018/10/30，「美中貿易戰效應，台商回流美商轉移」，BBC **中文網**，2018 年 10 月 30 日。

2019/05/23，「『新科技冷戰』才是中美主力戰場，貿易戰只是美中衝突的一小部分」，**報橘**，2019 年 5 月 23 日。

王凡（2018），「中美貿易戰：兩國之間高科技較量激戰正酣」，BBC **中文網**，2018 年 12 月 26 日。

任澤平、羅志恆、華炎雪、賀晨（2019），「客觀評估中美貿易摩擦對雙方的影響」，**搜狐網**，2019 年 7 月 18 日。

吳英（2018），「貿易戰十大聚焦及未來展望（上）」，**大紀元**，2018 年 12 月 23 日。

林楓，「美中貿易戰升級，將給兩國經濟帶來負面影響」，**美國之音**，2019 年 5 月 11 日。

高長（2019），《美中貿易戰－其實才剛開打》，臺北：時報出版社。

財政部統計處（民國 108），「近期美國對中國大陸貨品加徵關稅之相關影響分析」，民國 108 年 8 月 21 日，未發表研究報告。

馬自明、林洧楨、黃靖萱（2018），「台商撤逃中國，倒數 90 天」，2018 年 12 月 12 日，**商業周刊**第 1622 期。

陸丁（2019），「中美貿易戰，美方經濟損益知多少」，FT **中文網**，2019 年 6 月 5 日。

環球時報（2018），「摩根斯坦利報告：貿易戰對中國 GDP 的影響有多大」，**新浪網**，2018 年 7 月 14 日。

默雁（2018），「貿易戰煙硝裡的台商大迷航」，**多維新聞網**，2018 年 7 月 8 日。

鍾張涵、辜樹仁（2018），「台商在貿易戰下，布局『中國標準 2035』」，**天下雜誌**，2018 年 10 月 30 日。

第十六章　國際區域經濟整合趨勢對臺灣的挑戰

　　冷戰結束後，國際間的經濟互賴及合作快速發展，開始有「複合式相互依賴」（complex interdependence）、「區域主義」（regionalism）、「全球化」（globalization）等理論的出現，尤其在經貿頻繁互動之下，建立互利的經貿關係已經取代了過去冷戰時期意識形態的對抗，區域經濟整合（regional economic integration）蔚爲潮流。

　　1990 年代末期，全球經濟的顯著特徵之一是經濟全球化的發展。全球化潮流促使資金、技術、勞動力等生產要素跨越地理區域的藩籬，在國際間自由流動，全球資源配置更有效率，成爲世界經濟成長的主要動力。然而，經濟全球化不斷發展的結果，卻也造成國家之間經濟互賴程度加深，彼此間互動的敏感度提高，國際競爭也更爲激烈。因此，各國爲了提升競爭力與促進經濟發展，以及減少貿易往來的障礙，乃利用地理上相鄰與關係密切的先天條件，積極推動區域經濟合作，並洽簽自由貿易協定（FTA），大幅降低甚至取消關稅與非關稅的貿易障礙，並且在相關領域的議題和政策上，採取一致的立場。

　　然而，FTA 其實也可能形成一種新的貿易壁壘，對非結盟國家造成排擠效應，尤其結盟國家之間，產品自由流通所形成的貿易創造效果，可能激起尚未結盟的其他國家推動成立有組織經濟體的意願。歐洲聯盟（European Union，縮寫 EU 或歐盟）與北美自由貿易區（North American Free Trade Area，縮寫 NAFTA）是全球有組織區域經濟體中最典型的實例，無論生產規模或市場吸納能力，在全球都具有強大的影響力，對其他地區起了示範的作用。同時，其他國家爲了避免被邊緣化的危機，都積極推動區域經濟合作，結果，造成全球經濟區塊化現象。

　　亞洲是全球人口最多的區域，市場規模占全球比重最大。受到全球區域經濟整合熱潮的影響，亞洲地區經濟合作的意識日益增強，尤其東亞地區的雙邊或複邊經濟合作，近年來更是迅速發展，其中包括了東協（Association of Southeast Asian Nations，縮寫 ASEAN）與中、日、韓的自由貿易談判，以及以東協爲中心的自由貿易區計畫等，顯示東亞各國對於走向更緊密的經濟合作關係已逐漸形成共識。東亞地區雙邊或複邊的經濟整合逐漸擴大、深化，對臺灣經濟、兩岸經貿關係，勢必造成影響。

第一節 全球區域經濟整合趨勢

自 1990 年代以來，區域經濟整合逐漸在國際社會蔚為潮流，區域主義（regiomalism）對於向來主導全球貿易發展的多邊主義（multilateralism）造成極大的衝擊。在區域主義興起下，國際區域貿易協定逐漸增加，尤其當世界貿易組織（World Trade Organization，縮寫 WTO）談判進展緩慢，各國積極進行區域經濟整合，兩者形成了強烈的對比。

區域經濟整合是指國與國之間逐漸去除彼此間在商品、勞務或甚至生產要素流動上的限制與障礙，最終達到經濟融合為一體的過程。通常，參與經濟整合的國家大都有地緣關係，或經貿往來原本就相當密切的經濟體。理論上，區域經濟整合的程度有深淺之別，因而由淺入深大致可區分為優惠性貿易協定（Preferential Trading Agreement, PTA）、自由貿易區（Free Trade Area, FTA）、關稅同盟（customs union）、共同市場（common market）及經濟同盟（economic union）等五種類型（表16-1）。

表 16-1 區域經濟整合的類型與整合項目

整合項目 類型	降低區域內貨品貿易關稅	締約國間廢除關稅與非關稅貿易障礙	對外採取一致的關稅與貿易政策	允許生產要素在區域內自由移動	制定共同的貿易、貨幣、財政與社會福利政策
優惠性貿易協定	O				
自由貿易區	O	O			
關稅同盟	O	O	O		
共同市場	O	O	O	O	
經濟同盟	O	O	O	O	O

資料來源：作者根據相關資料整理。

「優惠性貿易協定」是經濟整合程度最低的一種，參與簽署協定的國家單方面或相互之間給予優惠關稅，歐美及日本等先進國家所採行的普遍化優惠關稅體制（Generalized System of Preferences, GSP）是典型的例子。

「自由貿易區」是指參與簽署協定的成員之間，相互去除全部或大部分的關稅和非關稅障礙，促進貿易自由化，惟每一締約成員對非締約成員仍然保有獨立自主的貿

易政策。美國、加拿大、墨西哥等國所簽署的「北美自由貿易協定」即為典型的自由貿易區。

「關稅同盟」是指締約成員之間的商品貿易相互完全免除關稅，而且對非締約成員採取共同一致的對外關稅政策，1957 年間組成的「歐洲經濟共同體」即是具體的案例。

如果締約成員之間除彼此免除貨品貿易的關稅及採取共同的對外關稅政策之外，另又允許人員、資金等生產要素在締約成員之間自由流動，則整合已進階到「共同市場」。也就是說締約成員所組成的區域，商品、勞務乃至生產要素都已整合成為單一市場，典型的例子如歐盟的前身歐洲共同市場、中美洲共同市場（Central American Common Market，縮寫 CACM）、南方共同市場（MERCOSUR）。

「經濟同盟」是最高程度的區域經濟整合型態，締約成員除了承諾共同市場之全面開放勞務與生產要素在區域內自由流動外，更承諾成員彼此應協商以制定共同的貿易、貨幣和財稅等政策，甚至發行共同貨幣，歐盟就是最典型的案例。

不同國家之間透過成立自由貿易區、關稅同盟、共同市場、經濟同盟、單一貨幣等不同的經濟整合形式，促進及提升區域內部的生產力與競爭力。各種區域性經濟合作可以視為全球多邊貿易的前置作業，為避免全球貿易協商的複雜因素，透過區域內與區域間的連結逐步擴張至全球經濟合作的領域。換句話說，區域性之經濟結盟與經濟全球化相輔相成，對全球經濟發展產生極大的影響。

國際區域經濟整合其實早在二次世界大戰後即開始發展，只是初期的發展並不順利，主要是因參與經濟整合的成員國市場經濟發展不夠完善，加上政治紛爭和外部環境的干擾阻礙了區域經濟整合的正常發展。自 1980 年代後期開始，國際區域經濟整合才呈現快速發展的趨勢，尤其在 2001 年 WTO 啟動杜哈回合（Doha Round）談判後，由於涵蓋的議題既深且廣，造成貿易自由化之談判停滯不前，許多國家紛紛由多邊轉為雙邊，建構自由貿易協定（FTA）遂成為多數國家貿易政策的主軸。

根據 WTO 的統計，在 1995 年 WTO 成立之前，全球只有 51 個區域性貿易協定（Regional Trade Agreements，簡稱 RTAs）完成簽署[1]，而在 1995 年到 2017 年 8 月底，全球已經生效的 RTAs 新增 386 個，RTAs 快速發展中。值得注意的是，在 1999 年之

---

[1] 劉大年、許茵爾，「全球區域經濟整合新趨勢」，《經濟前瞻》第 173 期，2017 年 9 月，頁 9-14。

前，跨區域 FTA 僅有 28 個，2000 年 -2004 年間增加 33 個，2005 年之後到 2017 年
8 月間又大幅增加 133 個。由此可見，跨區域結盟的區域經濟整合體數量，自 2000
年起至今，逐年快速增加，在全球各地愈來愈普遍。

迄目前，幾乎所有的 WTO 成員都參與一個或多個區域經濟組織。這些區域經濟
組織的整合型態和整合程度不盡相同，從優惠性貿易協定到自由貿易區，以及關稅同
盟、共同市場、經濟同盟等，其中以自由貿易區和關稅同盟協定之簽署最為普遍。此
外，在處理如勞工、資本流動、投資、生產比例等問題時也不一樣，有些組織的協議
內容甚至比早期關稅暨貿易總協定（GATT）及 WTO 所涵蓋的範圍還廣。

歸納而言，區域經濟組織的發展有三種模式，一是原已存在的區域經濟組織進一
步整合，例如：歐盟（EU）是目前全世界成立最早且運作良好的一個區域經濟整合
的組織，其合作的層次已由早期的共同市場提升至貨幣同盟；又如東協（ASEAN）
的合作層次也從原來較鬆散的對話機制，提升成為自由貿易區；二是現有的區域經濟
組織擴大整合的區域範圍，例如：歐盟東擴，由原來 15 國增加至目前的 28 個國家，
又如東協也由原的 6 個國家擴大為 10 個國家；三是成立新的區域貿易協定，例如：
日本與新加坡簽署自由貿易協定。

在當今的國際社會上，區域經濟整合的議題內容已呈現多樣化的發展。按 GATT
第 24 條、第 5 條及授權條款（enabling clause）的規範，區域貿易協定必須符合
WTO 貿易自由化的精神，區域協商的議題通常涵蓋甚至超越 WTO 的議題範圍。以
FTA 為例，區域貿易協定可以在 WTO 體制下進行運作，其在推動貿易自由化的範圍
與程度相對 WTO 更多。也就是說，FTA 所推動的貿易自由化一定要比 WTO 所主張
的貿易自由化更進一步，始能被 WTO 所認可，所以 FTA 是更加開放的市場，零關
稅範圍與程度更大。

近年來，各國參與區域經濟整合的情況，從趨勢上來看，具有幾項特徵，首先是
多軌進行，也就是同時與多個對象進行經濟整合的談判，而不是採取逐一進行方式。
多個區域貿易協定之談判同時進行，除了可以加速區域經濟整合的推進，也可以針對
不同區域貿易協定的重點，安排配合國內產業發展的需求，以減緩對國內產業造成的
壓力，發揮最大的經濟效益。

第二是跨區域性的結盟，不再侷限於地緣關係。也就是說洽簽區域貿易協定，
已不再侷限於地理位置鄰近的國家，跨區域結盟的現象愈來愈普遍。根據 WTO 的統
計，跨區域的貿易協定，絕大多數是在 2000 年以後形成的，顯示進入二十一世紀跨

區域經濟整合案例愈來愈多的趨勢。

第三是締約國間的異質性愈來愈明顯，社會政治制度相同、經濟發展階段類似等要件逐漸淡化，已開發國家和開發中國家結盟的案例愈來愈多。在國際區域經濟整合逐漸蔚為潮流的 1990 年代，起初絕大多數區域貿易協定是屬於已開發國家之間，或是開發中國家之間的結盟，例如：美加 FTA、歐盟的內部擴張、東協自由貿易區（AFTA），以及拉丁美洲與非洲地區內部結盟之擴大等等，但是進入二十一世紀以來，已開發國家和開發中國家結盟、簽署區域貿易協定的案例大幅增加，例如：美國、日本、歐盟等先進國家與其他開發中國家簽署區域貿易協定，這種型態的區域結盟逐漸蔚為潮流。

第四是經濟整合協議的範圍不斷擴大和深化。除了有關貿易的議題，以美國和歐盟為例，通常還包括智慧財產權、服務業自由化，甚至還包括勞工和環保標準之要求等。此外，有鑑於能源價格高漲，許多國家在洽簽區域貿易協定時，乃將能源安全與合作列入協定條款中；而許多開發中國家在與已開發國家洽簽區域貿易協定時，通常也會要求納入技術移轉專章。

第五是參與區域經濟整合不只考量經濟利益，締約成員國往往還考慮國家整體的戰略和外交利益。

第二節　主要地區區域經濟整合概況

全球區域經濟整合在過去二十多年快速發展，目前已逐漸形成歐洲、美洲與亞洲三大版塊，其中，歐盟是目前全世界上成立最早，以及合作層次最深的一個區域經濟組織。

一、歐洲地區

歐洲地區區域經濟整合是以歐盟為主體。歐盟的前身，是由 1950 年代初期德國、法國、義大利、荷蘭、比利時、盧森堡等 6 國所締結的「歐洲煤鋼共同體」」（European Coal and Steel Community, ECSC）首創，當時成員國針對煤鋼行業對內實行自由貿易，對外實行保護性的共同對外關稅，共同行使經濟主權，其目的是要從經濟領域入手，保持締約成員國的利益均衡。1958 年建立歐洲經濟共同體後，經濟

整合進程不斷加深，如建立統一大市場；1987 年 7 月，歐洲單一法案生效；1990 年 6 月，簽訂《申根條約》，消除國境關卡限制，實現會員國間無國界，並於 1995 年 3 月底生效實施。

1992 年 7 月，《馬斯垂克條約》正式簽訂，嗣後並逐步由區域性經濟共同發展轉型為區域政經整合體，同時將歐洲經濟共同體更名為歐洲共同體。1993 年 11 月，《馬斯垂克條約》生效實施，建立經濟貨幣聯盟和使用同一貨幣（即歐元），歐洲聯盟正式成立，歐洲三大共同體（指煤鋼共同體、原子能共同體和歐洲共同體）納入歐洲聯盟。

歐洲經濟共同體和後來的歐盟，在 1973 年到 2013 年間曾歷經數次擴大（表 16-2），成員國從 6 個增加至 28 個，是目前全球最大的區域經濟整合體。同時，締約成員共同行使的主權範圍，不斷由共同貿易政策擴大到農業政策、能源政策、工業政策、商業政策和財政政策等，甚至發展共同外交及安全政策，並加強司法及內政事務方面的合作。

表 16-2　歐盟締約成員歷次擴增一覽表

歷次時間	涵蓋／新增國家
1951/1952 成立歐洲煤鋼共同體	西德、荷蘭、比利時、盧森堡、法國、義大利
1957/1958 成立歐洲經濟共同體	西德、荷蘭、比利時、盧森堡、法國、義大利
1972/1973	丹麥、英國、愛爾蘭
1980/1981	希臘
1985/1986	西班牙、葡萄牙
1995	瑞典、芬蘭、奧地利
2004	賽普勒斯、愛沙尼亞、拉脫維亞、立陶宛、波蘭、捷克、斯洛伐克、匈牙利、馬爾他、斯洛維尼亞
2007	羅馬尼亞、保加利亞
2013	克羅埃西亞

註：英國於 2016 年 6 月通過公投決定脫歐，並已於 2020 年 1 月 31 日正式退出歐盟。

資料來源：維基百科。

歐洲統一市場一直具有「貿易壁壘」的色彩，非締約成員國的市場准入受到該組

織共同商業政策和農業政策不同程度的限制。近年來，冰島（Iceland）、馬其頓共和國（The Republic of Macedonia）、蒙特內哥羅（Montenegro）、塞爾維亞（Serbia）和土耳其（Turkey）等國先後加入談判，不過，英國卻因國內質疑參與歐盟導致主權被削弱、參與經費過高，並造成國內失業問題惡化、貧富差距擴大等聲浪，於 2016年 6 月通過公投決定脫歐，並於 2020 年 1 月 31 日正式退出，為歐盟成立以來面臨的重大挫敗，也為未來歐盟區域經濟整合正常發展埋下變數。

歐盟與其他國家洽簽 FTA，早期並不多，且主要是和周邊國家簽署，目的在於協助這些開發中國家經濟發展，並促進區域內之政治穩定和區域安全，經濟效益則是次要的考量。不過，隨著 WTO 杜哈回合談判進展緩慢，多邊貿易體系推動自由化的路徑受阻，加上區域貿易協定在全球各地快速發展造成排擠效應，歐盟不得不調整其對外貿易政策，對外洽簽貿易協定的態度轉趨積極。

表 16-3 資料顯示歐盟參與區域經濟整合概況，除了前述擴充歐盟締約成員，以及與地中海地區鄰近國家結盟之外，也積極與其他開發中國家、跨區域洽簽貿易協定，涵蓋的國家範圍遍及亞洲、美洲和非洲地區。

表 16-3　歐盟參與區域經濟整合概況

已生效	韓國 FTA、東南非洲國家過渡 EPA（辛巴威、模里西斯、馬達加斯加、塞席爾）、加勒比海共同體、巴布亞紐幾內亞及斐濟過渡 EPA、安第斯共同體廣泛貿易協定、中美洲聯盟協定 AA、南非、智利 AA、關稅同盟（安道爾、聖馬利諾、土耳其）、法羅群島、挪威、冰島、瑞士、馬其頓 AA、阿爾巴尼亞 AA、蒙特內哥羅 AA、波士尼亞及赫塞哥維納 AA、塞爾維亞 AA、阿爾及利亞 AA、埃及 AA、以色列 AA、約旦 AA、黎巴嫩 AA、摩洛哥 AA、巴勒斯坦自治政府 AA、突尼西亞 AA、歐洲自由貿易協會（EFTA）、伊拉克 PCA、喀麥隆過渡 EPA、摩爾多瓦 AA、喬治亞 AA 含 DCFTA、烏克蘭（AA 及 DCFTA、亞塞拜然 PCA、哈薩克 EPCA、科索沃 AA、加拿大、墨西哥、宏都拉斯與中美洲關稅同盟、中美洲 6 國（含巴拿馬）與歐盟、加勒比論壇（CARIFORUM）及多明尼加 FTA、西非國家經濟共同體（ECOWAS）與歐盟經濟夥伴協定（EPA）、厄瓜多爾、哥倫比亞、土耳其（關稅同盟）、日本 EPA。
已簽署尚未生效	加拿大 CETA、新加坡（CFTA）、西非國家、ECOWAS 及 UEMOA EPA、越南、南非開發共同體 EPA、亞美尼亞、冰島（漁獲量配額、地理標示、基礎農業產品自由化及加工農產品談判）、南方共同市場（MERCOSUR）。
完成談判尚未簽署	非洲、加勒比海及太平洋國家過渡 EPA、東非共同體 EAC、敘利亞 AA、挪威。

（續下表）

談判中	突尼西亞 DCFTA、緬甸 FTA、菲律賓 FTA、墨西哥、印尼、亞塞拜然（取代及更新現行 PCA 之談判）、安道爾、摩納哥及聖馬利諾 3 國 AA、紐西蘭、智利（現有擴大談判）、馬來西亞—歐盟自由貿易協定 MEUFTA、印度 BTIA、澳洲、美國 TTIP（中止）、智利 FTA 現代化協定。

說　明：1. EPA（Economic Partnership Agreement）經濟夥伴關係協定。

2. 加勒比海共同體（The Caribbean Forum, CARIFORUM），包含安地卡、巴布達、巴哈馬、巴貝多、貝里斯、多明尼克、格瑞那達、蓋亞那、牙買加、聖露西亞、聖文森、格瑞那達、聖克里斯多福及尼維斯、蘇利南、千里達、托巴哥及多明尼加共和國共 17 國。

3. 聯盟協定（The Association Agreement, AA），中美洲聯盟協定包括中美洲哥斯大黎加、薩爾瓦多、瓜地馬拉、宏都拉斯、尼加拉瓜及巴拿馬 6 國。

4. Partnership and Cooperation Agreement（PCA）夥伴合作協定。

5. Deep and Comprehensive Free Trade Area（DCFTA）。

6. EPCA（Enhanced PCA）。

7. CFTA（Comprehensive Free Trade Agreement）。

8. Economic Partnership Agreement between The West African States, The Economic Community of West African States（ECOWAS）and The West African Economic and Monetary Union（UEMOA）。

9. 南方共同市場（Mercosur or Mercosul）是巴西、阿根廷、烏拉圭、委內瑞拉（2017 年被終止成員國資格）和巴拉圭五個南美洲國家的區域性貿易協定（Regional Trade Agreement, RTA）

資料來源：作者根據經濟部國貿局資料整理（最近更新日期為 2019 年 1 月 29 日）。

二、美洲地區

在推行區域經濟整合方面，美洲比歐洲晚了將近四十年，直到 1988 年，美國與加拿大達成雙邊貿易開放協定後，才開始積極拓展區域經濟合作範圍。影響美國重視區域經濟結盟態度的主要因素，是由於關稅暨貿易總協定（General Agreement on Tariffs and Trade，縮寫 GATT）在 1986 年開啓之烏拉圭回合談判（Uruguay Round）進展停滯；再加上歐盟內部整合不斷加深。1994 年間墨西哥加入美加自由貿易協定，三方簽署了北美自由貿易協定（North American Free Trade Agreement，縮寫 NAFTA），建立了北美自由貿易區[2]。

美洲地區的經濟整合，基本上是以美國為主要推手。美國一向較支持多邊主

---

[2] 2018 年 9 月 30 日，美國、墨西哥和加拿大就更新 NAFTA 達成共識，新的貿易協定被命名為「美國—墨西哥—加拿大協議」（United States-Mexico-Canada Agreement，縮寫 USMCA），取代原有的貿易協定。

義，主張在 GATT 架構下推動自由化，對於洽簽區域貿易協定並不熱衷。但隨著 GATT/WTO 多邊貿易自由化談判停滯、歐盟整合規模不斷擴大和深化等因素影響下，美國也逐漸改變態度，投入區域經濟整合。雖然在推動涵蓋美洲古巴除外所有國家的美洲自由貿易區（Free Trade Area of Americas，縮寫 FTAA）並未成功，但在 2004 年間與中美洲哥斯大黎加、薩爾瓦多、瓜地馬拉、宏都拉斯、尼加拉瓜和多明尼加等 6 國簽署了中美洲自由貿易協定（Dominican Republic-Central America FTA, CAFTA-DR，或簡稱 CAFTA-DR），帶動美洲地區的經濟整合向前邁進一大步。

　　美國推動區域貿易談判，主要是同時利用雙邊、區域及多邊等多管道方式推動貿易自由化。這種談判策略，使得美國在對外貿易談判上，由於經濟實力雄厚具有談判上的優勢，更加如虎添翼。其實，美國常利用其國內開放市場的誘因，也要求談判對手國進行大規模自由化和制度改革。

　　美國簽署 FTA 的對象遍及各大洲，包括美洲、亞洲、非洲和大洋洲，跨區域結盟的現象非常明顯，可以看出美國參與區域經濟整合的企圖心和成效。迄 2019 年 1 月底共有 14 個 FTA 生效實施（表 16-4）。另外，美國更大力推動跨太平洋夥伴協定（Trans-Pacific Partnership Agreement，縮寫 TPP），以及與歐盟的跨大西洋貿易與投資夥伴協定（Transatlantic Trade and Investment Partnership，縮寫 TTIP）。

表 16-4　美國參與區域經濟整合概況

已生效	美墨加協定（United States-Mexico-Canada Agreement, USMCA）、新加坡、澳洲、智利、中美洲自由貿易協定（CAFTA-DR）、秘魯、阿曼、以色列、約旦、摩洛哥、巴林、韓國（新版）（KORUS）、哥倫比亞、巴拿馬等自由貿易協定。
簽署後退出	2017 年 1 月 23 日已退出 TPP。
談判中	歐盟 TTIP（2016 年底終止）、泰國（2006 年起暫停談判）、馬來西亞（2008 年最後一次談判）、複邊服務貿易協定（TiSA）（中止）、日本（貨品貿易協定）。

說　　明：1. 美墨加協定（United States–Mexico–Canada Agreement, USMCA），成員為美國、加拿大及墨西哥，原來名稱為北美自由貿易協定（NAFTA）。

　　　　　2. 中美洲自由貿易協定（Dominican Republic-Central America FTA，CAFTA-DR，或簡稱 CAFTA-DR），成員包括中美洲 5 國（哥斯大黎加、薩爾瓦多、瓜地馬拉、宏都拉斯、尼加拉瓜）、美國及多明尼加。

　　　　　3. 與歐盟洽簽跨大西洋貿易投資夥伴協定（Transatlantic Trade and Investment Partnership, TTIP），於 2013 年 7 月 8 日至 12 日在美國華府舉行首回合談判；2016 年 10 月 7 日結束第 15 回合談判。

資料來源：作者根據經濟部國貿局資料整理（最近更新日期為 2019 年 1 月 29 日）。

　　值得注意的是，TPP 雖然已於 2016 年 2 月完成談判並簽署協議，但反全球化的川普贏得美國大選，上任後隨即宣布退出 TPP；而自 2013 年 2 月即開始推動的 TTIP，也在川普執政後，擱置了談判。顯然川普政府參與區域經濟整合的策略已做了調整，思維模式與歐巴馬政府大不相同。

　　後來，美國和中美洲、加勒比海地區及南美洲各國積極協商建立「泛美洲自由貿易區」（Free Trade Area of the Americas，縮寫 FTAA）的方案，儘管尚未有具體的進展，但在 2004 年間，美國與中美洲 6 國簽署了美國—中美洲—多明尼加自由貿易協定（U.S.-Central America-Dominican Republic Free Trade Agreement），已使美洲地區的經濟整合向前邁進一大步。未來 FTAA 若能成功整合起來，將成為全球經濟實力強大的區域合作組織。

　　美國在推動世界貿易自由化方面，態度一向非常積極。二次大戰後，由於美國的經濟實力強大，其倡議的多邊貿易體制（例如：烏拉圭回合談判），普遍受到世界各國的支持。到了 1990 年代，美國對多邊貿易體制的支持明顯轉弱，似乎逐漸轉向區域主義，甚至轉向貿易保護主義，中國現代國際關係研究院的研究指出[3]，美國轉向區域主義的現象顯示，美國需要藉助區域合作以保持其全球影響力，轉向區域化是其國際影響力受到限制和挑戰的反應，其中最重要的挑戰是來自歐洲經濟整合的刺激。

　　在區域貿易談判的內容上，美國是以 NAFTA 為參考模式，做為與其他國家洽簽 FTA 的基本內容。NAFTA 的主要目標在於降低、消除締約國間的貿易壁壘和非關稅貿易障礙，建立保障市場公平競爭的規範；增加投資機會，對智慧財產權提供適當的保護，建立執行協定和解決爭端的有效程序，以及促進三邊的、地區的以及多邊的合作。涵蓋的內容相當廣泛，除了市場開放外，還涉及政府採購、智慧財產權、勞工、環保，以及國內規章制度等相關議題。

三、亞洲地區

　　在亞洲地區，東協自由貿易區（ASEAN Free Trade Area，縮寫 AFTA）成立於 1992 年，是歷史較久的 FTA，除此之外，該地區的區域經濟整合進展較有限，直到

---

[3]　中國現代國際關係研究院，《國家經濟安全》（北京：時事出版社，2005 年），頁 100-101。

最近幾年才有較明顯的進展。

　　受到全球經濟區域化潮流之影響，亞洲各國參與區域經濟合作的意識逐漸增強。然而，亞洲各國在 1990 年代初期推動經濟整合，相對於歐、美各國而言，成就並不算大。究其原因，主要在於各國經濟發展差距太大，譬如：日本與新加坡人均所得都超越 3 萬美元，而同地區的緬甸與柬埔寨等國卻僅有 200 多美元，相差甚大；貿易和跨國直接投資活動亦都集中在中國大陸、日本、南韓、新加坡等國，其他較落後的國家受益十分有限。由於發展相對較落後的國家參與區域經濟合作所受實益有限，經濟穩定與發展卻可能因參與區域經濟合作、對外開放而面臨不確定性，甚至受到不利的衝擊，因此，這些國家在參與區域經濟整合的態度上，多所保留。

　　另外一項導致亞洲地區經濟整合進展緩慢的因素，是東亞各國的社會、政治制度和文化發展的差異性，以及各國內部存在複雜的民族問題、宗教矛盾等因素，導致國內政治環境的不穩定，尤其在相互依賴的國際社會中，一個國家內部的穩定性將影響其他國家及區域的穩定發展。在全球化的時代，各國對國際社會經濟波動的承受較為敏感，東亞區域內任一國內部的動盪，將牽連周邊國家的穩定，同時亦將動搖其對外的合作關係，這都不利於東亞區域經濟整合的發展。

　　到了 1990 年代中後期，在歐美各國積極推動區域經濟整合，以及 WTO 各成員對新回合議題之協商各持己見，談判曠日費時，全球經貿自由化目標遙遙無期的情況之下，東亞各國乃紛紛轉向積極參與區域性或雙邊經濟合作，顯示東亞各國對於走向更緊密的區域經濟合作關係共識也愈來愈強烈。近年來，東亞主要國家和地區洽簽自由貿易協定的進展情形，可由表 16-5 資料窺知梗概，其中，印度、中國大陸、新加坡、日本和韓國等 5 個國家在推動及參與區域經濟合作事務上，表現最為積極。

　　亞洲主要國家參與區域經濟整合的作為，大都採多軌進行，且跨區域結盟的情形非常普遍。以日本為例，面對國際環境變遷的挑戰，日本推動與 ASEAN 組織成立自由貿易區，甚至進一步提出組織包括日本、南韓、香港、臺灣、東協與中國大陸等在內的「東亞自由貿易區」構想。另外，2003 年 12 月在日本舉行的東協特別高峰會中，日本與東協共同發表《東京宣言》，揭示日本與東協除推動經濟整合外，在政治、發展、安全保障、社會及文化等層面的雙邊交流與合作也將加強。日本政府除期待東亞地區的經濟整合為一體外，也期待全面性的消除國與國間的藩籬，進一步地推向東亞共同體。

　　日本政府已放棄其數十年來所堅持的以 WTO 多邊談判為主軸的貿易自由化政

表 16-5　亞洲主要國家區域貿易協定進展概況（截至 2019 年 1 月）

國家	生效	簽署	談判階段	評估階段	合計
臺灣	9	1	3	7	20
新加坡	22	1	9	0	32
泰國	7	1	10	7	25
中國大陸	18	2	17	8	45
韓國	17	1	12	0	30
日本	18	0	10	1	29
馬來西亞	9	1	4	0	14
印尼	6	3	8	1	18
菲律賓	5	0	2	4	11
越南	8	1	2	1	12
東協	8	1	3	2	14
印度	21	0	22	8	51
合計	148	12	102	39	301

資料來源：作者根據經濟部國際貿易局資料整理。

策，改採雙主軸貿易政策，強調與國際潮流接軌。除了推動區域整合外，日本政府近年來亦積極推動雙邊自由貿易之談判，例如：已與新加坡、墨西哥 CPTPP 等 18 個國家地區完成簽署 FTA 並正式實施；另參與、中日韓三方、RCEP 談判（已完成）。

　　在推動雙邊自由貿易協定方面，表現最為積極的東亞國家為新加坡，表 16-5 資料顯示，新加坡已與 22 個國家地區簽署 FTA，並正式生效實施，包括日本、印度、韓國、美國、歐洲自由貿易協會（包括瑞士、列根支坦、挪威及愛爾蘭等國，縮寫為 EFTA）等；另與加拿大、巴基斯坦、歐盟、烏克蘭等 9 個經濟體進行協商中。印度、泰國、大陸與馬來西亞也有急起直追之勢，馬來西亞則一貫的強調區域整合，曾提出建構東亞社會（East Asian Community）方案，期待朝東亞經濟一體化發展。

　　中國大陸與東協已於 2004 年 11 月 29 日正式簽署「中國－東協全面經濟合作框架協議貨物貿易協議」，雙邊承諾逐步推動雙邊貿易自由化及零關稅的合作關係，並已於 2010 年實現七千類商品關稅稅率降至 0.5% 以下。中國大陸與東協確定五大重點合作領域，包括農業、資訊通信、人力資源開發、相互投資和湄公河流域開發等 5 項，將逐步擴充合作項目與範圍，並以互惠模式來增進彼此間的經貿關係。自 1996

年以來，中國大陸積極加強與東協十國合作，透過所謂「十加一」提出具體的經濟合作模式，在東亞地區經濟整合之運作上，逐漸扮演主導的角色。

針對雙邊自由貿易協議談判，東亞各國大都採取速戰速決的方式，在二至三年間完成簽署。不過，在多邊經濟整合架構之進展上，由於牽涉層面較廣，不只談判費時較長，同時，經濟整合的時程，基本上有過渡期。例如：ASEAN 與中國大陸簽署的自由貿易協定，在 2000 年 10 月間，首度正式提出，並於次年 11 月雙方取得共識，2010 年間已全面落實貿易自由化。這一類的區域貿易協定由於強調會員國間進一步緊密經濟關係的建立，因此，又被廣稱為緊密經濟夥伴關係協定（CEPA）。

從現實面來看，當今世界各國的關稅水準已不再如 1980 年代以前那麼高，對貿易交流及貿易機會形成的阻礙已大幅降低。以先進國家來看，平均關稅水準均已降至 5% 以下，即使是新興工業化國家（NIEs）等的關稅水準也均已降至 10% 以下，關稅所形成的貿易阻礙已相當有限。相對地，商業文件、海關通關效率、產品規格要求，以及其他行政障礙所引發的交易成本，可能超過高關稅的貿易障礙。因此，非關稅障礙之檢討，成為自由貿易協定的重要議題。

除此之外，商品部門以外的經濟整合與合作關係也普遍成為現今區域整合的重要議題，有些區域協定並未檢討貿易部門的課題，而直接從金融部門之合作著手。最顯著的案例為亞洲金融風暴發生後，由日本主導推動的《清邁協議》（Chiang Mai Initiative），協助受金融風暴直接衝擊的國家，解決金融及外債問題。此一經濟整合的內容僅強調金融部門合作機制之建立。

第三節　亞太區域經濟整合對臺灣之挑戰

亞太區域經濟整合，也是因為 WTO 杜哈回合談判進展緩慢、國際經貿景氣低迷，導致雙邊或複邊自由貿易協定快速發展下的產物。美國保護主義抬頭、川普退出 TPP、重啓 NAFTA 談判、停止 TTIP 談判、消極應對亞太自由貿易區（Free Trade Area of the Asia-Pacific，縮寫 FTAAP）倡議[4]，質疑 WTO 多邊貿易規範合理性等，

---

[4] 亞太自由貿易區是指為亞太經合組織（APEC）成員國消除貿易壁壘，但維持對非成員國的歧視性、更高的門檻的一種地區性自由貿易區。在 APEC 成立之初（1994 年間），曾提出亞太地區在 2020 年前實現貿易和投資自由化的目標，不過，該議題並未成為 APEC 的重要議題。2014 年 11 月間，APEC 領導人非正式會議決定啓動亞太自由貿易區進程，推動區域經濟整合。

也是促進區域經濟整合潮流持續發展重要原因。

依據最新資料，近期亞太地區複邊自由貿易協定，包括：跨太平洋夥伴全面進步協定（Comprehensive and Progressive Agreement for Trans-Pacific Partnership，縮寫 CPTPP）、區域全面經濟夥伴關係協定（Regional Comprehensive Economic Partnership，縮寫 RCEP）等巨型 FTA 發展，頗受到國際之矚目。除此之外，各式 FTA 數目不斷增加，各國為了因應經貿環境及產業發展變化，加速推動既有 FTA 升級談判。

CPTPP 的前身是跨太平洋夥伴協定 TPP[5]：2017 年 1 月美國退出之後，日本接著主導，同時將其名稱變更為 CPTPP。TPP 以其「高品質、高標準、涵蓋範圍廣泛」的內容做為二十一世紀 FTA 的典範為目標，創始成員國包括美國、日本、加拿大、澳洲、紐西蘭、新加坡、馬來西亞、越南、汶萊、墨西哥、智利及秘魯等 12 個國家，於 2016 年 2 月 4 日簽署協議。嗣因美國退出，在日本積極推動下，經過多次談判達成共識，更名為 CPTPP，11 個成員國於 2018 年 3 月初完成協定的簽署；同年 12 月底，正式生效實施。目前另有 5 個國家包括泰國、印尼、菲律賓、韓國，以及臺灣等已表達加入的意願，如果未來這 5 個國家能夠順利加入，TPP 就等於是 16 個成員國，與 RCEP 成員國總數相當。

另外，RCEP 是東協 10 國發起，邀請已經與東協簽署 FTA 的中國大陸、日本、韓國、澳大利亞、紐西蘭、印度等 6 個國家共同參加，透過削減關稅及非關稅壁壘，建立 16 國統一市場的自由貿易協定。

東協 10 國與中國大陸、日本等 6 個國家先後分別簽署了 5 份自由貿易協定，一般稱為「東協加一」，其中，對臺灣而言，影響最大的「東協加一」為中國大陸與東協建立的「中國－東協自由貿易區」（China-Asean Free Trade Area，縮寫 CAFTA）。中國大陸於 1994 年時，加入「東協區域論壇」（ASEAN Regional Forum）、1996 年成為東協全面對話夥伴國家（Dialogue Partnership）、2002 年則與東協正式簽署《東協－中國 CECA 經濟合作架構協定》（Framework Agreement on Comprehensive Economic Co-Operation Between ASEAN and the People's Republic of China）；之後，雙方陸續於 2004 年時，簽署貨品貿易協定及爭端解決協定、2007

---

[5]　TPP 最初是由 APEC 成員發起，從 2002 年開始醞釀，並於 2006 年由新加坡、汶萊、智利和紐西蘭啟動的一組多邊自由貿易協定；嗣後，美國、澳洲、越南、馬來西亞，以及秘魯、墨西哥、加拿大、日本等國，先後加入談判。

年簽署服務貿易協定、2009 年再行簽署投資協定。這些相關協定於 2010 年前，陸續生效，視同宣告「中國－東協自由貿易區」（China-ASEAN FTA）正式建成。

　　通常，最值得我們關心「東協加一」的問題就是貨品貿易，貨品貿易就是透過關稅減免達成貿易自由化，若減免到零關稅，即達到貿易自由化目標。表 16-6 資料顯示每個「東協加一」FTA 的關稅減讓之程度，例如：東協與紐西蘭、澳洲的 FTA，關稅減讓項目涵蓋平均達到 95.7%，開放的程度很高，其中汶萊提出的承諾是 99.2% 貨品零關稅；新加坡則是百分之百完全開放，因新加坡製造業部門不大，故其自由化程度相對很高。此外，東協與中國大陸的 FTA，其涵蓋平均達到 94.7%。

表 16-6　五個「東協加 1」各締約國之關稅減讓項目涵蓋率

單位：%

國別	加「紐、澳」	加「中國」	加「印度」	加「日本」	加「韓國」	平均
汶萊	99.2	98.3	85.3	97.1	99.2	95.5
柬埔寨	89.1	89.9	88.4	85.7	97.1	90.0
印尼	93.7	92.3	48.7	91.2	91.2	83.4
寮國	91.9	97.6	80.1	86.9	90.0	89.3
馬來西亞	97.4	93.4	79.8	94.1	95.5	92.0
緬甸	88.1	94.5	76.6	85.2	92.2	87.3
菲律賓	95.1	93.0	80.9	97.4	99.0	93.1
新加坡	100.0	100.0	100.0	100.0	100.0	100.0
泰國	98.9	93.5	78.1	96.8	95.6	92.6
越南	94.8	Na	79.5	94.0	89.4	89.5
加盟國	100.0	94.1	78.8	91.9	90.5	×
平均	95.7	94.7	79.1	92.8	94.5	×

資料來源：引自吳玉瑩，「從東協加一到 RCEP：RCEP 發展與議題」簡報，2014 年 3 月 21 日，event.motc.gov.tw › fckdowndoc › 3RCEP.pdf。

　　不過，值得注意的是，東協與印度的 FTA，因為印度承諾得較少，所以其他國家所提出的承諾也比較少，只有 79.1%，這也可以看出，為何最近 RCEP 進展，印度一直都比較持保留的意見，甚至宣布退出複邊談判的緣由。以東協與印度的 FTA 來說，理論上對印度出口應該有很大的幫助，事實上，印度貨品出口東協國家並未增加

很多，在當地的市場占比沒有提升，反而是與東協簽署 FTA，印度的市場更加開放之後，東協國家產品長驅直入，衝擊其國內的產業。

此外，印度對中國大陸也是一樣，這些年來，印度與中國大陸的貿易逆差愈來愈大，中國大陸產品進入印度市場愈來愈多，所以印度非常擔心，在 RCEP 運作下，若沒有關稅把關，則中國大陸產品大量進入，將來對中國貿易逆差只會愈來愈大，所以印度加入 RCEP 面臨的國內壓力非常大，是爲何印度退出的很重要的原因。

值得一提的是，RCEP 雖以東協十國爲核心，表面上主導權在東協，實際上，其背後中國大陸的影響力不小。由於東協與 WTO 是一致的，其所談判的議題範圍，或是開放自由化程度等，在談判過程中，相當具有彈性，以及具有特殊差別待遇，例如：對柬埔寨、寮國、緬甸市場開放的要求，關稅的減讓等，這些相對比較落後國家有特別的待遇，以及較長期的調適期間。此外，東協亦訂有開放性的條款，其用意在於，RCEP 正式簽署協定並開始運作之後，開放其他新的成員可以進入。

在 RCEP 與 CPTPP 的參與成員中，日本、馬來西亞、越南、汶萊、紐西蘭、新加坡與澳洲等七個國家是重疊的；兩個經濟整合體比較（表 16-7），在國際上的影響力當然是 RCEP 大於 CPTPP。

表 16-7　RCEP 與 CPTPP 之比較

	RCEP	CPTPP（TPP11）
締約成員國	中國大陸、日本、韓國、澳洲、紐西蘭、印度、新加坡、泰國、馬來西亞、印尼、菲律賓、越南、汶萊、柬埔寨、緬甸、寮國。	日本、加拿大、墨西哥、智利、秘魯、澳洲、紐西蘭、越南、汶萊、馬來西亞、新加坡。（表態加入：泰國、印尼、菲律賓、臺灣、韓國）
GDP 占全球比重（%）	32.2%（29 萬億美元）	13.5%（10.6 萬億美元）
貿易額占全球比重（%）	29.1%（9.2 萬億美元）	14.9%（4.8 萬億美元）
人口占全球比重（%）	48.7%（35.3 億人）	6.9%（4.9 億人）
目前進展	2019 年 11 月 4 日，宣布結束全部文本談判和實質上所有市場准入談判，並將致力於確保明年簽署協定	2018 年 12 月 30 日已生效實施

資料來源：作者根據相關資料整理；張全，「15 國完成 RCEP 談判，爭取明年簽署，最大貿易協定將帶來甚麼」，2019 年 11 月 8 日，中國政府網，http://big5.www.gov.cn/gate/big5/www.gov.cn/xinwen/2019-11/08/content_5450291.htm。

我們從 GDP、貿易金額與總人口等三個指標占全球的比重來看，RCEP 人口有 35 億人，占全球之比重幾乎一半，貿易金額占全球的比重大概三成，GDP 占將近三分之一。相對而言，CPTPP 的占比較小，這是因爲美國退出，美國如果加入，大概又可增加 10 個百分點左右，目前 CPTPP 已經正式生效實施。至於 RCEP 方面，可望在 2020 年中完成簽署，並正式生效實施。

RCEP 區域內貿易相當興盛，其中，中國大陸產品出口到這個區域，占其總出口比重高達 34.8%，顯示其對區域內部的貿易依賴程度；而中國大陸對區域內各國出口金額，占各國對區域內部其他國家出口額合計的比例，亦將近三分之一（32.4%），占比排名第二和第三分別是日本、韓國，僅分別占 14.3%、11.1%，較中國大陸低了許多，其他締約成員的份額則更低，所以從這個數字的對比可以發現，中國大陸在這個區域中的影響力相當大。

若以區域內部貿易總額爲 100 來看，其中中國大陸占比將近三分之一。中國大陸每年出口的規模，2018 年資料顯示超過 2.4 兆美元，其對 RCEP 的出口占 34.8%，代表對 RCEP 整合體的貿易依賴程度，低於平均水準（44.3%），不算很高；看看區域內其他國家，表 16-8 資料顯示，除了印度、日本和韓國之外，各國對 RCEP 整合體

表 16-8 RCEP 成員國之區域內貿易

單位：%

	對區域內的貿易依存度	區域內貿易份額	國別	對區域內的貿易依存度	區域內貿易份額
中國大陸	34.8	32.4	印度	27.8	4.4
日本	47.9	14.3	越南	56.9	4.1
韓國	48.2	11.1	菲律賓	56.5	1.7
新加坡	55.4	8.5	紐西蘭	56.7	0.9
澳洲	65.1	6.1	柬埔寨	54.8	0.3
泰國	59.3	5.9	汶萊	84.6	0.2
馬來西亞	62.5	5.6	合計	44.3	100.0
印尼	64.3	4.5			

註：1. 緬甸、寮國缺資料；越南是 2014 年資料，其他各國爲 2015 年資料。

2. 對區域內的貿易依存度，是指一國對區域內貿易額占該國對外貿易總額之比重。

資料來源：Global Trade Atlas，間接引自吳福成，「CPTPP、日歐 EPA、RCEP 三大區域整合對臺灣之挑戰」，中國信託專題報告，2018 年 3 月，臺灣經濟研究院官網。

的依賴度都超過 50%，其中，以汶萊為例，對 RCEP 的貿易依賴程度高達 84.6%，澳洲、印尼和馬來西亞都超過 60%；由此可見，這個經濟整合體，締約成員之間經濟連結很深。

　　為進一步了解亞太區域經濟整合之發展，茲特別再觀察臺灣的主要貿易競爭對手，包括：新加坡、韓國、日本、中國大陸等國家，它們所簽署的 FTA 占各該國家的貿易比重多少？我們先看臺灣所簽署的，目前簽署 9 個 FTA，大概涵蓋臺灣整體對外貿易的 13.6%；新加坡簽署 22 個 FTA，其中 21 個已經生效實施，其貿易占比超過 80%；南韓現在已經簽署 20 個 FTA，其貿易占比接近四分之三；日本雖比較保守，但現在也有簽署 18 個，其貿易占比接近一半；中國大陸 FTA 貿易占比，也是接近三分之一，由此顯示，相對於主要貿易競爭對手，臺灣簽署 FTA 的進展確實嚴重落後（表 16-9）。

表 16-9　亞洲主要國家洽簽 FTA 概況

	臺灣		新加坡		韓國		日本		中國大陸	
	國家	涵蓋面	國家	涵蓋面	國家	涵蓋面	國家	涵蓋面	國家	涵蓋面
已簽署	10(9)	13.6	60(22)	86.9	53(20)	74.0	30(18)	50.6	23(17)	33.7
已生效	10(9)	13.6	32(21)	76.7	52(18)	72.6	30(18)	50.6	22(16)	33.7
洽簽中	0	0	(9)		(6)		(8)		(13)	
合計		13.6		88.1		84.3		85.0		53.6

註：1. 截至 2019 年 1 月底資料；2. 涵蓋面是指一國與其洽簽 FTA 經濟體貿易額合計占該國貿易總額之比重；3. 括弧中數字代表 FTA 個數；4. 洽簽中的 FTA 不包括升級版或第二輪談判個案。
資料來源：根據相關資料整理。

第四節　臺灣參與區域經濟整合的必要性

　　亞太地區最大的兩個經濟整合體 RCEP 和 CPTPP，其締約成員都是臺灣的重要經貿夥伴，表 16-10 資料顯示，臺灣與 RCEP 締約國家的貿易約占臺灣對外貿易總額的 59%，接近六成；對 CPTPP 成員國的貿易額合計則占臺灣對外貿易總額的 25%；若以投資來講，臺灣接近三分之二對外投資集中在 RCEP 國家，CPTPP 則占 45%（部分與 RCEP 的國家重疊）；若以個別國家來看，其中最為重要的就是中國大陸，再來

就是東協。

表 16-10　臺灣重要經貿夥伴

單位：%

經濟體	占臺灣對外貿易比重	占臺灣對外投資比重
RCEP	59	65
CPTPP	25	14
日本	6.9（出口）：15.4（進口）	2.8
韓國	4.5（出口）：6.9（進口）	0.5
中國大陸	41.2（出口）：19.3（進口）	56.3
東協	17.3（出口）：12.0（進口）	10.9
美國	11.8（出口）：12.2（進口）	5.4

註：1. 中國大陸占臺灣對外貿易比重，包含香港；
　　2. 占臺灣對外投資比重，東協的數據只包含新加坡、印尼、馬來西亞、菲律賓、泰國、越南等 6 國。
資料來源：根據經濟部國貿局、投審會相關統計資料計算。

　　如果我們期待與某一個國家簽署 FTA，或是參與某一個區域經濟整合體，顯然選擇與我們經貿關係比較密切的國家，或是區域經濟組織，對臺灣較有益處。退一步說，我們找個非洲國家洽簽 FTA，沒有太大意義，因為我們與該等國家沒有什麼貿易往來，簽署 FTA 能夠發揮的經濟效益相當有限，顯然，我們需要積極爭取東亞區域這些主要經貿夥伴洽簽 FTA。

　　區域經濟整合潮流不斷，持續進展對臺灣的可能影響不可小覷，如果臺灣一直被排除在 CPTPP、RCEP 之外，同時要與某一個重要的經貿夥伴國家洽簽 FTA 也受到阻礙，FTA 推動貿易自由化帶來的經濟效益，臺灣為非締約成員，當然被排除。區域經濟整合對締約成員與非成員的影響，決定於整合組織排除貿易障礙的範圍和程度，以及各個成員國和非成員國與整合組織的經貿關係緊密程度。

　　對臺灣可能造成的影響，扼要言之，首先是經濟整合組織本身排除區域內貿易障礙的範圍與程度，若以 RCEP 來講，其所排除的貿易障礙，如果達到百分之百，亦即其締約成員國之間，彼此貿易往來完全無關稅，甚至非關稅貿易障礙也不存在，區域內各國相互貿易勢必大幅增加，並排擠與區域外其他國家貿易往來，在此一狀況下，臺灣可能受到衝擊的範圍與程度將會較大。

　　第二個就是，各個締約成員及非締約成員與整合組織的經貿關係緊密程度，例如：臺灣與東協國家之經貿往來非常密切，結果他們形成一個經濟整合組織，其經貿往來大都在區域內部進行，如此一來，我們勢必遭到排擠。也就是說，東協國家區域內部之間經貿往來形成一個封閉體系，臺灣不是這個整合組織的締約成員，有可能被邊緣化或遭到排擠。

　　基於這些因素，臺灣如果沒有參與 RCEP 或 CPTPP 等區域經濟整合組織，可能會失去原有的市場，或臺灣相關企業為了保有原來市場，考慮到當地投資設廠，導致減少在臺灣投資，果真如此，屆時臺灣或將需要付出的代價。

　　中華經濟研究院曾研究臺灣與主要經濟體產業鏈的關係[6]，結果發現，臺灣出口產品的附加價值來自於臺灣本地的貢獻較多，惟從 1995 年到 2009 年期間，該項貢獻呈現下降，主要是受到國際分工愈來愈細的影響。再者，臺灣與 RCEP 之間的產業鏈關係也是日益密切，也就是說臺灣出口之中，有部分零組件或原材料是從其他國家進口，在臺灣加工後再行出口；臺灣出口貨品的附加價值，有部分的貢獻是來自於進口這些關鍵零組件或原材料。從 RCEP 進口，在臺灣出口的附加價值之中所占比重，呈現增加趨勢；相對地，從 CPTPP 進口在臺灣出口的附加價值之占比是在下降，如果以與臺灣的經濟關聯性的密切性來講，RCEP 這些國家與臺灣還是比較密切的。

　　比較 RCEP 與 CPTPP 對臺灣的重要性，如果可以選擇的話，臺灣優先考慮要參與或加入的區域經濟整合組織的應是 RCEP，因為產業鏈中，RCEP 附加價值與臺灣的關係特別密切。但這只是主觀的意願。

　　臺灣加入 RCEP 與不加入 RCEP，對臺灣的影響將如何？依據中經院研究估計結果，如果加入的話，臺灣的經濟成長率大概可以提升到 4.36%；相對如果不加入的話，臺灣的經濟成長率可能受到負面影響 2.60%，所以加入與不加入之間的差距接近 7 個百分點，這個影響是很大的。另一方面，其對整個經濟的福利、出口、進口等變動，也是有影響的[7]。

　　此外，美國智庫的彼得森國際經濟研究所以目前 11 個國家組成的 CPTPP，推估區域經濟整合可創造的經濟效益，臺灣、韓國等 5 個國家尚未加入，無法從中獲益，

---

[6]　利用 OECD-WTO TiVA 資料庫加總計算；間接引自吳玉瑩，「從東協加一到 RCEP：RCEP 發展與議題」簡報。

[7]　許博翔（2012），「TPP 及 RCEP 對我國經濟衝擊之量化分析」，《APEC 通訊電子報》第 159 期，2012 年 12 月，頁 6-7。

甚至可能遭受損失（表 16-11）。假設到 2030 年時，臺灣等 5 個國家都可以順利加入 CPTPP，則 16 個國家經濟整合創造的經濟效益比創始的 11 個國家所創造的經濟效益高出許多，幾乎每個國家的 GDP、出口貿易創造的效益都大幅提升，臺灣也不例外。也就是說，如果臺灣在不久的將來可以加入 CPTPP 的話，到 2030 年時，我們所獲致的效益是明顯的。

表 16-11　到 2030 年，CPTPP 創造的經濟效益

單位：%

國別	GDP	出口貿易	國別	GDP	出口貿易
加拿大	1.1 (0.8)	6.7 (4.6)	新加坡	3.8 (2.7)	7.0 (6.2)
智利	1.1 (0.7)	5.7 (4.3)	臺灣	7.8 (0.0*)	33.6 (-0.1*)
墨西哥	1.5 (0.7)	6.7 (3.5)	泰國	3.6 (-0.6*)	12.0 (-1.3*)
秘魯	2.5 (2.2)	10.8 (9.0)	越南	5.1 (2.2)	23.5 (8.8)
印尼	0.8 (-0.1*)	11.1 (-0.6*)	菲律賓	1.9 (0.0*)	16.0 (-0.2*)
日本	2.0 (0.9)	18.9 (8.1)	汶萊	3.7 (2.6)	4.9 (3.5)
韓國	3.8 (-0.1*)	18.7 (-0.6*)	澳洲	0.7 (0.5)	6.3 (4.0)
馬來西亞	5.4 (3.1)	14.4 (8.6)	紐西蘭	2.0 (1.1)	9.2 (5.8)

註：括弧中的數據以 CPTPP 創始的 11 個國家推估；＊表示該成員尚未正式加入。

資料來源：美國智庫彼得森國際經濟研究所；間接依據吳福成（2018），「CPTPP、日歐 EPA、RCEP 三大區域整合對臺灣之挑戰」相關資料整理。

由此顯示，臺灣參與區域經濟整合非常重要，其消極的意義是，在區域經濟整合潮流中，避免不利出口、造成產業外移。誠如上述，因為區域整合組織締約成員之間的貿易，區域內部的貿易將會增加，如此就會排擠區域整合組織之外非締約成員之間的貿易，所以對臺灣的出口不利。此一狀況之下，在臺灣的相關產業，如果其出口到東協遭到困難，若要繼續維持這個市場，則將可能促使其前往東協投資，造成產業外移，此對臺灣是不利的。

相對積極的意義是，加入區域經濟整合組織，對臺灣而言，首先是可以爭取公平競爭環境，創造更大的經濟利益；其次是可以強化臺灣產品的國際競爭優勢，確保全球供應鏈地位；第三則可以有利於國際參與及資源取得，促進國內產業發展，創造就業機會；第四是可以改善國內投資環境，吸引外商來臺灣投資；第五是可以促進國內

經貿體制改革及與國際接軌、有利國際參與。

　　整體來說，臺灣參與經濟區域整可以促進雙邊／複邊經貿關係、互為重要投資夥伴，將有利於臺灣產業發展（市場、資源等），而且更有利於臺灣對外經貿關係策略布局。另一方面，則是藉著擴大參與區域經濟整合的機會，更進一步確保國家經濟及戰略安全。

第五節　臺灣洽簽FTA之展望

　　不可否認的是，臺灣參與區域經濟整合也存在了許多障礙，誠如上述所提到的RCEP 與 CPTPP，如果我們可以選擇的話，是選擇加入 RCEP 為優先。

　　臺灣如何加入 RCEP？道理非常簡單，我們需要爭取 RCEP 個締約成員國的支持。其實我們已經表態加入的意願，對方是否願意接納並不知道，但有一個重要的問題就是，我們內部必須先形成共識，因為加入之後，可以享受／得到其他國家市場開放好處，相對也要付出，需要作出市場開放承諾，關稅也要降低。以過去多年的經驗來講，業界希望政府談判官員多爭取對方市場開放好處，卻不希望政府談判代表對於對方提出要價清單做出太多承諾，理由是，擔心讓對方的貨品或勞務自由進入，臺灣的產業難以承受，這是一直以來所存在的問題。因此，若要加入，這些問題必須加強對內溝通，如何提高共識，非常重要。

　　臺灣加入 RCEP 的可能性大嗎？，按 RCEP 成文或不成文規定，欲申請加入的新成員，必須具備以下資格要件[8]：

- ・要件一：須於 RCEP 完成談判、簽署協定生效實施後，才接受新成員申請加入。
- ・要件二：申請加入的新成員必須為未曾參與 RCEP 談判過之任何東協 FTA 夥伴或外部經濟夥伴（external economic partners）。
- ・要件三：須經 RCEP 現有締約成員之共識決同意。

　　東協 FTA 夥伴係指，與東協整體簽署 FTA 的國家，目前包括中國大陸、韓國、日本、澳洲、紐西蘭及印度等均已加入 RCEP 談判。至於何為外部經濟夥伴，目前並無明確定義，可能必須等到 RCEP 創始成員完成談判之後，才會討論定案，因此目前

---

[8] 經濟部國際貿易局，「區域全面經濟夥伴協定（RCEP）簡介」，**經貿資訊網**，2018 年 7 月更新。

無法判斷臺灣能否適用。

現在，針對要件一，RCEP談判已經完成，2020年簽署之後，就可正式運作。關於要件二，申請加入者需爲未曾參與RCEP談判的任何東協FTA夥伴或外部經濟夥伴，臺灣不是東協的FTA夥伴，只能從是否屬於外部經濟夥伴認定，這一點臺灣似乎符合，因爲臺灣與東協相關國家的經貿關係堪稱密切。問題出在第三個要件，須經RCEP現有成員的共識決同意，中國大陸是否支持臺灣加入RCEP，存在高度不確定性。

換句話說，加入RCEP可能的障礙是因臺灣國際地位不明，導致國際經貿處境艱難；與主要經貿夥伴沒有正式的外交關係，洽簽FTA時，面臨國際政治的挑戰不小；臺灣與多數RCEP的締約成員之間並無雙邊FTA，經貿自由化談判複雜度頗高。這些相關國家可能屈服於國際政治現實，不願意支持臺灣加入RCEP。

至於CPTPP，臺灣能否加入呢？其實也決定於三個要件，第一是日本是否支持？日本爲了國家利益，例如：核食問題等，若以中國大陸與日本的關係、臺灣與日本的關係比較而言，日本將會比較考慮與中國大陸的共同利益，所以支持臺灣可能不是其優先考慮。至於美國態度方面，美國是否出手協助臺灣？其實也是個問號。基於壓制臺灣國際活動空間的考量，中國大陸毫無疑問的會出手防堵臺灣加入CPTPP，雖然中國大陸不是CPTPP會員，沒有辦法直接表達反對意見，但極有可能透過其代理人，積極阻撓臺灣加入。

第二是臺灣國際地位不明，沒有正式外交關係，肯定影響與各國洽簽FTA。兩岸政治對峙的矛盾頗深，中國大陸百般阻撓，相關國家屈服國際政治現實，讓臺灣與其他國家洽簽FTA的計畫寸步難行。

第三是臺灣內部對市場開放的立場缺乏共識，譬如：臺灣在與中國大陸簽署兩岸經濟合作架構協議（ECFA）之後，在涉及其後續的貨品貿易協商時，業界希望我們在與中國大陸協商之時，能夠爭取更多市場開放機會；然而，卻又希望談判團隊承諾對大陸開放的不能太多，也就是說希望對方開放多一點，卻又希望自己少開放，這種現象充分顯示國內對市場開放缺乏共識。

儘管加入RCEP貨CPTPP的前景不太樂觀，不過，從長遠看，臺灣沒有悲觀權利，更需要努力做好準備，克服各種困難。如果每件事情都能做好準備，屆時才有可能水到渠成。所謂做好準備，極爲重要的是如何與沒有邦交的相關國家溝通，其實可以透過民間，透過各種方式與這些國家加強經濟的往來，建立良好關係，這是非常重

要，爭取對方支持。此外，我們內部自己更需要加強協調，也就是必須即早建立內部共識。

另一方面，還有一個考慮就是，可以採用堆疊積木的方式，因為每個議題，例如：貨品貿易、服務貿易等，其中都有很複雜的一些項目和內容需要談判，我們能否化整為零？堆疊積木方式就是，我們先一個一個來處理。然而，更加重要的是兩岸關係的問題：兩岸議題在政治對峙氛圍下，一直沒辦法直接溝通，因而臺灣想要參與國際組織，想要加入 RCEP，勢將困難重重。

最後，臺灣究竟是否需要參與區域經濟整合？論者存在兩種觀點，一個就是，雖有 FTA 加持，但並不能保證即可享有國際競爭優勢，可以擴大出口。例如：北美自由貿易區（North America Free Trade Area，縮寫 NAFTA）提升了墨西哥在美國市場的占比，1994～2013 年間，由 6.7% 增加到 12.4%；但是，同一期間，加拿大在美國市場的占比卻是由 19.2% 下降至 14.6%。再以東協與中國大陸簽署的 FTA 為例，東協在中國大陸市場的占比，也是由 2005 年的 11.4%，下降為 2013 年的 10.1%。

另一種觀點是，沒有 FTA 的加持，在國際市場上也可以成為贏家。舉例來說，中國大陸與美國沒有簽署 FTA，不過在 2011～2018 年間，中國大陸在美國市場占有率，卻由 18.1% 增加至 21.2%。德國與美國也沒有 FTA，1993～2013 年間，德國商品在美國市場占有率，由 4.9% 增加到 5.1%。

很顯然地，儘管沒有 FTA 的加持，若產品具有國際競爭力，仍是可以掌握市占率。簽署 FTA 固然很重要，但更重要的是產業本身競爭條件問題，產業升級更是重要。臺灣出口表現不如韓國，不是因為韓國有 FTA 加持、臺灣沒有 FTA 加持。1994年之前，臺灣出口規模大於韓國，1994 年之後，形勢逆轉，而且差距逐漸擴大。在美國的市占率，2001 年韓國超越臺灣；在歐盟的市占率，2002 年韓國超越臺灣，在當年，韓國和臺灣都沒有 FTA 的加持。

由此可見，國際競爭力的關鍵不在 FTA 有無，主要在於，生產規模、專利技術、品牌通路、行銷策略、政府產業政策等，也就是說，如果產品具有國際競爭條件，關稅問題即可不必擔心，因此，最為重要的是，必須落實產業升級。

加入 FTA 具有重要的經濟意義，但非經濟面的意義可能更加重要，譬如：加入CPTPP 的非經濟意涵非常多元，具有拓展國際空間，鼓舞人心作用。此外，加入區域經濟整合組織更可倒逼國內加速改革、調整結構，更有助於改善國際關係。因此，海島型經濟體臺灣更是需要 FTA 加持，以協助具有競爭力的台商擴大國際市場版

圖，強化與國際之接軌，形成利益共同體，確保國家戰略安全。

臺灣政府在爭取參與區域經濟整合工作上相當積極。其中，爭取加入 CPTPP 的策略與工作規劃方向，主要包括：(一) 法規調整：已完成 8 項法案修法，有 4 項法案尚待二讀；(二) 對內溝通：加強透過數位平臺與國內民眾之溝通；(三) 對外遊說：與 CPTPP 締約成員說明我國之準備，並爭取支持等。

在爭取加入 RCEP 方面，主要的策略包括：(一) 運用「新南向政策」，透過雙邊、多邊（WTO）及 APEC 場域，加強與相關國家溝通；(二) 建立與 RCEP 締約成員之緊密夥伴關係，掌握協定標竿，推動經貿對話機制、經貿自由化及產業溝通工作，做好加入準備。

無庸置疑，政府參與區域經濟整合的優先政策規劃，例如：我們若要加入 CPTPP，國內需要進行一些準備；對相關的國家需要進行遊說，透過利益團體影響相關國家的決策。其實，從經濟部官網上提供的資訊可以發現，政府已有明確的政策方向，且也都有在做；但是問題是，落實了多少？成效到底如何？畢竟，國際環境對於我們處境是比較不利的。

最後，參與區域經濟整合，簽署 FTA 的核心是市場開放，若要得到他國市場開放機會，我們也必須對應付出市場開放為代價。因此，貿易自由化其實是一個沒有回頭的道路，我們需要教育社會大眾，更需要說服相關業者，必須能夠接受有得有失概念。

再者，參與區域經濟整合不是為參與而參與，需要與國家發展的方針政策相互結合，這是重點之所在。此外，需要訂定配套措施，每個新政策對相關業者將帶來機會，同時可能對部分業者帶來傷害，所以需要完善配套政策協助這些受到傷害業者能夠渡過難關。然而，更加重要的是，臺灣參與經濟整合的主要障礙是中國大陸，兩岸關係保持和諧，應有助於臺灣參與國際區域經濟整合組織。

參考文獻

中國現代國際關係研究院（2005），《國家經濟安全》，北京：時事出版社。

杜巧霞、葉長城（2013），「TPP 與 RCEP 區域整合對臺灣的影響與因應」，《經濟前瞻》第 145 期，2013 年 1 月，頁 49-65。

吳玉瑩（2017），「臺灣如何面對沒有美國的亞太區域經濟整合發展」，《工商時報》，2017 年 11 月 17 日。

吳福成（2015），「全球經濟整合大趨勢對臺灣的挑戰與機會」，經濟部專業人員研究中心管理研究班專題報告，2015 年 11 月 20 日。

吳福成（2018），「CPTPP、日歐 EPA、RCEP 三大區域整合對臺灣之挑戰」，中國信託專題報告，2018 年 3 月 6 日，**臺灣經濟研究院官網**。

高長（民國 108），「臺灣參與亞太區域經濟整合：挑戰與展望」，《現代財經論壇》2019 年第 4 輯，頁 39-50。

高長（民國 108a），「RCEP 簽署後，臺灣如何克服經貿挑戰」，《現代財經論壇》2019 年第 6 輯，頁 11-23。

許茵爾（2019），「全球區域經濟整合發展趨勢」，《經濟前瞻》第 185 期，2019 年 9 月，頁 44-48。

許博翔（2012），「TPP 及 RCEP 對我國經濟衝擊之量化分析」，《APEC 通訊電子報》第 159 期，2012 年 12 月，頁 6-7。

張全（2019），「15 國完成 RCEP 談判，爭取明年簽署，最大貿易協定將帶來什麼」，**中國政府網**，2019 年 11 月 8 日。

劉大年、許茵爾（2017），「全球區域經濟整合新趨勢」，《經濟前瞻》第 173 期，2017 年 9 月，頁 9-14。

劉大年、盧鈺雯、許茵爾（2014），「全球經濟整合與臺灣」，收錄於陳添枝、劉大年主編，《由 ECFA 到 TPP：臺灣區域經濟整合之路》，臺北：兩岸交流遠景基金會，頁 5-32。

梁國新（2016），「臺灣參與經濟整合的挑戰與展望」，《工業技術與資訊》，2016 年 8 月 16 日。

破浪

走得多慢無所謂，只要不停下腳步！

RM14
諾貝爾經濟學家的故事
定價：600元

RA4A
名人鈔票故事館：
世界鈔票上的人物百科
定價：450元

RA4B
美洲與大洋洲鈔票故事館
定價：550元

RM34
非洲鈔票故事館
定價：550元

3O52
數字看天下
定價：400元

3O36
遇見鈔票：歐洲館
定價：450元

RM35
小國旗大學問
定價：420元

3M54
看電影・學管理
定價：320元

1O65
商用英文
定價：350元

五南文化事業機構
WU-NAN CULTURE ENTERPRISE
地址：106 臺北市和平東路二段 339 號 4 樓
電話：02-27055066 轉 824、889 業務助理 林小姐

f 五南財經異想世界

國家圖書館出版品預行編目資料

大陸經濟與兩岸經貿／高長著. -- 初版. --
臺北市：五南，2020.08
　　面；　公分
　　ISBN 978-986-522-172-0（平裝）

1.經濟發展　2.經濟改革　3.兩岸經貿
4.中國

552.2　　　　　　　　　　　109011343

1MAF

大陸經濟與兩岸經貿

作　　者 ― 高長

發 行 人 ― 楊榮川

總 經 理 ― 楊士清

總 編 輯 ― 楊秀麗

主　　編 ― 侯家嵐

責任編輯 ― 李貞錚、趙婕安

文字校對 ― 許宸瑞

封面設計 ― 姚孝慈

出 版 者 ― 五南圖書出版股份有限公司

地　　址：106台北市大安區和平東路二段339號4樓

電　　話：(02)2705-5066　　傳　　真：(02)2706-6100

網　　址：http://www.wunan.com.tw

電子郵件：wunan@wunan.com.tw

劃撥帳號：01068953

戶　　名：五南圖書出版股份有限公司

法律顧問　林勝安律師事務所　林勝安律師

出版日期　2020年8月初版一刷

定　　價　新臺幣550元

經典永恆·名著常在

五十週年的獻禮——經典名著文庫

五南，五十年了，半個世紀，人生旅程的一大半，走過來了。

思索著，邁向百年的未來歷程，能為知識界、文化學術界作些什麼？

在速食文化的生態下，有什麼值得讓人雋永品味的？

歷代經典·當今名著，經過時間的洗禮，千錘百鍊，流傳至今，光芒耀人；

不僅使我們能領悟前人的智慧，同時也增深加廣我們思考的深度與視野。

我們決心投入巨資，有計畫的系統梳選，成立「經典名著文庫」，

希望收入古今中外思想性的、充滿睿智與獨見的經典、名著。

這是一項理想性的、永續性的巨大出版工程。

不在意讀者的眾寡，只考慮它的學術價值，力求完整展現先哲思想的軌跡；

為知識界開啟一片智慧之窗，營造一座百花綻放的世界文明公園，

任君遨遊、取菁吸蜜、嘉惠學子！